KB265344

黃元九隋想集

역사에서 배우며
오늘을 생각한다

도서출판 혜안

황 원 구

1929년 高敞 출생
연희대 졸업, 연세대학교 대학원 문학박사
연세대 교수로 있으면서 박물관장·문과대학장의 보직과
東洋史學會長·歷史學會長 역임. 현재 연세대 명예교수
주요저서는 東亞細亞史研究(一潮閣)·中國思想의
源流(延世大學校出版部)·明史朝鮮列傳譯注
(國史編纂委員會)·東亞史論攷(혜안) 등

역사에서 배우며
오늘을 생각한다

황 원 구

초판 1쇄 인쇄·1995년 5월 1일
초판 1쇄 발행·1995년 5월 10일

발행처·도서출판 혜안
발행인·오일주
등록번호·제21-471호
등록일자·1993년 7월 30일

서울특별시 서초구 잠원동 43-4 우편번호 137-030
전화 511-8651~2 팩시밀리 511-8650

값 9,000원

ISBN 89-85905-09-0 03900

黃元九隨想集

역사에서 배우며
오늘을 생각한다

□ 머리말

얼마 전 후학들과 어울려 한담을 나누다가 정년퇴임에 얽힌 이야기가 화제로 떠올랐고 그 다음에 자서 출판에 관한 방향으로 이야기가 모아졌다.

벌써, 20년 전 논문·수필·시론 등을 엮어서 책을 네 권이나 낸 일이 있었는데, 그 후에도 여러 곳의 청탁과 그 밖의 용도에 의해 쓴 글이 그럭저럭 두어 책 분량이 될 듯 싶고 또 올 봄 정년퇴임을 앞두고 어떤 계기적인 매듭을 짓기 위해서 생각해 볼 만한 일이었다. 대체로 역사에 관한 전공 논문류이지만 계몽적인 것도 적지 않다.

그러나 막상 글들을 정리해보니, 만족스러운 글이 못될 뿐만 아니라 책이름도 문제였다. 따라서 글을 선별하기는 했지만 여전히 책이름이 여의치 못했다. 내 나름으로는 멋을 부려서 몇 가지 고풍스러운 제목을 지어보았지만 친구들이 요사이의 독서계 정서에 맞지 않는다고 해서 포기하고, 어떤 친구의 충고에 의해서 『역사에서 배우며 오늘을 생각한다』로 결정했다. 구태여 설명한다면 '온고지신(溫故知新)'이라는 풀이가 될 것이다.

하기야 1979년 2월, 어떤 언론사가 월간잡지의 별책으로 '이 시대에 알려주고 싶은 역사교훈'을 기획출판한 일이 있었다. 이때 역사가 과연 교훈을 위해서 있는 것인가라고 반문하면서도 그 나름의 의의가 있다고 생각되어 기고한 일이 있다.

머리말 □

　전근대의 전통시대 역사관에서는 역사가 인간경험의 축적이고 이 축적은 되풀이된다고 여겼다. 역사 속의 경험은 판단력의 기준이 된다고 믿었는가 하면 현대 역사학에서는 역사가 역사 그 자체로 그쳐야지 교훈이란 테두리로 넘어가서는 안 된다는 고집을 부리는 것을 보면 '역사에서 배우며 오늘을 생각한다'는 발상도 문제삼으려면 문제가 될 수도 있겠으나 옛일을 상고해서 선별적으로 참고하는 삶의 지혜도 필요하지 않을까 생각되기 때문에 젊은 사람들이 역시 세대차가 난다고 혹평할지 모르지만 그대로 두기로 했다.

　보잘 것 없는 글이라고 할지라도 글쓴 연대를 참고하며 당시를 회상해보면 그 나름으로 참고가 될 수 있을 것이라는 말씀을 독자 여러분에게 드리고 싶고 아울러 난잡한 글들을 요령있게 정리하고 짜임새있게 편집하여 보기좋게 꾸며낸 혜안 출판사 오일주 사장과 편집진 여러분께 감사한다.

1995년 2월초 저자

차례

I. 동아시아 역사의 전통과 변용(變容)

□ 중국

II. 자화상(自畵像)

III. 연세와 나

IV. 시상 따라 붓 따라

V. 서문 · 추모사 · 격려사

I

동아시아 역사의 전통과 변용(變容)

□ **중국**

1. 봉건문화와 근대문화

문제의 제기

인위적으로 만들어져서 사회생활의 형태로 정립된 문화는, 어느 지역의 문화를 막론하고, 전통문화의 계승과 외래문화의 수용이 알맞게 조절되면서 그 의의를 드러낼 수 있다. 그리고 이러한 문화가 시대의 전진에 부응해서 바람직스러운 방향으로 전개되어 갈 때, 문화발전이라고 말하기도 한다.

한국은 고대부터 고유한 문화를 지속적으로 이어오면서도 중국으로부터 선진된 문화요소를 수용하여 문화발전을 기할 수 있었고, 중국을 통해서 영향된 서방문화와 직접적인 접촉을 통해서 수용한 구미문화에 의해서 한결 다양한 문화양상을 드러내고 있다.

그런데 한국에서의 이러한 외래문화의 수용은 대부분 문화발전을 위한 자의적인 요구에 의해서 추진되었지만, 시대에 따라서는 타의에 의해서 이루어진 경우도 없지 않았다. 몽골과 일본의 침략기가 바로 이러한 타의적인 문화수용기라고 말할 수 있다. 이럴 때에는 언제나 피상적이고 지배층에만 적응된 제한성을 면치 못했다.

우리가 문자 그대로의 근대문화를 향유하기 시작한 것은 반세기도 되지 못한다. 따라서 최소한 백 년 이상의 근대적 시련과 근대문화의 경험을 겪었던 나라, 더욱이 별다른 저해요인 없이 근대화과정을 추진한 나라와 비교해 보면, 많은 시련을 겪었던 우리로서는 근대문화기로 이행하는 과정에서 많은 문제가 있겠지만 현실적으로는 구조적인 모순을 극복한다면 근대문화의 성숙이 한결 앞당겨질 수 있지 않을까 하는 기대를 갖게 한다.

이러한 입장에서, 넓은 뜻의 문화개념으로 봉건문화와 근대문화의 원칙적이고 보편적인 특질과 그 관계를 살펴본 후 우리의 진로에 타산지석이 될 수 있는 문제들을 허심탄회하게 생각해 보기로 한다.

봉건문화의 특질과 근대문화의 성격

봉건문화는 지역성이 강하고 유형적 계층에 의해서 독점되었는가 하면, 감성에 의한 어떤 형태에 얽매어 있었던 문화이다.

먼저 지역성이 강했던 문화라는 것은 봉건형태 그 자체가 지역성격에 의존한다는 말이기도 하지만, 여기에서는 로컬 칼라가 짙다는 말이기도 하다. 문화적 유형과 신앙, 풍속과 습관 등이 지방에 따라서 차이가 있고 심지어는 법률·종교까지도 달라지는 경우가 없지 않다. 이와 같은 경향이 한 나라 안에서는 지방단위로 되고 국제간에서는 민족단위로 분할되어가는 폐쇄성을 갖게 되기도 한다.

다음으로 문화가 유형적 계층에 의해서만 독점된다는 것은 어떤 시대를 지배했던 이데올로기를 정신적·처세적 이용수단으로 삼았던 계층이 문화를 점유한다는 말이다. 따라서 문화형태도 이러한 계층의 기호와 수요에 의해서 조성되고 발달되었다.

이어서 문화가 지성보다도 감성에 중점을 두고 전형적인 형태에 얽매여 있었다는 것은 직관적인 불합리성을 특징으로 하고 있었다는 말이기도 하거니와 이러한 불합리성은 가정의 질서가 곧 국가·사회의 질서와 직결된다는 생활기준의 의형화와도 같은 것이었다.

이렇게 보면 봉건문화는 아무리 고도한 문화였다고 할지라도 민족문화의 세계였고 지배층에서만 향유된 생활의 형태였으며 어떤 이념을 위해서 인위적으로 조작된 불합리한 것이었다.

하기야 봉건문화에서도 그 나름대로의 합리성이 전혀 없었던 것이 아니고 그 시대 나름의 의의가 없는 것은 아니다. 간혹 시대의 변천에 따라서 그 문화형태가 변화된 것이 없지 않기 때문이다.

대표적인 예를 들면, 중국의 유교가 시대의 흐름에 적절하게 타협하면서 변신해온 일은 그 나름대로 합리적이라고 말할 수 있다. 그렇다고 해서 전근대시기의 유교가 근대사회에 알맞도록 다시 개조되지 않고도 근대문화와 동류될 수는 없다.

여하간 봉건문화는 위와 같은 조건에 의해서 자연히 고립적이고 배타적이며 형태적일 수밖에 없었고, 이와 같은 속성이 정치·경제·사회·윤리·예술 등에 걸친 문화구조에 그대로 직결되어 지속적으로 전개되었다.

그런가 하면, 근대문화는 봉건문화와 달리, 전체적·국제적이고 인간적이면서도 개성을 중시함과 동시에 어느 생활집단에 독점되지 않으며, 개성에 의한 개별성이 지성에 의해서 규정되는 문화이다.

여기에서 근대문화는, 문화가 개방성을 띠면서 확산되어 국민문화·세계문화로 보편화되어 간다. 근대문화는 종국에 내 것과 네 것을 구태여 구별해서 내세울 수 없는 지경에까지 이를 가능성마저 있다.

물론 문화란 어떤 지역의 환경과 전통적인 문화구조에 의해서 그 나름으로 정착·발전하고 혹은 소멸될 수도 있지만, 근대문화의 흐름으로 볼 때 보편화될 가능성이 많기 때문이다.

그러나 이러한 근대문화는 개인마다 자기 나름의 가치관을 가질 수 있고 그들 나름의 문화세계를 가질 수가 있다. 봉건문화기에 귀족과 관료들만이 가질 수 있었던 인생관·가치관 내지 문화영역을 누구나가 가질 수 있고 즐길 수 있다는 것이다. 종교·학문·예술은 더욱 그러하다.

아울러 근대문화는 누구나가 받을 수 있는 교육의 기회를 통해서 또는 자기 나름의 지성 - 합리적 의식에 의해서 어떤 형태에 구애받지 않는 유동적 문화이기도 하다.

따라서 근대문화는 봉건적인 통제형태에서 벗어난 자유주의를 기치로 삼는다. 그렇지만 이런 자유주의는 개성의 절대성만을 구가하기 위한 자유가 아니라, 사회적으로 가능한 자유임과 동시에 사회생활의 과정에서 개성의 능력을 발휘할 수 있도록 권장하는 뜻에서의 자유라는 것을 잊어서는 안된다.

봉건문화와 근대문화의 관계

사실 문화는 사회를 구성하고 있는 개인이 만들고 그 사회에서 향유하는 것이다. 이에 그러한 문화가 어떤 구조에서 만들어지고, 어떤 성격을 지니고 있으며 그것이 당시 어떠한 구실을 했는가를 알아 보는 일은, 봉건문화나 근대문화를 막론하고 의미있는 일이다. 한편 문화가 사회 내부에서 자율적으로 조성되고 발달하기도 하지만 인접문화의 교류를 통해서 발달된다는 것도 도외시해서는 안된다.

이러한 문제는 위에서 말한 봉건문화의 특질과 근대문화의 성격과도 바로 연관되는 것이기에 다시 언급하지는 않겠지만, 문화적인 성격·구조·구실은 당시의 시대를 이해하는 데에도 중요한 관건이 된다.

하여간 봉건문화가 지속적으로 발달하고 있을 때에도 근대적인 사유가 싹텄고, 근대문화기에도 봉건적인 요소가 뿌리깊게 깔려 있기도 하다.

그것은 어디까지나 사유의 형태와 유형에서 차이가 나기도 한다. 즉 전자의 경우는 봉건사회의 모순이 노골화되면서 개진된 새로운 역사적 방향이 제시되고 이러한 상황에서 봉건적 이데올로기를 탈피하고자 하는 사상계의 움직임이 문화적인 양상으로 진전되어 일어나는 현상이었다. 정통사상에서 보면 으레 이단으로 몰리기 마련인 문화감각이기도 했다.

문화는 사상을 형이하학적으로 구체화하고 생활주변에 항상 가까이 접할 수 있는 것인가 하면, 사상계의 움직임이 문화감각으로 나타나게 되는 것이기 때문에, 이러한 이단적인 사상도 문화감각의 하나로 볼 수 있다.

구조적인 상황에서 보면 받아들여질 수 있는 여건이 조성되지 못한 채 성급하게 대두된 이단의 문화감각은, 대부분 좌절되었지만, 그 정신과 주장은 복류(伏流)되어 근대문화에 적지 않은 영향을 끼쳤다.

한편 근대문화기에 봉건적 요소가 잔재하는 현상은 흔히, 봉건적 사유체계 속에서 몽유하고 있기 때문에 근대문화에 소외되었거나 소원할 수밖에 없는 부류에서, 또는 근대문화의 감각은 예민하지만 사유체계가 봉건적인 사고 속에 있기 때문에 생각과 행동이 괴리될 수밖에 없는 부류에서 찾아 볼 수 있다.

이렇게 마음과 행동, 생각과 현실이 서로 맞지 않게 되면 봉건문화적인 사유에서는 더 말할 것도 없고, 근대문화적인 인식에서도 합리성이 결여된 아집과 독단에 흐르기 마련이다. 근대문화에 한해서만 말한다면, 수천 년 동안 경험과 예지에 의해 기구화되고 조직화된 민주주의도, 그것이 개념적으로는 완전한 형태라고 할지라도 현실적으로는 지배자가 동시에 피지배자이고, 피지배자가 곧 지배자라고 하는 원칙이 반드시 바람직스럽게 실행되고 있는지가 문제이다.

아울러 근대의 사회실상에서도 그러하다. 봉건문화적이었던 혈연적인 가족단위와 지체의 상징인 문벌개념이, 근대문화기에 들어서 지연적인 공동체와 개인의 능력을 중시하는 쪽으로 변화되었다고 하더라도, 여전히 가족 - 국가를 연계시키는 윤리성이 강조되고 지난날의 지체를 방불하게 하는 특전계층이 개인의 능력보다 중요시되는 성향이 있기 때문이다.

그리고 생활협동의 도덕이 질서의 기준으로 되어 있는 근대 윤리관에서도 지난날의 혈연적인 도덕성이 절대성을 갖는 것처럼 착각되는 일이 있는가 하면, 가장 인간적이어야 하고 현실의 생활을 재현시켜야 할 예술의 경지에서도 창조성 없이 전수라는 미명 아래 근대감각에 맞지 않게 조형되는 현상이 발견되기도 한다.

이러한 현실을 과도기적 현상이라고 어물쩍거리기도 한다. 체제는 단시일 안에 변혁시킬 수 있지만 정신세계의 개혁은 백 년이 지나야 교정될 수 있다고 한다.

그래서 근대문화기에 접어든 지 얼마 안되는 경우이기에 차츰 이행되어가는 과정이라는 것이다. 문화의 세계가 정신계와는 동부되는 일이 아니지만, 급격한 변혁이 쉽지 않고 보면, 그 나름의 변명도 설득력이 없는 것은 아니다.

그렇지만 완만했던 봉건문화기의 발달과정과 격변하는 근대문화기의 변화과정을 놓고 생각해 보면, 하루 하루가 달라지는 현실에서 아직도 봉건적인 요소가 활개를 치고 있는 것은 비록 문화구조의 한 단층에 지나지 않는다고 할지라도 소홀히 할 수만은 없는 일이다.

근대문화의 제문제

하기야 근대적인 시각에서 봉건문화를 비판하자면 모두가 낙후되고 후진된 것 같이 여겨진다. 그렇다고 해서 근대사회에 살고 있는 사람들이 근대문화에 대해서 모두 만족해 하고 있다고 볼 수는 없다. 사람은 언제나 현실에 만족해 본 일이 없기에 더욱 그러하다.

따라서 보다 더 바람직한 이상을 위해서 사색하고 여기에 대치될 수 있는 대안을 제시하기도 한다. 그러나 언제나 시대조건을 외면할 수가 없다. 봉건문화기의 이단가들의 이상이 아무리 기발했다고 할지라도 시대적인 제약을 벗어나지 못했다.

간혹 이 이상이 공상으로 비약해서 가공의 세계를 구상하기도 했지만, 따지고 보면 그만한 가공이 설계될 수 있는 지적인 정보가 있었기 때문에 가능한, 엄밀히 말하면 차원 높은 이상의 경지에 지나지 않는다.

공상적인 과학소설이 현실적으로 실현된 사례도 예외일 수는 없고 유토피아의 구상도 당시의 여건 속에서 공상된 세계였다.

이렇게 보면 근대문화도 그 나름대로 여러 문제가 있을 수 있다. 아직까지는 더 바람직한 문화형태를 제시하지 못하고 있기에 근대문화에 안주하는 것이지, 근대문화가 아무런 모순 없이 구축된 그야말로 이상향이기에 그런대로 긍정되는 것은 아니다.

특히 한국을 포함한 동아시아의 세계는 문화적인 기저가 유럽의 사정과 다르다. 이러한 문화적인 기저는 어쩌면 온통 유럽과 다를 수도 있다. 이와 같은 문화기저 위에 아무리 선진된 문화형태라고는 할지라도 서구적인 근대문화형태가 그대로 적용될 때 과연 적합한 것인가 하는 회의가 없지도 않다. 오늘날 근대문화를 유럽문화의 접촉·수용과 연결해서 설명하려는 경향이 많고 보면 더욱 그러하다.

아울러 이러한 문화관에서, 종전의 아시아문화, 동양적 봉건문화에는 내적인 동력이 비록 있었다고 할지라도 구조적인 저해요인에 의해서 그것이 진취성있게 발휘되지 못하고 말았다고 설명한다.

그러나 아시아 중에서도 동아시아의 경우는 비록 점진적이기는 하였지만, 유럽에서 근대문화가 성숙되어 갈 때, 자체내에서 근대문화의 요소가 일어나고 있었다. 단지 이러한 태동이 유럽의 침략에 의해서 또는 제국주의의 희생이 되면서 그대로 시들어버렸다는 것을 상기해 볼 필요가 있다.

이와 같이 그 동안의 사정이 어떻게 되었든지 간에, 현실적으로 볼 때 세계가 온통 근대문화권으로 되어가고 있다. 정치·경제·사회·윤리·예술 등에 걸쳐서 근대문화의 경지에 이르지 못하면 아무리 자기들 나름의 전통문화가 우수하다고 할지라도 후진국이라는 낙인이 찍히기 일쑤다.

여기에서 현실적으로 명목상으로는 모두가 민주주의국가이고 현대사회를 지향하며 근대적인 경제구조를 내세우고 있다. 내부적으로는 독재가 횡행해도, 경제구조가 아무리 모순되고 있어도, 사회상황이 전근대적이라고 할지라도, 문화구조상 근대성을 표방하면 선진국이건 후진국이건 간에 그런대로 근대국가로 인정되기 마련이다.

이와 같은 상황에서 근대문명은 언제나 긍정될 수밖에 없는 실정에 있고, 회의적인 입장은 여전히 새로운 이상의 세계 속에서만 복류될 수밖에 없다.

한국에서의 근대문화의 과제

한국은 바야흐로 선진국으로 도약하고 있는 중이라고 한다. 정치는 민주주의를 내걸고 있고, 경제도 국민을 위한 체재를 채택하고 있으며, 인간적 생존의 법칙성을 자유로이 작용시킬 수 있는 사회를 지향하고 있는가 하면 합리적 진실에 입각한 도덕의 추구까지도 다짐하고 있다.

그러나 이러한 여러 가지 표방과 다짐을 효율적으로 이룩하기 위해서는 근대문화의 보편적 실천이 무엇보다도 시급하다.

하기야 아직도 봉건적 사고방식이 정치·사회에 깔려 있고, 윤리면에서는 더 더욱 농후하게 자리잡고 있는 판국에서, 외형적으로나마 근대문화의 형태가 이만큼이라도 성장한 것은 금석지감이라 하지 않을 수 없다.

그렇다고 해서 만족할 수는 없다. 아직도 근대문화의 국부적이고 모방적이며 피상적인 경향이 있고 보면 근대문화로의 적극적인 전진이 불가피하다.

한편 시시각각으로 밀려드는 외래문화의 홍수 앞에, 더욱이 많은 경우가 타의에 의해서 몰아닥치는 외래문화의 침식에 대해서 능동적으로 대처하는 자세만이 아니라 이를 감당할 수 있는 판단과 능력도 있어야 하겠다.

우리는 역사가 오래되고 문화전통이 지속적이었던 나라에서는 외래문화를 수용할 때 대부분 선별적으로 적응하여 왔다는 것을 잘 알고 있다.

뿐만 아니라 일단 수용된 이질적인 문화요소가 정착되는 과정에서 전통문화와 잘 조화되어 이질감 없이 뿌리내려서, 오히려 전통문화의 다양한 발전을 기하는 데 이바지했던 사례까지도 잘 알고 있다.

그렇지만 이와 같은 문화적 재정립은 어디까지나 근대적인 문화형태에서 고려되고 재발견되어야 한다. 만약 전통적인 민족문화만을 내세워서 근대문화와 괴리된다면 근대문화의 본질에서 불합리한 것으로 되기 쉽다.

폐쇄적이었던 봉건문화의 발전에서도 시대여건을 무시하지 않았고 보면 개방적인 근대문화에서는 더 말할 나위가 없기 때문이다.

한국에서의 문화구조의 단층을 새삼스럽게 살펴보면서, 봉건문화와 근대문화의 본질을 조감해 보았다. 여기에서 얻어진 결론은 우리의 현실이 봉건문화와 근대문화의 중층적인 구조 안에 있고 혹은 복합적으로 얽혀 있지나 않을까 하는 의문을 갖게 되었다는 점이다. 그것은 우리의 현실이 근대문화의 형식과 질량 사이에서 많은 갈등을 노정시키고 있기에 더욱 그러하다.

따라서 얼마 후에 도달한다고 하는 바람직한 선진국에 이르기 위해서는 근대문화의 형질(形質)에서 모순되는 문제들을 조속히 해결해 나가야 할 것으로 믿는다. 그리고 그 해결에서는 전술한 근대문명의 기준이 되는 몇 가지 입각점에 의해서 엄밀히 판가름하여야 한다는 것도 간과해서는 안될 것이다.

이를 위해서는 국민 모두가 자기 자신과 주변의 상황부터 성찰하여 과감한 타개가 있어야 할 것이다. 봉건문화기에서도 그 문화가치의 보존을 위해서는 필부(匹夫)까지도 그 책임을 면할 수가 없다고 했는데, 근대문화기에 있는 우리로서는 두말할 것도 없다. 그리고 이러한 우리 모두의 성찰은 어디까지나 한국의 역사적 현실을 염두에 둔 사명감에서 우러나와야 할 것이다.

(『연세춘추』 1041호, 1986년 5월 5일)

2. 동양적 군주의 존재양태

명말·청초의 계몽사상가였던 황종희(黃宗羲)가 그의 명저 『명이대방록 明夷待訪錄』 원군조(原君條)에서, 군주란 본시 자기 한 사람의 이해를 돌보지 않고 오직 천하의 이해를 위해서 일해야 하는 봉사적인 공복이었는데, 후세의 (전제) 군주는 천하의 이로움을 모두 독차지하고 천하의 해는 모조리 남에게 돌리게 하는 등 민(民)에 군림하는 존재가 되었다고 힐난한 일이 있다.

이와 같은 군주의 존재가 고대 중국에 과연 있었는가 의심의 여지가 없는 바도 아니지만, 전근대 중국에서는 왕과 황제의 기능을 비교해서, 왕도(王道)라고 일컬어지는 바람직한 군주론이 동경되었다. 왕도란 하늘의 뜻을 받아 천하를 이상적으로 다스리는 관념형태를 말함이다.

사실 왕은 원래 뛰어난 사람을 말했으나 봉건제도에서 천하를 주재하는 존재였고, 황제는 우주만물을 주재하는 절대자를 뜻했으나 집권체제에서 천하를 통치하는 절대존재였다. 특히 지난날의 왕마저 자기 권능에 흡수시켜 버렸던 황제는 기원전 221년부터 2천여 년 동안 중국을 통치해 오면서 이 세상에는 그 존재에 비견할 대상이 없었고 그 권위에 대응할 상대가 없었다. 이른바 전제군주·독재군주의 모든 기능을 망라하는 만기(萬機)의 주재자였다.

그러나 이 황제권도 한대(漢代)부터 국교화된 유교에 의해서는 어느 정도 견제되었다. 당시 군주의 칭호가 아무리 황제라고 할지라도 유교에서 황제를 시인할 만한 논리가 없고 오직 왕도만이 있을 뿐이어서, 제아무리 만기를 전권(全權)하던 황제도 황종희의 원군론(原君論)을 부정할 수 없었고, 천하의 치란(治亂)과 민심의 동향 여하에 의해서 하늘이 상서(祥瑞)로 강복(降福)하고 재이(災異)로 경고·견책하기도 한다는 위설(緯說)에 의해서 더욱 그러했기 때문이다.

이에 황제는 우주만물을 주재하는 초월적 존재인 하늘(天＝上帝)의 뜻을 받들어서 천하를 잘 다스려야 했고 이러한 사명을 자랑삼아서 천자(天子)라고 일컫기도 했다. 다분히 종교적인 성향이 농후했다. 황제가 중국의 통치자로서의 권위를 상징하는 칭호였다면, 천자는 외국에 대한 자기과시와 제천행사 때 상제에 복종을 다짐하는 칭호였다는 것을 보아서도 잘 알 수 있는 바이다.

그런데 황제체제는 원래 법치주의의 소산이었다. 전국시대의 법가사상에서, 군주권의 강화를 위해서는 수단과 방법을 가리지 않으며 군주권이 강화되면 될수록 천하가 안정된다고 주장한 결과 나타난 체제였기 때문에, 황제권은 가위 만능이었고 신성불가침한 존재였다. 시황제가 중국을 통일한 후 황제 칭호를 스스로 칭하게 된 과정과 그의 행적을 보면 짐작하고도 남음이 있다. 그리고 이러한 황제제도는 이후에 더욱 구조적으로 강화되어 갔다.

따라서 황제가, 이후에 국교인 유교정신을 스스로 익혀서 옛 왕도정치를 형식적으로나마 시용(試用)하고자 노력하여 이른바 태평성대를 이룩하기를 다짐하는 시기가 있기도 했지만, 유교의 이념을 묵살하고 천하의 치도(治道)를 그르쳤다고 하여도, 역성혁명이라고 이름한 왕조의 교체가 없는 한, 황제의 자리는 구조상 어쩔 수 없는 일이었다.

이러한 황제권은, 중국뿐만이 아니라, 신의 후계자를 자처했던 서아시아의 이슬람제국과 인도에서도 오랫동안 그러했다. 서양의 절대왕정에서, 지방 봉건제후에 의하여 황제권이 제한되었던 것과는 달리, 동양의 집권적인 황제권은 무제한의 권능을 행사할 수 있었다. 하기야 중국에서 한때 귀족들이 득세하여 황제권을 제대로 행사치 못했던 시대가 있었지만 황제권의 축소는 아니었다.

서양에서는 이러한 동양적 전제체제에 대해서 비판이 있었다. 18세기에 고조된 계몽사상기에, 유럽의 계기적인 발전상에 비해서 낙후되어 있던 아시아사회를 정체사회로 규정하고 그 원인을 전제체제가 지속된 결과로 단정했다. 특히 중국의 정체론에서는, 전제체제가 종식되면, 넓은 땅과 많은 인구 그리고 풍부한 자원과 국민의 근면성에 의해서 정체성을 극복할 수 있다고도 했다. 중국의 부강함은

17세기에 이미 유럽에 소개되어 있었기에, 초기의 중국 정체성을 풍토적인 결정론으로 단정한 데 대한 희망적인 수정론이기도 했다.

여하간 한국에서의 군주의 존재는, 비록 황제가 아닌 왕의 처지에 있었지만, 이는 대 중국관계상 어쩔 수 없이 격하된 군주의 칭호였을 뿐, 실제상으로는 중국의 황제 기능과 다를 바가 없었다. 왕의 전제체제는 역시 구조적으로 보장되어 있었다. 고려시대의 예제(禮制)에서는 더욱 그러하여, 왕의 기능 중 중국의 황제특권인 제천행사(圜丘)가 행해지고 있었다. 오직 조선시대에 들어서 중국에서는 없었던 반정(反正)이 두 차례나 일어났다는 특수 사정이 다를 뿐이었다. 이 반정도 실은 유교의 실천윤리를 빙자한 정쟁의 희생이 되었지만……

이렇게 보면 동양적 군주의 존재양태에는 지역의 특수성에 의해서 약간 다르기도 했지만, 전제성에서는 공통성을 가지고 지속되었다. 그 중에서도 중국에서는 황제제도가 전제체제·독재구조의 대표적인 것이었고, 그 체제에 의해 정치·사회경제·문화·대외관계가 그대로 규정받게 되었다.

물론 중국을 비롯한 동양적 군주의 전제체제·독재구조가 그들 통치지역의 발전을 저해한 일은 사실이지만, 반면 몇 번인가 분열되었던 중국을 집권통일국가로 다시 지속시킬 수 있었고, 몇 차례인가 패망할 상황에 직면해 있었으면서도 왕조의 명운을 유지할 수 있었던 것은 전제체제 아래에서 성장한 가치기준에 의한 것이었다. 중국과 한국에서와 같이 유교를 신봉해 왔던 나라에서는 명분이라는 가치기준에서 그러했다.

하기야 어떤 정체(政體)가 정착·지속되기 위해서는 사회경제적인 조건이 무엇보다도 순응되어야 한다. 동양적 군주제가 전제체제·독재구조로 발달한 데에는 그 구조 아래에서 정치·문화와 같이 사회경제적 조건들이 성장되어 온 결과이기도 하지만, 이러한 체제와 구조가 정착하게 된 것도 정치·사회경제·문화적 조건이 주어지면서 가능했던 것이다.

이에 시대상황이 달라지고 사조가 바뀌면 가치기준에 혼돈이 오고 기존의 체제마저도 전락되기 마련이다. 시대상황과 사조의 흐름은 역시 정치·사회경제·문화의 변화에서 가속된다.

오랫동안 변하는 것 같으면서 변하지 않고 변하지 않은 것 같으면서 변해왔다고 하는 동양사회에서 종래의 전제군주제가 근 70년래 사라지게 된 것은 그 인유(因由)가 어디에 있었던지 간에 동양사회의 전진을 위해서 여간 다행스러운 일이 아닐 수 없다.

서두에서, 황종희가 군주의 원초적 표의(表意)를 설명하면서 천하의 공복이 바람직한 군주라고 지적한, 바로 그 천하의 공복이 이제 겨우 동양의 천지에 공화제의 원수(元首)로 나타나게 되었다. 제발 문자 그대로의 공복이 되어주기를 바랄 뿐이다.

(『성씨의 고향』 서론, 1988년)

3. 동아시아의 학문 전통
― 전통과 그 주변을 중심으로 ―

머리말

동아시아가 아시아주의 동편을 가리키는 지리적 구분이라고 한다면, 동양은 종전의 중국 문화권과 이들 문화와 관계된 지역까지를 포함하는 지역 지칭이다. 그러나 우리는 동양을, 흔히 서양에 대칭되는 동양 즉 아시아주 전체를 말하는 경우에도 사용하고 있다. 따라서 아시아와 동양마저도 그 상관성과 정의를 따지자면 거창한 문제가 된다. 그렇지만 여기에서는 편의상 동아시아와 동양은 동일시하기로 한다.

여하간 동아시아 곧 동양에는 여러 민족들이 할거하여 살아 왔기 때문에 각기의 문명형태가 다르고 문화계열이 같을 수 없지만, 사고유형에서 이들 민족들이 어느 정도 접근하기에 이른 것은 8세기, 당대(唐代) 이후의 일이라고 볼 수 있다. 이른바 동아시아의 역사세계가 형성된 이후의 사정이었다.

그 후 동아시아의 역사세계가 각기 민족들의 자각과 자주적 기운에 의해서 해이되기도 했지만 전근대시기의 대부분은 중국의 힘에 의해서 이른바 일체성이 유지되었다.

이 동안 동아시아의 세계에서는 학문과 삶의 지향성도 어느 정도 근사한 양상들을 지속적으로 지녀왔다. 이 지역이 온대성 농업사회라는 풍토적인 조건으로 자율적이든 타율적이든 간에 영속성이 강한 전통화가 지속될 수 있었다.

사실 영속성이란 어느 면에서 보면 보수성이 강하다. 18세기부터 서양에서는 이처럼 영속성과 보수성이 강한 동아시아 세계를 후진성 혹은 정체성(停滯性)으로 규정하여 서양보다 낙후된 곳으로 보았다. 물론 동아시아 세계가 유럽과 같이 동적이지 못하고 국제경쟁에서 유리되었음은 부정할 수 없지만 그들이 규정짓고 있는 바와 같은 'Unchanging'한 것도 아니고 'Change without progress'한 것도 아니었다. 말하자면 그 나름의 발달이 있었다. 이른바 급진적이고 계기적(契機的)인 급속한 변화가 서양 근대사의 무대였다면 동아시아의 무대는 지속적이고 영속성을 가진 완만한 변질의 세계였다.

학문의 전통과 삶의 의의도 최소한 천 년 내외의 단위로 전통성을 지녀올 수 있었다. 이러한 전통성이 현대사회에서 반드시 바람직한 것인가는 논외의 문제이겠지만 간혹 수없이 변질되고 가치 전도(顚倒)되기도 하는 얄팍한 현대의 여러 유행성 학문보다는 차라리 그리워질 때가 있다.

(1) 학문의 흐름

동아시아 특히 중국에서는 B.C. 6세기 춘추시대에 학문이 성립된 후 오늘에 이르기까지 크게 나누어 네 차례나 학문의 연구방법이 변질되었다. 첫 단계는 훈고(訓詁 : 해석학)의 전승이었고 두번째 단계는 성리(性理 - 철학)의 세계였으며, 셋째 단계는 고증(考證 : 실증적, 복고적인 연구)이었다. 그리고 최후의 단계가 이른바 근대적인 학문연구이다.

학문연구의 방법이 이렇게 변화하게 된 것은 각기의 시대적 조건과 상황에 의해서 계기화되고 발달했다. 즉 훈고학은 중국 고대문명의 최후의 전개단계인 당대까지의 사정에서 귀결되었던 특질이고, 성리학은 관료체제, 사대부 사회의 생리에서 수렴하고 발달된 송(宋)에서 명대(明代) 사이의 학풍이었으며, 고증학은 명말에서 청대(淸代)에 걸쳐 전개된 전통주의에 입각한 순수학문의 경지였다. 그리고 근대에 들어서 계발되고 추진된 현대학문과 그 연구는 중국의 전통에 유럽적인 연구방법을 원용한 개방된 성과들이다.

그런데 중국에서는 단계적인 학문이 위와 같이 전개되었지만 전근대시기의 학문은 어디까지나 경학(經學)을 중심으로 삼아 왔고 그 경학의 정신은 완벽한 인간상의 구현에 있었다. 어떻게 보면, 훈고학의 시대는 경학의 이념에 무조건 추종한 시대라고 볼 수 있고 성리학과 고증학의 세계는 경학에서 주어진 명제를 비판 없이 따르기만 한 것이 아니라 그 이상을 보다 더 가능하게 하기 위하여 이에 이르는 방법론을 개발하고 조직화한 것이라고 볼 수 있을 것이다.

한편 이러한 중국의 학문경향을 받아들인 동아시아의 여러 나라에서는, 그들의 특수한 사정에 의해서 학문경향의 발달이 한결같을 수 없었다. 한번 수용된 학문과 이에 부수된 사상이 융통성 없이 굳어져서 본고장인 중국보다도 한층 경직되기도 하고 또는 자기들의 정치·사회구조면에 적응되도록 받아들이는 경우도 있었다. 이러한 현상을 학문 내지 사상의 주변성(周邊性)이라고 불러도 좋을 것이다. 이 주변성은 동아시아에서만 있었던 일이 아니라, 양(洋)의 동서, 때의 고금을 막론하고 어느 지역에서나 볼 수 있는 상황이기도 했다.

(2) 인간학의 길

사람은 사람다워야 한다는 가르침이나 노력이 중국적인 학문의 출발이었다. 그리고 또한 사람이 사는 데 필요한 여건을 마련해 주고 방법을 가르쳐 주는 일은 선각자와 지도층들이 사명감을 갖고 맡아 해야 한다고 보았다.

중국사회가 봉건적·전제적으로 굳어지고 영속화되면서도 이러한 인간학의 원칙은 변함이 없었지만 지배층의 논리에서는 자기들의 처지를 합리화하기 위한 의도에서 인간의 성분을 운명 내지 숙명론으로 귀결하고 인간사회의 질서를 내세우게 되었다. 황제와 신하, 귀족과 평민, 관료와 서민, 지주와 농민……의 계층·신분·직업적인 구분은 바로 이러한 과정에서 당연한 질서로 보았고 이 질서를 어지럽히는 일은 곧 우주의 운행질서를 교란시키는 것과 다름없는 짓이라고 하였다. 우주사와 인간사를 상관관계로 해석했던 일은 중국에서 학문이 성행되기 이전부터의 일이었다.

그러나 사람이 지배층에 있거나 피지배층에 속해 있거나 간에 완벽한 인간이 될 수 있는 길은 늘 열려 있었다. 완벽한 인간상은 통치자의 경우 성군(聖君)이었고 통치자가 아닌 경우에는 성인(聖人)이었다. 그런데 이러한 성스러운 인간, 즉 완벽한 인간이 되기 위해서는 자기를 속이지 않고 남을 해치지 않는 경지에 이르러야 한다고 했다. 인간이기에 저지르기 쉬운 자기 본위의 행동을 억제하여야 한다는 것이다. 여기에는 제왕·귀족·관료·지주·평민·천민의 구별이 있을 수 없었다. 이러한 완벽한 인간상은 천민이라고 해서 되지 못한다는 법이 없었고 지도층이라고 해서 모두가 되어야 한다는 법도 또한 없었다. 이와 같은 인간학의 세계와 논리는 성리학에서 특히 내세운 것이었다.

따라서 인간학의 본질은 근대사회에 접어들면서도 변질될 수 없었다. 정치·사회·경제체제가 종전에 비해서 정반대로 바뀌었던 근대 - 현대 사회에서도 어느 경우에는 인간의 존엄성과 그 인간의 소임이 전근대사회에서의 인간학의 참정신을 보편적으로 성취한 것이라고 보아도 좋을 것이다.

(3) 전통의 계기(契機)

이러한 동아시아의 학문과 인간학의 세계가 오랫동안 지속되고 발달되어 전통화된 것은 그 나름대로의 계기적인 구실을 통해서 이루어졌다. 전통이란, 오랜 세월만이 필수적인 것이 아니라 어느 시기의 새로운 전기를 위해서 기여를 하고 그 결과가 바람직스러울 때 뿌리를 내려서 정착되고 전승되는 것이다. 이에 자생적인 것이 전통화될 수 있지만 외래적인 것이 전통화될 수도 있다.

이렇게 보면 동아시아의 학문전통도 예외는 아니다. 중국에서는 춘추전국 시대의 혼란기를 질서화할 수 있다고 믿은 방법의 하나로서 성립되고 발전한 유가(儒家)의 학문과 사상이 진한(秦漢)시대에 들어와서 체계화된 전제군주체제에 알맞게 유학으로 변용된 후 그 체제가 온전히 전승된 당대까지 지속되었다. 이것이 송대에 들어서면서 재편성된 독재군주체제와 그 사회에 적응되도록 주자학(朱

子學)으로 변모되었다가 이 체제가 더욱 발달하면서 양명학(陽明學)으로 발전되었다. 중국 주변의 여러 민족국가에서도 응분의 수용과 발달의 사정이 있었다.

여하간 유가·유학·주자학·양명학은 통칭하여 유교 내지 유교사상으로도 말할 수 있다. 그런데 이와 같은 유교 또는 유교사상이 각 시대 나름의 특색을 가지면서도 약 2,500년 동안을 중국에서 지속되었을 뿐만 아니라 그 주변국가에서도 오랫동안 지배력을 발휘해서 15세기 이후 점차 동아시아의 유교시대를 형성하게 된 데에는 동아시아 나름의 계기성과 전통화의 사정이 있었기 때문이다.

물론, 이 계기성을 고대적 신앙에 대치된 중세적인 철학의 풍미, 또는 중세적 철학에 대치된 근세적인 합리주의의 대두에서도 찾아볼 수 있겠지만 전통화의 사정에서는 동아시아의 역사적 세계의 형성과 그 성장의 입장에서도 고찰해 볼 수 있을 것이다.

(4) 정통과 이단

학문이나 사상은 전통화되면서 어떤 시대의 가치표준이 되기도 한다. 이를 우리는 정통이라 하고 정통에 반대 또는 항거하는 입장을 이단이라고 한다. 이 이단은 그 나름의 정당성이 있지만 한 시대의 정통에서 볼 때는 용납될 수 없기 때문에 탄압당하기도 했다.

동아시아에서 유교가 전통화된 학문·사상이 되어 오면서 각 시대 나름의 정통이 형성되기도 했다. 공자와 맹자 계통의 유가에서, 한·당대의 유학에서, 송·명대의 성리학 특히 주자학은 그 나름의 정통이었는데 여기에 대해서 회의를 품고 반기를 든 이단이 있었다. 사실 이단은 결과적으로 보면 정통을 보다 더 폭넓게 발전시킬 수 있는 자극적인 구실을 하여 주었지만 그 당시에는 이를 배척하여 정통의 그늘에서 단지 뜻있는 계승자에 의해서만 지속되거나 아니면 끊어지고 말았다.

하여간 정통과 이단의 관계는 격렬할 수밖에 없었다. 아예 이교(異敎)의 관계는 관대할 수도 있었지만 이단의 경우는 예외없이 혹독했다. 하기야 이단이란 용어가 처음 사용되기는 춘추전국시대에 유가에서 반대사상을 지칭한 것이었지만 그 무렵에는 유가가 정통화되기 이전이었기 때문에 뒷날의 이단보다는 이학(異學)적인 것이었다. 따라서 명실상부한 정통과 이단의 관계는 한대부터라고 볼 수 있다.

그런데 동아시아에서의 정통과 이단의 관계는 중국보다도 그 주변국가에서 더욱 혹독했다. 한국에서 이단을 가리켜서 이름한 '사문난적(斯文亂賊)'이란, 중국에서의 '사문'과 '난적'의 두 낱말을 합친 한국적인 것이었다. 중국에서는 찾아 볼 수 없는 가혹한 지칭이었다. 중국에서는 이단이라 하여도 정치적인 차원이 아니면 소외당하기만 했는데 한국에서는 정통화가 철저하여 이단은 어김없이 가혹한 보복을 당해야만 했다. 전술한 바와 같은 주변성의 좋은 예증이라 하겠다.

이렇듯 전통이 정통으로 되면서 모두가 그릇되게 발전했다고만 보는 것은 지나친 평가일 수도 있지만, 대부분의 경우 올바른 전통의 전수에 어긋나는 결과를 초래하기도 하였다.

(5) 전통주의

동아시아에서의 계통의 전수는 종래의 전통을 존중하되 이를 고수하려는 보수적인 경향이 강했다. 그리고 이러한 전통주의는 당대까지의 귀족층, 송대 이후의 관료층에서 특히 두드러졌다. 모두가 관직을 가진 지배층이었다. 정치·사회에서 특수한 권익을 보장받고 문화를 향유하는 계층이었다. 여기에서 학문의 전통도 거의 독점되었다.

그런데 귀족은 당시의 정치·사회·경제적인 구조에서 그들의 신분이 세습되었기 때문에 학문은 그들 신분을 유지시켜 주는 교양적인 요건에 지나지 않았다. 개인주의가 극도로 발달하여 종교도 귀족과 함수관계에 있었다. 그러나 관료체제에 접어들면서는 관료의 신분과 영예가 당대에 그치고 세습되지 않았을 뿐만 아

니라 관료의 선발기준이 전통학문인 유학으로 규정되어 관료사회에서의 전통학
문은 입신양명의 수단으로 되고 말았다. 아울러 전통학문은 정통으로 더욱 굳어
지기도 했다.

한편 귀족은 왕조의 흥패와 별다른 상관 없이 그 지체가 이어졌지만, 관료의
경우는 왕조의 흥패와 직결되었다. 따라서 관료사회에서는 국가·왕조·사회와
관료의 관계는 일체성이 강하게 의식되었다. 명분론과 의리가 강조되었고 정통마
저도 더욱 보수성을 나타냈다. 이에 관료는 그 국가·왕조·사회의 안정과 발전
에 사명감을 가지고 참여했는가 하면 국가와 왕조가 무너졌을 때는 응분의 책임
의식마저 느껴야만 했다. 유신(遺臣)과 유민(遺民)이란 개념은 바로 여기에서 유
래한다. 아울러 관료사회에서는 관료만이 아니라 관료의 가족과 그 밖의 관료를
희망하는 독서층까지 포함한 광범위한 계층도 위와 같은 의식을 갖고 있었다. 이
를 사대부(士大夫)층이라고 칭하기도 하고 명·청시대에는 신사(紳士)층이라고
말했다.

동아시아에서의 전통주의는 바로 이 사대부층에서 주로 고수하여 왔다. 한국
에서의 양반층도 이에 속한다고 볼 수 있고 일본에서의 사무라이(武士)층도 비슷
한 성향을 가져왔다고 볼 수 있다.

그러나 전통주의는 학문의 세계만이 아니다. 봉건적인 정치·사회의 체계적인
조건에 의해서, 지배층의 전통이 당시의 지도적인 소임이었음은 부인할 수 없지
만, 피지배층에서도 전통주의는 강하게 작용하였다. 특히 송대 이후 평민층의 각
성이 두드러지고 명대 이후 그들의 처지를 개선하기 위한 의식적인 여러 운동이
일어나면서 사회 저변에서 이어온 순수한 전통주의가 있었다. 이른바 민중의 전
통주의라고도 불리는 토속적이고 가식이 없는 전통주의는 동아시아 세계에서 근
대화가 추진되면서도 한 측면에서 면면히 이어졌다.

(6) 선비의 생활

동아시아에서는 전통학문을 닦은 이를 선비라고 했다. 물론 선비란 한국의 순수한 낱말이지만, 경우에 따라서는 전통학문을 이용해서 관료가 된 사람보다도 학식이 있으나 벼슬을 안 하는 사람을 우러러 보는 경우에 쓰이기도 했다. 그리고 앞에서 언급한 사대부층을 가리키는 범칭이기도 했다.

이들 선비들은 생활의 어떤 불문율이 있었다. 물질적인 것보다는 정신적인 면을 가치있게 여겼고 사적인 일보다도 공적인 일을 위해서 노력했다. 아울러 전통 -정통에 순종하되 명분과 의리를 생명으로 삼았다. 이는 중국에서는 송대 이후, 한국에서는 조선시대에서 찾아볼 수 있을 것이다.

여하간 선비들은 자기들 계층의 전통적인 입장을 드러내고 유지시키는 데만 머문 것이 아니라 피지배층인 평민의 사표(師表)가 되기 위해 노력해야만 했다. 그러나 선비들 중에는 가식과 위선적인 선비도 많았다. 우리가 잘 아는『양반전』은 이러한 선비의 단면을 풍자한 작품이었다.

따라서 가식이 없고 위선이 없는 참다운 인간의 모습을 갈구하게 되었다. 사람이기에 불가불 있기 마련인 욕심을 긍정하면서 이를 어떻게 적절하게 평형시켜 나가는가, 신이 아니기에 저지를 수도 있는 과오를 반복하지 않으면서 그 잘못을 얼마만큼 성찰할 줄 아는가가 문제였다. 그러면서도 이와 같은 인간의 여러 모습을 지난날의 역사와 어진 선배들의 가르침에서 찾아 보고 이를 거울삼아 인간의 길을 걸어야 한다고 교훈적으로 설득하기도 했고 불의를 참지 못하여 직설적으로 맞서다가 희생되기도 했다. 오직 선비의 생활은 공리적(功利的)이지 않은 생활 즉 자기의 속마음과 행동이 자기도 미처 모르는 사이에 타인으로부터 추앙받게 되는 그런 경지가 되어야 했다.

이에 참다운 선비는 대낮에 촛불을 켜들고 찾아 보아도 찾을 수 없을 정도로 희귀한 때도 많았다. 여기에서 선비의 길은 더욱 더 갈구되었다. 이 역시 참다운 인간의 모습이되 지배층의 바람직한 인간상의 모델로만 머문 것이 유감일 뿐이다.

(7) 은둔의 윤리

진정한 선비는 자기를 내세우지 않고 자기 자랑을 하지 않았다. 오늘날의 자기 선전과는 전연 딴판이었다. 학문이나 인격이 늘 미완성임을 스스로 알았기 때문이다. 경우에 따라서는 자기 만족으로만 머물기도 했다.

또 동아시아는 자연적인 환경이 인간과 자연을 하나로 일치시킬 수 있는 여건에 있다. 자기 거처로부터 어디를 가든지 기갈에 의해서 죽는 일은 좀처럼 없다. 서아시아의 풍토와 비교하면 이해될 수 있을 것이다. 따라서 자연을 벗삼을 수 있는 여유가 있었다.

한편 전통, 나아가서 정통이 굳어지면서 오는 독선적인 경향, 아울러 전제군주체제와 관료체제에서 오는 사대부층의 갈등 등에 의해서 자기 주장이 강하고 의지가 굳은 사람은 소외당하는 일이 있는가 하면 스스로 소외하는 경우도 있었다.

위와 같은 여러 요인에 의해서 이른바 은둔(隱遁)이라는 처세 아닌 처세방법이 있었다. 은둔을 도교(道敎)의 영향으로 보기도 하지만 대부분은 일종의 정치적인 저항정신에서 나왔다. 이름도 성도 숨기고 깊은 산속에 살면서 자연만을 벗삼고 있지만 천하를 쓸어잡을 기백이 있고 고금의 이치를 모르는 바도 아닌 어떤 인물, 혹은 시정에 묻혀 살지만 그 나름의 철학이 있고 삶의 의의가 분명할 뿐만 아니라 알고 깨닫는 바도 예사롭지 않은, 마치 기린과도 같은 인재……. 은둔의 생활은 바로 이런 유형의 인간상으로 나타났다.

그런데 은둔은 어떤 윤리성이 있어야 한다. 여기에서도 가식과 허위는 용납될 수 없다. 숨어서 살기를 자처하면서도 나라에서 부름을 받자 미처 정리도 못한 채 뛰어가서 벼슬하는 위선적인 은둔, 은둔을 빙자하여 하찮은 자신을 과장하려는 자기 기만형의 은둔 아닌 은둔 등은 은둔의 정신에 어긋나는 짓들이었다.

아무튼 은둔의 인물들은 동아시아의 전통사회에서 무던히도 추앙되었다. 역사에서는 일민(逸民)의 전기로 전해졌고 세상이 어지럽고 모든 가치기준이 전도되었을 때마다 이들 은둔의 매력은 더했다. 그렇다고 해서 은둔이 전통을 부정하거나 현실을 부정하지는 않았다. 전통과 현실 안에서의 자기소외였고 당시에 대한 소신을 가진 저항이었으며 자기를 속이지 않는 인간상의 구현이었다. 아울러 자연과 혼연일치가 된 동아시아적인 인생의 어떤 유형을 보여주는 일이기도 했다.

(8) 기인(奇人)의 지혜

사람이 사는 이 사회는 상식이라는 어떤 기준이 있다. 그러나 상식의 기준에서 어긋나지만 그 나름의 뜻이 있는 사람의 행동을 기행(奇行)이라 하고 그 사람을 기인이라고도 한다.

이 기인은 몇 가지의 조건이 있어야 한다. 그 나름의 언행에 일관성과 철학이 있어야 하고 가식과 위선이 있어서는 안되며 남에게 폐해를 끼쳐서도 안되고 그 기인의 언행을 기행으로 알아주는 주변의 아량과 이해가 필수적으로 뒤따라야 한다.

전통의 억압과 정통의 속박은 판에 박은 듯한 인간상을 요구한다. 지도층은 지도층다워야 하고 피지배층은 피지배층다운 인간상을 요구했다. 봉건적인 전통사회에서는 하극상이 있을 수 없고 정통학문에서는 비판이 있을 수 없었다.

이러한 전통의 굴레에서 상식의 기준을 벗어나 자기 나름의 언행을 서슴지 않되 거기에는 해학이 있고 때로는 풍자까지 곁들이면서도 멋이 있던 기인의 지혜는 확실히 무미건조한 정통세계에서의 한 청량제였다.

그러나 기인은 역시 오랜 전통의 그늘에서만 용인되는 것이다. 농담이 통하지 않고 멋이 없는 사회, 전통이 무엇인지 깨닫지 못하는 세상, 각박하여 정이 없는 시대, 모든 것을 물질로만 해결하려고 하는 이른바 정신이 죽어 있는 사람의 눈으로서는 미치광이의 짓으로밖에 이해될 수 없기 때문이다.

입성(의복)이 보잘 것 없어도 멋이 있고 호주머니에는 먼지뿐이지만 마음은 풍요로우며 자기의 언행에 후회를 하지 않고 그러면서도 인정이 있고 눈물도 있는 차원 높은 인간의 한 모습이 기인의 세계인지도 모른다.

그러면서도 알 것은 다 알고 겪을 것은 모두 겪어 본 일이 있는, 전통적인 학문

과 경험을 쌓은 기인이 더욱 소중히 대접되었다는 것을 알아야 한다. 그 언행에
어떤 가르침이 있고 주변에 깨우침을 던져주는 일이 많기 때문이다. 그리고 종래
의 기인 중에는 이단가와 은둔가에 속하는 인물들이 많이 있다는 것도 덧붙인다.

(9) 외세의 침략과 대응

각기 자급자족하는 데 부족함이 없던 시대가 동아시아의 전근대였다. 비록 살
기 위한 반란이 없었던 것도 아니고 자기들의 처지를 드높이기 위한 민중운동이
없었던 것은 아니지만 대체로 종래의 전통에서 묵묵히 오랫동안 살아 왔다.

이러한 동아시아에, 불과 수백 년밖에 안 되는 급작스러운 성장을 통해서 강대
해진 유럽의 힘이 노도와 같이 밀어 닥쳤다. 전쟁을 도발해서 항복을 시킨 후에
불평등조약을 맺어서 반식민지화했다. 동아시아의 같은 지역에 살면서도 탈아론
(脫亞論)을 내세우고 인접국가를 식민지화하는 경우도 있었다. 오랜 전통에서 만
족했던 동아시아의 대부분이 단속적(斷續的)인 학문과 전통을 가진 외세에 의해
서 무참히도 유린당하게 되었다.

여기에서 가치기준에 혼돈이 왔다. 정통학문과 전통문화가 과연 이대로 좋은
가라는 문제와 유럽의 힘의 문화에 대한 평가였다. 본시 동아시아 - 특히 중국에
서는 일찍이 발달한 고도한 문명과 이를 지속적으로 전수하여온 중국이 이 지구
에서 가장 으뜸가는 나라요 민족이라고 자처하는 한편, 이 중국을 둘러싸고 있는
지역은 중국에서 멀어질수록 야만의 고장으로 보는 이른바 화이관(華夷觀)이라
는 대외관이 있었다. 이에 유럽은 동아시아에서 너무나 먼 곳에 있는 지역이기 때
문에 이를 야만시했는데 일단 전쟁이 일어나 싸워 본 결과 엄청난 힘을 가진 무
시 못할 세력이라는 것을 알게 되었다.

따라서 중국에서는 한때 유럽의 힘의 상징인 우수한 대포와 강한 군함 등 새로
운 무기만 배워서 갖추면 여전히 세계에서 제일가는 나라가 될 수 있다고 믿었다.
그러나 보잘 것 없는 일본에게 청일전쟁으로 패하자 무기만으로는 불가능하니 제

도를 고칠 수밖에 없다고 깨달아 새로운 제도의 개혁에 착수했다. 하지만 이 역시 실패하여 종래의 체제에 대한 도전이 있게 되어 이른바 혁명이 성취되었다.

이 동안 정통학문과 전통성에 대한 회의와 비판이 뒤따랐는가 하면 이럴수록 전통에 대한 집착과 수호를 위한 격렬한 공방전이 벌어졌다. 제국주의에 대한 반대, 한민족의 주권회복, 전제체제의 부정, 봉건적 요소의 불식, 민주화운동 등이 외세의 침략 후 선각자들에 의한 단계적인 운동이었는가 하면, 이에 반대하여 군주체제의 수정적인 유지, 봉건적 요소의 개량적 수호 등과 같은 전통의 계승 내지 강화를 내세우기도 했다. 새로운 역사적인 전환기를 맞아서 전통과의 갈등은 중국에서만이 아니라 한국에서도 비슷한 반응을 보였다.

(10) 반전(反轉)의 논리

한편 대표적인 전통에 직접적으로 인연이 없었던 민중(근대 이후 평민을 민중이라고 함이 상례)도 동아시아에서의 미증유의 역사적인 전환을 통해서 그들의 권익이 신장되었다. 송대 이후 특히 명·청시대에 오면서 민중적인 자각이 높아졌다는 것은 이미 언급했지만, 특히 중국에서는 20세기에 들어서서 혁명을 겪는 동안 기왕의 전통적인 학문이 서리를 맞고 봉건적인 요소들이 비판되는 시대로 접어들었으면서도 자기들의 의사에 의한 문자 그대로의 민권은 제대로 찾지 못했다. 오히려 선각적인 지도층에 의해서 계몽되었다. 당시 민중의 대부분인 농민은 아직도 중세적인 의식이 가시지 않았고 상공업자들도 전통적인 경제체제의 지배 아래 있었기 때문이다.

그러나 중국에서 점차 후진성 극복과 근대화의 작업이 요청되고 추진되면서 참정권을 비롯한 여러 가지 민중의 권익이 차츰 보장되고 아울러 고조되기 시작했다. 형세의 변화가 급속도로 뒤바뀌자 이제는 민중의 권익에만 머문 것이 아니라 전통의 재인식이란 성향으로도 몰고갔다.

여기에서 새롭게 받아들인 외래적인 요소들을 전통에 의해서 중국 나름으로 이해하고 적용하고자 하는 중국적인 입장도 나오게 되었다. 중국 근대사의 무대에서 찾아볼 수 있는 일면이기도 하다. 따라서 중국의 전통은 완전히 말살된 것이 아니라 민중의 편에서 부적당한 것이 아니면 오히려 유지되면서 그 해석을 자기들 나름으로 삼는 색다른 경향마저 나오게 되었다. 역시 오랜 전통의 중국에서 볼 수 있는 일이기도 했다.

전통과 근대화라는 함수관계는 중국뿐만 아니라 일본에서도 그 나름으로 상관성있게 전개되었고 한국에서도 간혹 이 문제에 대해서 조심성있게 관심을 갖게 되기도 했다. 전통을 그 사회의 어떤 위치에 두어야 하는가는 그 사회의 여러 가지 여건과 더불어 잘 처리하여야 할 문제이다.

(11) 전통의 매력

외래문화의 충격이 크면 클수록 전통문화에 대한 부정도 거센 것이다. 그러나 그 외래문화가 다시 전통화되어 가는 과정에서는 종래의 전통에 대한 향수가 적지 않은 것 같다. 그런데 전통문화의 향수에서는 으레 평가가 뒤따른다.

동아시아에서도 이와 같은 과정이 있었다. 1919년의 5·4운동기의 중국에서는 전통학문인 유교에 대한 반대가 거세게 일어났고 이로 인하여 사회의 여러 봉건적 잔재를 부정하는 운동이 벌어졌다. 주로 외국에서 공부하고 돌아온 신학파(新學派)의 젊은 세대들에 의해서 주도되었는가 하면 한편에서는 마침 유행하기 시작하던 공산주의 운동의 일환에서도 추진되었다. 일본에서도 이와 비슷한 경향이 있었지만 한국에서는 일본의 식민지정책에 의하여 오히려 봉건적인 체제를 어느 정도 강요당하고 있었다. 일본이 근대화를 추진중이었다고 하지만 전근대적인 군주체제와 별다른 변질이 없는 사회구조를 지니고 있었기 때문이다.

의식의 세계는 하루 아침에 고쳐질 수 없는 것이다. 체제는 하루 만에 정반대로 곤두박질할 수 있지만 의식은 최소한 한 세대를 지나야만 바로 잡혀질 수 있다.

여기에서 새로운 것과 전통적인 것의 혼융(混融)과 가치설정의 갈등 내지 모순까지도 초래된다. 이에 아무리 전통을 부정하는 입장을 취해도 무의식중에 전통적인 면이 강하게 작용될 수 있고 이른바 전통을 고집하는 측에서도 반정통적인 행위를 서슴지 않고 저지르는 경우도 있게 된다. 사상의 혼매(昏昧)가 행위로 나타나는 것이다.

이러한 사정은 전통이 단속적이고 희미한 곳에서는 오랫동안 겪어야 하는 시련이고 반대로 전통이 영속적이고 굵직한 민족에게는 비교적 단시일 안에 극복될 수 있는 것이다.

중국·한국·일본 등과 같이 지속적인 문화전통과 슬기를 가진 동아시아에서는 타율적인 장애에 의해서 어쩔 수 없이 지장을 받았지만 새로운 것과 전통적인 것의 옳고 그릇됨을 식별해서 자기들에게 알맞게 적응시킬 수 있었다. 전통의 매력과 올바른 전승도 여기에서 나왔다.

(12) 구학(舊學)의 재평가

근대화를 서구화·자본주의화로만 오인한 시절이 있었다. 그래서 이 무렵에 전통적인 학문을 지키고 이를 발전시키기 위해서 노력하는 대상을 구학(舊學)이라고 하여 돌보지 않았다. 물론 시대는 급속도로 격변해 가는데 어쩌면 필연적으로 달라지는 그 시대상을 외면한 채 보수적·배타적으로 전통학문만을 고수한다는 일은 비판되어야 하겠지만, 전통학문을 근대적인 안목에서 재조명하고 다시 해석하는 상대까지도 구학으로 몰아붙이는 일이 있었다. 전통의 완전한 단절만을 근대화로 알았던 시행착오의 한 성향이었다.

그렇지만 일부의 이른바 구학측에서는 자기들 나름의 신조에 의해서 무너져가는 전통학문의 마지막 보루를 지키기 위해서 몸과 마음을 다 바쳤다. 아울러 전통학문을 아무런 속박과 전제 없이 새롭게 인식하고 해석하며 재정립하는 데 노력했다. 돌보지 않는 세계를 어떤 보상도 없이 이어받아 다시 가꾸고 있는 것이다.

그런데 얼마 전부터 동아시아가 동아시아다운 것이 무엇인가라는 문제가 새삼스럽게 제기되기 시작하면서 구학의 세계에 자못 관심이 돌려졌다. 토인비가 세계의 문화전통을 여러 범주로 구분 설정하면서 동아시아의 특수한 전통을 내세웠음은 이미 잘 알려진 사실이지만 이 토인비의 설정이 새로운 것이 못된다는 것도 다 알고 있는 일이다. 오늘날의 세계가 옛날과 같은 여러 조각의 세계가 아니라 하나의 세계로 되어간다고 하여도, 전통에서는 여전히 여러 조각의 특수성을 가지고 있기 마련이다. 여기에서 동아시아의 전통을 직감적으로 대변할 수 있는 구학의 세계가 주목된 것이다.

아이러니컬한 것은 이러한 경향이 구미 지역 학계에서 대두되고 있다는 사실이다. 상황의 판단과 어떤 평가는 밖에서 보는 것이 안에서 보는 것보다 객관성이 있고 포괄성이 있기 때문인지도 모른다. 물론 얼마 전부터 우리 전통에 대한 재인식이 고조되어 재개발되고 있지만 동아시아 안에서보다도 밖에서 조명되고, 재평가되고 있다는 것은 우리로 하여금 다시 한번 생각하게 하는 일이라고 하겠다.

나머지 말

동아시아는 백 년 남짓한 동안의 굴욕기를 겪었다. 수천 년의 역사시대에서 보면 얼마 안되는 기간이라고 말할 수 있겠지만 급변하는 현대사회이고 보면 동아시아사의 태반으로 삼을 수도 있다.

그러나 동아시아는 다시 일어나고 있다. 오랜 전통과 굳건한 의지를 바탕으로 재기중에 있다. 여기에서 내 것에 대한 슬기로운 재정립도 뒤따라야 한다. 한때 강성했고 그 시대에 꽃피웠던 문화가 전승되지 못한 채 사라져 버린 이른바 사문화(死文化)의 예를 우리는 잘 알고 있다.

전통을 이어받되 현실에 알맞게 적응시키고, 그 전통을 바탕으로 새롭게 창조할 줄 아는 지혜가 오늘날과 내일의 동아시아를 비약시키는 슬기라고 믿는다.

(『대학생과 학문』, 대학생활전서 1, 1981년)

4. 귀신과 마귀

— 아시아의 인간과 자연관계 —

파미르고원은 아시아를 여러 조각으로 나누는 분수령 구실을 하고 있다. 그 중에서도 동아시아적인 환경과 서남아시아적인 자연조건은 너무나도 대조적이다.

집에서 멀고 먼 곳에 가더라도 산과 물이 있고 숲과 꽃을 대할 수 있는 동아시아의 자연과 장막에서 몇 걸음만 벗어나도 더위와 모래에 시달리고 기껏 있어야 황무지뿐인 서남아시아의 지형과는 판이한 풍경이다. 여기에서 동아시아는 인간과 자연이 서로 돕고 사는 연대적인 세계이지만 서남아시아는 자연과 사람이 늘 적대관계인 상대적인 세계이다. 다시 말하면, 동쪽에서는 현세가 바람직스러운 긍정적인 곳이지만 서남방에서는 이승이 견디기 어려운 부정적인 땅이다.

동아시아에서는 현실주의와 이에 부연된 공간의 문화가 지속적으로 발달했고 서남아시아에서는 내세주의에 입각한 시간의 문화가 영속적으로 전개되었다. 산과 물, 꽃과 새 등을 소재로 한 예술작품도 현실의 미를 구도한 동아시아에서의 착상과 복된 내세를 의미하는 서남아시아에서의 희구는 결코 같을 수가 없다.

귀신과 마귀는 아주 다른 세계의 한 단면을 보여 주는 의인적인 표현들이다. 귀신과 마귀의 정의를 따지자면 거창한 문제가 될 수 있지만 일반적으로 상용되는 바에 의하면, 귀신은 사람에게 화목을 주는 정령으로서 죽은 사람의 넋과 잡된 신 아울러 도깨비까지도 총칭하는 것이다. 아울러 악마라고도 말하는 마귀는 요사스럽고 심술궂으며 잘되는 일을 언제나 방해만 하는 것이다.

그런데 귀신은 사람들에게 해를 끼칠 때는 어김없이 원귀로 등장한다. 그것도 사람이 제겁에 놀라서 소동을 일으키는 것이 보통이다. 하여간 이 원귀는 그 사무친 원한을 풀어주면 다시 나타나지 않는다. 사람들이 달래고 위로해 주면 모든 귀신들도 사람에게 해를 끼치지 않을 뿐만 아니라 도리어 사람의 능력으로서는 될 수 없는 일을 이루어지도록 도와준다. 반대로 마귀는 원초적으로 악의 덩어리이기 때문에 사람과 타협이 될 수 없음은 물론 모든 일, 특히 선한 일에 대해서 언제나 시기하고 질투하며 이루어지지 못하도록 훼방만 부린다. 우리의 전설 속에 나오는 순진스러운 귀신, 중국의 전기소설에서 주인공이 되기도 하는 익살스러운 귀신과 『서유기』에 등장하는 서역의 마귀, 예수와 석가모니의 깨침 직전에 이를 방해하고 공갈하는 마귀 등은 우리가 잘 알고 있는 대조적인 모습들이다.

이렇게 보면 귀신은 동아시아적인 속성이고 마귀는 서남아시아적인 산물이다. 선과 악이 평행되기만 하는 서남아시아적인 이원적인 선악관에 대해서 완전치 못한 선과 불완전한 악이 피차 수정될 수 있는 동아시아적인 선악관은 귀신과 마귀의 생리로서도 설명될 수 있다. 그리고 중국에서의 유학의 성선설과 성악설, 페르시아의 조로아스터교와 마니교에서의 선신과 악신, 유태교의 원죄설, 힌두교와 불교의 윤회사상, 이슬람교의 도그마적인 이원세계들을 가지고도 동아시아와 서남아시아적인 두 범주로 유형화시킬 수 있다.

하기야 아시아를 사랑의 철학과 신앙의 세계로 묶을 수도 있다. 즉 인(仁), 자비, 사랑, 우애라는 공통점이 없는 것은 아니다. 그러나 어진 마음으로 서로가 돕고 어울려서 이상적인 사회를 이룬다는 동아시아의 지속적인 일원세계에 비해서 내편이 아니면 적이라는 아라비아적 (이슬람교) 사고, 너와 나는 같은 처지가 될 수 없다는 인도적 (힌두교) 사유와 같은 서남아시아의 이원세계가 다시 굳어져 가고 있는 것 같다. 그리고 이러한 이원적인 유형은 서남아시아에서 유럽에까지 영향을 주기도 했다.

그러면 종래 동아시아에서 흔히 말하는 간악한 마귀의 개념은 어디에서 유래한 것인가. 두말할 것도 없이 불교와 기독교의 영향에서 온 외래적인 요소들이다.

역사을 이해하는데 고금의 시간적인 것도 중요하지만 지리·환경과 같은 공간적인 요소도 소홀히 할 수 없다. 특히 아시아사와 문화의 특질을 이해하는 데에는 불가피한 일이다. 귀신과 마귀의 세계는 바로 이러한 차원의 두 모습이기도 하다.

(『연세사학회보』 2호, 1980년)

5. 중국인 본연의 모습

오늘의 중국은 960만km^2 걸친 넓은 땅에 10억이 넘는 인구가 살고 있다. 이들은 전체 인구의 94%에 이르는 한민족(漢民族)과 54종의 소수민족으로 형성되어 있을 뿐만 아니라, 환경마저 각기 다른 여러 지역에서 생활하고 있다. 그러나 약 4천 년 전에 황하 중류에서 역사시대가 시작된 이후 오늘날까지 중국의 주인공이 한민족이었으므로, 그들의 사고유형이 중국인의 모습이 될 것은 당연하다.

중국인의 모습을 여러 측면에서 찾아볼 수 있다. 대체로 보아서 극소수의 지배층과 그 밖의 피지배층의 상황에서 볼 수 있고, 전 인구의 5분의 4가 사는 농촌과 5분의 1이 거주하는 도시 생활에서도 찾아볼 수 있을 것이다. 그러나 한민족이면 누구나 공통되다고 볼 수 있는 사고방식이나 기질이 있다면, 개체주의, 대외문화에 대한 긍지, 역사의식, 사회생활과 자연 관계에서의 조화성, 현실주의, 명분과 체면[面子]의 존중, 신의, 성실성, 형식주의……등을 들 수 있을 것이다. 이 중에는 중국인의 장점이 될 수 있는 것이 있고, 반면 단점이 될 수도 있는 것이 있지만, 어쨌든 이러한 사고방식과 기질이 오늘날까지 지속되고 있는 국민성이기도 하다. 물론 이와 같은 중국인의 모습은 역사시대만 해도 4천 년이나 되는 동안의 생활양식과 농업환경, 그리고 대외관계에서 체질화된 것이기도 하다.

그러면 중국인의 사고방식과 기질이 국민성으로 굳어지게 된 사정을 역사적으로 살펴보기로 하자.

역사시대에 접어들면서 농업을 영위해 온 한민족은 자위상 성곽을 쌓고 살았다. 중국에서 17세기까지 구축된 4,478개소의 성곽은 곧 한민족이 황하 중류에서 확산되어 갔던 것을 의미하기도 한다. 처음에 혈연적인 성씨를 단위로 성립되기 시작했고 보면, 폐쇄적인 성곽과 가족 나아가서 종족의 상관성은 중국인의 개체주의적 경향을 고조시킨 결과가 됐다. 성씨와 종족은 자연스럽게 민족으로 연장되어야 함에도 불구하고, 또 그들이 언제나 한민족은 황제(黃帝)의 혈연적·문화적인 후예라고 말하면서도, 개체의 이해와 직결되지 않는 한 민족의 공동체적인 의식은 희박했다. 중국의 천하관념(天下觀念), 곧 세계관에서 민족이나 국가관념이 희박했던 한 이유도 여기에서 연유했다고 볼 수 있다.

하기야 이러한 관념도 이민족의 침략을 받게 되면서 차츰 민족적 자각과 중국이라는 국가관이 싹트게 됐지만, 기본적으로 혈연적인 가족·종족 중심의 개체주의적 사고방식이 중국인의 생활의식에서 큰 비중을 차지하게 됐다. 조상숭배와 대가족제도도 이러한 과정에서 발달했다.

또 중국인들의 본거지인 황하 중류 유역보다도 몇십 배 넓은 강역을 차지하고 살게 되자, 지대물박((地大物博)을 자랑하게 됐다. 세계에서 가장 넓은 땅을 차지하고 있고 생활에 필요한 생산품이 풍부해 아쉬움이 없다는 표현이었다. 자급자족에 만족하고 있었다는 말이기도 하다. 더욱이 한 민족이, 한 지역에서, 반만 년 동안이나 고도한 문화전통을 지속적으로 향유 발전시켜온 데에서 나타난 문화적인 긍지 또한 대단하다.

따라서 세계에서 가장 힘이 있고 가장 뛰어난 문화를 가지고 있다는 자만스러운 자존심을 갖게 됐다. 그 결과, 외래문화를 제한 없이 받아들였지만, 언제나 자기들의 문화적 취약점을 보완시킬 수 있을 만한 종교(불교)와 통치체제(근대적 공화정)만이 뿌리를 내렸을 뿐, 그 밖의 문화 요소를 외면하기에 이르게 됐다. 오늘날 세계 각지에 흩어져 살고 있는 화교들이 자기 말과 습속을 대를 이어서 지키고 있는 것은 이같은 문화적 자존의 계승이라고 말할 수 있을 것이다.

한편 그들은 오랫동안의 삶의 경험에 법칙적인 이론이 곁들여진 역사관을 정립시켰다. 여기에서 왕조의 흥망이나 시대의 득실, 그리고 문화의 성쇠는 현실의 거울에 비치는 역사의 반복된 영상으로 알았다. 역사란 언제나 되풀이되는 순환적인 것이고 현실에서의 과오는 뒷날의 역사에서 언제나 지탄받는다는 교훈이기도 했고 보면, 역사에 대한 두려움과 역사발전에 거는 기대야말로 중국인 누구에게나, 특히 불우한 입장에서 갖고 있던 대망(待望)이었다.

그리고 오랜 역사적 경험은 그들에게 절충과 융합의 지혜를 깨닫게 했다. 즉, 인간관계에서는 중용(中庸)에 노력하게 됐고, 대 자연관계에서는 조화를 모색하게 됐다. 중용은 지배층의 이데올로기인 유학의 경우 철학의 궁극적 덕목이 됐고, 사회생활에서는 화합의 모델이 됐다. 이어 자연과의 조화는, 자연의 섭리를 가장 절실하게 알아차렸던 농업국가의 그들이었기에, 조화야말로 생활을 영위하는 묘미이기도 했다.

아울러 중국인들은 가장 현실적인 민족이다. 그러나 중국에서 발생한 설화나 종교(도교)에 미래관이 없다는 데서도 알 수 있거니와, 그들의 현실적인 사고는 공간적일 뿐 시간적이지 못했다. 중국인들의 불로(不老)도 이승에서의 장생(長生)이지 사후의 부활이 아니었다. 이러한 현실성은 사계절이 있고 자연과 사람 사이에 거리감없이 일체감이 있었던 자연환경에서 연유하는 바가 많았다. 서아시아, 남아시아에서와 같이 사람과 자연이 격리된 이원적인 자연환경에서 일어난 이원적인 사고유형과는 사정이 달랐다.

중국인들이 사적으로는 체면을 중시하고 공적으로 명분을 내세우는 것은, 어떻게 보면 그들의 자존심에서 나온 것이라고 볼 수도 있지만, 복잡했던 사회생활과 중국을 대표할 수 있는 유교적인 영향에서 연유하기도 한다.

중국인들이 존중하는 신의도 무시할 수 없다. 웬만한 일이면 계약문서 못지 않게 구두로 맺은 약속이 잘 지켜지고, 한번 믿으면 끊이지 않는 우의로 발전된다는 일은 누구나 잘 알고 있는 일이다.

또한 그들은 성실하기 짝이 없다. 자기에게 주어진 일, 자기들이 영위하는 직업에 묵묵히 노력하고 이를 지켜나갈 뿐만 아니라 이를 감내한다. 이런 성실도 농업환경에서 연유하지만, 직업에 대한 감내는 일종의 현실적인 체념이기도 했다. 종래 중국인들이 대부분 자기의 직업을 마음대로 바꿀 수 없었던 신분적인 고정 때문에 직업을 천부의 숙명으로 알 수밖에 없었던 사정에서 기인한다. 신분질서의 존중도 여기에서 파생했다.

중국인들은 또 형식을 내실 못지 않게 중요시했다. 형식이 없으면 내실도 있을 수 없다는 논법이다. 여기에서 예법을 주요시하기에 이르렀다.

여하간 위에 거론한 중국인들의 모습은 모두 한민족의 애초 모습이라기보다는 그들이 오랫동안 사람들과 어울리고 자연과 관계하면서 살아 온 경험과 그들을 도덕적으로 지도한다는 명목으로 지배해 온 유교적 이데올로기와 이에 못지 않게 많은 영향을 준 도교, 불교의 공리적인 신앙, 그리고 대외관계에서 스스로 굳어진 것들이다. 따라서, 그들의 사회생활이 달라지고 지도이념이 바뀌며 대외관계의 사정이 변하게 되면, 그들의 사고방식, 기질, 국민성도 상당히 변질될 것은 두말할 나위가 없다. 선천적 체질이 아닌 후천적 기질이기 때문이다. 그러나 이러한 변질은 단시일 안에는 불가능하다. 이것 역시 역사적 경험에 의해서 서서히 바뀌되, 아무래도 지난 역사적 경험의 몇 분의 일쯤은 되어야 하지 않을까 여겨진다.

(『럭키금성그룹』 71호, 1984년 5월)

6. 중국의 선사문화

20세기에 들어와 광범위한 선사시대의 유적이 발굴 조사되면서 중국의 선사문화는 어느 정도 윤곽이 드러나게 되었고, 이 문화가 초기 문명단계와 연속성을 갖고 있는 것도 밝혀졌다.

중국에서 인류의 활동이 최초로 확인되는 시기는 약 170만 년 전으로서, 1965년 운남성 원모현(元謀縣) 상나치(上那峙)에서 발견된 원모인(元謀人)이 그 주인공이다. 원모인은 앞니 2개가 발견되었을 뿐이나 대체로 원인(猿人) 단계에 속하는 것이 분명하고, 불을 사용하고 있었다고 한다. 이 밖에도 백만 년 전 이상의 인류의 활동을 전하는 유적·유물이 산서성 예성현(芮城縣) 서후도(西侯度)와 하북성 상간하(桑干河) 유역의 이하만(泥河灣) 부근에서 각각 발견되었으나, 조기 구석기문화의 주인공으로 가장 많이 알려진 것은 남전원인(藍田原人)과 북경원인(北京原人)이다. 1963년에서 1964년에 걸쳐 섬서성 남전현에서 발견된 남전원인은 대체로 60 내지 80만 년 전의 것으로, 1927년 하북성 북경 주구점(周口店)에서 발견된 북경원인은 약 50만 년 전의 것으로 추정된다. 여기서는 불을 사용한 흔적과 석영제의 타제석기도 다수 확인되었으며, 특히 두개골과 악골(顎骨)의 화석이 발견되어 당시 원인(原人)의 특징도 복원할 수 있었다.

중기의 구석기시대(20만 년~10만 년 전)는 1954년 산서성 양분현(襄汾縣) 정촌(丁村)에서 발굴된 정촌인과 1958년 광동성 소관시(韶關市) 마파향(馬壩鄉)에서 발견된 마파인의 문화가 대표적이다(1970년 현재). 호북성의 장양인(長陽人)도 이 시대의 것이다. 여기에서는 고인(古人)에 가까운 인골들이 발견되었고 그들의 석기도 나왔으나 그 밖의 문화 유물들은 풍부하지 못하다. 견해에 따라서는 마파인을 북경원인과 관계시키기도 하고 정촌인을 만기(晚期)의 오르도스인, 현재의 몽골인종과 연관시키기도 한다. 특히 산서성에서는 이와 같은 중기 구석기시대의 유적이 100개소나 발견되었다고 전한다.

만기의 구석기시대(3만 5천 년~1만 년 전)는 1923년에서 1964년에 걸쳐서 내몽골의 오르도스에서 발견된 오르도스인, 1933~34년 주구점 산정동(山頂洞)에서 발굴된 산정동인, 1956년 광서성 내빈현(來賓縣) 기린산(麒麟山)에서 나온 기린산인, 1958년 광서성 유강현(柳江縣)에서 나온 유강인 등으로 대표되고, 1951년 사천성 자양현(資陽縣)에서 찾아낸 자양인도 이 시기에 해당된다고는 하지만 문제가 없지도 않다. 이들은 화석현생인류라고 불릴 정도로 현생인류와 같은 신인(新人)이었고, 여전히 수렵과 채집의 단계에 있었지만 장신구를 사용할 만큼 생활도 풍부했다.

한편 위와 같은 구석기시대의 문화와 다르고, 후술할 신석기시대의 문화와도 다른 중석기시대(1만 년~5천 년 전)가 있다. 1955~56년에 섬서성 조읍현(朝邑縣)과 대여현(大荔縣) 부근의 사원(沙苑)이라는 사구지대(砂丘地帶)에서 발견된 사원문화가 그것이다. 한때는 동북 변두리 북부와 광서방면에서도 발견되었다고 하지만, 요사이에 와서는 부정되고 있다. 이 사원문화는 구석기시대의 수렵문화와 비슷한 일종의 수렵문화였지만, 구석기시대의 묵직한 타제석기에 비해서 각종의 세석기(細石器)와 원시적인 흔적이 많은 박편식기(剝片石器)를 사용하였고, 농경문화인 신석기시대의 토기와 마제석기와는 또 다른 문화기였다. 이러한 중석기시대의 유적은 사원 이외에도 하남성 허창현(許昌縣)의 영정(靈井)과 서장(西藏) 섭납목현(聶拉木縣)에서 발견되었고 유물의 출토도 구석기시대의 유적에서 보다 훨씬 많은 양이 발견되었다.

중국 신석기문화의 상한은 최근 하남성 자산(磁山)·배리강(裴李崗)지구의 유적이 발굴됨에 따라 기원전 7천 년경까지 소급되는 것이 확인되었고, 현재 약 6천 개소 이상의 신석기 유적이 각처에 발굴되어 그 내용은 상당히 풍부해졌으나, 각 유적의 문화적 계통적인 이해는 오히려 더욱 어렵게 되었다. 종래 화북(華北)의 신석기문화는 앙소문화(仰韶文化)와 용산문화(龍山文化)의 두 계통으로 이해되었다.

1921년 하남성 민지현(澠池縣)의 앙소촌(仰韶村) 부근에서 채색토기(彩陶)와 함께 농구용인 마제석기 및 기타 일상용품이 발견되었다. 일반적으로 이 앙소문화를 채도와 직결시키고 있지만, 채도는 연대적으로 지역적으로 실질적인 앙소문화의 범위를 훨씬 초월하고 있다. 그렇기 때문에 앙소문화는 채도를 당시의 중요한 문화적 요소로 보되, 그 밖의 여러 문화요소가 복합되어 있었다고 보아야 옳을 것이다. 하여간 이 앙소문화는 그 후 앙소촌에서만이 아니라 섬서성 서안시(西安市)의 반파(半坡)와 하남성 섬현(陜縣) 묘저구(廟底溝)를 비롯한 산서성에까지 확대되어서 1천 개소 이상이 발견되었다.

또 용산문화는 1930~31년 산동성 용산진(龍山鎭) 성자애(城子崖)에서 발견된 흑색토기(黑陶)와 마제농구의 석기·패기(貝器)·골각기(骨角器) 등 한 무더기의 농경 문화유물에서 비롯된다. 이 용산문화도 그 후 지역적으로는 산동반도를 중심으로 요동지방과 강소(江蘇) 북부에 미치고 하남성 묘저구에서 발견되었는가 하면 연대적으로 은대(殷代)까지 연결되기도 한다. 용산문화와 흑도도 그대로 직결시켜서 이해해서는 안된다. 앙소문화와 채도와의 관계성과 같기 때문이다.

그런데 중국과학원 고고연구소에서 이루어진 방사성탄소의 연대측정에 의하면 앙소문화는 기원전 4000년에서 3000년, 용산문화는 기원전 2000년 전후였다고 하지만, 이와 같은 연대측정을 기다리지 않고도 앙소문화가 먼저 있었고 이 문화적 기반에서 용산문화가 발달했다는 것은 1956~57년에 발굴된 묘저구의 조사에서 확인되었다. 물론 초기에는 채도를 서아시아의 원시농경문화의 영향으로 보려는 경향도 없지 않았으나, 앙소문화의 단계적인 발전이 확인됨에 따라 황하유역에서 독자적으로 일어난 토착문화라는 것이 밝혀졌다.

이처럼 앙소문화의 독자적인 기원, 시대적인 선후가 해명되었지만, 앙소문화에 용산문화가 직접 연결되는 것은 아니다. 최근 고고학의 발굴성과가 집적되면서 산동성을 중심으로 한 대문구문화(大汶口文化)의 계통이 새로이 설정되었고, 이것이 하남성 이서(以西)의 앙소문화와 대체로 비슷한 시기에 독특한 문화를 형성하면서 용산문화의 전단계를 이루었다는 견해가 유력해지고 있다. 이에 따라 용산문화도 하남 용산문화와 산동 용산문화로 다시 분류되었다. 어쨌든 이러한 여러 문화 계열은 보리·피·기장 등을 재배하는 농경문화가 적어도 기원전 5000년경부터 화북지방에 존재하였음을 말해주는 것이며, 이들 문화의 기본적인 유산은 화북의 초기 문명단계인 하은(夏殷)으로 연결, 계승되었다.

한편 양자강과 그 지류, 그리고 회하(淮河) 유역에서도 상당히 발달한 신석기문화가 일찍부터 발전하였다. 이 화남지방의 선사문화는 문화적 요소가 복잡해서 그 계통을 분류하기가 쉽지 않지만, 절강성 여요현(余姚縣)에서 확인된 하모도문화(河姆渡文化), 절강성 가흥현(嘉興縣)에서 발견된 마가빈문화(馬家濱文化)는 대체로 기원전 5000년경까지 소급되며, 이 밖에도 양자강·한수(漢水) 지구의 굴가령문화(屈家嶺文化), 양자강·회하 지구의 청련강문화(靑蓮岡文化), 절강성 북부, 강소(江蘇) 남부의 양저문화(良渚文化), 양자강 하류지구의 호숙문화(湖熟文化), 양자강 하류지역에서 동남연안(東南沿岸) 지구에 걸친 인문도문화(印文陶文化) 등이 각각 독특한 발전을 보이고 있다.

이중에서도 굴가령문화와 청련강문화는 황하유역의 앙소문화의 말기, 혹은 용산문화의 초기에 해당되고, 양저문화는 용산문화와 같은 시기가 아니면 약간 늦은 시기이며, 호숙문화는 분명히 은대까지 내려온다고 한다. 그런데 이들 문화에서는 벼의 재배가 북방의 보리농사와 현저한 차이가 있었다.

위에 말한 중국의 신석기시대의 모계적인 요소가 남아 있었던 앙소문화기를 지나 용산문화기에 이르면 부계적인 요소가 지배적으로 되었다. 화남지방의 문화권에서는 모계씨족제에서 부계씨족제로 넘어가는 과도기가 대부분이었다. 이러한 원시 씨족공동체는 장차 청동기시대에 들어가면서 완전히 붕괴되었다.

(『개관 동양사』, 1980년)

7. 중국 청동기문화의 발전

여러 계통의 신석기문화 중 제일 먼저 청동기 기술을 발명하여 문명단계로 들어간 것은 황하유역이었다. 중국의 청동기문화는 1920년에서 1930년대에 은(殷)의 마지막 도성이었던 하남성 안양현(安陽縣)의 은허(殷墟)가 발굴되면서 그 면모가 드러나기 시작하였다. 그러나 은허의 청동기문화는 너무 완숙한 것이었고 당시에는 아직 그 전단계의 청동기문화가 확인되지 않았기 때문에 이것이 서방의 메소포타미아 청동기문화의 전래, 또는 그 영향을 받아 성립된 것이라는 설명도 있었다. 최근에는 안양기(安陽期) 이전의 청동기문화의 존재가 확인되면서 중국 청동기문화도 신석기문화의 전통 위에서 독자적으로 발전한 것이 밝혀졌다.

현재 최초의 청동기문화의 유적지로 알려지고 있는 것은 하남성 언사현(偃師縣) 이리두(二里頭) 유적이다. 여기서 하남 용산문화층 위에 청동기를 포함한 각종 유물이 출토되었을 뿐 아니라 상당한 규모의 궁전유지(동서 약 108m, 남단 약 100m)와 주거지도 발견되었다. 이 유적의 연대는 대체로 기원전 1600년경으로 추정되는데, 그 후 이 부근 일대에서 이와 비슷한 문화 유형이 계속 발견되어, 이것을 이리두문화로 부르게 되었다. 따라서 이리두문화는 중국 최초의 청동기문화라 하겠는데, 비록 이 문화형에서 발견된 청동기의 양도 많지 않고 그 기술도 조야한 단계였지만, 이보다 선행하는 단계를 인정한다면 중국 청동기문화는 대체로 기원전 2000년경부터 시작되었을 것으로 보아도 좋을 것이다.

이리두문화는 그 후 더욱 발전하여 정주(鄭州) 이리강문화(二里岡文化)로 연결되었다. 이 문화단계가 되면 청동기의 기술도 더욱 세련되지만 특히 거대한 성벽(4변의 길이가 약 7,200m)과 각종 수공업 작업장의 존재는 이미 상당한 정치권력을 중심으로 한 사회조직이 발전하였음을 말해 주는 것이다. 정주문화는 대체로 안양기의 전단계에 속하는데, 이와 비슷한 시기의 유적이 호북성 황파현(黃坡縣) 반룡성(盤龍城)을 비롯한 양자강 유역의 여러 곳에서도 발견되고 있어, 정주성(鄭州城)의 지배자는 상당히 광범위한 지역에 걸쳐 정치적·문화적인 구심점으로 기능한 것으로 추측된다. 이러한 정치권력은 용산문화 말기 이래로 꾸준히 성장한 것이겠지만, 청동기무기로 무장한 집단이 주변의 부족을 정복 통합한 결과로 이해하지 않을 수 없으며, 안양을 중심으로 번영한 은대 만기(晚期)의 청동기문화는 이리두·정주문화를 계승 발전시킨 것이 분명하다.

이와 같은 청동기문화가 황하유역을 중심으로 발전한 것은 이 지역의 지리적 조건을 배경으로 한 것이며, 특히 황토지대라는 특성이 크게 작용하였다. 황토지대는 두 가지 요인에 의해 형성되었다. 즉 북방의 사막에서 바람을 타고 날아온 암석의 가루가 쌓여서 형성된 초생황토(初生黃土)와 하류의 범람으로 퇴적된 차생황토(次生黃土)가 그것이다. 황토의 분포는 감숙·섬서·산서·하남을 중심으로 대개 132만 4천km^{2}에 걸쳐 있고 평균 20 내지 30m(어떤 경우에는 100m도 있다)의 퇴적층을 이루고 있다. 그리고 이 황토층은 직경 0.05mm 이하의 암석의 미립자인 황토로 형성되었기 때문에 통기성(通氣性)과 투수성(透水性)을 가진 토질로서 별다른 시비 없이도 식물이 잘 자랄 수 있고, 또 단순한 농구로써도 쉽게 경작할 수가 있어 농경지로서는 으뜸가는 조건을 가지고 있다.

그런데 황토층의 형성과정에서 마침 초생황토가 이룩되었을 무렵 화북지방에 큰 기후 변동이 일어났다. 기후가 차츰 온화해지고 강우량이 많아져서 이 황토층을 뚫고 흐르는 황하가 형성되었다. 황하의 범람은 차생황토층을 이루었는가 하면 여러 차례 물줄기의 변동을 가져오기도 했다.

이렇게 형성된 황하유역은 그 밖의 지역에 비해서 유리한 조건들을 가지고 있었다. 다시 말하면 문명이 일어날 수 있는 좋은 상황들을 구비하고 있었다. 첫째는 살기 좋은 환경에 있었고, 둘째는 토질과 수량이 정착농경에 알맞았으며, 셋째는 농경에 알맞은 기후와 농작물의 재배에 적당한 곳이었다. 이와 같은 지리적 조건에 의해서 선사시대의 문화도 발전하였지만, 이것이 결국 다른 지역에 비해서 이 지역이 가장 먼저 청동기문화를 발전시킬 수 있었던 배경이라 하겠다.

이와 같이 중국의 초기 문명은 선사시대 이래 장기간에 걸쳐 단계적으로 발전한 것인데 전통시대의 중국인들은 이것을 고제왕(古帝王)의 문화창조과정으로 설명해온 바, 이것이 이른바 3황5제(三皇五帝)의 전승이다.

3황5제 전설은 중국의 고전 중에서 몇 갈래의 계열을 가지고 있어서 일정하지 않지만 일반적인 점에 의해서 설명하여 보면 다음과 같다.

즉, 수인씨(隧人氏)·복희씨(伏犧氏)·신농씨(神農氏)로 대표되는 3황은 초인간적인 지혜와 능력을 가지고, 황하문명의 원초적인 틀을 마련했다고 한다. 수인씨는 불을 발명해서 자식(煮食)하는 법을 알게 했으며 추위로부터 보호를 받게 했고, 복희씨는 수렵의 기술을 창안했는가 하면, 신농씨는 농경생활을 가르쳤다고 한다. 한민족의 생활의 수단과 방법을 단계적으로 창조한 황하 문명의 바탕을 구축했다는 것이다.

그리고 황제(黃帝)·전욱(顓頊)·제곡(帝嚳)·요(堯)·순(舜)으로 대표되는 5제는 3황이 다져놓은 문명의 바탕 위에서 문자 그대로의 황하문명을 발전시켰다고 한다. 황제는 중국의 모든 문물제도를 최초로 마련하였고, 그 후를 계승한 4제는 이 황제의 정신과 정치방침에 의해서 이들을 더욱 발전시켰다고 전한다. 이에 황제는 한(漢)민족의 공동 조상임과 동시에 중국문명의 사실상의 창시자로 여겨지게 되었다.

오늘날 이러한 전승을 모두 가공적인 허구로 단정하는 사람도 많지만, 5제 전설에 관해서는 그 전설이 성립한 배경을 이해하면서 어느 정도 사실성(史實性)을 인정하려는 견해도 있다.

여하간 3황5제 전설이 중국에서의 대표적인 고대설화라고 한다면, 은대로부터 시작되는 역사시대와 고대설화와의 사이에 어중간하게 끼어 있는 하(夏)왕조의 문제가 거론되지 않을 수 없다. 일반적으로는 이 하왕조 역시 전설왕조로 삼고 있으나 5제 전설보다는 사실적이고 특히 이리두문화가 확인되면서 그 실재성을 주장하는 사람이 많아지고 있다.

하왕조 최초의 왕인 우(禹)는 황하의 치수에 공이 많아서 순(舜)으로부터 선양을 받았으나, 우는 선양하지 않고 그 아들인 계(啓)에게 자리를 물려주어 하왕조를 개창했다고 한다.『사기 史記』에는 은대와 마찬가지로 하대의 간단한 세계(世系)와 역사적인 윤곽만이 서술되어 있다.

『사기』와『상서 尙書』및 기타의 중국 고전에 의해 하왕조에 관한 전설을 보면, 사성(姒姓)인 하(夏)는 우(禹)를 시조로 하여 14세 17대가 부자상전되어 472년(『죽서기년 竹書紀年』) 혹은 432년(『삼통력 三統曆』) 동안이나 계속되었다고 한다. 하와 동성(同姓)인 사성(姒姓)의 10여 국이 산서성 남부, 하남성과 섬서성 동부에도 분포되어 있었고 이 사성과 깊은 관계에 있던 유호씨(有扈氏)·짐심씨(斟鄩氏)·곤오씨(昆吾氏)·유우씨(有虞氏) 등도 사성의 분포지에 있었다. 하왕조는 산서성 남부, 하남성 서부 등지에서 자주 자리를 옮겨다니면서 여러 부족과 싸웠다. 자주 천이한 것은 황하의 범람 또는 유리한 환경을 쟁취하기 위한 것이기도 했지만 주위에 있던 부족들의 침략 때문이었다.

즉 당시 하왕조의 도읍이었다고 전하는 것으로는 평양(平陽 혹은 晉陽 : 산서성 臨汾縣의 서쪽)과 안읍(安邑 : 산서성 平陸縣 동북의 虞山)을 비롯하며, 우왕이 있었다고 전하는 양성(陽城 : 산서성 翼城縣의 서방), 계(啓)가 있었다고 하는 황태지구(黃台之丘 : 섬서성 郃陽縣 부근), 균태(鈞台 : 하남성 禹縣), 원(原 : 하남성 濟源縣), 노구(老邱 : 하남성 陳留縣), 서하(西河 : 섬서성 郃陽縣 부근) 등지가 있고 하남성 민지(澠池)와 낙양 부근도 하와 밀접히 관계되어 있다.

하의 2대 왕인 계는 유호씨와 싸웠고, 3대왕인 태강(太康)이 이족(夷族) 후예(后羿)의 공격을 받아 안읍(安邑)을 잃고 짐심씨에 도망하자 후예는 짐심씨를 멸망시킨 후 4대왕 중강(仲康)을 세웠다. 그 후 중강의 아들 상(相)도 상구(商邱 : 하남성 상구현)에 도망갔으나 이족의 침략을 받아 제구(帝邱 : 하남성 濮陽顯)에 피하여 곤오씨에 의탁하게 되었다. 한편 후예는 안읍을 빼앗은 후 군장(君長)이 되어 유궁씨(有窮氏)라고 자칭했으나 신하인 한촉(寒促)에게 살해되었다. 그리고 한촉은 곤오씨에게 의탁하고 있던 상을 공격하여 죽이고 그 아들인 6대왕 소강(少康)을 공격했다. 소강은 외가인 유잉씨(有仍氏)와 순의 후손인 유우씨(有虞氏 : 하남성 虞城縣)의 도움을 받고 동족을 규합해서 한촉을 쳐죽이고 정주를 중심으로 하왕조를 중흥시켰다고 한다. 그 후 하왕조는 정주·낙양 부근에서 동성(同姓) 및 관계가 깊은 부족과 기타의 여러 주위 부족을 연합한 지지세력을 바탕으로 유지되었다. 그런데 정주에서 낙양으로 옮긴 것은 14대 공갑(孔甲)의 무렵이 아니었던가 보고 있으며, 낙양은 하왕조가 멸망할 때까지의 도읍지였을 가능성이 많다고 한다. 공갑의 다음 왕인 15대 고(皐)의 무덤이 낙양 서쪽인 효(殽 : 민지)에 있었다고 전하기 때문이다.

사백 수십 년의 역사를 가졌다고 하는 하왕조가 초기에는 주위 부족으로부터 여러 차례 침략을 받고 도읍지를 옮긴 것은, 후세에 선양(禪讓)이라고 미화된 군장의 선출이 하왕조에 와서 세습된 데 대한 유력한 세력의 반발 때문이었다고 볼 수도 있다. 소강 때 와서 주위 부족의 지지를 얻어서 왕조의 세력을 확립시켰지만, 그 지지세력의 통치와 균형이 무너지면서부터 다시 하의 부족연합체제는 흔들리게 되었다. 이러한 부족연합의 붕괴는 낙양기에 들어서 두드러지게 나타나게 되었는데, 그 중요한 원인은 하남성 동부와 산서성 서부방면에서 차츰 세력을 확충하여 오던 이족인 은나라 선조들의 세력에 의한 것이었다. 은나라의 조상 중 명(冥 : 은의 세계에서 보면, 시조인 계[契]로부터 6세손이고 하은혁명을 이룬 성탕[成湯]에서는 9세조에 해당)이 소강 때 여러 이민족을 초빙하여 연합세력을 구축할 때 초청되어 하의 사공(司空)으로 있으면서 황하의 치수를 했다고 하고, 명의 손자인 상갑미(上甲微) 때에는 주위의 여러 부족을 이끌고 황하 상류쪽으로 진출해서 하에 대항할 만한 세력을 구축하고 있었기 때문이다. 이러한 이족들에 의한 하왕조 세력기반의 분할 흡수가 하 말기의 연합세력 기반의 붕괴를 가져오게 되었다.

하는 그 왕조를 지속하는 동안 초기에는 농경과 수렵이 평행적으로 행해졌으나 차츰 농업생활을 영위하면서 정착적인 생활형태가 굳어졌고 여기에서 혈연의식에 의한 사회조직도 형성되어 갔다. 따라서 종래의 씨족공동체에서 농업공동체로 발전되고, 이러한 과정에서 산서성 해현(解縣)의 염지(鹽池)에 대한 관심도 황토의 필요성과 같이 점고되었다. 이상과 같은 사정은 소강 무렵부터 현저해졌고 이때부터는 연합체제 안에 있던 여러 부족들에 대한 경제적인 요구조건이 많아졌으며, 특히 공갑 이후는 이 요구를 이행하지 않는 주위 부족과의 전쟁이 자주 있게 되었다. 하 말기의 사치스러웠던 왕들의 생활과 방탕했던 그 양상들이 전해 오는 것은 이를 말해 주는 것이다. 동시에 그럴수록 연합세력의 범위에 있던 여러 부족의 이반을 초래하게 되어 드디어 하왕조에 반대하던 가장 유력한 세력이던 은에게 멸망당하게 되었다. 기원전 1562년 무렵에서 기원전 1523년경에 해당된다.

위에 말한 하왕조의 전설과 그 해석은 비단 문헌학적 견지에서만이 아니라 고고학적으로도 충분히 설명될 수 있다. 문헌에서 전하는 하문화와 관계깊은 곳 - 하남성 낙양평원과 등봉(登封)·우현(禹縣) 일대, 그리고 산서성 서남부의 분수(汾水) 중·하류 일대를 조사 발굴한 결과 하대의 도성 및 상당수의 사실과 연결되어 있기 때문이다.

이들 지역은 은대의 전기문화보다도 빠른 신석기문화도 계기적으로 발전한 곳이지만, 특히 문헌상의 하대와 부합되는 이리두문화가 발전한 지역이다. 따라서 하를 하남 용산문화의 만기로 보는 견해도 있지만, 최근에는 하은을 단순한 선후 관계보다는 시간적으로 병렬한 존재로 해석하면서 하의 실재성을 주장하고, 이것을 초기 문명단계로 설정하는 경향이 많다.

(『개관 동양사』, 1980년)

8. 동서교통로의 성격

빙하의 녹은 물이 농산물에 둘도 없는 밑거름이 되는 것과 같이 세계의 지붕인 파미르고원에서 사방으로 밀려내린 눈은 온누리가 갈구하던 애타(愛他)로 승화되었다. 오늘날 세계의 4대 종교인 기독교의 사랑, 이슬람교의 우의, 불교의 자비와 유교의 인(仁)이 그것이다. 모두 히말라야의 가깝고도 먼 지맥(支脈)에서 발생한 것이다.

그런데 이러한 아시아적인 애타가 사해(四海)에 퍼지는 과정은 바로 동서교역의 길을 통해서 가능했다. 동서의 교역이 처음에는 어떤 지점에서 지점으로 이어지는 단거리의 교통길에서 선으로 연장되어 교통로로 발달되고 다시 교역로 주변으로 상권이 확대되면서 그 폭이 넓어졌는데, 세계종교의 전파도 그러했다.

기독교가 지중해연안의 서아시아에서 이룩되어 로마제국시대의 유럽에 전교되고 다시 비단길을 따라 당대(唐代)의 중국에 소개되어 경교(景敎)로 알려졌던 일은 잘 알려진 일이다. 더욱이 인도의 동북쪽 설산(雪山)에서 시작되어 그 차별 없는 자비의 가르침으로 기원후에 들어서 동아시아는 물론 동남아시아의 대륙지역까지 감화시킨 불교도 그러하거니와, 서아시아·중앙아시아와 지중해연안의 아프리카까지를 석권한 이슬람교, 중국문화권만이 아니라 근세유럽에 소개되어 계몽시기의 많은 사상가들에게 적지 않은 영향을 끼친 유교까지도 동서교역의 측면에서 홍통(弘通)된 것이다.

사실, 동서의 교역을 감당했던 교통로는 종래 셋으로 보아왔다. 최초는 흑해의 동북쪽에서 동몽골에 걸친 북위 50°의 초원지대를 B.C. 7~2세기에 걸쳐서 종횡무진했던 스키타이 기마민족의 초원의 길(Steppe - road)이었고, 다음은 B.C. 2

~A.D. 8세기 사이에 대상(隊商)에 의해서 왕래되었던 북위 40°의 이른바 비단길(Silk-road)이었으며 마지막으로 A.D. 8세기 이후 성행했던 북위 20°의 바닷길(Sea-road)를 말했다.

그러나 이 바닷길은 그 노정이나 교통로의 성격상 이를 다시 둘로 구분함이 마땅하다. 즉 8세기 이후 당나라에서 대식(大食)이라고 불리웠던 아라비아의 사라센인이 페르시아만에서 인도양, 말라카해협을 지나서 동남아시아와 남중국의 여러 항구에 이르는 평균 북위 20°선의 동서 해상교통로와 1498년 유럽의 바스코 다 가마가 아프리카 대륙의 남쪽을 돌아서 남반구를 거슬러 인도·동남아시아에 찾아왔던 새 항로와 구별해야 하기 때문이다.

15세기 이후의 이른바 새 항로도 더욱 세분한다면 1869년 수에즈운하가 개통되면서 변경된 또 다른 항로와 구별됨이 마땅하다. 그것은 15세기 이후의 새 항로가 약탈적인 성향이 없던 것은 아니었지만 그래도 교역이었다면 19세기 중엽 이후의 또 다른 항로는 제국주의적 침략으로 변질된 성격상의 현저한 차이가 있기 때문이다. 이렇게 보면 바닷길이라고 범칭되었던 이 바닷길도 크게 보아서는 두 길, 다시 세분하면 세 길로 잡아 볼 수 있을 것이다. 그러나 비단길도 세분하면 여러 길이 있게 마련이기 때문에, 바닷길은 8~15세기의 대식의 길(Saracen-road)과 15세기 이후의 향료의 길(spice-road)로 구분함이 좋을 것이다.

다시 말해서 동서의 교통로는 초원의 길, 비단길, 대식의 길, 향료의 길로 대별할 수 있다. 북반구에서의 동서육상교통로와 남반구에서의 동서해상교통로가 된다고 볼 수 있다.

그리고 위에서 말한 동서교역이 B.C. 7~A.D. 15세기의 2,200년 동안은 대부분 간접적이었으나 15세기 이후는 직접적이었다는 데에도 차이가 있다. 간접교역의 시기는 으레 중계자가 있게 마련이었다. 따라서, 초원의 길 시기는 유목민족인 스키타이 민족에 의해서 알선되었고 비단길 시기에는 오아시스 민족 특히 소구트족에 의해서 거간되었다. 그 후 직접교역이 이루어진 15세기 이후는 유럽상인들이 아시아에 직접 찾아와서 거래하게 되었다. 간접교역시기에 값비싸게 사야만 했던 인도의 면직물, 중국의 명주와 비단, 동남아시아의 향료 등을 유럽상인들은 값싸게 사들여서 막대한 이익을 거두게 되었다.

아울러 이러한 동서의 교역과정에서 피차의 물동량도 기하급수적으로 증가되었다. 수십 필의 말안장에 실어 날랐던 초원의 길 시기의 교역량이, 비단길에서는 한 대상(隊商)이 거느린 200~300마리의 낙타의 등에 의해서 그것도 꼬리를 물고 계속된 이들 대상에 의해 수많은 물량이 오고 갔지만, 교역선에 의한 어마어마한 물동량에 비하면 비교가 되지 않았다. 여기에는 이들의 교역물량을 충분히 공급할 수 있고 또 이들을 수요할 수 있을 만한 생산과 소비의 사회경제적 상황까지도 짐작되는 일이 적지 않다.

(『삼성소식』 7권 9호, 1983년)

9. 유향(乳香)과 사향(絲香)의 인연

1965년 10월 13일, 8세기 중엽에 건립된 불국사 석가탑 속에서, 백지를 접어 밀봉한 세 꾸러미의 유향(儒香)이 나왔다. 이 유향은 유향(乳香)임이 분명하다.

본시 향료는 크게 치료용, 조미용, 부향용(賦香用)으로 나누고 그 소재도 식물성, 동물성, 화학적인 합성 등이 있는데, 유향(乳香)은 상창(傷創)에 듣는 특효약으로도 쓰여지지만 주로 부향(賦香)을 위한 것이었다. 여러 방법의 부향 처리 중에서도 특히 불에 얹어 피우는 분향(焚香)을 위한 향료이다.

그런데 유향(乳香)이라면 으레 연상되는 일이 있다. 그리스도 탄생의 날에 세 사람의 동방박사가 황금·유향·몰약(沒藥)의 보물상자를 제각기 하나씩 받들고 아기 예수를 경배했다는 일이다.

이 유향은 식물성 향료로서 두서너 길 높이의 유향나무 껍질에 상처를 내어 흘러내린 젖빛깔 수액(樹液)을 응결시켜서 만든 것이다. 아라비아반도의 남부연안에서 홍해 연안의 아프리카 북동부에 걸쳐서 주로 생산되고 이 밖에 지중해 연안의 서아시아 내륙과 인도 그리고 동남아에서도 더러 생산된다. 모두 열 가지 종류나 된다.

이러한 유향이 기원전 1세기에 이집트의 알렉산드리아 항구에서 상품으로 포장되어 수출되었고, 중국에는 한 무제(B.C. 140~87) 때 서역에서 보내온 것으로 되어 있다. 비단길을 통해서 들어온 것이다. 그 후 서양에서는 이들 유향들을 시바의 유향이나, 길리앗의 유향으로 구별하였으나 중국을 비롯한 동아시아에서는 반혼향(返魂香)·훈륙향(薫陸香)·유향(儒香) 등으로 불렸을 뿐 산지에 의한 구체적인 구별은 별로 없었다.

　여하간 한대부터 각종 제사와 예배행사에 차츰 분향이 필수적인 예식의 하나로 자리잡게 되면서, 분향에 유향을 쓰는 것을 자랑으로 삼게 되었다. 궁중용에서 불교·도교의 의식에, 다시 민간제례에까지 쓰여지게 되었다. 이에 유향의 소비는 급격하게 증가되었다. 비단길시대에도 결코 적은 물동량이 아니었지만, 8세기 이후, 유향의 생산지를 장악하고 있었던 사라센의 대식(大食) 상인이 대거 찾아들었던 대식의 길(바닷길) 시대부터는 더욱 많은 물량이 동아시아에 공급되었다. 중국에서는 명주·비단·자기와 같은 생산품과 이 유향을 교역하기도 했지만 금·은·동·철과 같은 귀중한 물화를 주고 거래해야만 했다. 어떤 사정으로 한때 이 유향의 공급이 충분치 못할 때에는 동남아시아산의 용뇌향(龍腦香)을 대신 사용하기도 하였으나 이럴 때마다 유향의 값은 천정의 높이만큼 올랐다. 이에 비교적 사기 쉬웠던 18세기 우리나라의 경우 유향 한 근에 은 한 냥 엿 돈이었다고 하니 썩 좋은 명주 한 필의 값이었다. 이렇게 보면 그 이전의 값은 짐작할 만하다.

　따라서 중국에서는 송나라 초기인 10세기 중기(太平興國年間)에 몇 가지의 사치품과 함께 유향의 수입을 금지시키게 되었다. 이를 어겼을 경우는 사소한 범죄라도 장(杖) 60의 벌을 받아야 했다. 그렇지만 유향은 뒷전에서 밀수되어 밀매매되었고 그 값은 더욱 뛰었다.

　그러면 송나라에서 이런 조치를 취할 수밖에 없었던 사정은 어떠했는가. 10세기 중기에서 11세기 초의 송의 총세입이 1,600~2,600여 만 관인데 비해서 유향을 비롯한 각종 향료의 수입이 50만 관 가량이었다. 당시는 송나라가 요(遼)와의 전쟁으로 군사비의 지출에 어려움이 많았을 시기였다. 더욱이 송이 남쪽으로 피난하여 세운 남송시대는 더했다. 향료의 수입이 1년 국가세입의 5~10%까지 이르고 말았다.『송사 宋史』식화지(食貨志)에 의하면 건염(建炎) 4년(1130)에 천주(泉州) 한 항구에서 수입한 유향이 무려 86,780근이나 되었다. 또 월해관지(粤海關志)에 의하면 희녕(熙寧) 9년(1076)~원풍(元豊) 원년(1078)의 3년 동안 광주(廣州) 시박사(市舶司)에서만 확인된 매매량이 34만 8,673근이었다고 한다.

　송나라는 남송 때까지 광주·천주를 비롯한 아홉 군데의 무역항구에 시박사를 두어서 거래되는 무역량에 세금을 부과해서 전매수입과 같이 국가수입을 보충하는 데 노력했지만, 유향사범(乳香事犯)은 늘어만 갔다고 한다. 이에 남송 때는 동남아시아의 여러 나라에서 보내온 유향을 시중에 팔아서 군량을 보충시키는 일까지 있었다.

이렇게 급증한 유향의 물량이 중국의 수요가 늘어났다는 점에도 연유하겠지만 대식 상인들의 활동이 이에 비해서 더욱 활발했고 적극적이었던 일도 잊어서는 안될 것이다. 그리고 이 유향은 중국에서만 무역된 것이 아니라 대식 상인들에 의해서 고려와 일본에서도 거래되었다.

오늘날 우리가 무심코 분향하고 있는 사향도 줄잡아서 2,100여 년 동안이나 계속된 동서교역의 한 유산인 셈이다.

(『삼성소식』 7권 10호, 1983)

10. 마르코 폴로의 상안(商眼)에 비친 중국

'지폐를 사용한다', '비단의 생산이 엄청나다', '상공업이 발달했다', '도시에는 부자가 많고 시장에서 향료, 보석, 진주 등이 비싸지 않게 거래된다', '크고 작은 화려한 자기가 생산되어 세계 각지에 수출되는데 그 값이 싸다'.

원나라 때, 중국의 강남지방(양자강 하류의 델타지역)을 여행한 마르코 폴로(1254~1342)에게 지워질 수 없는 추억들이었다.

마르코 폴로는 종래 간접적이었던 동서의 지견(知見)을 몸소 겪었던 여행의 체험과 견문을 통하여, 중국의 속사정을 유럽인들에게 전해서 장차, 유럽인들의 아시아 침략을 충동질한 바로 그 사람이었다. 그는 비록 타의이기는 하였지만 자세한 중국여행 기록인 유명한 『세계지(The Description of the World - 속칭 동방견문록)』을 남기게 되었는데 서두에 거론한 것들은 바로 이 『세계지』에서 자주 언급되어 있는 것을 뽑아본 것이다.

유럽사람으로서 마르코 폴로 이전에 동아시아를 찾은 일이 없었던 것은 아니다. 일찍이 후한 환제(桓帝) 때(166) 대진(大秦 : 로마)의 사신들이 바닷길로 온 일이 있은 후 잊혀지지 않을 정도로 드나들었다. 그리고 마르코 폴로 시대에도 많았다.

원나라의 기록에는 발란(發蘭)의 사신이 왔다고 되어 있는데, 발란이란 프랑크의 음역(音譯)으로서 사라센제국에서 유럽인을 가리킨 말이었다. 색목인(色目人)에 의해서 중국에 전해진 것이다. 그런데 당시 유럽의 사신이 왔다는 일은 당시 유럽 상업의 중심이었던 이탈리아상인이 교역상 왔다는 것을 의미한다. 중국에서는 어떤 목적이건 불문하고 찾아오는 외국인에게 조공의 형식을 강요하였기 때문에 교역을 위해서 찾아온 상인들도 상품의 일부를 황제에게 바치고 나머지를 민간에서 교역하는 일이 상례였다. 따라서 마르코 폴로 이전에 찾아온 이른바 발란의 사신들도 예외는 아니었을 것이다.

이들 유럽상인들은 최하 10배나 되는 순이익을 취하는 것으로만 만족하였을 뿐 아무런 여행기록을 남기지 않았다. 어느 정도는 알려져 있던 중국의 사정을 더 이상 유럽에 알리기가 두려웠는지도 모른다. 미지 아닌 미지의 횡재 나라이었기에 더욱 그러했을 것이다.

하여튼 마르코 폴로는 본시 상인이었다. 이에 이『세계지』도 상인의 눈에 비친 중국의 견문록이었다. 마르코 폴로가 어떤 상품을 취급하였는가에 관해서는 자세하지 않지만, 보석·진주·황금 등과 같이 양이 적고 값비싼 물품이었을 가능성이 많다. 이 밖에도 경우에 따라서는 향료·약재·직물·모피 등도 취급하였을 것이다. 그것은 마르코 폴로와 함께 중국에 왔던 그의 아버지와 숙부가 앞서 위와 같은 상품을 가지고 콘스탄티노플(지금의 이스탄불)에 갔다가 우연한 사연으로 원나라의 쿠빌라이 황제(世祖)를 찾은 일이 있었고, 다시 마르코 폴로를 데리고 재차 원나라에 곧바로 올 때도 이러한 물품을 가지고 왔다. 그리고 이들이 이탈리아에 돌아갈 때 많은 재산을 보석으로 바꾸어 갔을 뿐만 아니라 원나라에 머무르는 동안 마르코 폴로의 아버지와 숙부는 상인으로 활동하여 많은 치부를 하였다. 이러한 경위를 알고 보면 마르코 폴로의『세계지』에 중국만이 아니라 그들이 여행했던 각 지역의 생산품이 자세히 기록되어 있고 특히 보석·진주·금은의 상황이 상세한 것은 결코 우연한 일이 아니다.

당시 이탈리아 여러 도시의 상인들은 십여 차례나 계속된 십자군원정에 수행하여 적극적으로 상행위를 전개해서 동서교역에서 두드러지게 활약하였고, 아울러 한족(漢族) 이외의 서아시아인에게 너그러웠던 몽골인들의 정복지 통치정책 덕분에, 그들 몽골인들에 의해서 점령된 유라시아의 넓은 지역을 비교적 자유롭게 여행할 수 있었던 여건에서 더욱 가능했다. 이렇게 보면 마르코 폴로도 이들 이탈리아상인들의 상행위를 구체적으로 보여주는 한 예에 지나지 않는다고 볼 수도 있다.

그렇지만 이때에도 동서의 해상 상권은 여전히 대식 상인들에 의해서 장악되어 있었다. 육상교역에서 주로 취급된, 양이 적고 값비싼 상품도 역시 거래되었지만, 양이 많고 값이 비교적 싼 물품도 거래되었다. 여기에서 중국의 자기도 이들 대식선단에 의해서 많이 실어 보내졌다. 당시의 사라센 상권이었던 인도양·지중해 연안에서, 지금 많이 찾아 볼 수 있는 중국자기의 파편들이 이를 말해주고 있다.

그러나 16세기에 들어서면서 동서의 교역이 대부분 해상활동의 시대로 접어들게 되었다. 종전의 대식의 길이 아프리카 남단을 돌아서 찾아온 유럽인들에 의해서 차츰 장악되어간 반면 육상활동은 여러 사정으로 쇠퇴하였기 때문이다.

동쪽으로, 동쪽으로 밀어닥친 16세기 유럽인들의 눈에는, 마르코 폴로가 전해준 지대물박(地大物博)의 중국과 그 밖의 풍부한 물화의 고장인 동남아시아가 언제나 선망의 대상이었다.

(『삼성소식』 7권 11호, 1983년)

11. 지라프(Giraffe)가 기린으로 된 이야기
— 명대 남해원정(南海遠征)의 한 낙수(落穗) —

『서유기』가 당대(唐代) 비단길로 인도를 찾아가면서 겪었던 구법승의 체험을 소설화한 것이라면,『영애승람 瀛涯勝覽』과『성사승람 星槎勝覽』 등은 명초(明初) 대함대가 인도양 연안까지 찾아갔던 바닷길의 서사기이다.

종래 대외교역에서 거의 개방적이었던 중국이 명대로 들어 폐쇄적으로 전환되면서 제한된 대외관계로 굳어져 갔다. 여기에서 명대 이후의 대외교역은 그 이전에 비해서 점차 부진하게 되었다.

이러한 사정을 수정하기 위하여 15세기에 들면서 명 영락제(永樂帝 : 1402~1424)는 삼려오출(三犁五出)이라고 하는 적극적인 북방정책과 함께 남해원정이라고 이름하여 인도양 주변국의 정복을 감행했는데『영애승람』과『성사승람』 등은 바로 이 정복길에 수행하여 기록한 것들이다.

이 남해원정은 영락제 재위기간중 여섯 차례나 계속되었고 그 후에도 한 차례 더 있었다. 한 번 출정하는데 길이 137m, 폭 56m의 거함 60여 척에 2만 5천여 명이 넘는 장병을 실은 함대가 2년 4개월 동안에 걸쳐서 동남아시아와 인도양 연안의 33개국을 계속해서 순방 또는 정복하였다. 이들 대함대가 순항하면서, 해적을 만나면 무찌르고 오늘날의 말레이시아의 이슬람왕국에 들려서는 내정에 간섭했는가 하면 실론(지금의 스리랑카)에서는 국왕을 포로로 삼기까지 하는 횡포를 서슴지 않았다. 반면 명에 조공하기를 선뜻 수락하면 영락제가 내리는 푸짐한 금폐를 전하기도 했다. 이러한 경략을 계속하면서 함대사령관인 정화(鄭和)는 마침 이슬람신자였기 때문에 성지 메카에 사람을 보내어 대신 순례시키는 여유를 갖기도 했다. 또 이 함대의 분견대를 오늘날의 아프리카 동해안 소말리아 지방에 보냈는데, 이때 이른바 기린이라는 동물을 얼룩말·타조 등과 같이 실어왔다.

기린(麒麟)은 고대 중국에서 태평성대가 아니면 나타나지 않는다는 영수(靈獸)다. 물론 기린은 한대부터 사방을 상징하는 청룡(동)·백호(서)·주작(남)·현무(북)와 더불어 중앙(중국)을 상징하는 영수로도 삼아 왔지만, 한 무제 이후 다시는 나타난 일이 없다고 전하는 신비로운 짐승이다. '오직 발톱은 양을 닮았고 꼬리는 소와 같다…'고 하는 몽타주와도 같은 전설상의 영수였는데 소말리아 지방에서 현지인이 부르는 이름과 중국에서 부르는 이름의 음이 비슷하고 그 생김새가 전설상의 몇 가지 특징과 흡사하며 더욱이 영락제의 이러한 정복사업을 뛰어난 치적으로 믿어서, 신비로운 기린으로 단정한 것이다.

영락제 시대는 결코 태평성대가 아니었다. 자기 조카인 건문제(建文帝)를 4년 동안의 내전을 통하여 찬탈했고 반대파를 무참히 숙청했는가 하면, 재위기간중 대외전쟁을 계속해서 국고를 허비하고 많은 전상자를 낸 인물이었기 때문이다. 이에 영락제는 수도에 실어온 기린을 주위의 강권에 못이겨 슬쩍 보았을 뿐 문자 그대로의 기린으로 여기지 않았다. 이때부터 오늘날의 지라프(Giraffe)가 기린(麒麟)으로 불리게 되고 말았다. 그런데 종래 중국에서는 이 기린 외에도 기린(騏驎)이 있었다. 이 두 가지의 동물 중 기린(麒麟)은 전설상의 영수이고 기린(騏驎)은 훌륭한 명마를 일컫는 말이었는데 아이러니컬하게도 지라프가 영수로 둔갑하고 만 것이다.

여하간 15세기 초의 중국에서는 이러한 남해원정을 삼려오출(三犁五出)과 같이 반대하는 사람이 많았다. 명이 거두는 국위선양이라는 자족감에 비해서 국고의 허비가 많았기 때문이다. 그렇지만 영락제는 이를 밀고 나갔다. 하기야 당시 이 원정함대를 서양취보선(西洋取寶船) 혹은 하서양채보선(下西洋採寶船)이라고 불렀고 보면 종전에 이름조차 몰랐던 수많은 보물들이 명에 들어 왔지만 이는 황제의 소유에 귀속되는 호화로운 소득이었을 뿐, 국가 재정에는 하등의 보탬이 되지 못하는 일이었다.

『명사 明史』에는 130여 국에 이르는 조공국과 그 나라에서 중국에 바치는 수많은 공물들이 자세히 적혀 있다. 원정에 관계된 나라에 대해서는 『영애승람』과

『성사승람』에서 더 구체적으로 기술되어 있다. 그런데 『명사』의 조공국 중에는 중국에 조공을 바치기 위해서 온 것이 아니라 교역을 위해서 찾아온 유럽의 포르투갈(佛郎機), 이탈리아(意大里亞), 네덜란드(和蘭)와 같은 나라가 포함되어 있는가 하면 남해원정 때 정복당한 후 한 번도 찾아온 일이 없는 나라도 들어 있고 서역과 몽골 지방의 경우는 나라 아닌 부족명과 지명까지도 열거되어 있지만, 영락제의 적극적이고 과감한 대외정책과 정복에 의해서 결과된 일이라고도 보았다. 사실 영락제의 이러한 대외적인 정책은 그 결과적인 득실을 따지지 않는다면 확실히 중국사에서의 한 장관이기도 하였다.

8세기 이후 아라비아 선단(船團)이 주름잡았던 인도양 - 동남아시아에 걸친 해역이, 15세기 초기 중국에 의해서 한때 장악되었을 뿐, 얼마 후에는 그 지배권이 유럽세력에 넘어가게 되었다.

(『삼성소식』 7권 12호, 1983년)

12. 중국 연안에서의 동서 밀무역(密貿易)

중국에서의 자본주의 맹아 문제가 명대사(明代史) 연구에서 논의된 일이 있었다. 중국 학계에서 중국사회발전단계의 연진(演進)을 자기네들의 이데올로기에 합리화시키기 위한 의도적인 거론이었지만, 이 방면의 연구에서는 아직도 등한시하지 못할 문제로 되어 있다. 이렇게 중국에서는 15세기 후반부터 자본주의가 싹트고 있었다고 볼 수 있을 만큼 산업구조가 형성되었다. 특히 양자강 하류의 강남지방에서는 중국의 전통산업인 견직 이외에 면직산업과 이에 따르는 각종 분업이 각지에서 발달하고 있었다.

종래의 관영공장보다도 규모가 큰 민영공장이 소주(蘇州), 항주(杭州), 남경(南京), 송강(松江) 등지의 대도시에 세워졌고 농촌에서도 썩 좋은 섬유제품들이 생산되었다.

따라서 상인들의 활동도 대단하였다. 당시 중국에서는 북중국의 상권을 쥔 산서성의 산서상인과 강남의 상권을 휘어잡은 안휘성의 신안상인(新安商人)의 두 대상인그룹이 있었는데 이들은 각기 동향적인 결속과 정상적(政商的)인 수완을 발휘하면서 거미줄같은 판매조직을 가지고 있었다. 그리고 이들 상인들은 강남의 직물을 전국에 소비시키고 그 원료를 공급했다.

그런데 명대는 마침, 그 이전의 개방적이던 대외관계와 달리 폐쇄적인 대외관계를 취했기 때문에 기하급수적으로 생산되는 산업물량들을 내수만으로 소화하기에는 어려움이 많았고 송나라 때부터 서민들의 생활이 향상되어 명대에 오면 농촌에서도 어느 정도 생활을 즐길 수 있게 되었다고는 하지만, 질이 좋아지고 호화로와질수록 값이 비싼 직물들을 소비하기란 수월한 일이 아니었다. 여기에서 대상인들은 새로 찾아온 유럽상인과 밀무역(密貿易)을 하지 않을 수 없게 되었다. 더욱이 명은 이 무렵 은본위제의 경제체제였기에 은으로 거래하는 유럽상인들이 더욱 반가운 상대였다. 한편 15세기 말부터 밀어닥친 유럽상인들도 인도양 주변에서 동남아시아를 거쳐 중국에 찾아오면서 폐쇄적인 중국의 공적인 관계보다도 손쉽게 해결되는 길이 밀무역이라는 것을 잘 알게 되었다. 당시 명나라는 폐쇄적인 대외관계라고 할지라도 주변국가의 공적인 교섭을 위하여 광주를 위시한 몇 군데의 항구를 제한적으로 개방하고 있었는데, 이러한 개항장에서는 조공무역이라고도 하는 공적인 차등무역만이 허락되고 있었다.

여기에서 밀무역은 자연히 이러한 개항장이 아닌 곳이 좋았다. 이에 강소(江蘇)·절강(浙江)·복건(福建)·광동성(廣東省) 해안의 도서지역이 밀무역장소로 등장하게 되었다. 더욱이 물화의 주산지인 강남에서도 절강성 연안의 다도해와 복건성 해안이 좋았는데 그 가운데에서도 주산열도(舟山列島)는 주요한 밀무역장이 되었다. 여기에서는 명의 대외관계의 원칙을 지키지 않는 불법적인 거래가 이루어지고 있었기 때문에 밀무역을 행사하는 처지에서는 무력이 필요하게 되었다. 따라서 관헌의 입장에서는 해적의 무리가 아닐 수 없었다. 이에 이들 밀무역장은 여러 차례 관군에 의해서 공략당할 수밖에 없었고, 벌이가 좋았던 밀무역이 여의치 못하게 되면서 밀무역에 종사하던 무리들이 도리어 연안도시를 약탈하기에 이르기도 했다. 1550년대에 이르면 100여 현이 약탈당하는 지경에 이르고 복건성 흥화부(興化府)같은 요충도시마저 공략당하는 상황에 빠지게 되었다. 이러한 사태를 당시 명의 조정에서는 외환으로 보고 해금(海禁 : 쇄국)을 더욱 엄격히 하기에 이르렀다.

하여간 이와 같은 중국 도서지역의 밀무역은 1543년(가정 22) 이후부터 활기를 띠어서, 이름난 밀무역장이었던 쌍서(雙嶼)의 예를 들어보면, 인구 3천 명 가운데 포르투갈 상인만 1,200명에 이르렀고, 무역액수도 연간 은 3백만 냥이나 되었다고 한다. 중국의 생사·직물·자기·차를 구입하기 위해서 모두 은으로 지불되는 액수였다. 그리고 포르투갈 상인들은 불법으로 거래한 이러한 물화를 가까운 일본에 가져가기만 해도 네 곱절의 순이익을 거두었고 유럽에 돌아가서는 최소 열 배의 이익을 보았고 보면, 이 무렵 인도의 세포(細布)와 아라비아의 부향용 향료(賦香用香料)를 거래하면서 거둔 재미에 비할 바가 아니었다.

이러한 상황에서, 중국에서는 1566년(융경 3)부터 밀무역을 합법적인 무역으로 끌어들이는 유화책을 쓰기에 이르렀다. 외국상인들이 차등무역에 순종하기만 하면 지정된 항구에서 무역을 공적으로 인정한다는 것이었다. 이에 말썽 많았던 무력충돌이 차츰 가라앉았지만 은(銀)만을 요구하고 한정된 항구에서만 거래를 고집한 중국의 입장과 물물교환과 외국상인들이 희망하는 항구에서 자유스럽게 무역할 수 있도록 허용하여 주기를 희망하는 유럽측의 요구가 이후 동서교역의 현안문제로 등장하게 되었다. 그리고 이런 현안문제가 해결되지 않는 한 어떤 형태이건 밀무역은 사실상 계속되었다.

(『삼성소식』 8권 1호, 1984년)

13. 차(茶)와 아편(阿片)

— 동서교역의 한 비극 —

오후 4시는 영국에서의 '티 타임(Tea time)'이다. 영국인들은 2차 세계대전중 공습이 한창일 때도 이 '티 타임'을 되도록 지키려고 노력했고 보면, 차와 영국인 은 뗄 수 없는 관계인 것 같다.

사실 중국의 특산물인 차가 영국에 소개된 것은 16세기 말이었다. 당시 동아시 아를 찾았던 유럽선원과 신부들에 의해서 유럽에 소개된 직후였다. 그 후 이 끽차 (喫茶)의 풍습이 차츰 관습화하면서 그 수요가 급증하여, 차의 수입이 18세기 말 에 오면 18세기 초에 비해서 400배에 이르게 되었는데 이를 환산하면 은화 2천 만 스페인 달러에 이르는 물량이었다. 한편 중국(淸)에서 보면 당시 정부 세입의 거의 3분의 1에 해당하는 거액이기도 했다.

여하간 중국은 특히 16세기부터 은본위제가 확립되면서 유럽상인들에게 그들 의 특산물인 차 이외에도 견직물·생사와 자기를 공식 또는 비공식으로 팔아서 많은 은을 거두어 들이고 있었다. 어떤 조사에 의하면 16~18세기 동안, 유럽상 인으로부터 공식으로 받아들인 은만도 중국은으로 개략 3억 냥(중국은과 스페인 달러는 10:7의 비율)이 훨씬 넘을 것이라고 하고 보면 이중 30%만 유통되었다 고 하더라도 경제구조에서 호황을 누렸음이 분명하다. 18세기의 중국 - 다시 말해 서 청대의 전성기는 바로 이러한 상황에서 이해될 수도 있다.

이에 대해서, 18세기에 들면서 동아시아의 해상권을 쥐고 대 중국무역의 주도 적 입장을 차지한 영국은 마침 산업혁명이 진행되고 있어서 풍부한 생산품을 해 외에 팔지 않으면 안되었다. 또 영국은 이때에 와서 자유경제정책을 국책으로 내 세우고 있었기 때문에, 사절을 중국에 보내어, 종래 조공체제에 의해서 교섭해 오던 차등무역을 철폐하고, 광주에서 대외무역을 담당하고 있던 특허상인인 공행(公行)만을 상대하는 무역이 아닌 국제적 무역을 요구하는 한편 실론(오늘날의 스리랑카)과 인도에 차 재배를 시도하는가 하면 차를 수입하면서 지불하는 은 대신 중국에 수출할 상품을 모색하게 되었다.

이 결과 묘책으로 등장한 것이 바로 아편이었다. 아편이 중국에 소개되기는 당대(唐代)였다. 지사제(止瀉劑)로 서아시아에서 수입된 것이다. 그러나 이 약재의 아편이 당대에 들면서 끊을 수 없는 중독성의 기호품으로 된 것을 악이용하여 인도산의 아편을 중국에 팔고자 한 것이다. 당시 영국은 식민지 인도의 경영에 경제적으로 어려움이 많았는데 이 인도산 아편을 중국에 팔고 그 값으로 받은 은을 인도경영에 이용하려는 것이었다.

그렇지만 청나라는 아편이 중독성 기호품으로 유행하고 은이 유출되자, 1796년(가경 1), 아편의 흡연을 금지하고 그 재배를 엄금함과 동시에 종래의 아편수입을 허락하지 않게 되었기 때문에 영국은 어쩔 수 없이 아편을 불법으로 거래하지 않을 수 없게 되었다. 따라서 오늘날의 홍콩(香港) 부근에서 광주에 이르는 주강(珠江) 하류 일대가 차츰 아편의 밀무역장으로 되어 갔다.

여기에서 밀수로 들어오는 아편을 사기 위하여 역시 불법으로 지불하는 은이 막대하게 유출되고 있었다. 은본위제의 경제체제에서 은의 유출이 많아지면 유통은의 부족현상을 가져오고 이에 의해서 은가가 높아지면 그만큼 사회·경제면에 악영향이 오게 된다. 청은 바로 이러한 상황이 심각하게 드러나게 되면서 경제구조의 파탄과 사회혼란이 닥치게 되었다. 18세기 초기 은 한 냥에 동전 700문(文)이었던 은가가 1830년에 오면 1,200문이 되었고 다시 1840년에 들자 2,000문까지 올랐다. 이는 아편의 밀수입으로 은이 그만큼 유출되고 있다는 것을 의미했다. 18세기 중엽 매년 공적으로 수입된 아편이 200~300상자에 불과했던 것이, 밀수입되면서 급증되어 1835년에 중국은(中國銀) 1,500만 냥에 해당하는 3만 상자, 1839년에는 4만 상자에 이르게 되었기 때문이다. 아편 한 상자가 60kg에 해당한다면 그 양을 짐작할 만하다.

따라서 청나라는 이러한 아편밀수를 강경하게 엄단할 수밖에 없었다. 그러나 이것이 계기가 되어 발발한 아편전쟁(1840~1842)에서 청은 참패하여 불평등조약(남경조약)을 체결할 수밖에 없었고 영국은 대 중국정책의 숙원을 해결하였다. 그런데 아편의 밀수때문에 일어난 아편전쟁이었지만 불평등조약에 의해서 아편의 밀수는 규제할 수 없게 되었다.

중국에서 금연은 아편의 흡연금지를 뜻한다. 요즈음 젊은층에서 흡연인구가 많지 않은 것도 이러한 충격적인 아편전쟁이 그 교훈으로 되어 있기 때문이다. 그렇지만 영국에서는 아편전쟁의 원인(遠因)이 되었던 차를 즐겨 마시고 있다. 오늘날의 차는 중국의 화차(華茶)가 아닌 남아시아의 홍차이기는 하지만, 동서교역사에서의 아이러니컬한 한 단면을 여기에서도 찾아 볼 수 있다.

(『삼성소식』 8권 2호, 1984년)

14. 구중국의 몰락

　세계역사상 민족의 성쇠와 왕조의 흥망은 되풀이되었다. 중국의 경우도 예외는 아니었다. 구(舊)중국이라고 일컬어지는 전근대 중국, 즉 청조의 몰락은 이전의 역대왕조의 흥망이나 한민족(漢民族)의 성쇠와 사뭇 다른 성격을 갖고 있다.

　비록 한민족의 역사전개과정에서, 자체적으로 사회변용이 있었고 이민족의 침략과 통치기를 통해서도 사회변용이 있었지만 중국의 정치·경제·문화구조에서는 별다른 변화 없이 지속되었다. 그런데 청조의 종언(終焉)으로 귀결되는 구중국의 몰락 후에는, 중국의 정치·사회·경제·문화의 변용상황들이 이전의 사정과 거의 정반대로 달라졌다.

　본시 중국은 한 민족이 한 지역에서 1만 년의 문화전통과 4천 년 가까운 역사시대를 경험한 동아시아의 선진국가이다. 뿐만 아니라 경제적으로 부유하고 강역과 군사면에서도 세계에서 자랑할 만한 나라였다. 따라서 일찍이 13세기 후반에 마르코 폴로가 유럽에 소개하여 선망의 대상이 되었고, 17세기 후반에는 동진하던 러시아세력이 청나라의 힘에 밀려서 중국을 넘보지 못했는가 하면 18세기 말 중국에 파견된 영국사신 매카트니도 청나라의 강대함에 겁을 먹었다.

　이러한 중국이 14세기 후반부터 쇄국정책을 시행해 왔다. 당나라 때의 개방정책에 비하여 폐쇄적인 대외관계였다. 언제나 자급자족에 만족하고 자기 문화만을 지속적으로 유지 발전시켜 오면서 언제나 세계에서 제일가는 문명국이고 강대국이라는 자만 속에서 지내왔다.

　사실 8세기 이후 서아시아에 이슬람세력이 융창해서 그 힘과 문화가 볼 만했다고는 하지만, 중국과 국운을 걸고 싸운 일 없이 아시아의 동과 서에서 제각기 발달했기 때문에 중국의 경우 화이관(華夷觀)이란 배타적인 긍지만을 더욱 제고시켰다.

여기에서 중국에 수용된 외래문화도 중국문화의 발전에 이용되었을 뿐 결코 중국문화를 지배하지 못했다. 17세기 이후 수용한 유럽의 문예부흥기 문화도 예외는 아니었다. 문화란 국경이 있는 것이 아니어서 교류가 있으면 수용되기 마련이고 우수한 문화는 저급문화를 지배하기 마련이고 보면, 중국문화가 당시만 해도 그만큼 우수했다고 볼 수 있겠지만 한편으로는 수용된 외래문화가 당시의 중국적인 정치·사회구조 및 정신구조에 맞지 않아서 뿌리내리지 못하고 도태되었다고 볼 수 있겠다.

선진문물에 쇄국, 역사 진전 저해

그러나 18세기에 들면서는 종래의 중국적인 구조만으로 거대한 중국을 더 이상 지탱할 수 없는 상황이 나라 안과 밖에서 일어나기 시작했다.

즉, 나라 안에서는 전제체제가 더욱 강화되었다. 중국에서의 전제체제는 기원전 3세기 때 확립된 후 차츰 보강되었고 이민족의 중국통치기에는 한층 강화되었는데 만주족의 중국 통치기인 청나라 때는 더욱 완성되어 정치와 사회·문화, 모든 분야의 핵심이 되어 역사진전을 저해하는 결과가 되었다.

다음으로 사회경제면에서는 관료·향신(鄕紳 : 명·청대의 퇴직관리 및 학교 학생)·상인·지주 등의 특권층과 전체 인구의 90%를 차지했던 농민층과의 계층적 격차가 현저해졌다. 이에 그렇지 않아도 상품·화폐경제의 확대와 인구의 급증으로 피폐해 가던 농촌을 더욱 궁핍화시켜서 도탄에 빠진 농민들은 상부상조의 방법을 모색하고 장차 구원받는다는 희망으로 비밀결사에 결집되어 18세기 말부터는 각 지방에서 반란이 속출하게 되었다. 이들 반란은 대부분 비밀결사가 주동이 되어 일어났다. 처음에는 지역적으로 분립되어 통일성이 없었고 청나라를 타도하기 위한 민족적인 각성도 아니었으나 장차 반청적(反淸的)인 색채를 띠고

집단행동으로 발전되어 갔다.

한편 나라 밖에서는, 아시아침략에 혈안이 된 서구열강들이 인도·동남아시아를 거쳐서 중국에 몰려오기 시작했다. 18세기 후반의 독립전쟁, 사회혁명, 산업혁명을 통해서 고도산업형 국가로 변신한 서양 각국들이 우수한 무기를 가지고 여전히 변화 없이 저급 산업형 국가로 남아 있는 중국에 도전해 온 것이다.

서양의 중국 침략은 영국과 중국 사이에 벌어진 아편전쟁을 계기로 본격화되기 시작했다. 이 아편전쟁 이후 영국을 선두로 한 서양의 선진열강들은 중국을 반식민지로 삼게 되었고 중국에서도 장차 열강의 지배에서 벗어나려는 민족해방운동사가 시작됨과 동시에 열강을 따라잡으려는 근대화의 기점이 되기도 했다.

그래서 중국에서는 태평천국(太平天國)운동과 같은 신국가건설을 염원하게 되었고 의화단(義和團)운동과 같은 반제(反帝)투쟁의 몸부림이 있었으며 양무(洋務)운동과 같은 부국강병을 위한 근대공업국가의 기도가 있었는가 하면, 변법(變法)운동과 같은 정치해방운동이나 근대화운동 등이 일어났지만 청조의 무성의와 열강의 책략 그리고 당시의 성숙되지 못한 사회기반의 나약성 때문에 무산되고 말았다.

때늦은 근대화운동도 무위, 몰락으로 귀결

이렇게 양무운동과 변법운동이 차례로 실패하자 마지막으로 청나라를 타도해서 중국을 구제할 한민족의 주권을 회복하고자 한 혁명운동이 전개되기에 이르렀다. 이러한 혁명운동은 해외에서 새로운 사조에 계몽된 젊은 지식층과 국내에서 개혁을 부르짖던 혁신파에 의해서 주도되었다.

그러자 청나라는 뒤늦게나마 체제를 개혁하고 신사조를 받아들여서 참신한 정치를 다짐했지만 신정(新政)을 운영하기 위한 거액의 재정염출이 오히려 백성에게 가중한 불이익만을 주게 되어 청조의 지배력을 더욱 약화시키고 혁명운동을 오히려 확산시키는 결과가 되고 말았다. 이로써 신해혁명이라는 중국의 민족혁명이 자연스럽게 진행되어 청조의 종언과 함께 구중국의 몰락도 어쩔 수 없이 다가오고 말았다.

이렇게 보면 구중국의 몰락은, 세계사의 전개과정에서 필연적으로 있어야 했던 당위성과도 같지만 어떤 측면에서는 열강의 침략에 의한 희생으로 그 속도가 가속되었다고 볼 수도 있다. 그것이 비록 자체의 모순과 선진문명에서 낙후되어 겪은 비운이라고는 하지만, 중국은 중국 나름의 역사진전과 문화창달이 있었고 보면 열강의 침략이 없었던들 자체의 저력과 선진문물의 수용으로 조만간 근대국가로 성장할 수 있었을 것이라는 아쉬움이 있기에 그러하다.

(『삼성소식』 26권 9호, 1989년)

15. 변하는 중국, 변하지 않은 중국

북경 수도공항

늦추위가 언제 기승을 부릴지도 모를 2월 3일의 오후 6시 10분, 홍콩발 중국 국제항공기 CA 104편으로 북경 수도공항에 도착했다. 서울보다 한 시간 느리기 때문에, 서울의 7시 10분에 해당된다. 서울과 북경 사이의 비행거리는 한 시간이 채 안 걸리는데도, 홍콩·천진을 경유해야 했기에 10시간 이상이 소요되었다.

1만 년의 문화전통과 5천 년의 역사경험을 가지고 있는 중국은, 우리와 오랫동안 밀접한 관계를 맺어 오면서, 근대에 들어와서는 다 같이 제국주의의 속박에 시달렸고 내전의 골육상쟁마저 겪었던 처지이며 게다가 아직도 분단의 아픔을 함께 하고 있고 보면, 살빛이 같고 생활터전이 비슷하다는 친근감 외에도 공감할 수 있는 인연들이 많다.

그러나 열대여섯 번이나 대만을 방문한 일이 있고 중국사를 공부하고 있어서 중국인을 비교적 잘 안다고 자부하고 있는 필자로서도, 수년 전까지만 해도 신중국을 방문할 생각은 엄두도 못낸 채 제3국에서 '황토의 노래(黃土行)' 등과 같은 중국영화를 가끔 감상하는 일이 고작이었는데, 급변하는 국제정세의 변화로 오성홍기(五星紅旗)가 휘날리는 북경공항에 내리게 되었다. 더욱이 삼성종합상사의 심볼 마크가 부착된 손수레에 짐을 싣고 '북(北)'자와 '경(京)'자만이 밤하늘에 빛을 내뿜는 북경공항을 나올 수 있었다.

북경에는 이 수도공항 외에도 남원비행장이 있다. 남원(南苑)은 옛 황실 소유의 장원이었으나 신해혁명 후 군사시설로 쓰이다가 근자에 북경의 공군비행장으로 사용되고 있는 시설인데, 수도공항이 협소하여 중국연합항공공사 소속의 국내선 비행장으로도 이용되고 있다.

어느 나라를 가든지 입국사증이 있어야 한다. 미수교국인 중국을 여행하기 위해서는 사증이 더욱 필요하다. 그런데 이 사증을 여권에 찍어 주는 것이 아니라 백지에 단체사증 No. 800176을 주고 입국 수속을 하는 것이었다. 미수교국을 방문할 때 백지에 사증을 받은 일은, 8년 전 루마니아를 방문할 때의 경험이 있어서 당연한 일로 받아들여졌으나, 34명의 일행 사증이 한장의 백지에 처리되는 것을 물끄러미 바라보고 있노라니, 동행한 여행사 직원이 수속을 대행해 주어서 편리하기는 했지만 어쩐지 대접을 제대로 받지 못한 것 같았다.

중국에서는 입국 수속을 도착지에서만 하는 것이 아니었다. 천진에서 잠시 머무는 동안에도 입국 수속을 했다. 그리고 북경에 도착해서는 간단한 확인만으로 끝났다.

광대한 국토에 다양한 산물

오늘의 중국은 960만km^{2}의 넓은 땅을 소유하고 있고 다양한 산물이 생산되어 자급자족에 만족하는 나라이다. 중국에서는 늘 지대물박(地大物博)을 자랑했다.

이런 대지를, 옛날에는 남선북마(南船北馬)라고 해서 북쪽에서는 말과 수레를 많이 이용했고 남쪽에서는 배를 많이 이용했으나, 요즈음에는 국내선 비행기가 운항하고 있고 기차와 자동차가 달리고 있다. 하천과 운하에서는 여전히 많은 선박이 이용되고 있다.

그렇지만 그 넓은 국토에 비해 교통수단은 아직도 만족스럽지 못하다. 비행기 여행은 기상 상황 여하에 따라서 3, 4일 동안 한 곳에서 머물지 않을 수 없게 만들기도 한다. 기차를 이용한다고 해도 시설이 편리하지 않을 뿐만 아니라, 운행이 빈번하지 않고 웬만한 거리인데도 온종일 걸린다. 자동차 여행은 노면사정이 나쁘고 노폭이 좁아서 시속 40~65km밖에 달리지 못하므로 고령의 여행자는 숫제 며칠을 기다려서라도 비행기여행을 해야만 한다.

이곳 사람들은 자행차(自行車)라 부르는 자전거를 많이 이용한다. 북경 도심의 인구가 500만인데, 이 자행차의 대수가 인구만큼 된다고 하니 북경 거리는 자전거의 물줄기라고 해도 과언이 아닐 정도이다. 모든 도로에는 양편에 으레 자전거 길이 마련되어 있다. 지방의 국도도 예외는 아니다.

넓은 국토에는 통신 시설이 미비되어 있다. 북경의 내로라 하는 유명인사인데도 전화가 없는 경우가 적지 않다고 한다. 그러나 방송 시설은 어느 정도 되어 있다. 라디오는 단파만이 전국에 방송된다고 한다. 중국에서 우리 KBS의 대외방송을 통해 새로 유행하는 유행가가 알려지기도 하는데, KBS의 대외방송을 단파로 방송하고 있기 때문이다.

반면 땅이 넓고 지방의 특산물이 다양해서 지역성이 있는 음식이 발달했다. 북경의 오리 요리, 서안의 국수, 항주의 초어(草魚) 요리, 남경의 게 요리 등은 특히 유명하고, 그 밖에 같은 재료를 가지고 각기 다르게 요리하는 경우가 많이 있다.

북경·상해·소주·항주에 머무는 동안, 비록 고가의 요리는 아니었지만 끼니 때마다 각기 다른 요리를 시식할 수 있었고, 특히 청량음료, 맥주, 과일주, 곡주, 고량주 등은 식당마다 종류가 달랐다. 외국인이 사용하는 태환권만을 받는 식당이기에 중국인이 사용하는 인민권에 비해서 특별한 배려라고는 여겨지지만, 음식의 종류가 다양하다는 것은 그 지방의 특색이라고 보아야 할 것이다. 이 중에서 음료와 주류가 독과점되지 않고 다양한 것은 지방의 기업을 보호·장려하기 위한 농촌정책의 일환이 아닌가 여겨진다.

이 밖에 문방구, 의류, 장식품 등에 이르기까지 각 지방의 특유한 명산물이 전승되고 있었다. 북경의 털모자, 상해의 죽제품, 소주와 항주의 비단, 항주의 저분(天竺箸)과 여행용 가위(張小泉剪刀) 등은 이름있는 특산품들이다. 이러한 특산품은 그 지방에서만 생산·판매되고 있어서 다른 지역에서는 구하기가 쉽지 않다.

도시와 농촌

중국에는 북경·천진·상해의 3대 직할시, 22개 성(省)의 성정부도시가 있는가 하면 1천 년 이상의 역사를 자랑하는 도시도 많다. 18세기 초까지만 해도 4,487개소의 도시가 있었다고 한다.

이런 도시에는 본시 성곽과 시장이 있었다. 성(城)은 방어용이고 시(市)는 경제생활에 불가결한 곳이다. 그러나 오늘날에는 도시의 성곽이 대부분 철거되어 옛 방어용 성곽의 의의가 상실된 반면, 경제생활의 시의 기능은 보다 더 커져서 대도시를 시라고 부르게 되었다.

그리고 중국의 도시는 주변의 농촌을 소속시키고 있다. 인구가 1천만 명이나 되는 북경은 10개 현(縣)을 주위에 포함하고 있다. 도시 인구와 농촌 인구가 반반이다. 평상시에는 한 행정단위, 전쟁시에는 한 전투단위 지역이 되어 자체 해결해 나간다. 도시가 각기 단일 전투단위가 되는 것이다. 상해와 천진시, 그리고 지방의 주요 도시도 마찬가지다.

또 도시에는 중국을 대표할 만한 문화시설들이 집결되어 있다. 그 중에서도 북경에는 9,999칸의 건축 규모를 자랑하는 옛 궁전 자금성(紫禁城)이 15세기 이후의 옛 중국 건축물의 정수를 자랑하고 있고, 이 자금성 정문인 천안문 앞 광장에는 신중국 이후 건축된 웅대한 인민대회당, 중국혁명박물관, 역사박물관과 모주석(毛澤東) 기념당과 같은 현대 건축물이 자리잡고 있어서 고금의 건축물들이 집결되어 있는 셈이다. 중국인들이 "국내외 고금의 뛰어난 문화 정수를 우리가 모두 이용한다(中外古今一切精華皆爲我用)"고 호언하고 있는 것도 이유없는 바가 아니었다. 그뿐만이 아니었다. 1천 년 전의 도시 시설을 지금까지도 이용하고 있는 동양의 베니스 소주, 그 소주와 함께 지상의 천국이라고 일컬어져 왔던 항주의 옛 자취, 외세의 침탈에 상처투성이가 되었던 상해의 외탄(外灘) 지대 등이 주요 도시의 잊지 못할 인상들이었다.

한편 2,204개소에 이르는 현급 행정단위 아래에 속해 있는 향촌인 농촌은 중국 인구의 80%가 거주하는 생활 터전이다. 이 농촌은 밭농사지역인 황하 유역과 논농사지역인 양자강 유역이 서로 다르고, 인구밀도의 다과에 의해서도 차이가 있을 수 있으나, 우리가 둘러본 동부 경제지대에서 인구밀도가 제일 조밀하고 농산물 생산이 가장 풍부한 양자강 하류의 경우를 중심으로 살펴보면, 농촌 사정이 엄청나게 변화했다.

제멋대로 구획된 들판에서 붉은 벽돌의 단층집들이 농작물에 반쯤 가려진 채 게거품처럼 지붕만 보이던 농촌의 풍경이 한 세대 전의 중국 농촌의 흑백 사진이었다면, 오늘날의 농촌은 흰 도색을 한 2층 건물의 농가들이 경지 정리가 잘 된 농경지의 여기저기에 백송(白松)의 총림(叢林)처럼 자리잡고 있는 천연색 사진이다. 이와 같은 농촌 풍경은 천진에서 북경에 이르는 비행기 창너머로 하늘에서 목도한 바 있고, 상해~소주, 소주~항주, 항주~상해를 달리던 자동차에서도 역력히 확인한 실상들이었다.

다만 날이 어두워졌는데도 그 많은 농가에 불빛이 적었고, 아직 입주하지 않은 빈 집이 있다는 것이 이해하기 어려운 일이었다. 불빛이 적은 것은 아마도 넉넉치 못한 전력 사정 때문에 제한 송전하기 때문이라고 여겨지고, 빈 집이 있는 것은 경지 면적에 비례해서 건축한 농촌의 계획 건축에 의한 결과가 아닌가 생각되지만, 농업 경작을 안하더라도 향촌을 떠나지 않는다(離土不離鄕)는 정책에 의한다면 풀리지 않는 의문이었다.

통제사회인 중국에서는 이주가 자유롭지 못하다. 여행할 때는 여행증이 필수적이다. 도시의 경계를 지날 때마다 검문소가 있어서 검문하는 것은 지하 경제의 불법 거래를 단속하는 목적 외에도 자유로운 여행을 규제하기 위해서이다.

따라서 도시에 몰리지 못하게 하는 대신, 농촌의 생산성을 높이기 위하여 다양한 향진기업(鄕鎭企業)을 권장해서 21세기에 접어들 때쯤에는 농촌 노동력의 절반 가량이 농사일에서 향진기업의 노동일에 전직하게 된다는 계획이다. 이렇게 되면 각 지방의 향진기업이 각지에서 불꽃놀이처럼 발전하는 이른바 성화계획(星火計劃)이 달성된다는 것이다. 이것이 바로 농사일을 하지 않아도 향촌을 떠나지 않는다는 장구한 농촌 정책의 목표이다. 앞서 말한 각 지방의 음료, 주류 산업의 보호·육성도 실은 이 정책의 일환이다.

중국은 이러한 목표를 내걸고 도시와 농촌의 균형을 이루고자 노력하고 있는 과정에 있으나 아직까지도 도시는 여전히 정치·경제·문화의 중심지이고, 농촌은 이러한 도시의 기능을 뒷받침해 주는 구조적 갈등을 숨길 수가 없다.

인력의 나라

중국은 현재 12억의 인구를 보유한 세계 제1의 인력 국가이다. 이 중에서도 중국의 주인격인 한민족이 94%에 이르고, 나머지 55개 소수민족이 대부분 중국의 변방에서 살고 있다.

이에 중국을 대표할 만한 거대한 토목공사는 예나 지금이나 이런 인력에 의존하고 있다. 인산인해란 말이 과장된 표현이 아닐 정도이다.

달세계에서 보였다는 만리장성, 중국경제의 대동맥인 대운하는 말할 것도 없고, 진시황의 거대한 무덤을 비롯하여 명나라 신종황제의 $1,195m^2$에 이르는 대리석 지하궁전 무덤의 축조도 이러한 인력에 의해서 이룩되었다. 오늘날과 같은 현대적 장비를 동원한다고 하여도 십여 년이 걸릴 것이라는 6천km의 만리장성만 보더라도 16세기 중국에서 얼마나 많은 노동력이 투입되었을 것인가를 짐작할 수 있다. 그러나 이렇게 많은 인력을 적절하게 배치하기 위해서 고심하고 있는 것이 오늘의 중국 사정이다. 중국에서는 일자리가 없는 것을 실업이라고 하지 않고 대업(待業)이라고 한다. 일자리를 기다리고 있다는 뜻이다. 따라서 한국 같으면 열 사람이 하루에 해낼 수 있는 일에 중국에서는 수십 명이 배당된다. 그 일이 끝날 때까지는 한 과업이 되기 때문에 일을 쉬엄쉬엄하고 노동시간도 8시간을 엄수한다.

비행기 안내양도 마찬가지이다. 아무리 먼 거리를 비행한다고 해도 8시간만 근무를 하면 언제나 빈 자리에 앉아서 쉬든지, 안내양 자리에서 잠을 잔다. 이들은 근무 시간을 지킬 뿐만 아니라 멋도 내지 않는다. 화장을 하지 않고 머리 모양은 생머리 그대로이다. 바지 차림의 제복만 입고 있다. 그러면서도, 면세 판매가 없지만 기내 서비스는 제대로 한다.

그런가 하면 사명을 가지고 복무하는 사람도 있다. 천진 공항에서 나이가 70세 쯤 되어 보이는 공항 복무원이 있었다. 건장한 체구에 의젓하기만 한 노인이었다. 중국에서는 이런 나이가 되면 양로 대상이 되어 양권(糧券)이 나오고 수당이 있는데 이 노인은 밀리는 승객을 정리하고 있었다. 그래서 그 노인에게 노령에 쉬지 않고 왜 여기서 일을 하느냐고 물었더니 서슴지 않고 "이 새로운 나라는 우리의 힘으로 세웠다. 나라가 잘 되기를 지켜보고만 있을 수가 있겠느냐"고 대답했다.

이 대답을 듣고 더 이상 질문하지 않았지만, 그는 정녕 노간(老幹)이라는 신분일 것이 분명했다. 노간이란 1949년 신중국이 건국되기 이전의 중국공산당원이었거나 해방전사 출신으로서 신중국을 건설하는 데 신명을 다한 사람을 말하는데, 교통이 불편하고 통신 시설이 미비한 중국에서는 각 지방의 행정을 자문하고 어떤 응급 상황이 발생했을 때 중앙정부의 통치 원칙에 입각하되 지방 사정에 알맞도록 행정책임자와 협의해서 집행하는 권한을 가진 계층을 말한다. 따라서 지방은 물론 도시에서도 이들은 신중국의 장래를 위해서 사명감을 갖고 참여하는 사람들이다.

이렇게 많은 사람들이라고 할지라도 대부분 화사한 얼굴에, 입성도 화려하지는 않지만 못 입지도 않았다. 북경 주위보다는 양자강 델타 지역의 강남 사람들의 표정이 더 밝았다. 종래 강남 지방이 북중국에 비해서 풍요로웠던 여건에서 연유하겠지만, 남방 사람들의 낙천적인 기질 때문인 듯도 하다.

이러한 인력들이 어떤 일에 종사하든지 모두가 인민을 위해서 즐겁게 일을 해야 한다. 각 직장마다 "인민을 위해서 일한다(爲人民服務)"는 표어가 붙어 있고 "즐겁게 출근해서 평안하게 귀가한다(高高興興上班來 平平安安回家去)"는 표어가 이를 말해 준다.

그런가 하면 중국에서는 늘어나는 인구를 감당하지 못하여, 늦게 결혼해서 하나낳기 운동이 벌어지고 있다. 특히 한민족에게는 절대적인 당명으로 시달되고 있다.

이들 중국인들에게 차츰 평등의 의식이 보편화되면서 사랑이 종래의 수직적인 데에서 수평적인 데로 변질되고 있다. 종래의 충효가 아니라 애국·정의감·성실·우애를 강조하고 있다. 그러나 아직까지 청산되지 못하고 있는 수직적인 관료주의와 지하경제 때문에 파생하는 차등을 어떻게 극복하여 명실상부한 형평의 사회를 이룩할지는 의문의 여지가 없지 않다.

영은사의 향불

중국의 헌법에서만은 종교의 자유가 보장되어 있으나, 사회적으로는 반봉건적인 요소로 지탄되고 있다. 따라서 중국의 온 천지를 뒤흔들었던 문화대혁명 때, 종교시설은 물론 심지어 역사적인 경배 대상마저도 파괴되었다. 각 집에 마련된 제단, 각 향촌에 안치되었던 신앙대상물이 철거되었음은 당연하다.

당시에 중년이 넘은 부녀자들은 습관화된 기도 대상이 없어져서 마음을 의지할 데가 없었다. 마치 부푼 풍선처럼 마음이 들떠 있었다. 그러다가 십여 년 전 이른바 개방정책이 시작되면서 신앙 생활이 어느 정도 보장되자 마음을 의지할 대상을 찾게 되었다.

필자가 찾아간 항주의 영은사(靈隱寺)에서도 그러한 광경을 볼 수 있었다. 영은사는 4세기 말 동진(東晉) 때 창건된 고찰로 유명했으나, 문화대혁명 때 어린 홍위병에 의해서 파괴되었다가 얼마 전 복구된 대찰이다. 마침 음력 대보름인 원소절(元宵節)이어서 그랬는지는 모르겠으나 넓은 길이 참배객들로 메워져 있었다. 대웅보전 앞의 대형 간이향로에 분향을 하면서 기도하는 아낙네들의 진지한 표정이 인상적이었다. 이 향불은 마치 화덕에서 타오르는 장작불과도 같았고 그 내음과 향연(香煙)은 넓은 영은사 경내를 휘감았다가 뒷산의 골짜기로 스며들고 있었다.

이러한 경배의 향불은 서호(西湖)변의 악비묘(岳飛廟)에서도 볼 수 있었다. 마치 대만의 사찰과 도관(道觀)에서 보았던 광경과 다름이 없었던 것을 보면, 중국에서 모처럼 허락된 신앙의 회귀는 "인민의 영웅이야말로 영원토록 무궁하다

(人民英雄 永垂不朽)"는 모택동 기념당의 참배가 무색할 정도로 마음에서 우러 나오는 어떤 법열의 귀의이기도 했다.

한편 이와 같은 신앙의 회복은 전통적인 유교·도교·불교에서 가르쳤던 국가 윤리와 사회 도덕의 수월성을 한층 생활화하는 데 이바지할 수 있을 것이다. 밤 9시가 넘으면 거리에 사람의 왕래가 거의 없는 중국이지만 범죄가 거의 없다는 것은, "일정한 재산이 있어야 착한 마음가짐이 있을 수 있다"는 맹자의 말을 굳이 인용할 필요없이, 생활의 안정에서 오는 결과만으로는 해석될 수 없는 중국의 어 떤 희망이었다.

소주에서 친구 다섯이 객기를 부려서, 자정이 넘도록 거리를 다녀 보았지만 별 다른 두려움을 느끼지 못한 일도, 지금 생각해 보면 중국의 이런 실상을 직접 체 험한 일이 되었다.

손에 손잡고

항주반점(杭州飯店)에서의 만찬 때, 호궁(胡弓)과 쟁(箏)으로 구성된 5인조 현악이 88올림픽 주제가인 '손에 손잡고'를 합주했다. '도라지'도 연주했다. 우리 일행이 한국에서 온 것을 알아차리고 연주해 준 것이다. 이 '손에 손잡고'는 중국 의 중앙 TV에서도 금년의 북경아시아 경기대회를 선전하면서 으레 방영되는 음 률이다.

중국이 개방정책을 표방하고 세계에 손을 내민 지 열두 해가 된다. 그 결과 미 수교국인 한국에서까지 투자하는 회사가 있게 되었고, 대한항공의 'Korean Air' 의 비행기 선전간판이 북경에 게시되었을 뿐만 아니라 서울·상해를 일주일에 한 번이나마 왕복 운항하고 있다.

개방정책을 선포한 지 만 10년이 된 1988년도에는 '황하의 비창(河殤)'이라는 TV 연재물을 만들어서 유아독존적이고 폐쇄되었던 지난날의 중국을 비판하고 개방이야말로 장차 중국이 다시 일어날 수 있는 계기가 된다고 선전했으나, 아직도 도사리고 있는 보수적인 반대 여론에 밀려서, 재방영을 갑자기 중지하는 등 주춤한 일이 있기는 했지만 그래도 이 개방정책은 계속되고 있다.

개방정책은 신중국의 지난 정책마저 대담하게 수정하여, 의무적인 일정한 일 이외의 노동 대가는 개인이 소유하도록 바뀌었다. 대학 교수 월급보다도 자유시장에서 장사하여 수입이 더 많아졌다. 한 푼이라도 더 벌겠다고 기를 쓰는 모습은 시장이나 관광지에서는 물론 우표책을 팔고 다니는 여성의 미소에서도 찾아볼 수 있다. 공정환율과 암거래 시세의 약간의 차익을 노려서, 불법인 줄 알면서도 외화를 주면 정찰제 상품까지도 대담하게 할인해 주는 경우까지 있다.

그리고 중국에서는 문명예모(文明禮貌)의 사회기풍을 조성하기 위해서 힘쓰고 있다. 문명국인 중국에서 문명이란 자가당착으로 여겨지겠지만, 여기에서의 문명은 조야(粗野)의 반대말로 지성·질서·청결을 말한다. 이를 구체화해서 ‘문명을 소중히 하고(講究文明)’, ‘의복에 신경을 쓰고(講究衣服)’, ‘위생에 주의하기(講究衛生)’를 계몽하는 표어가 곳곳에 붙어 있는 실정이다.

이 밖에도 중국에서는 아직도 청산할 일이 많다. 여섯 가지 해독(六害)을 몰아내고 소탕하자는 홍보물이 나붙어 있기 때문이다. 여섯 가지의 해독이란 매음, 도박, 음란물, 어린아이와 부녀자의 유괴, 마약, 미신을 뜻한다. 이러한 내용의 홍보물이 게시되고 있다는 것은 그 사회에 이런 사례가 많다는 것을 뜻한다.

대한항공에 오르면 ‘손에 손잡고’를 방송하면서 안전을 위한 데몬스트레이션이 시작된다. 2월 12일 오후 홍콩발 KE 618편기에서도 여전히 같은 순서가 재연되었다.

중국 체류 9박 10일, 기상 이변으로 서안과 남경 방문이 취소된 아쉬움이 있었다. 방문 전 대만의 친구로부터 북경에 가면 누구 누구를 만나서 학적 교환을 맺는 일이 좋을 것이라는 간곡한 연락을 받고 구체적인 계획까지 세웠으나 쫓기는 일정과 방문단 단장이라는 맡겨진 소임때문에 모두 허사로 끝나고 말았다. 그렇지만 주의깊게 보고 냉철하게 비판하면서 종래 중국에 관한 필자의 지견과 대조해 보고자 했던 노력이 단편적이나마 가능했던 일은 다행스러운 일이었다.

3시간의 비행중 이어폰을 귀에 꽂고 애창곡 ‘길잃은 철새’를 들으면서, 제발 중국이 길잃은 철새가 되어 그 착한 많은 이들이 흐느끼는 일이 없기를 기원했다. 그러면서도 아직은 겸손한 체하면서 외국과의 제휴에 손을 내밀고 있지만, 그렇게도 큰 땅덩어리에, 그렇게도 많은 인구를 보유한 저력을 가지고 앞으로 20년 후, 어쩌면 10년 후에 엄청나게 달라질 중국이 우리에게 어떤 상대가 될 것인가를 예상하는 순간 위구감을 느꼈다. 이러한 예상이 제발 필자의 기우가 되기를 바라는 한편, 우리의 현실을 반성해 보았다.

(『진리・자유』 5호, 1990년)

16. 한중관계의 어제와 오늘

장정연(張庭延) 주한 중국대사가 "6·25전쟁에 대해서 중국이 한국에 유감을 표시할 필요가 없다"고 말하면서, "양국은 과거를 논하기보다는 앞으로의 관계에 힘을 모아야 할 것"을 강조했다는 보도가 있었다.

우리는 과거에 매달리기보다는 앞으로 닥쳐올 관계에 더 비중을 두어야 한다. 그러나 종래 소원했던 국제관계가 정상화될 때 상대방에게 최소한의 양보를 뜻하는 어떤 언급이 있었던 것을 볼 때, 장 대사의 발언은 석연치 않은 바가 있다.

자존(自尊)의 함수

중국은 큰 나라이다. 오늘날 땅덩어리가 한반도의 40배가 훨씬 넘고 인구도 거의 20배에 가까운 막강한 상대이다. 또 오랫동안 우리와 관계를 맺어 오면서 대부분 주종(主從)관계를 지속하여 왔다. 이러한 주종관계를 중국에서는 종번(宗藩)관계라고까지 표현하고 있지만, 이는 전근대적인 이른바 중국적 세계질서의 사고방식에서 나온 중화사상의 한 표출임이 분명하다.

그러나 오늘날의 세계는 그렇지 않다. 비록 군사력이나 경제력으로 우열관계에 있다고 할지라도, 표면상 대등한 호혜평등관계를 내세우고 있다. 상대방의 체면과 감정을 위해서는 최소한의 양보를 서슴지 않는 것이 국제간의 예우다.

어느 시대를 막론하고 대외정책의 전환은, 국내정세와 국제여건에 의해서 불가피하게 단행되는 경우가 많다. 중국이 한국과 수교하게 된 것도 '두 개의 조선'

명분론에서 '한국과 조선'의 실리론으로 전환한 결과에서 왔음은 짐작되는 일이라고 할지라도, 중국이 오랫동안 지녀 온 주종적인 대 한반도관의 일단이 여기에서 표출된 것이 아닌가 하는 여론에도 일리가 없지 않다.

하기야 장 대사의 유감 표시 불필요 발언은 종래의 주종적인 한반도관보다도, 6·25전쟁 당시의 미국관계와 북한관계에서 참전했고, 현재도 이러한 연장선상에 있는 중국의 처지를 대변했을 것이라는 관측이 있고 보면, "수교 교섭과정에서 중국쪽으로부터 유감 표명이 있었다"는 우리 외무부장관의 변명으로나마 우리의 감정을 희석시킬 수밖에 없을 것 같다.

중국이 6·25전쟁에 참전하여 우리에게 막대한 피해를 끼친 것에 대해서 유감 표명을 하느냐 안하느냐는, 이유 여하를 불문하고 한중간의 자존심 문제이다. 한국은 이제 지난날의 한국이 아니다. 그러기 위해서도 한국과 중국의 자존의 함수관계가, 수교과정의 변수에서 앞으로 다가올 관계개선의 변수에까지 연장되지 않기 위한 귀감으로 한중관계사를 재조명해 보아야 한다.

명분과 실리

한국과 중국은 2천여 년 동안 정치·외교·경제·문화의 교섭을 지속하는 한편, 군사적으로도 관계를 가져 왔다. 한국과 중국이 다 같이 5천 년의 역사를 자랑하지만, 막상 교섭을 이루어 온 것은 기록상 그 햇수의 절반도 되지 않는다.

두 나라는 인접해 있어서 역사 이전에도 서로 교섭해 온 것은 짐작되고도 남는다. 산동성(山東省) 어느 화상석(畵像石)에 우리의 단군신화와 꼭같은 신화가 조각되어 있어, 설화를 같이하는 종족이 발해만(渤海灣)을 에워싸고 살았다는 가설이 있고 보면 역사시대에는 두말할 것도 없이 서로의 교섭이 있었을 것이다. 단지 이러한 사정을 입증할 기록이 전승되지 못하여 짐작되고 있을 뿐이다.

어떻든간에 한중관계는 고대국가(또는 부족) 시기의 산발적인 교섭기, 외교관계가 성립된 후의 조공관계시기, 그리고 근대적인 외교관계시기 등 세 시기로 구분해 볼 수 있다.

먼저 고대국가 시기의 산발적인 교섭기는 기원전 2세기부터 기원후 316년까지의 대 중국교섭기를 말한다. 이 500여 년 동안은 한국에서의 정치적 성장에 따른 힘의 배경을 내세우기 위한 중국과의 유대 또는 경제적인 실리를 위해서 수시로 통교한 시기이다. 중국에서는 한에서 삼국시대를 지나 서진시대에 해당하며 한국에서는 삼한시대에서 삼국시대 중기에 이르는 시기이다.

다음 단계인 외교관계가 정례화된 후의 이른바 조공관계시기는 기원후 317~1894년의 약 1,500년 동안을 말한다. 조공이란, 본시 주대 봉건제도 아래 각 봉국(封國)의 군후(君侯)가 주나라 왕에게 정기적으로 조근(朝覲)할 때 각기 봉국의 특산물을 가공하여 공물로 진상하던 것을 말하는데, 그 후 이 봉건제도가 중앙집권체제로 바뀌면서 주변국가를 통어하는 방법으로 이용하게 된 것이다. 곧, 주변국가가 중국과 교섭 또는 관계를 맺을 경우, 주변국가의 왕을 마치 주대 봉국의 군후와 같이 책봉하여 중국황제를 섬기게 하고 공물을 진상해야 한다는 국제질서를 관행화하게 되었다. 이에 한국도 어김없이 이 조공제도의 원칙에 의해 중국적 세계질서 안에서 서로 관계하여 왔다.

사실 한국의 이러한 대 중국관계는, 중국의 경우 동진(東晉)·남북조(南北朝)시대를 지나 당송(唐宋)시대, 북방민족이 중국의 일부 지역 또는 전역을 통치했던 요금원(遼金元)시대와 명청(明淸)시대에 걸치고, 한국에서는 삼국·통일신라시대를 지나 고려·조선시대에 이르는 시기였다.

이 동안 중국의 통일기에는 조공관계가 타율적으로 적용되었고 중국의 분열기에는 조공관계가 자율적으로 대처되기도 했지만, 중국의 힘을 이용하여 한반도에서 군림한다는 명분 못지 않게 서로 통교하면서 경제적·문화적인 실리를 얻고자 한 저의도 다분히 작용하였다.

물론 이 조공관계는 경우에 따라서 중국의 간섭을 받기 일쑤였다. 한사군 문제는 덮어 둔다고 해도 신라가 삼국을 통일한 직후, 신라를 원조했던 당나라가 안동도호부(安東都護府)를 평양에 설치하여 한반도를 직속 영토로 삼으려고 기도한 일을 비롯하여 원나라가 정동행성(征東行省)을 두고 내정간섭한 일, 임진왜란 때

조선을 돕기 위하여 군대를 파송한 명나라가 조선을 따돌리고 왜군과 강화조약을 추진한 일, 임오군란이 일어나자 외교고문과 군대를 파송해서 내정간섭한 일, 청일전쟁 때 군대를 주둔시키고 간섭한 일이 그것들이다.

따라서 이 조공관계시기에, 때로는 한국적인 자주성을 발휘한 시기가 없었던 것은 아니지만, 대부분 한국의 자체발전에 저해적인 관계였고 경제적·문화적인 실리 못지 않게 명분상에서도 치욕스러운 일이었던 것은 부인할 수 없다.

끝으로 근대적 외교관계시기는, 1894년 중국과의 조공관계가 끝난 후부터 오늘에 이르는 시기이다. 특히 1896년 대한제국을 선포한 조선이 이제까지 중국적 세계질서 안에서의 한국이 아니라 세계 속의 한국으로 격상하면서 종래 중국만의 외교관계가 아닌, 세계를 상대로 한 외교활동을 시작한 것이다. 그러나 1894년부터는 이미 일본의 침략기에 접어들고 있었기 때문에 독자적인 명실상부한 외교관계는 아무래도 일본식민통치기를 넘기고 대한민국이 건국된 1948년부터로 보아야 할 것이다.

그렇다고 해도 중국과의 관계에서, 일본식민통치기에 중국에 망명하여 세운 대한민국임시정부의 대 중국관계를 잊어서는 안된다. 중화민국이 우리 임시정부를 지원하고 중국공산당에 뜻있는 인사들이 참여하여 조국의 독립에 기여한 일들은 한중관계사에서 어떤 한 시기를 설정해도 좋을 만큼 중요한데, 중국이 일본세력에 대항하기 위한 한 방책으로 우리 임시정부를 돕고 임시정부에서도 이를 역이용하여 도움을 수용한 서로 주고 받는 이해관계가 다분히 있었고 보면, 이때에도 명분 못지 않게 실리가 작용했다고 보아야 할 것이다.

종래 한중관계를 사대관계라고 했다. 힘에 굴종했거나 문화적으로 추종했거나 간에 굴욕적인 것임에는 틀림없다. 따라서 주체성이 강한 견지에서는 경제적인 측면 또는 일부의 문화적인 측면에만 주시하고 정치적·외교적인 면은 되도록 외면하고자 했고, 군사적인 저항은 오히려 현창하기까지 했다.

어쨌든 한국은 오랫동안 대 중국관계를 통해서 명분과 실리의 양면을 상황에 맞게 이용했다. 처음에는 경제적·문화적인 실리를 추구하기 위한 관계였으나 차츰 동북아시아의 강대국이자 문명국에 대한 사대 모화(慕華)에서 정치적·문화적·외교적인 교섭이 되었고 다시 적극적인 관계가 되기도 했다. 그리고 동북아시아의 국제질서를 유지하기 위한 중국쪽의 요구와 이를 부득이 따르지 않으면 안되었던 한국쪽의 고충이 동북아시아 - 중국문화권의 전승적인 관계제도로 굳어지면서 공리적인 실리에서 명분이라는 전통적인 관계로 다분히 의의지워져야 했다. 하지만 국제관계가 명분보다도 실리적인 것이었기에, 한중관계도 실리적인 데에 관심이 모아졌고 이런 경향은 중국의 상황에 따라 신축적으로 작용하였다.

상대관(相對觀)의 이동(異同)

한중 두 나라는 오랫동안 관계하면서 서로 상대방을 잘 알게 되었다. 좋은 점, 나쁜 점 가릴 것 없이 속속들이 알게 되었다. 심지어는 금기시되었던 황제의 지밀 사정까지 전해졌고 우리의 약점도 드러났다. 그러면서도 공통분모같은 서로의 대외관이 형성되었다.

먼저 한국에서는 중국을 큰 나라로 생각했다. 흔히 말하는 대국(大國)이었다. 기원전 3세기 후반에 적어도 300만km^2에 이르는 넓은 지역을 통치하는 집권 통일제국을 이룩한 후 오늘의 960만km^2에 걸친 영토를 통치해 오면서, 200년 전까지만 해도 중국은 세계에서 막강한 힘을 자랑했기 때문이다.

이에 한국에서는 고대국가 형성기에 중국세력과 유대하여 각기의 배경을 삼고자 했고 중국의 힘을 원조받아서 국내의 통일사업을 성취하거나 외세의 침략에 대처하기도 했다.

또 한국에서는 중국을 고도한 문명국으로 알았다. 법률·제도와 각양의 기술·예술은 말할 것도 없고 유교·도교 계열의 각종 학술·사상과 불교까지도 선망의 대상이 되었다. 한자의 학습과 이용은 문명의 표상이기도 했다. 따라서 중국의 문물과 사상은 그대로 받아들여졌다. 중국의 이러한 문명은 당시만 해도 선진적이었기에 이를 얼마나 수용하느냐가 문명국으로 발돋움하는 기준이 되었다. 여기에서 어떤 이는 당벽(唐癖)이 있다고 지탄받기까지 했다. 당벽이란 중국광이라고 말해도 좋을 정도로 중국에 홀딱 반하는 성벽을 말하는데, 18세기에 한국에서 자주성이 고조되었을 때 이덕무가 당시 북학파의 박제가를 충고하면서 지칭한 말이다.

한국과 중국은 전통성이 다르고 풍토가 같지 않은데 중국의 문물이 아무리 선진적이었다고 할지라도, 더욱이 당시는 만주족이 중국을 다스리던 청나라의 세상이었는데, 아무것이나 수용하자고 주창하는 것은 옳지 않다는 지적이었다.

그러면서도 중국을 통해서 서양의 새로운 문물을 접하게 되자, 중국 이외의 세상을 볼 수 있는 대외창구로서 중국을 인식하게 되었다. 물론 서양의 문물만이 아니라, 거슬러 올라가면 인도의 세계에도 관심이 없지 않았다. 우리의 구법승(求法僧)들 중에 당나라를 통해서 인도까지 여행한 고승들이 많았던 것은 다 아는 일이지만, 명·청 시대 중국에 온 서양신부들이 소개한 서양의 여러 문물들은 종래의 중국문물에 비해서 실용성이 많았기 때문에 새로운 관심의 대상이 되었다.

중국 사행(使行)으로 다녀온 수많은 관료지식인과 상인들에 의해서 새로운 정보가 전해지고 수많은 서적이 전달되었는데 모두가 중국에서 일단 여과된 것이기는 하지만 새로운 가치를 희구하던 한국의 지성인들에게 많은 영향을 끼치게 되었다. 이 중에는 천주교라는 서양의 종교까지도 소개되어 정신적 혁신에 기여하기도 했다.

아울러 중국의 정통왕조만을 심복하고 정복왕조는 내심으로 경시했다. 정통왕조란 한족왕조를 말하고 정복왕조는 한족 아닌 북방민족의 왕조를 넓은 뜻으로 말하는데 중국 못지 않은 문명을 자랑하며 소화(小華)라고 자처하던 한국에서는 북방민족의 정복왕조를 어쩔 수 없이 사대해 왔을 뿐이었다. 여기에서 18세기 때 중국에 사행했던 박지원 같은 학자는 당시 중국인들이 청나라의 두발 모습인 변발을 하고 있는 것을 보고, 우리 복식을 줄기차게 사용해 온 한국의 긍지를 자랑하기까지 했다.

한편 중국에서의 한국관은 어떠했는가.

첫째, 중국은 한국을 자신의 주변국가 중에서 비교적 문명이 발달한 동이(東夷)로 보았다. 중국인들은 고대부터 화이관(華夷觀)이라는 독선적인 세계관을 가지고 있었는데, 중국문명인 '화'에 대해서 미개한 '이'는 먹거리를 '구워 먹지 않고[不火食] 곡물을 먹지 않는다[不粒食]'고 규정하고 있었기에, 불에 익혀 먹고 낟알을 먹는 한국을 주변국가이기는 할지라도 '화'에 준하는 곳으로 알았다. 더욱이 한국은 중국 고대의 기자(箕子)가 다스리던 곳이어서 일찍이 중국문명의 영향 아래 있었다고 하여 중국과 무관했던 다른 지역의 주변국가와는 다르다는 것이었다.

둘째는, 중국의 종속국으로 생각했다. 조공관계가 주종관계를 뜻하는 것이고 보면 종속이라고 말할 수도 있겠지만, 직속령이 아닌 종속관계란 것이었다. 앞에서 말한 바와 같이 한때 직속령을 삼고자 한 일이 없었던 것은 아니지만, 공물의 청구를 통해서 주종관계를 내세웠고 내정간섭을 통해서 종주국의 지위를 과시했다. 그리고 직속령이 아니라는 것을 말해 주는 일로서, 병자호란 때 청나라가 조선을 침공하는 과정에서 점령지의 한국인들에게 청나라의 두발 형식인 변발을 강요한 일이 있었으나 중국 통치가 성공하자 중국인에게는 강요하되 한국인에게는 변발을 강요하지 않은 일이 한 예증이 될 수도 있을 것이다.

셋째는, 한국을 신의를 지키는 우호국으로 대우했다. 중국이 분열되거나 북방민족의 침략을 받아 어려움을 당했을 때 중국과 오랫동안 맺어 온 관계를 내세워 원병을 청하거나 외교적인 왕래를 빈번히 하여 한국이 있어 다행이라는 속사정을 털어놓기도 했다. 송나라가 북방민족의 침략을 받아 북중국을 잃었을 때의 빈번한 왕래가 그랬고, 명나라가 만주족의 위협을 받았을 때 우리에게 원병을 청한 일 또한 좋은 예이다. 명나라는 임진왜란 때 우리를 도와 군대를 파송한 일이 있어 원병을 보내지 않을 수 없었지만, 이와 같은 한국에 대한 중국의 구원은 비록 주고 받는 관계라고는 할지라도 우호국으로 보았기에 그러했다. 그리고 얼마 전까지 대만의 중화민국과의 우호적인 관계도 그러했다.

이렇게 한국과 중국의 상대관은 변천 또는 다지적이면서도 관계가 긍정적인 면으로만 전개된 것이 아니다. 양국은 외교적으로 우호를 유지하면서도 마찰과 대립을 했고, 정치적으로는 간섭을 감내하면서 때로는 이를 배제했으며, 경제적으로 청구가 거세지자 이에 반발했는가 하면, 문화적으론 전폭적인 수용을 하다가도 국익상 금수조치를 취하지 않을 수 없었다. 그리고 군사적인 공조관계를 거듭하다가 거센 항쟁을 감행했다.

그런데 이러한 상대적인 대응은 중국쪽의 대 한반도 정책의 강도 여하에 따른 것이었으나, 한편으로는 한국의 민족적 긍지와 국가적 자각의 성숙 또는 성장도에 비례해서 그 진폭에 신축이 있었고 심도에 차이가 있었다. 그리고 이러한 피차의 상대관과 관계를 통한 차등이 항상 상대적인 것은 아니었다. 이러한 상대관계가 있은 후는 이를 회복하여 우호와 협력이 되도록 쌍방에서 노력해 왔다는 것도 잊어서는 안된다. 명분으로나 실리적인 차원에서 중국은 한국이 이탈되어 나가는 것을 원하지 않았고 한국도 중국을 도외시할 수 없었기 때문이다.

수모와 극복

지금부터 200년 전만 해도 중국과 한국은, 비록 내부적인 진통이 없었던 것은 아니지만 비교적 전통적인 긍지와 국제관계에서 큰 어려움 없이 지내 왔다. 한국에서는 중국에 사대하고 일본에 교린(交隣)정책을 써서 국제관계를 무난히 유지했고 중국은 동북아시아의 이른바 중국적 세계질서를 유지하고 있었다.

그러나 17세기부터 동양 침략을 자행하기 시작한 유럽의 새로운 세력에 의해서 동남아시아가 위협을 받더니, 18세기와 19세기에 걸쳐서는 동북아시아도 위협과 침략을 당하게 되었다. 게다가 북아시아에서의 위협도 심상치 않았다.

따라서 1842년에는 중국(淸)이 영국에 굴복하고 얼마 후에는 일본이 미국에게 문호를 개방하면서 한국도 신흥 일본에게 개항(1876)할 수밖에 없었다. 모두가 이념화되었던 쇄국에서 불평등조약을 맺고 세계의 외교대열에 강제로 들어서게 된 것이다.

그 후 중국은 열강의 반식민지로 전락하고 한국은 끝내 일본의 식민지가 되고 말았다. 길어야 불과 150년 전의 일이다. 독선적이고 자존심이 강했던 중국인은 '짱꼴라'라는 멸시를 받고 '중국' 대신 일본음으로 '시나(支那)'라는 비칭으로 불렸으며 한국인은 망명지에서 '망국노(亡國奴)'라는 괄시를 받았다. 이러한 비칭은 주로 일본에 의해서 의도적으로 조작되었다. '짱꼴라'는 '중궈렌(中國人)'이란 중국음이 변음된 것이고, '시나'란 세계의 중심이란 '중국' 대신 본시 중국의 이칭이었던 지명을 쓴 것이다. 또 '망국노'란 '나라 잃은 놈'이란 멸시에서 나온 것인데, 일본은 '조센진(朝鮮人)' 또는 '센진(鮮人)'이라고 불렀다. 반식민지인 '시나', 그 백성인 '짱꼴라', 식민지 백성인 '조센진'이 비칭 아닌 비칭으로 불린 것이다.

한중 두 나라는 이렇게 침략자인 일본에게 곤욕을 당해야 했다. 서양열강들도 중국을 가망없는 나라로 보았다. 중국의 문화와 문명을 긍정적으로 평가하면서도 중국의 역사는 부정적으로 평가한 것이다. 한국에 대한 시각도 한결같이 부정적이었다. 여기에서 두 나라의 지성인들이 이들 침략자에게 저항하면서 양자 사이에 연대관계가 형성되어 갔다. 중화민국의 여러 기관에 한국인 망명자들이 참여했고 중국공산당 정권에도 가담했다. 모두 연대하여 나라를 구하자는 공감대가 형성된 것이다.

이렇게 수모의 세월이 지나 제2차 세계대전이 끝나고 한국과 중국은 침략의 쇠사슬에서 풀려났으나 또 같이 제3세계의 대열에 낄 수밖에 없게 되었다. 제3세계는 1945년 이후 식민지 통치에서 독립한 신생국가 또는 개발도상국가들인데 아프리카·아시아·남아메리카주의 나라들이다.

그런가 하면 중국과 한국은 설상가상으로 분단과 이념의 대립국가가 되어 그렇지 않아도 독립과 부흥의 난제가 산적한데 동족상쟁의 참화까지 감내해야만 했다. 그리고 이 와중에서 대만으로 후퇴한 중화민국은 중국의 정통성을 견지하면서 대한민국인 한국과 일련탁생(一蓮托生)의 연대를 맺고 중국의 대부분을 차지한 중공은 북한과 제휴했다. 따라서 한국의 정통성을 자처하는 우리는 종래의 중국인 중공과는 적대시하면서, 명분상 중국의 법통을 이은 대만의 중화민국과 관계를 맺어 온 것이다.

중국과 한국은 제국주의 열강의 침략에 희생되고 수많은 수모를 당했는가 하면, 제국주의 열강의 침략에서 풀려난 뒤에도 분단되고 분열되었으나, 수모의 경험과 이를 극복하기 위한 저력이 발전의 원동력이 되어 도약의 길로 비상하게 되었다. 흔히들 동양의 네 마리 작은 용이라고 일컬어지는 나라들이 모두 신생국가이거나 식민지의 경험을 가진 나라들이고 보면 수모는 극복의 밑거름이 된다고 할 수 있겠다.

오늘날 세계는 겉치레나 고집만 가지고 이기는 것이 아니다. 실속이 있고 부단한 개선과 개혁을 서슴지 않으면서 성장하는 것이다. 이러한 맥락에서 이념에만 매달리던 중국이 비록 이념을 견지하면서도 개방의 필요성을 절감한 나머지 그렇게도 적대시하던 한국과 수교하게 되었다. 국제관계의 생리인 명분보다 실리, 실리 위의 명분을 가지고 관계정상화를 이룬 것이다. 이로써 한중 두 나라는 서로 협력하고 보완하면서 제3세계의 또 다른 수모에서 벗어나기 위한 도약의 단계에 접어들고 있다.

다시 보아야 할 중국

한중수교가 있던 다음날, 대만에서 온 절친한 친구를 만났다. 나도 수교문제에 대해서 말을 못했고 그 친구도 거론하지 않았다. 이심전심으로 다 짐작하고 있는 국제정치의 냉혹함을 무슨 말로 변명할 수가 있었겠는가. 서로 헤어지면서 굳은 악수만 교환했다.

그리고 돌아오자마자 대만에 있는 우리 대사관 앞에서 '신의를 저버린 한국을 규탄하고 있다'는 보도를 접했다. 대만의 지식인들이나 고위층은 이미 짐작하고 있던 일이지만 영문을 잘 모르는 일반시민들의 행동임에 틀림없었다.

그런데 우리가 명심해야 할 것이 있다. 대만은 아무리 세계에서 고립되어 간다고 해도 실속을 차리면서 정통성을 견지하고 있어 여전히 우리의 좋은 맞수가 될 것이고, 중국은 장차 우리의 두려운 상대가 되리라는 것이다. 중국이 지금은 경제적으로 어려움이 있다고 하더라도 그 넓은 땅덩어리, 많은 인구, 풍부한 자원과 1만 년의 문화전통 위에 5천 년의 역사경험이 있고 보면, 마음만 먹으면 얼마든지 발전할 수 있는 나라이기에 그러하다. 그리고 중국이 여전히 견지하고 있는 사회주의 건설을 보다 더 효과적으로 달성하기 위한 한 방법으로 개방정책을 취했고 이 개방의 일환으로 한국과 수교한 그들의 속셈을 짐작한다면 더욱 그러하다.

따라서 우리는 이러한 중국을 제대로 알고 앞으로의 대책에 현명한 판단이 있어야 할 것이다. 이러한 중국에 대한 새삼스러운 예상은, 두 차례에 걸쳐서 동부경제지대와 서부경제지대를 돌아본 나의 예측뿐만 아니라, 중국을 제대로 보는 견해에서도 이러할 것이다.

(『진리와 자유』 15호, 1992년)

17. 기마민족의 일본정복설

(1)

일본사의 세계는 1945년의 종전을 전후로 크게 대별할 수 있다. 종전 이전은 그들의 황국사관에 의해서 일본사를 자의로 본 허상의 역사였고, 종전 이후는 일본사의 실상을 찾고자 노력하기는 하지만, 황국사관의 잔재가 아직도 말끔히 가시지 않고 있는 역사이다.

따라서 오늘날에도 일본의 일각에서는 일본고대의 민족의 형성은 물론 국가의 형성에서도 종래의 자의적인 해석이 강하게 작용하고 있다. 심지어는 대륙진출의 제국주의적인 합리성을 위해서 조작된 역사해석의 왜곡이 그들의 중고등학교용 역사교과서에서도 잉습(仍襲)되고 있다.

이러한 여건에서 기마민족이 일본을 정복해서 고대국가를 형성시키고 그 계통이 바로 오늘날의 일본이라는 학설인 기마민족 일본정복설이 나오자 전후에 일본사를 새롭게 보고자 노력하는 양심적인 입장의 일본 사가들조차도 파천황(破天荒)의 놀라움이 아닐 수 없었다.

또 이 기마민족 일본정복설은 오늘날, 일본에서 판을 치고 있는 마르크시즘의 입장에서도 반가운 일이 아니었다. 마르크시즘의 이론에 의하면 어떤 사회의 발전단계는 그 나름의 조건과 발전사정에 의해서 연진(演進)된다고 보느니만큼 외부적인 힘에 의해서 정복되고 개진(改進)된다는 것이 어불성설이라고 보기 때문이다.

그러나 인류의 역사는 이제까지 고립되어서 독자적인 발전을 하여온 일이 별로 없다. 원색이 강렬할수록 원시적인 색감이란 말이 있다. 민족과 문화가 순수한 단색일 수 없듯이 어떤 시대적인 동인에 의해서 결과된 역사성도 자의대로 조작되거나 묵수(墨守)될 수만은 없는 것이다.

이에 일본 고대국가의 기원이 기마민족의 정복에 의해서 이룩되었다고 보는 기마민족 일본정복설이 결코 오늘날의 일본의 체면을 떨어뜨리는 것만은 아니다. 한편 이 기마민족이 한반도에서 건너간 정복민이었다고 해서 우리에게 미소를 짓게 할 감상적인 문제도 아니다. 지금으로부터 1,500년 전의 동아시아에서의 어떤 변동이 그 무렵의 시대적인 추세에서 이루어질 수밖에 없었던 역사성이었기 때문이다. 필자는 이 기마민족 일본정복설의 그 대의만을 간추려서 일본 고대사의 새로운 진상을 바로 이해하는 데 시사적인 것으로만 삼고자 한다.

(2)

기마민족은 내륙 유라시아의 원시유목민에서 발전되었다. 북위 50°의 초원지대를 동서로 주름잡으면서 활동하고 혹은 이남의 농업사회에 침구(侵寇)했다.

이들이 종래의 원시유목민에서 호전적인 기마민족으로 변질된 계기는 둘이 있다. 첫째는 B.C. 3천 년에서 B.C. 2천 년에 걸쳐서 농업사회가 도시문명을 갖게 됨에 따라서 그 경제적·군사적·문화적인 영향을 받았고, 둘째는 이들 도시문명 지대의 물자를 획득하는 데 기마전술을 써서 약탈하는 방법을 깨닫게 되었다는 것이다. 기마민족들은 지연과 혈연으로 집단조직화되는 농업사회의 생리와는 달리 약탈을 위해 그들의 세력을 집단화, 조직화하는 인위적인 국가를 구성하게 되었다.

그러면 역사상 이들 기마민족은 어떤 계열이 있었는가. 서방에서는 스키타이·사루마디·아란·훈·아바르·하자르 등이 있었고, 중앙에는 사카(塞)·오손(烏孫)·강거(康居)·월지(月氏) 등이 있었으며 동방에는 흉노(匈奴)·선비(鮮卑)·오환(烏桓)·유연(柔然)·돌궐(突厥)·위구르(回鶻)·거란(契丹)·몽골(蒙古)

등이 있었다. 북방에도 정령(丁零)·견곤(堅昆)·고차(高車)·열반(悅般) 등이 있었다. 그러나, 동아시아에 큰 영향을 끼친 기마민족으로는 스키타이·흉노·돌궐·선비·오환 등이 대표적이다.

한편 동북아시아에는 위의 전형적인 기마민족 이외에도 반농반렵계(半農半獵系) 또는 반농반목계(半農半牧系)의 기마민족도 적지 않았다. 부여(夫餘)·고구려(高句麗)·말갈(靺鞨)·발해(渤海)·여진(女眞)·만주(滿洲) 등이 그들이다. 그런데 이들 중 부여·고구려는 바로 일본 최초의 통일국가를 이룩한 이른바 천손민족(天孫民族)과 각별한 친연을 갖게 되었다.

사실 일본은 민족의 형성이 남방계인 데 반해서 그 국가의 형성은 북방계였다. 1920년대 초에 일본에서는 한국과 일본 민족이 같은 계통이란 주장이 발표된 바 있다. 이 주장을 비롯한 그 후의 유사한 주장들은 당시 일본의 대륙진출에 부응하여 역이용되기도 했지만 독자성을 강하게 내세웠던 종래의 일본고대사의 허상에 환기를 불러일으키는 일이기도 했다.

그 후 1945년 종전을 맞아 신생 일본이 되면서 일본고대사에 대한 새로운 차원의 연구가 시작되었다. 즉 일본고대사를 전승된 신화를 중심으로 한 광의의 민족학적 연구와, 고분과 그 출토품을 중심으로 하는 고고학적 연구 그리고 중국사를 비롯한 동아시아사에 보이는 그 시대의 동아시아의 형세 특히 한국, 일본의 정세를 중심으로 한 역사학적 연구들이다. 이들 연구는 종전 전까지만 해도 금기적인 요소였지만, 신생 일본이 된 후 종래의 금기로 인해서 사각(死角)되었던 바가 학문의 자유스러운 환경 속에서 용기있는 학자들에 의해서 다루어지게 되었다. 그런데 이와 같은 폭넓은 연구영역은 일본사측에서 보다도 동양사측에서 다루어질 수밖에 없었다.

1948년 5월 동양사학자이자 고고학, 민족학자인 에가미 나미오(江上波夫) 교수 등이 일본민족의 형성은 남방계이지만 그들 남방계의 일본민족을 정복해서 일본국가를 형성한 일본 최초의 국가는 동북아시아의 기마민족에 의해서 건국되었다는 이른바 기마민족설=일본국가 정복왕조설을 내놓게 되었다. 이 주장에 의하면 동북아시아의 기마민족인 부여, 고구려계의 민족이 먼저 한국 남부를 지배했고 드디어는 변한(任那)를 기지로 해서 일본의 기타큐슈(北九州)에 침입한 후 다시 동쪽인 기나이(畿內)에 진출하여 야마토(大和)정권을 확립하여 일본 최초의 통일국가를 실현시켰다는 것이다.

물론 에가미 교수의 이 주창이 발표되자 전후의 자유분위기를 만끽하던 일본의 조야도 큰 충격을 받았다. 특히 일본고대사를 전공한 학자들의 비판과 반론은 물론 좌익계의 반발도 적지 않았다. 그렇지만 기타큐슈에서 기나이에 걸친 정복왕조 - 기마민족국가가 그 사회·정치·군사·문화의 각 방면에 걸쳐서, 내륙유라시아에서 동북아시아에 걸친 기마민족국가의 정치·군사·사회·문화 등과 전체적으로 더욱이 본질적으로 일치하며 세부적인 구체성까지도 부합된다는 에가미 교수의 보다 확충되고 발전된 주장에 의해서 기마민족 일본정복설이 한낱 가설 또는 이론에 그치지 않는 학설로서 굳어지게 되었다. 그리고 이 주장은 얼마 전 일본에서 다카마쓰총(高松塚)과 한국에서 수없이 발굴된 고구려·백제·신라·가라(加羅) 등의 여러 고분과의 비교를 통해서 더욱 확고히 되었다. 출토품은 고사하고라도 인물과 사신도(四神圖)로 장식된 벽화의 세계만을 보아서도 동일계통이라는 것을 부정할 수 없게 되고 말았다.

(3)

여하간 일본 최초의 고대국가는 어떻게 건국되었는가. 3세기 전반경 남한지역이 삼한시대였을 때 부여계의 진왕(辰王)이 북으로부터 내려와서 마한은 물론 인접된 진한·변한의 많은 지역까지도 지배하고 있었다. 농업사회였던 2, 3세기 당시의 삼한사회는 많은 부족국가들이 분립되어 있었을 뿐, 이들을 통일적으로 지배할 권력자 즉 왕이 출현할 만한 사회조건을 갖추지 못하고 있었는데 조기의 중국문명에 영향받은 진왕이 와서 이들 지역을 지배하게 된 것이다.

그러나 진왕의 남한지역 지배도 중국 위(魏)의 한반도 남하정책과 충돌해서 3세기 후반에는 쇠퇴했고, 또 4세기 후반에 진한에서 신라가 성립되지 않으면 안되는 동인이 있게 되자 진왕계의 종래의 지배자 또는 진왕의 권리를 계승한 지배자가 김해 중심의 변한만을 토대로 자기들의 세력기반을 삼게 되었다. 당시 일명 변진이라고도 일컫는 변한은 남한지역에서 임나가라(任那加羅)라고 명칭이 바뀌었을 뿐 여전히 여러 세력으로 분립되어 있어서 백제·신라와 같이 자체적인 건국을 하지 못한 사정에서 진왕계가 여전히 지배할 수 있게 되었거나 혹은 백제와 신라의 성립 이후 진왕계의 최후의 보루로 굳어졌을 것이다.

그런데 위와 같은 김해 중심의 이들 진왕계 세력들은 과거 남한지역의 지배력을 인접된 바다 너머의 기타큐슈에서 회복시키고자 했다. 그래서 이들은 김해 중심의 변한과 새로 정복한 기타큐슈를 연합하는 한왜연합왕국(韓倭聯合王國)을 형성하게 되었다. 그리고 변한을 중심으로 새로운 세력기반을 확립하면서 한반도에서 가장 동쪽에 있다는 뜻으로 일본이라고 일컫게 되었다. 후일의 일본이라는 명칭의 유래와 사정이 다르다. 후세의 일본에서 '일본' 이라고 부른 것은 자기들 국가의 선조들이 이미 칭한 바 있는 명칭을 다시 찾아서 쓰겠다는 의도에서 온 것이지 새로 창안된 국호가 아니다.

하여간 기타큐슈를 정복해서 새로운 한왜연합왕국을 형성시킨 인물이 일본에서의 스진 천황(崇神天皇)이었다. 되풀이하면 진왕계 임나의 왕이 가라를 작전기지로 하여 기타큐슈의 남방계 농경민족인 왜인을 정복해서 지쿠시(筑紫 : 규슈의 북부지방)에 침입, 기타큐슈의 지쿠시를 중심으로 제1차 일본정복에 성공했다. 이 시기가 늦어도 4세기 중기라고 할 수 있다. 하여간 이 한왜연합왕국은 그 후 점차 융성해져서 4세기 말기에는 백제와 같이 큰 세력이 되었고 여기에 신라가 급속히 커지자 5세기 초기에는 백제·신라와 같이 대 고구려작전에도 참가할 수 있게 되었다.

이렇게 기타큐슈의 지쿠시에 뿌리를 내린 진왕계의 왕 - 스진 천황계의 왕은 차츰 융성해진 세력을 가지고 또다시 동쪽으로 나아가서 기나이를 정복하여 야마토정권을 수립하는 제2차 일본정복을 하게 되었다. 이때는 오진 천황(應神天皇)의 시기인 5세기 초인데 당시 형세로 보아서 한왜연합왕국이 한반도에서 응략을 펼 수 없게 되자 기타큐슈에서 동진하여 기나이로 들어간 것이다. 그리고 제2차

정복에서도, 제1차 일본 정복시 서일본에 있던 원주민인 왜인을 정복한 것과 같이, 당시 동일본에 있던 이른바 에조(蝦夷 : 毛人)란 원주민을 정복하여 복속시켜서 일본 최초의 고대통일국가 즉 야마토정권을 이룩한 것이다.

따라서 원주민인 남방계의 왜인 또는 에조를 복속시키고 건국한, 한국에서 건너간 이들 정복세력들은 고대국가를 세운 후 그들의 국가체제와 문화요소를 종래의 예와 같이 조직하고 통치했다. 야마토정권에서 제정된 12등의관(十二等衣冠)이 모두 백제·신라 의관의 계열이었고 이 밖에 그들의 복식과 문화 그리고 국가의 조직이 그랬고 또 이 무렵 천황묘의 전방후원형(前方後圓型)이 지금 김해에 있는 김수로왕릉의 모방이었다고 보면 그 사정은 짐작되고도 남음이 있다.

일본을 정복한 스진(崇神)·오진(應神)은 모두 일본 건국의 사실상의 주역이다. 일본에서 황국사관에 의해서 가공적으로 꾸며진 진무(神武)·진구(神功) 처럼 모두 '신(神)'자를 붙이고 있다. 이들 사실상의 건국주 또는 가공적인 건국주에게 '신'자를 붙인 것은 모두 북방 기마민족계에서 추앙되어 오던 천손계 민족의 활동에서 유별나게 중대한 일을 치른 인물이란 뜻이고 보면 더욱 부합되는 일이기도 하다. 아울러 변한의 임나(지금의 김해)는 우리말에서 군주를 의미하는 'nim(님)'에 'ra'라고 하는 조사가 붙은 것으로서, 일본 건국주인 군주의 애초의 땅이란 뜻이고, 이 밖에도 일본음으로 'mimana'란 의미도 천황의 직할 영토인 관가(Miyake)를 뜻하는 것이고 보면 일본 조국(肇國) 천황의 본거지였다는 데에 동부(同符)되는 것이기도 하다.

그러나 일본은 그 후 7세기 후반 문화의 개신(改新)을 통해서 중국적인 제도와 문화를 전폭적으로 수용하여 차츰 원초적인 제도·통치 그리고 문화계열과 차츰 차이를 보이기 시작했다. 일본이 '일본'이란 국호를 쓰게 되는 것도 이 무렵의 일이다. 하지만 천황가나 신사(神社)에서는 전통적인 것이 그대로 계승되었다. 천황 즉위식의 의례, 복식, 그리고 신사의 여러 의식과 복제가 마치 고구려, 백제의 고분벽화와 신라 고분에서 출토되는 용(俑)의 차림과 흡사함을 발견할 수 있는 것이 바로 그 좋은 예이고, 이와 같은 여러 의식과 복식은 멀리 북방계 유목민족의 그것들과 상사(相似)함을 볼 수 있는 것이다.

물론 얼마 전에 일본열도분국설(日本列島分國說)이란 이색적인 학설이 있었다. 이른바 왜국왕이라고 하는 일본 유랴쿠 천황(雄略天皇) 이전 수대의 천황들이 중국의 남조(南朝)에 견사(遣使)하면서 스스로를 '使持節都督 倭·百濟·新羅·任那·秦韓·慕韓方國諸軍事安東大將軍 倭國王'이라고 자칭했고 또는 가라(加羅)를 더하여 '七國諸軍事……'라고도 한 데 대해서, 이는 기마민족 일본정복설에서 주장되고 있는 바와 같은 한왜연합왕국의 과장된 국제상의 표현이 아니라, 기실은 이들 중 왜를 제외한 5국 내지 6국이 다 같이 일본 열도에 각기의 분국을 가지고 있었다는 주장이다. 또 고구려 광개토왕의 비문을 일본측에서 고의로 개작했다는 입론도 귀속되는 바는 여기에 있는 것이다. 그런데 이 일본열도분국설도 크게 보면 이 기마민족 일본정복설과 비슷한 착안이라고 볼 수 있다. 분국설이 마르크시즘의 사관을 입각점으로 해서 문헌학적으로 전개한 것이라고 보면, 기마민족설은 비마르크시즘의 입장에서 고고학적·민족학적으로 확충시킨 주장이란 차이라고 말할 수 있을 것이다.

(4)

이와 같은 기마민족 일본정복설은 기마민족 대 농경민족이라고 하는 유라시아적인 사지적(史地的) 조건과 구조를 놓고 내려진 보편적인 주장이고 여기에 민족학적·고고학적인 뒷받침과 역사학적인 해석을 가지고 보충된 것이다.

따라서 지역적으로 보아서는 그 나름의 특수성에 의해서 달리 볼 수도 있다. 특히 자주성을 강하게 내세우고 혹은 국수적인 안목에서 지역사를 그 나름대로 해석하고자 할 경우에는 더욱 그러하다. 여기에서 오늘날 일본에서도 일본고대사가들이 오직 일본 열도의 서부가 한반도와 근접되어 있어서 한반도 남부가 일본에의 문화 중계지가 되었다고만 긍정할 뿐, 이 기마민족 일본정복설을 문자 그대로 정설로는 받아들이지 않고 있다. 또 한국의 역사학계 일부에서는 일본 고대국가가 남한에서 건너간 세력에 의해 건국되었다는 데에, 또는 한국계의 분국이 일본열도에 산재해 있었다는 데에 관해서는 만족스러운 수긍을 하면서도, 진왕이 기마민족계열이고 그 진왕과 진왕계가 남한지역을 지배 통치했다는 전제에 대해서는 의문시함이 또한 적지 않다.

또 기마민족설의 전개에서 한 전환점이 되는 임나의 해석과 임나가 중심이 되어 기타큐슈의 새 정복지와 연합한 한왜연합왕국의 저의도 종래 일본의 황국사관에서 다루어온 일본 식민지로서의 임나관을 합리화시키는 것이라고 일축하는 견해도 있다. 그런가 하면 남한사회가 반드시 정복왕조와 같은 인상을 갖게 하는 기마민족계의 진왕에 의해서 지배되었다고 보아야만 하는가 하는 반론도 있다. 물론 기마민족설에 반대하는 주장도 문헌학적, 고고학적인 입론에서 나오고 있다. 그런가 하면 정복이란 자극적인 용어보다도 북래설(北來說)이니 도래설(渡來說)이니 하는 표현으로 대신하는 것이 남한사회의 상황이나 일본건국의 사정에서 무난히 볼 수 있지 않을까 하는 수정론도 있고, 더 근원적으로 부여족이나 고구려족이 흉노·선비 등과 같은 전형적인 기마민족이 아니고, 또 애초에는 기마민족계였다고 하더라도 오랫동안 남만주에서 지내면서 기마민족적인 요소가 체감되었고 보면 문제가 없을 수 없고, 더욱이 문헌학적·민족학적으로 보아서 비기마민족일 수도 있다는 생각마저 있고 보면, 기마민족설의 저변부터가 허물어지는 듯한 반론이 나옴직도 하다.

그러나 전술한 바와 같이 기마민족 일본정복설은 그 주창자인 에가미 교수의 보완에 의해서 더욱 세부적인 것까지 구체화되어 가고 있고 이 주장을 뒤따르는 학자들이 나오고 있다. 두말할 것도 없이 동양사가들이다. 그것도 중국사 또는 좁은 지역사의 전공학자보다도 『유목기마민족국가』의 저자인 모리 마사오(護 雅夫)와 같은 폭넓은 시야의 학자들이다.

아울러 이 기마민족설은 역사학뿐만 아니라 고고학, 민족학, 인류학 등 다방면에 걸친 방증과 입론을 가지고 전개하고 있고, 비교문화적인 것이기 때문에 설득력이 있고 객관적인 인상이 짙다. 여기에서 지론과 사상을 초월해서 공감을 주기도 한다.

기존관념과 기성의 해석에 대해서 비판적인 젊은 연배층에서는 말할 것도 없고 새로운 사실을 찾아서 매진하려는 합리적인 입장에서도 이 기마민족설은 상당히 긍정·추종되고 있다. 기마민족국가가 정복전쟁에서 승리하여 전리품의 분배를 충분히 받으면 더욱 그 세력이 커지지만 만약 정복전쟁에서 실패하여 희생자만 내고 전리품을 분배받지 못하면 일조일석에 와해되는 생리와도 같이, 이 기마민족설을 뒷받침해 줄 수 있는 고고학적·민족학적인 자료가 계속 나와서 더욱 뒷받침해 주고 문헌학적인 방증과 역사학적인 새로운 해석이 나와서 더욱 보충해 준다면 결코 추론에만 그치는 스파크한 생각이 아니라는 것이 명백하게 될 것이다.

하기야 이를 뒤바꾸어 말하면, 이 기마민족설을 발판에서부터 뒤엎을 만한 고고학적, 민족학적, 역사학적인 연구성과가 나오지 않는다는 법도 없다. 그러나 오늘날까지의 사계(斯界)의 연구성과로써는 전면적인 반론이 제기될 수 없겠지만 지엽적인 수정과 반론의 여지는 있는 것 같다. 에가미 교수의 주장과 그 학설을 찬동하는 계보의 주창들을 한국사의 입장에서 수정하고 혹은 차원을 달리하는 새로운 학설이 많이 나와서 허심탄회한 학적인 연구가 있기를 바랄 뿐이다. 이와 같은 소망은 우리나라 역사뿐만 아니라 일본사에서도 그렇고 동북아시아사의 경우에도 예외가 될 수는 없다.

[참고문헌]

江上波夫, 『일본민족의 기원』(平凡社, 1958), 『아시아문화사연구 - 요설편』(東洋文化研究所, 1965), 『기마민족국가』(中央新書, 1967), 『벽화고분의 미(謎)』(講談社, 1972), 『기마민족이란 무엇인가』(每日新聞社, 1975), 護 雅夫, 『유목기마민족국가』(講談社, 1967), 金廷鶴, 『임나와 일본』(小學館, 1977)

(『시문학』 8권 3호, 1978년)

18. 동양사학회

(1)

동양사학회(The Society for Historical Studies)는 1965년 11월 20일 창립되었다. 동양사학회가 성립되기 이전에 동양사연구는 관련학회의 한 연구 분야로 있었으나, 한국에서의 동양사학의 발전과 동학의 협동연구를 위해 학회설립이 요청되었다.

그 후 동양사학회는 여러 회원들의 협조와 역대 임원들의 노력에 의해서 꾸준히 성장하여 왔다. 발기 겸 창립총회에 참가하였던 31명의 회원수가 오늘날에는 148명으로 증가하였다. 여기에는 영구회원 41명, 일반회원 95명, 단체가입 22기관이 가입되어 있다.

동양사학회가 이렇게 발전되어 오면서 창립 당시에 약정되었던 규약을 보완한 개정규약이 1976년 6월 19일의 총회에서 통과되어 보다 더 합리적인 운영을 다짐하기도 하였다. 이로써 종래의 대표간사가 회장으로 개칭되고 감사 2명을 두어 회무를 감사하게 되었다.

그리고 동양사학회의 업무소는 얼마 전까지만 해도 대표간사 또는 회장이 근무하는 기관에 두기로 되어 있었기 때문에 회원들과의 연락은 물론, 국내외의 여러 연구기관과의 교환에도 적지 않은 불편이 있었다. 따라서 1976년 5월부터는 서울대학교 동양사학과의 양해를 얻어 그곳에 사무소를 두기로 잠정적인 조치를 취했다.

여하간 그 동안 동양사학회의 운영을 담당한 역대임원은 다음과 같다.

○ 全海宗·尹南漢·李龍範·嚴永植·咸洪根
○ 高柄翊·尹南漢·李公範·鄭起燉·黃元九
○ 全海宗·黃元九·閔斗基·曹永祿·申採湜
○ 李龍範·曹永祿·吉玄益·金鍾圓·吳金成
○ 尹南漢·崔韶子·辛勝夏·權錫奉·金基周
○ 咸洪根·崔韶子·李炳注·申採湜·辛勝夏
○ 黃元九·金文經·李炳注·吳金成·金鍾圓 (無順)

(2)

동양사학회는 규약의 사업을 수행하기 위해 노력하고 있다. 먼저 월례연구발표 및 담화회는 1965년 12월 21일 제1회 모임을 가진 후 1980년 4월말에 개최한 제73회 월례회까지 모두 146명이 발표하였다. 이 중에는 우리나라에 체류중이던 외국학자 4명의 발표도 있었다. 그리고 전국 역사학대회 동양사부의 발표가 월례회로 대체된 경우가 7회나 되었고 1977년도 연말부터 시작된 동양사학계 원로를 모시는 모임이 3회나 되었다. 여기에서는 민영규(閔泳珪)·전해종(全海宗)·정재각(鄭在覺) 교수 등이 발표하였다. 그런데 월례회가 학회활동에 지장을 준 어쩔 수 없는 상황에 의해서 미상불 중단된 경우도 간혹 있었다. 이 밖에 내방하였던 외국학자를 위한 초청환담회를 경우에 따라서 마련하였다.

한편 『동양사학연구』도 계속되고 있다. 1966년 10월에 창간된 『동양사학연구』 제1집은 학회 창립 후 1년 만에 거둔 성과였다. 김상기(金庠基)·전해종 교수의 논문과 윤남한(尹南漢) 교수의 설총(說叢), 민두기(閔斗基)·황원구(黃元九)·정병학(鄭秉學)·고병익(高柄翊)·함홍근(咸洪根) 교수의 서평, 김염자(金稔子) 교수의 자료가 상재(上梓)되었다. 그 후 1979년 12월에 간행된 제14집에 이르기까지 논문이 37편, 서평이 38편, 설총 9편, 자료 3종 4회, 논문요목 10차, 기타 2편이 수록되었다. 이 중에는 동양사학회 창립 10주년 기념호(8·9합집)와 동빈

(東濱) 김상기박사추모논총(12·13합집)이 있기도 하다. 『동양사학연구』는 반년간을 원칙으로 삼고 있다. 그러나 여러 가지 사정에 의해서 연간에 머무르고 있다.

아울러 회원들의 연구에 비익(裨益)과 동시에 논의를 위한 교재의 공급을 위해서 몇 가지의 편간물을 배포하고 있다. 즉,

東洋史料抄輯　　　　(排印)

東洋史料抄輯 續編　(景印)

中國史論文選輯(一)　(景印)

史學槪要　　　　　　(景印)

卄五史述要　　　　　(景印)

얼마 전부터는 회원들의 협조를 얻어서 『동양사개설』의 편찬도 추진중에 있다.

또 동양사학회에서는 1969년도와 1976년도 두 차례에 걸친 12회·19회의 전국역사학대회를 경희대학교, 중앙대학교에서 성황리에 주관했고, 1970년 3월 28일 연세대학교 동방학연구소와 공동으로 연세대학교에서 동양사학 심포지엄인 '동양사연구의 반성과 과제'를 논의했다. 그 주제와 토론은 다음과 같다.

동양사연구의 현황과 반성 : 尹南漢

동양사연구의 문제점 : 閔斗基

동양사학과 한국사학 : 黃元九

동양사연구의 과제 : 高柄翊

약정토론 : 權錫奉·金文經·宋俊浩·嚴永植·洪淳昶·申採湜

李龍範·鄭秉學·咸洪根·李公範·全海宗 (무순)

이어서 1971년 10월 5, 6일에는 신해혁명기념 공개강좌인 '중국의 과거와 현재'를 대한기독교청년회관에서 가졌다. 제목과 연사는 다음과 같다.

중국적 전통의 구조 : 全海宗

근대중국의 개혁과 혁명 : 閔斗基

중국인의 사고와 문학 : 車柱環

국민정부의 어제와 오늘 : 李龍範

　　중공의 성립과정 : 金俊燁
　　중국인의 대외관 : 高柄翊
　　한국과 중국 : 黃元九

　그런데 동양사학 심포지엄은 학회와 대학부설연구소가 연구협력을 위한 바람직한 사례를 보여주었으며 신해혁명 기념공개강좌는 학회가 사회계몽을 위하여 시도한 강좌였다는 데에 의의가 있었고 유료강좌였다는 데에도 화제가 되었다. 특히 이 공개강좌는 초만원의 성황을 이루기도 하였다.

(3)

　사실 한국에서의 동양사연구는 광복직후의 영세했던 연구인구에 비해서 오늘날에는 양질면에서 상당한 수준에 올라섰다. 세계학계와 비견될 수 있는 학자와 업적들도 적지 않게 배출되었다. 어려운 여건에서도 꾸준한 발전을 하였다고 말할 수 있을 것이다.

　그러나 한국에서의 동양사연구는, 중국사연구의 본 고장인 중국대륙의 상황이 아직도 우리에게는 단절된 곳으로 되어 있고, 광역한 아시아지역을 휘어잡을 만한 연구조건이 갖추어지지 못하고 있는가 하면, 동양사연구의 종합적이고도 중심 구실을 감당할 만한 연구기관이 두드러지게 나타나지 않고 있는 것이 우리의 현실이다. 동양사학회원들은 개별작업의 단계를 완전히 벗어나지 못하고 있고, 여전히 중국사 중심의 연구에 머무르고 있는 아쉬움이 있다. 외국에서와 같은 협조적·유기적인 유대를 맺으면서 추진되는 아시아 전 지역에 걸친 연구가 제대로 되어 있지 않고, 백여 년 이상의 연구사를 쌓고 있는 외국의 동양사학과 같은 연륜에도 뒤따르지 못하고 있기 때문이다. 게다가 정부 내지 학술원조재단에서도 역사연구에 대한 보조와 진흥에서 동양사학 분야에 소홀하고 있고 보면 동양사학회를 제대로 활성화시킬 만한 뒷받침마저 부족한 형편이다.

　학문이 호조건에서만 성장된다는 법은 있을 수 없다. 반세기도 미처 되지 못하는 연구사를 갖고 있는 한국에서의 동양사학이지만 그 동안의 힘겨운 여건과 어려운 조건에서도 이만치 성장했고 보면 앞으로의 전망은 바람직하다. 멀지 않은 장래에 난제들이 차츰 해결되고 다양한 동양사학의 연구분야가 개진될 것은 물론, 연구분과의 모임과 같은 전공별 연구회가 점증되어 가는 회원들 사이에 제고되는 등 희망적인 양상들이 나타나면서 비록 완만하지만 굵직한 성과들이 기필 거두어지리라고 확신하는 바이다.

세계 속에서의 아시아, 아시아에서의 동아시아, 동아시아에서의 한국이라는 사적 위치는 예나 지금이나 의의있는 시각으로서 소홀히 될 수 없는 일이다. 한국에서의 동양사학의 한 입각점이 바로 이러한 입장을 학적인 양식에서 비교 조명하는 사명을 어쩔 수 없이 지니고 있다는 것도 명심하고 있다. 이웃에서 있었던 어떤 사적인 동인과 성향이 우리와 결코 무관한 일만은 아니었기 때문이다.

(『이화사학연구』11·12합집, 1981년 12월)

19. 동양사연구의 회고와 전망

(1) 총설(1973~75)

한국에서의 동양사학이 제대로 의의를 살리면서 대학에서 개설된 지 30여 년이 되었다. '45년의 광복을 기점으로 한 것이다. 물론 45년 이전에도 전 경성제대의 사학과와 사립의 전문학교에서 강의된 일이 있었지만, 관립대학에서는 일본식 민사관에 의한 동양사의 허상 - 만선사(滿鮮史)・만몽사(滿蒙史)…등이 편의대로 조작되거나 혹은 일본의 대륙진출의 전초지인 한국에서의 동양사라는 전제가 강하게 작용되는 일이 많았고, 사립의 전문학교에서는 당시의 이른바 '조선사'의 위장적 강의명으로 내걸어지는 일이 있거나 혹은 동양사를 강의한다고 해도 제대로 동양사의 고구(考究)가 되지 못했다. 하지만 광복 후는 비록 우후죽순같이 난립된 대학이었지만, 몇 분의 기성 동양사학자들에 의해서 중국사 중심의 동양사 강좌가 개설되어 우리나라에서의 동양사학이 정착하기 시작했다. 물론 한국에서의 중국사의 관심이 전근대사회에서 없었던 것은 아니었지만 여기에서는 논외의 일이다.

여하간 그 동안 동양사학은 광복 후만 해도 계몽적인 성격이 강했다. 연구시설과 여건이 해결되지 못한 데에서 온 부득이한 사정도 있었겠지만, 급격히 밀어닥친 구미화에 의한 서양사학의 고조와 다시 각광을 받게 된 한국사학의 눈부신 발전 사이에 끼어 있게 되어, 관심도 적었고 연구인원도 많지 않았기 때문이다. 여기에서 연구성과도 특별한 것이 없었다. 오직 몇 분의 기성학자와 소장학자들이 새로운 의욕을 가지고 꾸준히 매진하여 주었을 뿐이다. 아울러 대학과 연구시설이 서울 중심이었다는 데에도 그 이유가 있었겠지만, 동양사학의 전공학자들이 서울 중심의 활동밖에는 하지 못한 데에서 수선(首善) 중심의 동양사학으로 한정되기도 했다.

그러나 한국동란후 중국에 대한 관심이 새로워지고 또 지방에 대학이 설치될 무렵부터 종래의 계몽적이던 동양사학이 차츰 본궤도에 오르기 시작했다. 여기에서 한국에서의 동양사학은 서울 중심에서 지방으로 확산되는 한편 신진학자들이 속출하게 되었다. 아울러 이 무렵부터 동양사학의 연구를 외국의 유명한 대학과 연구기관에서 공부할 수도 있게 되어 보다 희망적인 전망이 보이게 되었다. 요사이 우리나라에서 활약하고 있는 동양사학계의 중견들이 대부분 이 시기에 동양사학에 뜻을 두고 공부한 분들인 줄 안다.

그런데 광복 30년이 지난 요즈음에 와서는 각지의 국립대학과 사립대학에서 강의하는 동양사학자들이 그 인원수에서도 80명이 넘고 있고, 그 동안의 연구성과도 제법 많아졌다. 국제수준에 이르는 연구가 적지 않을 뿐만 아니라 그 활동도 볼 만한 것이 많다.

여기에서 다루어질 1973~75년간의 동양사학은 바로 광복 30년이 되는 시기에 해당된다. 이전의 연구성과도 결코 적은 것은 아니지만 이 3년 동안의 논문으로는 중국 중심의 고대사(先秦 - 秦·漢 時代)에 11편, 중세사(隋·唐 - 宋·元 時代)가 12편, 근세사(明·淸 時代)에 10편, 근대와 현대사에 걸쳐 13편에 이르고, 역사이론과 월남사에 관한 것이 3편이나 되어 모두 49편에 이른다. 6조시대(六朝時代)의 연구가 전무했다는 예외가 있기는 하지만, 가위 중국사의 대부분의 시기에 걸친 연구들이었다. 특히 종래 연구성과가 적었던 선진시대(先秦時代)의 연구가 많아졌고, 요(遼)·금(金)·원(元) 3조의 고구가 여전히 많은 것, 그리고 종전 기피된 중국연구가 역사학의 입장에서 다룬 논문이 나올 수 있게 되었다는 것이 고무적이었다.

그리고 전저(專著)가 6종이나 되었다. 2종은 요·금·원 3조에 걸친 저서(李龍範, '75 ; 金在滿, '75)이었고 4종은 근세와 근대사에 관한 저작(閔斗基, '74 ; 尹南漢, '75 ; 嚴永植, '75 ; 咸洪根, '75)이었다. 논문이나 전저가 종래에 비해서 푸짐한 느낌이었다. 말할 것도 없이 논문의 경우는 그 문제의식에서 다시 한번 생각해야 할 것이 몇 편 있고, 그 수준에서도 반성해야 할 것이 없는 것은 아니지만, 전저에서는 모두 일가를 이룬 업적들이었다. 1975년까지가 구제(舊制)박사학위의 수여 마감이란 정책적인 차원에서 이루어진 것도 없다고는 할 수 없지만, 어떤 계기를 통해서 종래의 연구를 일단 마무리했다는 데에 의의가 있고, 이를 바탕으로 해서 보다 발전할 수 있는 것이고 보면 그것 역시 의의가 있다고 하겠다. 하여간 오랫동안 연찬(研鑽)해온 결과를 모아 놓았다는 데에 전가(專家)의 면모가 있고, 그 동안의 노고에 경하하여 마지 않는다.

한편 이 동안의 동양사학의 회고에서 생각되는 일은, 신진 소장학자의 좋은 논문이 나오고 있다는 것과 지방의 동양사학이 크게 발전되었다는 것이다. 대구 중심의 연구활동은 특히 두드러진 바가 있었다. 또 전술한 바와 같이 이 시기부터 중국에 관한 연구가 나오게 되었고, 종래의 중국사 중심의 연구에서 월남에 이르는 동남아사가 개척되어 간다는 것이다. 그리고 만주학의 전문가가 나와서 미공개의 자료를 제공해 주고 있는 일들이라고 말할 수 있다. 만주학이 한국에서는 언어학 분야로만 머무르고 있었지만, 명·청 시대 연구에 만주학의 도움이 절실한 것을 감안하면 새로운 자료제공의 의의가 크다고 할 것이다. 그런데 위와 같은 새로운 연구경향과 발전은 얼마 전까지의 한국의 동양사학계에 비하면 그 시야에 진폭이 넓어졌고 그 방법에서도 현저하게 향상되었다고 말할 수 있을 것이다. 중국근대사의 연구는 한결 차원이 높아지기도 했다.

이런 모처럼의 새로운 취향은, 한국에서의 동양사학의 연구조건이 보다 더 개선되고 극복됨으로써 한결 발전되리라고 믿거니와 앞으로의 바람직한 전망을 위해서는 무엇보다도 이제까지의 중국 중심의 동양사학에서 아시아주의 역사인 아시아사로서의 확대가 있어야 하겠고 이를 위한 후진의 양성에도 관심되어야 할 줄 믿는다. 우리나라에서의 동양사학이 중국 중심이라고 해서 나쁠 것은 없다. 외국의 어느 대학부설 연구소와도 같이 어느 지역만이라도 착심(窄深)한 연구가 되어준다면 다행한 일이라고 할 수 있겠지만, 종래의 동양사의 의의를 아시아사라고 하는 거시적인 의의로 파악하려고 하는 세계의 추세에서 보면, 역시 종전의 협의의 동양사의 개념과 의의에 발전적인 수정이 있어야 할 것만 같다.

(『역사학보』 72집, 1976년)

(2) 한국에서의 동양사연구의 현황과 과제(1973~79)

역사연구가 현실적인 상황과 무관되어야 한다는 것은 최소 100년 이상의 연구 전통을 누려온 나라에서의 행복에 겨운 역사학계의 지론이다. 그러나 역사연구의 성향이나 추세가 현실적인 상황에 의해서 영향되는 경우가, 오랜 역사연구의 전통을 갖고 있는 지역에서도 없지 않다. 이렇게 보면 한국에서의 동양사연구의 현황이 경우에 따라서 현실적인 상황의 영향을 무시할 수 없다고 해서 비관할 수는 없는 것이다.

한국의 동양사연구는 해방후 10년 동안의 불안정한 연구환경과 소박한 국수주의에 의하여 그 발전에 스스로의 한계성을 지녀왔지만, 그 후 10년 동안은 제대로 된 동양사연구의 바탕이 굳어지기 시작했다. 그것은 1965년 11월에 동양사학회가 창립되면서 결실되었다. 종래에는 역사학회의 한 분과에서 동양사연구가 연구·발전되었지만, 동양사연구의 인구가 많아지고 아울러 학문적 열의와 과제의 자각이 차츰 높아지면서 동양사학회가 이룩된 것이다. 따라서 한국에서의 동양사연구는, 역사학의 포괄적인 단체인 역사학회와 여전히 유기적인 연관을 갖되, 동양사학회를 중심으로 이루어졌다.

'65년 말의 동양사학회 창립 당시 31명에 지나지 않았던 회원수가 '73년도에는 100여 명 정도에 이르렀고 '79년 말에는 약 180여 명으로 확대되었다. 또 동양사 관계의 논문도 '65년 말까지는 연간 20편 정도가 발표되었지만 '73년에는 50편 내외, 다시 '79년에는 약 80편이나 발표되고 있다. 몇 년 전까지만 해도 연간 5·6종의 저서가 출간되기도 했다. 동양사 관계의 논문과 전저가 모두 동양사학의 전문적인 것이라고는 단정할 수 없지만, 비교적 전문성을 가진 것임에는 틀림이 없다. 광범한 동양학 관계의 것이 아님은 물론이다.

이와 같이 한국에서의 동양사연구의 성과가 단시일 안에 양적으로나 질적으로 크게 발전되어온 이유는 몇 가지가 있을 수 있다. 첫째는 한국에서 그 동안 어느 정도의 사회적·경제적인 안정이 있었다는 것, 둘째는 동양-아시아 제 민족의 각성과 이에 수반된 세계사에서의 역할이 커지면서 온 동양지역에 대한 관심의 제고, 셋째는 각 대학과 연구기관에서의 교육과 연구의 다변화, 넷째는 연구시설의 점진적인 개선 등이 그 주목할 만한 요인이라고 믿어진다.

그러나 한국에서의 동양사학은, 정부 내지 재단의 적극적인 후원에 의해서 연구인구가 날로 확대되고 연구분야가 더욱 다양화되어 가고 있는 한국사연구에 비해서 영세함을 면할 수가 없다. 또 정치·외교·경제·문화면에 걸친 지대한 영향에 의해서 보다 더 관심있는 서양사연구에 비해서도 결코 우월한 위치에 있다고 장담할 수 없다. 한국사에 비해서 동양사에 대한 관심이 적다는 일은, 어느 나라에서나 볼 수 있는 자기나라 역사의 우선적 경향이고 이런 경향이 오히려 당연한 일이겠지만, 한국에서 동양사학이 서양사학에 비해서 결코 우월하지 못하다는 것은 한국적인 한 여건에서 온 것이라고 보아도 좋을 것이다.

여하간 한국에서의 동양사학은, 제대로 된 연구기간이 20년 정도밖에 안됨에도 불구하고 많은 발전을 하였다. 특히 근 10년 동안은 가위 괄목할 만한 발전이었다. 그러나 이러한 발전도 위에 언급된 바와 같은 국내 사학계의 다른 분야나 외국의 분야에 비교하면 상대적인 것일 뿐만 아니라 이들과 상당한 격차가 있음을 간과할 수 없다. 한국에서의 근 10년 동안의 동양사연구 성과가 대외적으로는 한 외국의 1년간의 양에도 미치지 못하고 대내적으로도 한국사연구 성과의 몇 분의 일밖에 지나지 못하는 열세에 있다. 또 연구되는 지역·시대 및 부문에 있어서도 심한 편향성을 보이고 있다. 구체적인 예를 들어 보면, 얼마 전까지만 해도 한국에서 기피되었던 일본사가 겨우 5, 6년 전부터 본격적으로 연구되기 시작했지만 아직도 2, 3명의 연구인구를 갖고 있을 뿐이고 그것도 현대사에 국한된 연구뿐이다. 중국사의 무대가 곧 동양사의 주지역으로 되고 있는 한국동양사학계에서 선진시대·육조시대·수당시대는 고작 두 서너 사람이 다룰 뿐인가 하면 청말~민국시대인 현대사마저 기성학자로 6명 내외가 있을 뿐이다. 부문도 대부분이 정치·외교사, 사회·경제사가 많고 사상사가 그 다음이다. 그런가 하면 한국에서는 아직도 부분적으로 문제의식의 즉흥성이나 작업의 비일관성 또는 비역사적 방법마저 노정되는 질적인 단층이 있다는 사실이다.

이러한 한국에서의 동양사연구의 현황은 연구기관과의 조직적인 활동이나 다른 학문과의 협동작업이 극히 미미하고 오직 수공업적인 개별연구와 개인적 재능에만 의존하는 연구체제의 결과이다. 그리고 아직도 수도 서울의 몇 대학에만 한정되어 있는 사료의 편재성, 게다가 완벽하게 갖추어져 있지 않은 사료의 결핍성과 연구비의 빈곤, 그리고 정책적 지원이나 고려의 권외에 방치되는 등 연구여건의 부재에서 온 실황이라고 할 것이다.

여기에서 한국동양사학에 있어서 그 연구여건을 개선하고 충실화해야 할 것은 두말할 나위가 없다. 그 개선과 충실화는 위에 언급된 한국동양사학의 영세화된 조건들을 바로 잡으면서 가능할 수 있다. 하지만 여기에서 다시 이 밖에 내적인 문제의 해결과 그 과제를 거론해 보기로 하자.

사실 서두에서 말한 바와 같이 역사연구는 연구자 자신이 서 있는 위치에 의해서 불가피하게 영향받는다. 동양사의 연구에서도 우리가 현재 처해 있는 시점에서의 한국인의 동양사연구가 되지 않을 수 없다. 따라서 한국사와의 관련이 깊은 여러 문제에 대해서 더 많은 관심이 경주되고 연구가 지향되는 것은 필연적이고 정당한 일이다. 그런데 그 관련이 피상적인 접촉면보다도 내면적인 연관성에 더 중점이 두어져야 할 것은 물론이다. 한국사와 직접적인 연관이 없는 다른 지역의 역사라고 할지라도 역사 흐름의 본질면을 다루게 되면 한국사와의 고차원적인 비교가 될 수 있어서 이는 연관된 연구라고 말할 수 있을 것이다.

그리고 종래 중국 중심의 동양사학이 그 공간적·내용적인 범위를 확대하여 나가야 할 것이 요구된다. 아울러 종래 평면적인 사실규명에 치중했던 연구성향도 반성해야 할 것이다. 물론 장차에도 사실에 대한 실증적인 규명작업은 가장 기초가 되는 요건이 되기 때문에 이에 대한 학적 훈련과 색인·목록·사전……등과 같은 여러 공구의 마련도 이룩되어야 한다. 한편 연구를 문제의식에서 출발하도록 노력해야 할 것이다. 현재적인 입장에서 관심이 큰 관점과 문제들이 채택된다는 것이 당연하기 때문이다. 다시 말하면 어떤 의식있고 중요한 문제가 떠올라서 그로부터 그것을 해명해 들어간다는 방향이 추구되어야 할 것이다. 이것은 자연적으로 문제선택에 대해서도 작용될 것은 물론이다. 그러나 한 가지 유의해야 할 것은 문제를 추구함에 있어서 사회과학적인 명석한 개념과 논리 및 해석을 활용해야 한다. 따라서 인접분야의 학문에 대한 이해가 점점 더 필요해질 것이다. 아울러 논술에서도 인용사료의 나열에서 벗어나서 전문가 이외의 학자들에게도 이해되고 참여가 되는 논술이 되도록 하는 일이 중요한 과제이기도 하다. 이렇게 될 때 한국에서의 동양사학은 보다 더 전진될 수 있을 것으로 굳게 믿는다.

현재 한국에서는 연구인구나 연구여건으로 보아서 동양사를 비서구세계의 역사로 일괄하기가 쉬운 일이 아니다. 그러나 이러한 분류가 전혀 불가능한 것도 아니다. 동양의 역사적 전통이 근대와 자생적으로 연결되지 않는다는 점이 비서구세계에 공통되기 때문이다. 한국의 역사학계에서 얼마 전부터 관심가져온 전통과 근대의 연관성 문제가 동양사학에서도 크게 주목되고 있다. 비록 비서구세계의 역사인 동양사가 아닌 동아시아사라고 하는 편의적인 세계에서의 한계를 안고 있는 연구들이지만, 이것이 어느 정도 풀리게 될 때 동아시아 - 나아가서는 동양사에서의 전통과 근대가 과연 어떤 관계성을 가져왔는가를 모색하는 거시적인 성과로 될 수도 있을 것이다. 하여간 근자까지 동아시아에 있어서의 전통과 근대의 상관성에 대한 한국동양사학계의 공통적인 생각은, 전통과 근대를 무조건 대립적·부정적으로 보지 않고 역사적 전통이 서구의 충격을 포함하고 종속시켜 나가는 과정으로 볼 수 없을까 하는 것이다. 만약 여기에서 제기된 문제들이 어느 정도 해결된다면 동양사의 근대적 발전형태가 결코 종속적·피동적인 것이 아니라 자생적 발전을 한 것으로서 서구사의 그것과 마찬가지로 주체적이고 능동적인 성격을 부여할 수 있을 것이다.

여하간 한국에서는 오늘날 중국대륙·동남아시아·이슬람세계에 대한 관심이 자못 높다. 이와 같은 일반 국민들의 관심에 부응해서 시사적인 독서물도 많이 나오고 있고 그럴 때마다 잘 팔리고 있다고 한다. 각 대학의 사학과에서도 동양사에 대한 관심이 적지 않다. 이와 같은 현실은 한국과 적지 않은 이해관계가 있는 지역에 대한 관심에서 야기되고 있는 것으로 보아도 좋을 것이다. 근 백 년 이래 서구의 힘에 늘 종속적이었던 동양 - 아시아가 차츰 세계사에서의 역할이 커지고 그 발언권이 높아질수록 이들 동양에 대한 관심은 차츰 높아질 수밖에 없는 일이고 보면, 한국 역사학계에서의 동양사학의 비중이 분명 점고(漸高)될 가능성이 적지 않다. 구미지역에서의 동양사학의 발전이 그들 나라의 동양진출과 그대로 직결되었다는 전례를 원용하지 않더라도 한국에서의 동양 - 아시아에 대한 일반적인 관심이 커지면 커질수록 동양사학의 발달요인이 되기 때문이다. 결코 낡은 제국주의적인 부산물로서의 결과를 두고 말하는 비현대적인 관점은 아니다.

하지만 한국동양사학에서 당장 크게 요구되고 선결되어야 할 것은 세계학계와의 직접적인 학적 교환(交驩)과 상호간의 문헌정보의 교환(交換)이다. 이것이 먼저 해결되지 않고서는 현실적인 제한성이 극복되기 어려운 경우가 많다. 한국에서의 동양사연구가 대부분 여전히 중국사 중심이라는 한계성을 가지고 있다고 하더라도 중국대륙과 국교가 없는 형편이기 때문에 중국사 연구를 위한 학적 교환(交驩)이나 문헌 교환(交換)을 할 수 있는 곳은 고작 대만으로만 만족할 수밖에 없고 그 밖에는 일본이나 미국 등과 같은 제3국을 통해서 소식을 접하는 상태에 있다. 아울러 중국현대사의 연구도 한국의 여건에서는 다기적(多技的)인 실체파악이 어려운 사정에 놓여 있다. 물론 현재 한국에서는, 학문적인 연구에서만은 어느 정도 연구의 자유가 보장되어 있지만 이들의 연구를 이루기 위한 전제로서의 교환(交驩)과 정보가 제대로 직결되지 못하고 있다는 것이다. 따라서 그렇지 않아도 수공업적인 개별연구에 머물러 있는 한국의 동양사학계의 적지 않은 폐쇄성을 면치 못하고 있다.

이렇게 보면 한국이라는 현실과 그 여건이 한국에서의 동양사연구의 수준높은 성과에 적지 않은 장애 요소가 되어 있지만, 이를 극복하고자 무던히 노력하고 있다. 동양사학회에서는 1년에 9회나 되는 월례연구발표 및 담화회에서 연구성과가 발표될 뿐만 아니라 외국의 학계동향까지도 포괄적으로 대화하면서 연구정보를 교환하는 데 힘쓰고 있다. '79년 말로 71회가 되는 이러한 모임은 기성학자뿐만 아니라 젊은 학생들에게까지도 적지 않은 자극과 도움을 주고 있다. 또 동양사학회에서는 '79년 말로『동양사학연구』14집을 발간하며 발표논문과 국내외 신간의 서평 및 소개를 게재함과 동시에 연간 국내 여러 잡지에 발표된 동양사관계 - 어쩌면 동양학 관계의 폭넓은 논문·저서 목록을 실어서 국내외의 학계에 알리고 있다.

한국의 동양사학이 앞으로 꾸준히 타개해야만 할 것은 먼저 종래의 중국사 중심에서 범아시아사로 연구대상지역을 확대하는 일과 각 지역사의 시대별로 전공학자가 있어야 하겠다는 것이다. 각 대학과 연구기관에서는 이러한 선결되어야 할 어려운 문제를 타개하기 위해서 노력하고 있는 중이다. 그리고 이에 수반되어야 할 동양사연구의 인적 저변확대와 연구시설의 개선 및 정책적인 배려 등에 대해서도 꾸준히 노력하고 있는 중이다.

불과 20년 남짓 발전해 온 한국의 동양사학이 이와 같이 급속도로 발전해 왔고 보면, 우리의 타개해야 할 요소들이 불원 해결될 때 그 발전과 성과는 급속도로 진전되어 한국의 동양학계에만 그치는 것이 아니라 세계의 역사학계에 기여할 수 있는 날이 머지 않아서 오고야 말 것이라는 희망과 다짐을 굳혀도 되리라고 믿는다.

(『국제역사학회의 한국위원회 보고서』동양사부 서[序], 1980년)

(3) 총설(1979~84)

1979~84년의 근 6년래 한국동양사학계는 종래에 비해서 괄목할 만한 성장을 이루었다. 학문적인 성과란 단시일에 기대할 수 없는 일이고 보면, 종전의 학적인 퇴적이 이 무렵부터 차츰 결과되고 있다고 보아야 하겠지만, 한편으로는 이렇게 고양될 수 있었던 여건도 간과할 수 없다.

즉 종래의 학적인 퇴적과정은 얼마 전에 출간된『현대한국역사학의 동향』(1982)에서 1945~80년의 한국동양사학계의 동향이 어느 정도 구체적으로 소개되어서 이를 다시 언급하지 않겠지만, 오직 만근(輓近)의 여건만을 꼽아 보면 다음과 같은 몇 가지 요인에 의했다고 볼 수 있겠다.

첫째, 여전히 중국사가 중심으로 되어 있는 한국의 동양사학이, 중국대륙에 대한 관심도가 정치·외교·경제면에서 제고되면서 한층 활발해졌다는 것이다. 여기에서 수년 전까지만 해도 금서로 묶여 있던『중국의 붉은 별』(에드가 스노우 저)이 한역본으로 시판되고『10억인의 나라』가 누구에게나 관심의 대상이 되고 있다. 그리고 중국대륙에서의 간행물도 사상적인 선전성이 없는 것이면 학계에서 참여하는 데 어느 정도 용인받게 되었다. 이러한 사정에서 최근의 자료집과 연구서를 입수해서 특히 고대사와 근·현대사 분야의 연구에 한 줄기의 숨통을 트게 되었다. 윤내현(尹乃鉉)교수의『중국의 원시시대』와 이성규(李成珪)교수의『중국고대제국성립사연구』가 바로 이와 같은 사정에서 거두어진 대표적인 성과라고 말할 수 있겠다.

이러한 추세에 따라서 중국의 역사와 문화를 계몽함과 동시에 역사를 공부하는 학생층이 읽어야 할 독서물을 제공하기 위한 많은 간행물도 속출하였다.『중국통사』(傅樂成 저)가 신승하(辛勝夏)교수에 의해서,『중국사』(宮崎市定 저)가 조병한(曹秉漢)교수 등에 의해서 번역되고『중국사시대구분론』(민두기 편)의 간행이 그 좋은 예이다. 이 밖에도 현금의 중국선호와는 직결되는 일이 아니지만 동양사학회 편『개관 동양사』와 서울대학교 동양사학과 편『동양사강의요강』·『동양사연구자료집요』등이 출판되어 동양사에 대한 관심을 더해주는 측면적 구실을 해주기도 했다.

그리고 둘째는, 1970년대부터 외국유학의 길이 차츰 넓어지면서 미국·대만·일본·구라파 등지에서 공부하게 된 젊은 학인들과 국내에서 신제(新制) 박사학위과정에 있으면서 연찬(研鑽)하던 학자들이, 다 같이 큼직한 논제를 가지고 오랫동안 적공(積功)하였다는 점이다. 이에 근 6년래만 해도 국내에서 황종동(黃鍾東)·이공범(李公範)·김문경(金文經)·신채식(申採湜)·변인석(卞麟錫)·김엽(金燁)·김종원(金鍾圓)·서병국(徐炳國)·최소자(崔韶子)·최익주(崔益柱)·김위현(金渭顯)·김염자(金稔子)·윤내현·이성규·김한규(金翰奎)·신승하 교수 등, 국외에서는 신용철(申龍澈)·이춘식(李春植)·김용덕(金容德)·방용필

(方用弼)·임계순(任桂淳)·박영재(朴英宰)·김현구(金鉉球) 교수 등의 훌륭한 학위논문이 나왔고 이들이 대학의 전임교원으로 있으면서 계속하여 연구성과를 내놓게 되었다.

이들을 포함한 동양사학회원들의 연구성과와 그 밖의 중국관계의 논저는 각 시대별 회고와 전망에서 논급되겠으나, 외국에서 연구하고 귀국한 학인들은 해당 국의 언어에 숙달되고 새로운 경향의 방법론을 익혀 왔으며 그들이 공부하면서 사귄 이방의 학인들과 장차의 교린을 위한 관계를 맺으면서 국내학자들과 제휴하여 보다 더 넓은 학적 진폭을 꾀하고 있다. 한편 국내의 신진학자들도 적극적으로 외유하여 오학(吾學)을 선양하고 있기도 하다.

셋째는, 위와 같은 추세에 의해서 종래의 중국사 중심의 동양사학계가 차츰 명실상부한 아시아사로 확장되고 있다는 것이다. 일본사에 김현구·김용덕·박영재, 동남아사에 김기주(金基周)·송인서(宋寅瑞)·유인선(劉仁善), 인도사에 조길태(曺吉泰), 서남아사에 김용선(金容善)·김정위(金定慰) 교수 등이 각각 자기 분야에서 두드러진 업적을 내놓으면서 활약하고 있고, 미국에서 방금 연수중인 유능한 학인으로서 중앙아시아사와 서남아사 등에서 그 능력을 인정받고 있다. 특히 종래 회피해 왔던 일본사의 경우는 새로운 시각에서 다루어지고 있어 바람직한 성향이기도 하다. 그리고 각 대학 사학과와 연구소에서도 장차 동양사를 아시아사로 발전시키기 위하여 노력하고 있다.

넷째는 아시아사의 개척에 부응될 수 있는 연구지원이 있게 되었다는 일이다. 물론 이러한 연구지원 등은 한국에서의 학적 성과를 지원하기 위하여 마련된 대우문화재단과 같은 지원기관이 그 좋은 예인데, 이러한 기관에서 마침 아시아사의 확장에 알맞는 지원을 하고 있다. 결과 대우학술총서인『상주사 商周史』(윤내현 저)·『베트남사』(유인선 저)의 저술과『유목민족제국사』(록 판덴 저, 宋基中 역)과 같은 양서 번역이 있게 되고 중국현대사 연구를 위한 공동연구를 지원하고 있어 사계(斯界)의 연구에 많은 도움을 주었다.

아울러 다섯번째는 동양사학회의 활동이 유기성을 갖고 추진되었다는 일이다. 동양사학회와 각 대학의 사학과가 공동으로 4회나 가져온 동계연수회, 추계에 3

차례나 개최해온 동양사학연구발표회 및 각 전공분야별로 모임을 갖고 윤독과 토론을 계속해온 시대사연구회 등이 두드러진 일이지만 이 밖에도 학보인『동양사학연구』를 계속하고 통보(通報)를 만들어서 학계의 새로운 동향과 신간서를 소개하며 회원 상호간의 소식을 교환해온 것도 유기적인 연구풍토를 이룩해 보자는 한 노력이기도 했다. 여기에서 종래 거의가 수공업적 개인연구에 지나지 않았던 연구경향이 이제는 서로 협의하고 공동연구하는 동호의 모임으로 되어 보다 더 질량있는 연구물이 나올 만한 단계에까지 이르게 되었다.

여하간 위와 같은 학적 퇴적과 연구를 위한 여건조성은 여러 논문들을 취합해서 이루어지는 여러 기념논총에서 그 경향은 잘 나타나게 되었다.『전해종박사회갑기념 사학논총』·『김준엽박사화갑기념 중국학논총』·『정재각박사고희기념 동양학논총』·『고병익선생회갑기념 사학논총 - 역사와 인간의 대응』등에 수록된 각 분야별 논문을 보면 잘 알 수 있다.

그렇다고 해서 종래와 같은 개인의 전저가 없었던 것도 아니다. 전해종교수의『동이전의 문헌적 연구』, 고병익교수의『동아시아의 전통과 근대화』, 홍순창(洪淳昶)교수의『사기의 세계』, 민두기교수의『중국현대사의 구조』, 이병주(李炳注)교수의『현대중국론』등이 그것들이다.

그런데 근 6년래 250여 편의 논문들은 제도·사회·경제·사상·관계사는 물론 아시아 각국사에 걸친 다양한 논제들이었는데, 이 중에서도 권력구조와 사회경제에 관한 것이 가장 많았다.

역사는 어디까지나 사실(事實)의 추구라고 하지만, 역사가의 연구는 사실(史實)의 구명과 해석에 있다고 한다. 그리고 역사가들은 언제나 시대적 상황에 예민하다. 여기에서 저간의 논문도 권력구조와 사회경제에 비중되는 경향이 많았다고 볼 수 있다. 그러한 추세는 오늘날 세계 역사학계의 한 유행이고 보면 이 또한 시대적인 취향이기도 한 셈이다.

그 동안 한국동양사학계는 이와 같이 많은 발전을 하였다. 그러나 각국사의 연구에 종사할 연구인구가 더욱 증폭되어서 장차 아시아사로서의 정립이 이루어져야 할 것이고 중국사만의 경우에도 각 시대에 연구인구가 어느 정도 안배되어 넓은 시야를 갖는 연구무대가 아쉬울 뿐만 아니라, 아직도 대부분이 감당하고 있는 수공업적인 연구가 협동연구로 지향되었으면 하는 마음이 간절하다.

그렇지만 연구인구가 비교적 적고 일천한 연구사를 갖고 있는 동양사학계라고 할지라도 저간 비약적인 발전을 하여 얼마 전부터 세계수준에 비견될 수 있는 훌륭한 논문들이 나왔다. 그리고 이들 논문을 외국의 유명학술지에 게재하고 있고 보면 우리 동양사학계로서 여간 다행스러운 일이 아닐 수 없다.

학문의 회고와 전망은 장차의 바람직한 다짐을 위한 자기성찰이다. 전술한 몇 가지의 과제와 아쉬움이 하루 빨리 해결되고 기왕에 조성된 학적 여건과 연구조건들이 보다 더 확충되어 한국동양사학계가 더욱 발전되기를 바란다.

(『역사학보』 108집, 1985년)

(4) 총설(1985~87)

학계의 수준은 단시일에 제고되지 않는다. 오랜 세월을 두고 꾸준히 발전하고 어떤 계기성이 수반되면 더욱 성장할 수 있는 것이다.

1985~87년간의 한국동양사학계는 두드러진 성장을 거두었다. 그러나 이러한 성장도 기왕의 연구업적을 바탕으로 착실하게 전진하면서도 다방면에 걸친 신진 연구인력의 증가, 연구지원의 다양화, 연구자료의 용이한 입수 등 연구여건이 한결 좋아지자 더욱 성장하게 되었다.

10여 년 전부터, 중국사가 곧 동양사라고 알았던 좁은 시야가 차츰 아시아사의 영역으로 확대되어, 중국사·일본사·동남아사·인도사·서아시아(이슬람)사로 광역화되더니, 이 시기부터 중앙아시아사가 이에 다시 참가하여 종래의 동양사무대에 어떤 수정을 가져오게 되었다. 그러나 우리와 오랜 관계를 맺었던 중국사에 대한 관심이 여전히 높아서 이를 전공하는 연구인력이 많고 보면 아시아사의 진면목은 아직도 오랜 세월을 기다려야 할 것만 같다.

여하간 한국동양사학계의 이러한 성장은 동양사학회가 중심이 된 여러 연구회를 통해서 주도되었다. 1985년 6월~1987년 5월 사이에 동양사학회를 운용해온 탁용국(卓用國)·박영재·신용철·윤내현·이성규 교수와 1987년 5월 이후 회무를 담당해 왔던 김문경·박원호·지배선(池培善)·최갑순(崔甲洵)·이성규 교수 등의 노력으로『동양사학연구』가 21집에서 26집까지 간행되었고, 추계동양사연구회발표회가 매년 가을에 거르지 않고 개최되어 성황을 이루었으며, 겨울방학때 '중국의 토지제도'·'유교사상의 제문제'·'북방유목민족사연구의 제문제'와 같은 주제하에 발표와 토론을 가져 새로운 연구경향과 연구성과들을 교환(交驩)하던 동양사연구토론회도 경희대·경북대·단국대 사학과 주관으로 어김없이 계속되었다.

위와 같은 여러 연구모임에서 발표된 논문들은 각 대학의 교수들뿐만 아니라 각 대학원에서 수학중인 학인들의 논문도 적지 않았는데, 이들 학인들의 논문 중에는 질량면에서 상당한 수준을 인정받을 만한 것이 많아서『동양사학연구』만이 아니라, 여러 학술지에 상재(上梓)되었다.『동양사학연구』22, 24, 26집에 부록된 국내동양사관계논문요목·국내동양사관계신간도서와 국내동양사관계석박사학위논문목록 등을 통해서 보더라도, 비록 석사논문이기는 하지만 상당한 학적 성장을 규견(窺見)할 수 있고 보면, 연구모임에서 인정받은 논문들이 학술지에 게재되어 호평받은 일은 우리 동양사학계의 앞날을 위해서 다행스러운 일이 아닐 수 없다.

한편 동양사학회의 각 분야별 연구부회가 정기적으로 모임을 가지면서 많은 성과를 거두고 있다. 특히 명청사연구회는 오랫동안 꾸준히 연구모임을 지속하면서 윤독과 연토(研討)를 계속하고 공동연구를 추진하는가 하면 오금성(吳金成)·권중달(權重達)·김구진(金九鎭)·최갑순·최소자·박원호·조영록(曹永祿)·신용철·김한식 교수 등이 하병체(何柄棣)씨의 *The Ladder of Success in Imperial China, Aspects of Social Mobility, 1368~1911*을 번역해서 출판한『중국과거제도의 사회사적연구』(1987)는 이 모임이 얼마나 바람직한 것이었는가를 보여주는 일이었다. 뿐만 아니라 근·현대사분야에서도 공동연구를 추진하여 민두기·백영서(白永瑞)·이병주·배경한(裴京漢)·나현수(羅弦洙) 교수가 엮어낸 『중국국민혁명의 분석적 연구』(1985)가 있어 이 역시 종래 보지 못했던 협동적인 새로운 연구경향이었다.

물론 오랫동안 노력하여 펴낸 개인의 논저도 많았다. 전해종교수의 『동아사의 비교연구』를 비롯하여 『중국근대개혁운동의 연구』(민두기)·『요금사연구』(김위현)·『중국근세사회경제사연구』(오금성)·『중국고대사의 전개』(이춘식)·『근대중국의 서양인식』(신승하)·『청말 대조선정책사연구』(권석봉)·『동북아세아사연구』(이동복)·『원조관인층연구』(주채혁)·『중세동북아연구』(지배선)·『동서문화교류사연구』(최소자)·『근대한중관계사연구』(송병기) 등이 이 무렵의 역저들이다. 이 중에서도 권석봉·김위현·오금성·이동복·신승하·주채혁·최소자·지배선·송병기 교수 등은 박사학위논문을 다소 수정하여 간행한 것으로 학위취득과 함께 경하하는 바이다.

이 밖에 우리 동양사학계의 중국사·동남아사·일본사·인도사관계 연구성과들은 각 시대별 지역별의 회고와 전망에서 언급되어 있어서 여기서는 구체적인 평가를 피하고 총괄적으로 말한다면, 최신자료에 의한 의욕적이고 분석적인 연구가 있고 착심하면서도 잘 다루어진 논문이 있는가 하면 간혹 충분한 사료인용을 하지 못하거나 철저한 고증을 거치지 않은 논문들이 있기도 하여 양의 증가에 비해서 질이 뒤따르지 못하는 아쉬움이 있었다. 또 역사이해의 종합성보다는 분류사적인 데에 치중하고 개별문제에 집착하여 역사의 총체성을 파악하는 데 소홀히 한 것도 있는 등 피차 반성해야 할 것이 없지는 않지만, 3년 동안 제도·사회·경제·사상·관계사 등에 걸친 약 200여 편의 논문들이 각 지역사에 걸쳐서 있었다는 일은 동양사학계의 활동을 드러내주는 일로서 반가운 일이라고 하겠다.

그런데 이 무렵부터 중국·몽골·일본·동남아·인도지역의 근현대사 연구에 많은 관심을 갖게 되었다. 그것은 국내의 정치적 변화, 중국을 비롯한 제3세계에 대한 지나친 관심과 역사인식의 변화 등에서 연유한 것이었다. 그러나 근현대사의 편중은 자료인용이 충분치 못했던 이 시기의 형편상 당연히 적지 않은 고충이 뒤따르게 되었다. 이 분야의 자료를 많이 수록하고 있는 연구기관이 있고 개인도 상당량의 자료를 입수하고 있었지만 당시만 해도 이들 자료가 거의 공개되지 못하고 있었기 때문에 연구다운 연구보다도 의욕이 앞서는 경우가 적지 않았다. 그러나 새로 개척하는 분야가 많아서 노력 여하에 따라서는 그 연구성과가 세계수준에 이르는 수작들이 나오기도 했다.

이렇게 한국동양사학계가 그 활동을 꾸준히 지속하면서 많은 성과를 거두게 되자, 1987년 10월 동양사학회가 제13회 중앙문화대상에서 영예로운 학술대상을 수상하기에 이르렀다. 동양사학회는 한국에서의 동양사학계를 총괄하는 학회인 만큼, 이 수상은 한국동양사학계가 학문적인 평가를 받게 되었다는 데에서 우리 모두가 기쁨을 다 같이 하게 되었다. 그리고 이를 계기로 한층 분발할 것을 서로 다짐하는 한편 연 2회만 발행하던『동양사학연구』를 연 3회로 증간하게 되는 여유마저 갖게 되었다.

그렇지만 우리 동양사학계는 보다 더 전진을 기약하는 뜻에서 우선 한국사의 시각에서만 다루어오던 발해사를 동양사의 시각에서도 본격적으로 다루어서 한층 폭넓고 객관적인 발해사연구가 되도록 해야겠고, 제대로 다루어지지 못했거나 연구인력이 태부족인 인도사・이슬람사・중앙아시아사에도 많은 연구인력이 나와서 훌륭한 연구성과를 거두어, 이제 겨우 틀이 갖추어져 가고 있는 명실상부한 아시아사의 정립에 힘써야 할 것이다.

아울러 학자들의 학적 교류와 정보교환이 적극적으로 추진되어서 자료의 동원은 물론 공동연구까지도 제대로 이루어지기를 희망한다. 이를 위해서 먼저 동양사학회에서 한때 시도한 일이 있는 동양사연구통보와『동양사학연구』에 게재되었던 근간 소개도 계속하고 각 연구부회의 모임도 각 시대별・지역별로 활발히 계속되기를 촉구한다.

여기에서의 회고와 전망은 지난날을 뒤돌아보면서 반성하고 앞날을 다짐하는 자리이다. 한국동양사학계가 앞으로의 바람직한 발전을 위해서는 겸허한 반성과 분발이 있어야 할 것이다.

(『역사학보』 120집, 1988년)

□ 한국

1. 실학의 본질과 역사적 성격

(1)

역사인식이나 어떤 문제의식은 시대적 상황에 따라서 그 초점이 달라지는 경향이 많다. 사회경제사학이 특히 발달하게 된 중요한 계기가, 1차 세계대전 후의 사회혼란과 경제공황을 극복하기 위한 노력에 따른 사회발전의 이론적 규명과 경제변동의 실체파악이었다는 것을 보면 그 사정을 이해할 수 있을 것이다. 오늘날 역사학계에서 현대사에 관심이 많은 것도 우리가 살고 있는 격동하는 현실, 그 상황이 우리에게 그만큼 다양하게 영향을 주고 있는 데에서 오는 관심이 역사인식 혹은 문제의식으로 승화되었다고 볼 수 있다. 종래 한국사에서 실학에 대한 관심이 많이 집중되었던 것도 그 시대 나름의 여건과 상관성이 있었다고 보아야 할 것이다.

실학에 관한 본격적인 관심과 연구가 고조된 것은 외세의 침략이 본격화되면서였다. 조선조 말기, 더욱이 구한말에서 일제식민통치기에 걸쳐서는 한국적인 것이 유린당하고 말살되어 갈 무렵이었다. 이때 일련의 선각적인 정치인이나 민족학자라고 불리는 지사적인 학자들 사이에서 국가를 지키고 민족을 지키며 한국적인 것을 새삼스럽게 재발견해서 살려 나가고자 한 반제국주의적이고도 민족적인 사명감에서 비롯했다. 종전에도 국가와 민족에 대한 사명감이나 전통적인 문화유산에 대한 관심이 없었던 것은 아니지만 이민족의 침략을 받으면서 어쩌면 사문화될지도 모를 절실한 위기의식 속에서 그 사명감이 더욱 불타올랐던 것이다.

여기에서 특히 박은식(朴殷植)·장지연(張志淵)·신채호(申采浩)·문일평(文一平)·정인보(鄭寅普)⋯⋯등은 과연 한국에서 내세울 수 있는 특성과 문화적·정신적인 지향성은 어떠한 것이고, 이러한 특성과 지향성을 잘 보여 주는 사상은 어떠한 것이 되겠느냐에 관해서 관심과 연구를 집중시켰다. 그리고 이들은 다 같이 민족의 우월성을 주창했고 영광된 지난날의 역사사실을 선양함으로써 민족국가의 회복을 민족에 고취시켰다. 동시에 악랄한 침략자들의 만행을 역시 민족에 고발하고 세계에 호소했다. 그런데 그 중에서도 정인보를 중심한 이른바 국학자들은 조선조 후기의 실학파의 학문으로 독자적인 한국학의 상한을 삼고 이들에 의해서 정립된 자주성 - 탈중국적인 사상과 이를 이어받은 사상계열로 한국의 정신적인 기둥을 삼고자 했다. 아울러 이들은 이를 입증하기 위하여 실학의 본격적인 선양과 연구를 진전시켰다. 이렇게 보면 이 무렵의 실학연구는 민족의 주체성을 강조하기 위한 의도적인 성격이 강했다.

실학에 대한 관심과 연구는 해방 후에도 그대로 계승되어 더욱 발전되었다. 민족의 광복과 동시에 전승받은 실학연구는 민족주체성의 강조라는 입장보다도 모처럼 되찾은 한국사의 정신적인 바탕을 실증적으로 찾아보고자 한 의욕적인 경향을 무시할 수 없었다. 그러나 한편으로는 무질서한 사회상과 별로 겪어 보지 못했던 전란으로 인한 민족적인 혼란 속에서 이를 극복하고자 한 시대적인 상황과도 상관성이 있었다. 조선조 후기의 실학이 임진왜란과 병자호란 후의 위기의식 속에서 고조되었고 그 구체적인 양상들이 정치·사회·경제·정신면의 불합리성을 바로잡아서 안정된 국가 사회의 재편성을 지향하고자 한 새삼스러운 각성과 자각이었다고 한다면, 당시의 시대적인 상황에서도 비슷한 조건에서의 관심이었고 문제의식이었다.

그렇지만 종래의 실학연구는 얼마 전부터 다시 생각해 보아야 할 명제를 품게 되었다. 물론 실학이란 용어는 오늘날 학계에서 불문율로 정해진 조선조 후기의 새로운 학풍을 말하는 약속된 개념으로 되어 있다. 하지만 이 개념의 실체파악이나 이를 위한 연구방법에서는 많은 문제점을 갖고 있기 때문이다. 다시 말하면 종래의 실학연구에서는 개인 연구 또는 단편적인 사실 연구만을 가지고 실학의 개

넘을 삼고자 했다. 여기에서 실학의 초점이 일정하지 못한 경우가 있었고 따라서 그 개념마저도 모호하게 되는 결과를 가져오기도 했다. 더러는 실학을 분수 이상으로 과대평가하기도 하고 혹은 연구자에 따라서 주관적 의도적인 결과로 귀결시키려는 경우도 없었다고 장담할 수 없다. 어떤 인물단위로 연구가 집중되고 보면 각기의 인물이 모두 완벽한 인물이 되고 그 시대의 대표적인 인물로 되기 쉽기 때문이다. 여기에서 실학에 대한 객관화·종합화 내지 통념화의 요구가 뒤따르게 되었다고 생각된다.

사실 실학은 한국사에서 확실히 특기할 만한 학문이요 사상임에는 틀림없다. 이에 시대적인 상황이 어떻게 달라지든지 학문적인 가치 또는 민족적인 차원에서 두고두고 관심갖고 연구될 것이지만, 이를 다시 한번 따져 보고 넘어감으로써 실학의 참 정신을 더욱 되살릴 수도 있게 될 것이다. 자기 것을 비판한다는 것은 그만큼 자신이 있다는 증좌이고 보면 실학을 과소평가하자는 저의라고는 추호도 착각되어질 수 없는 것이기도 하다.

여하간 실학은 한국사에서 어느 사실이나 개념보다도 가장 널리 알려지고 관심이 있는 분야이다. 이렇게 실학이 보편화된 데에는 실학 그 자체의 중요성 못지 않게 그 동안의 실학연구가 얼마나 지속성있게 이루어졌는가를 손쉽게 알 수 있을 뿐만 아니라 한 세기 가까운 동안에 한국이 처해 있었던 시대적 상황에 수반된 역사의식과 문제의식이 어떠하였던가를 짐작하고도 남음이 있다. 역사의 조류는 누구도 가로막을 수 없다고 한다. 그렇다면 한국에서의 실학에 대한 관심과 그 연구가 중단됨이 없이 지속된 것도 한국 나름의 역사적 조류의 한 산물이었는지도 모른다.

(2)

실학은 지난날의 역사적 사실과 시대 변천과정을 통하여 당시의 시대적 여건과 상황을 통찰하면서 그 불합리성을 비판하고, 깨우치지 못한 바를 천명하여 사람사는 도리와 합리적인 국가 사회의 지표를 선양하고자 한 정신적 결정이다. 동시에 이를 과학적으로 이해하기 위한 실증적 연구방법을 개선한 학문의 본령이기도 했다. 그러나 실학파 학자들의 사상적인 한계는 당시의 학계에서 완전히 벗어나지 못한 경우가 많았고, 아울러 당시로서는 통념화되지 못한 전진적인 생각이었기 때문에 위와 같은 주장들이 당시를 풍미치 못한 채 뜻있는 일련의 공명자들 사이에서만 동조되었다. 하지만 참신한 생각들이 비록 종래의 사유유형을 완전히 극복치 못하고 일세를 석권하지는 못하였지만 몇 차례인가 굳게 다져진 봉건적 지배체제와 그 계열성 속에서도 모처럼 움트고 어느 정도 배양되어온 것은 퍽 다행한 일이다.

그런데 정인보는 조선조 후기의 실학의 발달에 대해서 세 파로 계보화한 일이 있다(『담원국학산고 薝園國學散藁』).

1) 이익(李瀷)을 중심으로 하고 정상기(鄭尙驥)에까지 이어지는 계열

2) 이이명(李頤命)과 김만중(金萬重)으로부터 내려오는 계열

3) 정제두(鄭齊斗)의 학문을 전수받은 계열

이와 같은 계보화는 『성호사설 星湖僿說』의 서문에서도 비슷하게 언급된 정인보의 폭넓은 실학관의 체계였다. 이 세 파의 계보를 다시 구체화하여 보면 1)은 남인계통의 학파를 말하는 것으로서 유형원(柳馨遠)·이익·정약용(丁若鏞)을 지주로 한 안정복(安鼎福)·한치윤(韓致奫)·이중환(李重煥)…을 말하고, 2)는 김육(金堉)·이이명·김만중·홍대용(洪大容)을 세로로 하고 박지원(朴趾源)·신경준(申景濬)…을 가로로 하는 노론계통의 학파를 말하며, 3)은 장유(張維)·최명길(崔鳴吉)·정제두를 선두로 정동유(鄭東愈)·이긍익(李肯翊)…등의 소론계통의 계열이자 양명학 계열의 학파를 말한 것이다. 물론 당시 학계의 동향에서는 학문적인 교환인 경우, 당색을 초월한 접촉이었다고는 하지만 자기 계열의 사상적, 학문적인 계승관계는 당색 못지 않게 고집을 갖고 있었기 때문에 계보화는 오히려 가능하기도 했다. 당시의 학계에서는 위의 계보에 직접적으로 상관되지 않았거나 혹은 구태여 계열화시키고 싶지도 않은 수많은 실학자들이 있었다. 모두 그 나름의 뛰어난 연구결과를 남겨서 실학자로서의 뚜렷한 면모를 찾아 보게

하는 사람들이다.

하여간 이와 같은 정인보의 계보화에 대해서 이우성교수는 실학의 전개를 시기별·유파별로 구별해 보기도 했다(「18세기 서울의 도시적 양상」, 『향토서울』 17집).

1) 이익을 주종으로 한 성호학파 - 경세치용(經世致用)학파

2) 박지원을 계통으로 하는 연암학파 - 이용후생(利用厚生)학파

3) 김정희(金正喜)로 시작되는 추사학파 - 실사구시(實事求是)학파

여기에서 구분된 1)은 서울 주변의 농촌토착적인 환경에서 학문의 목적을 토지제도 및 제도사 등 국가·사회의 현실문제에 두어야 한다고 주창한 학파이고, 2)는 서울 안의 도시적인 분위기에서 상업·수공업의 유통과 기술면의 혁신을 강조한 학파이며, 3)은 현실개혁과 비판정신이 권력층의 탄압으로 고개를 숙이게 되면서 일어난 실증적인 학문방법과 고증적인 학문연구가 특징인 학파이다. 그리고 당시의 많은 실학자들도 이러한 비판·개혁·고증적인 학파 중의 어느 계열에 귀속시킬 수 있다.

그러나 얼마 전부터는 위에 열거한 대표적인 실학자나 일반적으로 알려진 실학자 이외에도 당시 조금이라도 색다른 생각이 있거나 어느 한 분야에 어떤 업적이 있으면 으레 실학자로 일컬어지기도 했다. 조선 후기의 새로운 경향의 학문을 지칭하는 것이 실학이었다고 기술하기는 했지만, 실학자의 규정이 이렇게까지 확산되고 보면 실학이 실학으로서의 특질을 잃어 버리게 될 뿐만 아니라 이러한 성향은 조선 전기에까지도 미칠 수도 있게 되어, 조선 전기에도 실학자가 없었다고 단정할 수 없는 지경에까지 이르게 되고 만다.

여기에서 실학의 한계성이 문제되어야 한다. 언필칭 실학에는 민족지향성과 근대지향성이 있었다고 한다. 민족지향성은 종전의 중국에 대한 정신적인 예속성을 탈피한 자주적인 경향을 뜻하는 것이고 근대지향성은 현실의 비판과 개조를 주창하면서 얼마 후부터 새로이 전개된 근대적인 단계를 위한 전제적인 작용을 했는가 하면 답보가 아닌 시대의 전진과 진보를 염두에 둔 근대적인 사유의 싹이 었다는 데에서 이름한 것으로 안다. 하지만 조선 후기의 실학에서는 사상적인 한

계가 있었다. 그들의 비판성의 기준과 개혁론의 이상이 어디까지나 전근대적인 데에 머물러 있었다는 것을 먼저 알아야 한다. 『주례 周禮』를 비롯한 전통적인 유교경전의 이상이 개혁론의 이상이 되었고 비판의 기준 역시 그들이 배우고 익힌 유교적 국가 사회에서의 정치이념 내지 사회경제관을 벗어나지 못했다. 조선왕조에 대한 체제적인 부정이나 왕조의 혁명 등은 물론, 정치윤리·사회윤리에 위반되는 기준가치마저도 찾아 볼 수 없다. 하여간 외세의 영향으로 서구적인 정치형태론을 배우고 시대적인 여러 조건에서 근대적인 많은 개혁론이 나왔던 구한말 이후의 비판성과 개혁정신과 비교해 보면 현격한 전근대성을 안고 있었다.

여기에서 실학의 하한은 아무래도 외세의 충격 - 어쩌면 침략이라고도 말할 수 있는 시기 이전으로 한정되어야 한다. 특히 실학의 정신과 그 사상적인 전승을 집대성한 정약용의 시기로 잡아야 한다. 이와 반대로 실학의 상한은 비판론과 개혁론이 고조되기 시작하는 17세기 중엽을 넘지 못하는 시기가 되어야 할 것이다. 여기에서 이이(李珥), 심지어는 정도전(鄭道傳)까지도 연관시켜 왔던 연원설(淵源說)은 당연히 수정되어야 하고 19세기 중엽까지 미쳤다고도 하는 계승설도 수긍될 수 없는 것이다. 단지 유형원과 정약용에 굵직한 꺾쇠를 박아 두고 그 사이를 실학의 시기로 잡아야 할 것이다.

또 그 당시의 실학자의 규정도 생각해 보아야 한다. 실학이 비판성과 개혁론을 주축으로 하고 실증적이고 고증적인 연구방법을 가진 폭넓은 학문의 세계이고 보면 이와 같은 정신을 정립한 당시의 인물은 일단 실학자로 지칭해도 좋다. 그러나 그 나름의 연구 내지 사상체계를 이룩한 성과를 객관적으로 입증할 만한 업적이 있어야 한다. 한편 벼슬길에 있으면서 실학적인 정신을 의식하고 실천한 인물과 벼슬길에 있지 않으면서 현실을 비판하고 이상을 위한 개혁론을 주창한 인물 혹은 그렇지도 못했던 인물과의 구별도 있어야 한다. 물론 이런 구별의 기준은 쉬운 일이 아니다. 하지만 어느 입장에 있었든지 간에 강한 정신적인 자각과 실천을 위한 노력을 했거나 투철한 사명감을 가지고 현실을 비판하되 자기 나름의 정립된 가치관 혹은 이상을 가지고 미래를 설계한 인물, 또는 그렇지 않더라도 실증적, 고증적인 새로운 연구방법으로 낡은 전통을 개조하고자 노력한 학구적인 인물도 실학자로 볼 수 있다.

그런가 하면 실학이란 용어가 한국에서만의 전용어가 아니라 중국과 일본에서도 사용되었는데, 각기의 시대적 의의가 동일하면 문제가 없겠으나 서로 다른 의의를 갖게 되었다는 데 문제가 있다. 이는 한국 실학의 성향을 알아 보는 데 도움이 될 뿐만 아니라 조선 후기 실학의 특성 내지 본질을 찾아보는 데 긴요하기도 하다. 하여간 동아시아 3국의 실학의 발달을 보면 한국 실학이 경세치용적인 의의를 강하게 나타내는 방법론으로서의 실학이었다면 중국(淸)에서는 고증학적인 전개로 귀결된 결과로서의 실학이었으며, 일본의 경우는 대체로 기술학의 개발과 그 응용에 비중을 많이 둔 실학이었다. 그것은 한국의 실학의 경우 왕조와 체제 그리고 실학자들이 기존성과 인연을 맺고 있었기 때문에 아무런 조건 없이 현실을 비판할 수 있었고 누구도 의심할 수 없는 개혁론을 개진할 수 있었으나 중국의 사정에서는 명말에 발흥했던 경세치용이 청조라는 이민족 왕조 아래에서는 반체제·반청적인 것으로 단정되어 탄압되었기 때문에 현실과 인연이 없는 순수한 학문활동으로만 제한될 수밖에 없었다. 그리고 일본의 실정에서는 학문 담당층이 권력과는 관계가 없는 조닌(町人)이란 도시시민층에 의해 독점됨에 따라서 그들 계층의 요구에 의해 실용적인 방향으로 발달되었다.

이렇게, 한국의 실학은 이른바 실학의 참 정신과 사상적인 체계를 3국에서 가장 잘 구현하게 되었다. 정통의 울 밖에서 싹트고 배양된 사상이었기 때문에 한국의 실학은 별다른 탄압을 받지 않았고 아울러 자기들 계층의 외연적인 개혁론이었기 때문에 여전히 기존체제의 합리적인 구도에 지나지 않았다. 여기에서 한국 실학의 한 본질이 있는 것이다.

여하간 한국에서의 실학은 학문적으로도 크게 공헌했다. 먼저 한국어의 기본 구성과 문자의 형성이론을 중심으로 한 정음(正音) 연구가 발달했고 역사의식의 신장에 따른 한국사의 실증적·객관적인 연구와 편찬사업이 잇따랐으며 이 밖에도 한국적인 경학(經學)의 전개, 독창적인 시문(詩文)의 개진, 천문·역법·수학과 음악이론의 한국 나름의 정리, 수준높은 지리지와 지도 제작, 자기 본위의 의학·약학 및 기술학 개발, 금석학(金石學)의 재발견 등이 그 좋은 예들이다. 이와 유사한 여러 분야의 성장과 발달은 조선 후기 실학의 시기에만 있었던 일은 아니지만 종래 실용위주의 가치화에 비해서 학문적인 연구성과로서의 의의가 컸고 전문 기술자만의 직업분야가 아니라 지식계층의 폭넓은 학문영역으로서의 연구대상이었다는 데에 의의가 있었다.

(3)

　　조선 후기의 실학이 경세치용을 두드러진 특징으로 삼고 있다는 것은 이미 누차 언급했다. 그런데 이 경세치용은 실학의 속성같이 보이지만 사실은 유학의 본질이다. 유학은 학문과 정치를 겸비한 사상이기에 유학에서 지향하는 바가 곧 정치의 지침이 되었고 정치의 바른 길이 유학의 지도이념이기도 했다. 마치 이슬람교의 종교적인 가르침이 이슬람국가의 정치노선이라는 상관성과도 흡사한 것이다. 여기에서 정치의 방법이나 결과가 바르지 않으면 유학자는 이를 비판할 권리가 있었다. 유학자가 지배자였던 사회에서는 당연한 일이기도 했다. 명말에 발흥한 경세치용이나 조선 후기의 경세치용은 여기에서 연유하는 것이다. '경세'는 세상을 다스린다는 뜻이고 '치용'은 현실적으로 응용한다는 것을 의미했고 보면 이해될 수 있을 것이다. 하여간 경세치용은 유학의 속성이었기 때문에 한국 실학은 유학의 속성을 충직하게 잘 나타낸 것에 지나지 않았다. 이것이 곧 조선 후기 실학의 본질이기도 하고, 이로써 전통적인 사상체계에서의 최후의 보람이기도 했다.

　　아울러 실학을 말할 때 흔히 백과전서식의 학문이었다고 한다. 그러나 아무리 광범위한 학문영역이었다고 할지라도 경학을 기준으로 한 학문의 영역이었다. 따라서 오늘날과 같이 모든 학문이 제각기 독립해서 각기의 세계를 갖는 것이 아니라 경학을 중심으로 모든 학문이 부속되어 발달하게 되었다. 경학을 위해서 백학(百學)이 존재하는 것이었다. 천문·역법도 경학의 중요한 부속학문이었기에 전통사회에서 그만치라도 발달할 수 있었다. 조선 후기의 실학자들이 당시로서는 일등 지식계층이었기에 그들의 지식수준에서 경학 이외의 어느 한 분야의 학문을 제대로 다룰 수가 있었고 또 다루어야만 했다. 역사·정음·천문·역법·수학 등에는 특히 관심이 많아서 실학자의 저술에 언급되지 않은 예가 거의 없을 정도였다. 마침 청나라 고증학의 영향이라는 시대적 상황이 경세치용 외에도 이러한 연구에 대한 사명감을 더욱 북돋워주기도 했다.

우리는 실학의 기본 특질을 현실성·실용성·실천성·비판성·합리성이라고 한다. 이렇게 보면 조선 후기의 실학 역시 이러한 특질을 모두 갖추고 있었다고 할 것이다. 따라서 실학의 특질은 조선 후기 실학의 또 다른 성향의 본질이 될 수도 있다. 조선 후기의 실학자들은 이러한 여러 본질을 정신력으로 삼고 지표로 삼기도 했다.

그러면 이들 실학자들에 의해서 이룩된 여러 성과들이 한국의 정신사 내지 문화사적인 측면에서 어떠한 의의를 가질 수 있겠는가. 먼저 들어야 할 것은 자주적인 안목이었다. 종래와 같은 중국중심 중국의존에서 온 비자주성이 아니라 자기를 강하게 인식하는 민족적인 자기 인식이었다. 따라서 동아시아적인 질서에서의 한국이 아니라 한국에서의 동아적 질서의 각성이었고 중국문화에 예속된 한국문화가 아니라 중국문화와는 이질적인 한국 전통문화를 발견하고자 했다. 두번째는 한국의 새로운 가치관의 모색이며 설정이었다. 물론 이는 자주적인 입장에서 나온 것이지만 한국적인 고전이나 중국·일본의 관계문헌을 통해서 한국적인 것을 새롭게 발견·이해하고자 했던 한국적 문화가치의 정립이었다. 셋은 현실의 비판정신이었다. 이는 전술한 바와 같이 현상적으로는 실학을 대변하는 것이기도 하지만, 역사의식과 서술의 정신에서 나타났고, 특히 중농적(重農的)인 개혁론이나 중상적(重商的)인 혁신론과 같은 구조적인 개혁의 모색을 전제로 한 사회비판에서도 강하게 의식되었다. 네번째는 실증적인 방법론이었다. 이 실증적인 학문방법은 실사구시·무징불신(無徵不信)이라는 방법론으로도 표현되는데 이는 합리적 사고와 객관적 인식의 바탕이 되기도 했다.

이에 실학은 한국문화사·정신사에서 보면 일종의 문예부흥이었고 전통적인 유교사상의 특질을 구체적으로 나타낸 사상체계이기도 했다. 결국 실학은 한국의 전통사상 중에 특기할 만한 위치에 설정시킬 수 있다. 유학의 수용, 불교의 수입

아울러 주자학의 도입, 청대 고증학과 서학(西學)의 영향과 발달이 한국의 전근대적인 사회에서의 전통문화의 전개과정에서 계기적인 구실을 하였다고 하면, 실학은 이들의 사상적인 발달에서 볼 수 있는 바와 같은 외래적인 동인(動因)에서가 아니라 대부분이 역사적·시대적인 요구에서 일어난 내재적 사상체계이기도 했다. 여기에 실학의 가치와 그 진면목이 있는 것이다.

(4)

실학의 대두와 발달에서는 물론, 그 연구과정에서도 한국의 사회적인 격동, 민족적 위기라고 하는 시대적 여건과 상관성을 갖고 있었다. 그리고 비록 전근대적인 기준과 모델에 의한 개혁론에 지나지 않는 경우도 간혹 있었지만 대부분은 현실의 이지적인 비판을 통한 합리적인 개혁정신의 결정들이었다. 비록 그들이 희구한 국가 사회의 합리적인 재편성이 당시의 집권층에 의해서 받아들여지지 못했다고 할지라도 그들은 좌절됨이 없이 사상적인 계열을 통해서 그대로 지속되었다. 출가와도 같은 현실의 외면이 아니었고 은둔과 같은 소극적인 저항도 아니었다. 현실 속에서 현실을 직시하고 그 현실을 보다 더 개량하기 위한 적극적인 현실참여이기도 했다.

우리의 현실은 어제와 오늘이 다르다. 국토의 통일이라는 민족적인 대염원과 국가 사회의 합리적인 발달과 성장을 위해서 무던히 노력하고 있는 우리의 처지에, 주위의 사정은 날로 더욱 심각해지고 이에 따른 시대적 상황도 격변하고 있다. 아울러 세계의 학문과 기술도 나날이 발달하여 지난날에는 천 년 이상 걸렸던 문명의 변화가 오늘날에는 몇 년밖에 걸리지 않는 경우도 적지 않을 정도로 급속도의 발달을 하고 있다. 여기에서 오늘날의 지성인들은 사상적인 방황과 가치설정의 혼돈 속에서 자기 위치에 균형을 잃는 일이 없다고 장담할 수 없다. 따라서 역사의식이나 문제의식을 갖지 못한 채 시대의 격동에 말려 사는 경향마저도 간혹 볼 수 있다.

그러나 우리는, 이러한 격변하는 시대적 여건과 급속도로 변화되어 가는 문명의 발달과정에서도, 언제나 우리를 인식하고 우리의 나아갈 바를 새삼 찾아야 한다. 그리고 국가 사회의 합리적인 발달·성장과 국토의 통일이라는 민족적인 숙원을 이룩하도록 다짐해야 한다. 실학이 조선 후기의 시대적인 여건에서 움트고 발달된 것이라면, 오늘날의 우리도 우리의 시대, 우리의 현실에 알맞는 실학적인 정신을 계승하고 더욱 선양해서 민족의 나아갈 바를 지도하는 이념과 민족의 저력이 되도록 해야 할 것이다.

실학이 당시의 봉건적 체제에 의한 국가 사회의 재편성이었다면 오늘날의 우리는 민족국가의 이상과 이를 통한 복지사회의 구현을 위한 정신적인 다짐이 있어야 할 것이다. 역사는 지난날의 사실을 사실 그대로 서술해야 한다고 한다. 그리고 뒷날의 교훈을 위한 의도적인 서술마저도 염두에 두어서는 안된다고 주장하는 입장마저 있다. 그러나 역사는 언제나 현실의 눈으로 인식하고 이해하며 해석해야 한다고도 한다. 우리의 현실은 조선 후기의 실학을 지난날의 역사 속에 묻어둔 채 의의를 찾기보다는 현실의 실학으로 인식하고 이해하며 해석해서 그 보람을 오늘날에 되살려야 할 여건과 상황 속에 있다.

우리가 지난날의 실학을 역사의 사실로서만 인식하지 않고 현실의 실학으로 재인식한다면 조선 후기의 실학은 과거의 실학이 아니라 현실에서의 실학으로서, 현실에 놓여져 있는 여러 문제의 해결을 위하여 우리와 같이 고민하고 대화할 수 있을 것이다.

(『연세』 14, 1980년)

2. 실학파의 역사인식

조선 후기의 실학파들은 현실적인 경세치용, 이용후생, 실사구시를 내세웠다. 경학이 시사하는 세계를 위하여, 또는 조선 후기의 역사적 현실을 위해서 많은 개혁론을 주창했다. 그러나 그 개혁론에는 합리적, 실증적인 배경이 필수로 되었다.

이런 생각은 실학파 중에서도 이익(李瀷)을 주종으로 하는 근기학파(近畿學派)에 의해서 강하게 주창되었다. 여기에서 역사의식은 이 학파에서 특히 중요한 입장이 되기도 했다. 종래와 같은 역사의 답습이나 이해에만 그치는 것이 아니라 독자적인 관점에서 역사를 체계있게 재편성하고자 한 것이다. 여기에서 역사를 연구하는 방법과 역사를 편찬하는 태도의 이른바 사관이 나왔고 이에 의지해서 한국사의 새모습을 찾고자 했다.

중국의 경우는 사찬(私撰)의 역사서가 나왔고, 그 체제에 의해서 관찬(官撰)의 역사서가 나왔지만 한국에서는 관찬의 역사서가 편찬된 이후에 사찬의 역사서가 이루어졌다. 또 중국에서는 역사학이 관찬사서의 편찬을 계기로 독립할 수 있었으나 한국에서는 사찬사서의 찬술시기에 와서 독립할 수 있었다. 이와 같은 시기적인 차이는 한국에서의 중국사학의 수용이 그 형식적인 데서 이루어졌다는 결과이기도 했다.

여하간 조선 후기의 역사학은 일련의 사찬사서의 편찬자들에 의해서 독자적인 분야로 개척될 수 있었다. 그것은 안정복의 『동사강목』, 이긍익의 『연려실기술』, 한치윤의 『해동역사』에 와서 구체화되었다.

그러나 이들의 저술이 있기 이전에도 한국사에 대한 관심은 적지 않았다. 임진왜란·병자호란 이후의 17·18세기의 조선조 사회에 많은 변화가 있었던 것처럼 역사의식의 변화도 흥미롭게 달라지게 되었다. 물론 조선 초기에도 특색있는 역사서가 없었던 것은 아니다. 『고려사』, 『동국통감』, 『동국사략』 등이 있었다. 그러나 이들은 모두 관찬사서였고, 어떤 정치적인 의미에서, 또는 중국사의 부용(附庸)에서 편찬된 것이다. 하지만 17·18세기의 사찬에 의해서 이룩된 역사서는 비록 편찬체제에서는 기왕의 역사체제를 모방하였다고는 하지만 정치적인 차원에서 이룩된 것이 아니었다.

어디까지나 한국사의 세계를 제대로 파악해서 한국사를 한국중심으로 이해하고 체계를 세워보자는 데 있었다.

여기에서 시도된 것이 한국고대사의 인식 특히 정통론(正統論)의 문제였다. 정통론이란 한 나라에 두 임금이 있을 수 없는 바와 같이 이 천하에는 두 나라 이상의 나라가 병립할 수 없지만, 만약 두 나라 이상의 나라가 병립되었을 경우, 그들 나라 중에서 앞에 있었던 나라에서 정당한 계통을 이어 받은 나라가 어떤 나라인가를 명분에 입각해서 가려내는 역사체계의 명분론이다.

이런 명분적인 정통론은 『춘추 春秋』와 『자치통감강목 資治通鑑綱目』에서 강하게 작용하는 사관이었는데, 조선시대는 이와 같은 명분론이 고려 - 조선의 역성혁명 후의 『고려사』와 『실록』의 편찬에서 시작되었고 그 정통론은 『동국통감』에서도 벌써 시도된 바가 있었다. 그런데 이런 정통론이 17·18세기의 역사인식에서 다시 강하게 인식되어 한국고대사의 연구에 구체적으로 적응되었다. 특히 근기학파(남인계열)에서 더욱 두드러졌다.

그런데 이들은 고대사의 세계를 그 이전의 고대사 인식에서 시도되었던 단군조선→기자조선→위만→삼한→삼국의 계열(이상은 동국통감, 동국사략)과 달리 단군→기자→마한→(삼국)→통일신라→고려로 보게 되었다. 그리고 이전에는 소홀히 되었던 부여, 발해, 가야를 기자와 동격으로 인식하고자 시도하기도 했다. 특히 발해에 대해서는 적지 않은 관심을 보여 발해관계의 많은 저술이 나오게 되었다.

이렇게 보면 당시의 정통론에서도 기자조선을 반드시 계통화시킨다는 전통적인 사관을 벗어나지 못하고 있었지만 이런 전통적인 의식의 탈피는 머지 않아 이루어지기도 했다.

정통은 강역의 같고 다름에서 오는 것이 아니라 그 문화와 민족의 활동여하에 따라서 될 수 있다는 정약용의 「탁발위론」과 「동호론」에서 구체화되었다. 이런 생각은 홍대용 등 일련의 북학파들에 의해서 개진되기도 했다.

물론 이와 같은 한국고대사에 대한 새로운 인식의 출발이 명분론에 입각한 것이었다고 한다면 강목체(綱目體)의 서술방법이 등장하는 17세기부터 고조되었다. 그리고 명분론의 등장은, 정통국가가 한국에서도 중국과 똑같이 적용될 수 있다는 의미에서 강조되었고 보면 당시의 자주성의 자각과 시기를 같이하는 것이다. 한편 이들의 투철한 역사의식은, 여전히 고식적이었던 역사인식과 경향을 달리하는 것이었다.

아울러 이들의 새로운 경향의 역사인식 즉 자주적·체계적인 인식은 얼마 후에 찬술된 『동사강목』에 의해서 그대로 계승되었고 『연려실기술』과 『해동역사』에 의해서 더욱 확대되었다. 그리고 이와 같은 역사의식의 고조는 유학의 전통을 이어받지 못한 향리층·서민층의 역사관계 편찬을 가져오기도 했다.

여하간 『동사강목』·『연려실기술』·『해동역사』는 역사인식에 있어 전통적인 역사학의 범주를 완전히 벗어나지 못했다. 역사를 통사로 보느냐 단대사(斷代史)로 보느냐 하는 시간적인 인식에서도 그러하지만, 기전체·편년체·기사본말체 등의 세 가지 역사편찬체제에 대한 입장도 그러했다.

그리고 역사를 자치적(資治的)인 의의 또는 춘추적인 명분에서 그 본의를 찾으려고 한 데서도 종래의 관념과 다를 바가 없었다.

그러나 18세기 후반에 이룩된 『동사강목』·『연려실기술』·『해동역사』가 편찬되기 얼마 전부터 역사를 학문의 한 분야로 인식하게 되었다. 처음에는 비판적인 태도에서 역사학이 고조되었고 경세치용의 안목에서 역사학이 주목되었으며 객관적인 자기인식에서 역사학이 전개되었지만 일단 고조되고 전진된 역사의식은 역사학의 연구로 굳어졌다.

여기에서 『동사강목』·『연려실기술』·『해동역사』는 종래 그릇된 한국사의 인식을 바로잡아서 보다 실증적인 사실 규명을 이루었는가 하면, 한국사를 체계화

계통화해서 한국사의 상한을 연장시켰고 역사의 폭을 왕실중심·영웅중심·정치중심에서 문화전반에까지 확대시켜 주었다.

따라서 이들 여러 역사서는 장차에 개척될 한국근대사학의 연구에도 크게 공헌했다. 구한말·일본통치시기의 일련의 애국적인 역사학자들의 한국사연구에서는 말할 것도 없고 일본의 문헌학자들이나 이와 근사한 역사방법을 지닌 우리의 문헌학자들의 한국사연구에서도 이들의 역사서가 입문서 혹은 자료집의 구실까지도 해주었다. 또 그들의 연구를 위한 문제의식까지도 시사함이 적지 않았을 것으로 본다.

근대사학의 입장에서 보면 17세기 이후의 각종 역사서는 말할 것도 없고 실학파의 대표적인 역사서라고 지칭되는 『동사강목』·『연려실기술』·『해동역사』까지도 적지 않은 결함을 내포하고 있다. 문제 고증이나 사실의 해석에서도 그릇됨이 적지 않다. 『동사강목』이 인용서적의 제약을 갖고 있고 왕실중심을 고수한 것, 『연려실기술』이 인용서목의 선택에서 결함이 있고 야사적인 색채가 많은 것, 『해동역사』에서 왜곡된 외국측 자료를 비판 없이 그대로 인용한 데서 온 무의식적인 오류를 범하고 있는 것 등은 그 결함의 두드러진 것들이다.

그러나 실학파의 역사서가 각기의 특성을 발휘해서 한국사의 재편성을 시도했고 객관적, 실증적, 합리적, 비판적인 입장에서 역사를 보고자 했다는 것은 당시의 사정에서 높이 평가하지 않을 수 없다. 특히 이들에 의해서 시도된 한국고대사의 인식체계는 한국사의 시야를 밝히는 데 크게 기여했고 한국사의 폭넓은 인식은 한국의 민족문화를 체계화하고 확산시켜 주는 데 공헌하기도 했다.

한편 17·18세기 조선조의 선각적이고 개신적이었던 일련의 실학자 중에는 비록 역사서를 편찬하지 못한 경우도 있지만 역사의식이 없었던 것은 아니다. 이들은 역사적 현실을 직시하면서 늘 강렬한 역사의식이 작용하고 있었고, 새로운 것을 지향하면서 언제나 역사적 현실을 인식하고 있었다.

또 한국사와 역사전반에 대해서도 비상한 관심을 갖고 있었다. 역사가가 역사서적을 편찬하면서 지난날의 역사를 비판한 것 못지 않게 자기들이 처해 있는 현실을 비판하고 고민했다.

　실학의 정신을 자주적인 안목, 새로운 가치관의 모색, 현실의 비판적 태도, 실
증적인 연구방법이라고 한다면, 실학파의 역사인식이야말로 이와 같은 정신적인
한 지주이기도 했다.

(『연세춘추』 810호, 1978년)

3. 국학연구가 뜻하는 것

국학이란 한국학을 우리의 입장에서 지칭하는 말이다. 마치 한국어를 국어라고 칭하고, 한국사를 국사라고 부르는 사정과도 같은 것이다.

물론 한국학을 반드시 국학이라고 지칭해야만 옳은 것인가에는 이의가 없지 않다. 19세기 후반에 들면서 밀어닥치는 외세의 충격적인 자극에 대응하여 중국적인 문화에 대한 긍지와 자부가 반사적으로 강력해지면서 일어난 중국의 국학이 있었는가 하면, 18세기 후반에 일본 고대의 순수한 이상을 추구하고자 노력한 국수적 시야의 사상인 일본의 국학이 있었기 때문이다.

또 국학이란 것이 우리의 입장에서 과연 호칭될 수 있는 학문의 성격인가라는 근본적인 회의를 품고 있는 견해도 있다. 국학이 한국학이고 보면, 18세기 이후의 유럽에서 이미 사문화되었던 앗시리아학이나 이집트학과 같이 불리울 수 있는 성격이기 때문에 타당한 것이 못된다는 것이다.

그러나 위와 같은 이의와 회의에 대해서 국학이란 칭호를 당연한 것으로 보고 한국학인 국학의 정립을 긍정적으로 보는 입장도 적지 않다. 즉 국학이 외래적인 것에 대한 자기의 문물, 제도, 학술을 뜻하고 보면, 한국에서의 국학에는 한국의 전통적인 정치·사회·경제·철학·역사·어문·과학·지리·풍속 등 모든 분야의 학문이 포함되어서 형성될 수 있다는 것이다.

그리고 이와 같은 한국에서의 국학은 중국학이나 미국학과도 같이 한국연구의 종합적이고 체계적인 구성이 가능하다는 것이다.

여하간 한국의 국학을 간추려 말하면 한국의 말, 글, 역사가 중심이 되어 형성되는 한국적인 모든 학문을 의미한다. 비록 처음에는 외래적인 철학, 사상, 문화이었다고 할지라도 한국에 수용된 후 정착되어서 한국의 전통적인 것으로 승화된 것이라면 모두 포함시킬 수 있는 것이다. 따라서 바꾸어 말하면 국학이란 한국의 전통적인 문화양상과 이 문화 속에 내재되어 있는 일체의 사상체계를 말한다고도 볼 수 있다. 그러면 위와 같은 국학의 형성과 발달 사정은 어떠했는가. 국학이란 칭호가 사용되고 그 개념이 정립된 것은 일본의 침탈과 그 통치기를 통해서 한국적인 것이 말살되어 갈 위기에 있을 때 한국적인 것을 새삼 찾아서 살려 나가고자 한 데서 비롯되었다.

당시는 나라를 잃은 때였기 때문에 당시 한국의 칭호인 조선의 학문이란 뜻으로 조선학이라고 했다. 오늘날의 한국학과도 같은 개념이었다. 어쩌면 사문화될지도 모를 각박한 위기 속에서 주창된 것이다.

이런 조선학 - 국학은 구한말에서 광복무렵까지 한국에 관한 연구를 애국적으로 수행한 학자들에 의해서 개진되었다. 이들은 현실비판에서 민족사의 바른 이해를 꾀했고 지난 역사 속에서 한국의 빛을 새삼 발견하고자 노력했는가 하면 말과 글을 선양 발전시켜서 한국의 얼을 고취시키고자 했다. 박은식(朴殷植), 장지연(張志淵), 신채호(申采浩), 정인보(鄭寅普) 등이 그 중심인물이었다. 특히 정인보는 국학이란 용어를 쓰게 한 중요한 선구자 중의 한 분이기도 했다.

아울러 정인보는 국학을 계보적으로 이해하고자 하여, 그 시도로서 조선시대 후기의 이른바 실학파의 학문과 사상으로 상한을 잡고 이들에 의해서 의도적으로 개척된 자주적 - 탈 중국적 - 인 사상의 흐름으로 규정하기도 했다. 이런 정인보의 국학관은 일본 통치기의 한국적인 정신적 지주로서의 강한 사상체계로 굳어지기도 했다.

정인보가 내세운 국학의 상한계보인 조선 후기의 실학파의 학문경향에서는 자아의식이 강한 민족단위의 학문적 성격이 농후하기도 했다. 당시의 현실을 비판하고 모순을 찾아 이를 해결함으로써 자기의 입각점을 재정립했고 한국의 말과 글을 연구하여 자기를 의식했으며 한국의 역사·지리지를 엮고 지도를 그려서 자기의 처지를 확인했는가 하면, 한국 나름의 경학(經學)과 시문(詩文)을 정립시키고 의약·기술·역산에 이르는 경지까지도 자기 중심으로 연구 발전시켰다.

이와 같은 연구경향은 다분히 자주적인 안목과 한국의 새로운 가치관의 모색·설정임과 동시에 실증적인 연구방법의 결과였다. 이에 국학이라는 용어를 사용하면서 한국의 말과 글을 살리고 한국의 얼을 간직하고자 노력했던 애국적인 국학자들은 조선 후기의 선각적이었던 여러 실학파 학자들의 사상체계를 이어받았다는 긍지와 사명을 가지고 있었다. 구한말에서 해방 이전까지의 여러 국학자들의 학문경향이 이를 웅변으로 말해주고 있는 것이다.

본[연세] 대학교에서 국학을 중시하고 그 전래로서 실학을 강조하고 있는 것은 일본식민통치기부터 이 방면에 남다른 사명감을 통감하여 왔기 때문이다.

1920년대부터 본 대학교의 전신인 연희전문학교에서는 이 방면의 여러 학자들을 초빙하여 교수하게 했다. 홍명희(洪命熹)·백남운(白南雲)·이윤재(李允宰)·정인보·정인서(鄭寅書)·최현배(崔鉉培)·손진태(孫晉泰) 등이 차례로 또는 비슷한 시기에 국학에 해당하는 여러 분야를 강의했고 이들을 뒤에서 적극적으로 후원한 원한경(元漢慶)·유억겸(兪億兼)·백낙준(白樂濬) 등의 노력도 대단했다. 또 해방 후에도, 이미 돌아가신 최현배·김윤경(金允經)·이인영(李仁榮)·홍이섭(洪以燮) 등과 아직도 이 학교에서 머물고 계시는 몇 분이 해방 이전에 간신히 전승시켜온 국학의 정신과 사명의 맥락을 이 땅에 정착시키고자 노력하고 있다.

십여 년 전부터 계속시키고 있는 실학공개강좌의 운영과 이번에 개원하게 된 국학연구원도 결코 우연의 소산이 아님을 알 것이다.

이렇게 보면 한국에서의 국학의 전통과 사명은 언제나 국가의 위기에 이를 극복하기 위한 정신적인 지주가 바탕이 되어서 강조되었고 민족을 간절하게 의식하면서 형성·발달되었다.

그렇다고 해서 국학이 국수적인 성향만을 내세운 것은 결코 아니었다. 언제나 실증과 합리성을 근거로 해서 그 보편성을 지켜왔다. 조선 후기 실학파의 학문적인 방법이 그러했고, 그 후의 국학자들도 그러했다.

따라서 국학은 한국에서 계승·발전시켜야 할 과제이기도 하다. 그리고 국학은 한국뿐만이 아니라 한국을 제대로 이해하고, 한국 전통문화의 본질을 제대로 파악하기를 바라는 세계 여러 나라 연구자들도 주시되어야 할 문제이다.

학문이 분화되고 다지화될수록 국학의 깊이는 더욱 깊어지고 그 진폭도 더욱 넓어지겠지만 그러할수록 국학의 의의구현과 사명은 더욱 절실한 바가 있다.

그런데 오늘날의 실정은 어떠한가. 언필칭 국학을 논하되 공리적인 수단으로 이용하려는 경우가 있는가 하면 여전히 국수적인 성향 내지 전근대적인 사고유형으로 단정하는 경우마저 있는 것 같다. 물론 국학을 주관적인 입장에서 과대평가하기도 하고 견강부회하는 등의 사례가 없는 것도 아니지만 이런 사례는 일부의 지나친 의욕에서 빚어진 것일 뿐, 국학 자체의 본질이 아니라는 것을 알아야 할 것이다. 아울러 국학연구의 미명아래 국학을 욕보이게 하는 일이 있어서도 안될 것이다.

이와 같은 견지에서 볼 때, 국학은 언제나 주관보다도 객관을 앞세우고 소승적인 공리성보다는 대승적인 국가와 민족에 직결시켜서 인식하되 이른바 학문의 과학성을 지속적으로 견지하여야 한다.

이어 국학은, 앞으로 보다 더 문헌적인 실증과 논리적인 새로운 이해를 증진시키고 현대적인 학문으로서의 감각과 연구방법의 개진에 힘써야 할 것이다.

그러나 국학의 진흥은 하루 이틀에 기대될 수 있는 일도 아니고, 뜻있는 몇 사람만의 의욕으로 이루어질 수도 없는 것이다. 그렇다고 해서 한국의 학문적인 성장과 병행되어서 대망(待望)될 수 있다고 안이하게 말할 수만 있는 것도 아니다. 오직 이 방면의 다각적인 연구저변이 확보되어야 하고 이를 위한 적극적인 후원이 있어야 한다.

여기에서 이번 본 대학교에 개원된 국학연구원은 그 의의가 자못 크다고 말할 수 있다. 학내의 관계 교수들에게 적극적으로 참여 연구하게 해서 국학연구의 계기적인 기여를 하게 하는 것도 중요하지만, 종래 계승되어온 국학의 정신을 오늘날의 시각에서 재삼 발견하게 하고 국학연구를 고무해서 선학들이 개진해 놓은 국학의 여러 분야를 현대적인 방법론으로 재편성, 재조직, 재계통화하는 데 더욱 뜻이 있다고 하겠다.

(『연세춘추』 785호, 1977년)

4. 1978년 미해결의 국사논쟁 유감(有感)

국내외로 보아서 격동의 한해였던 1978년에 우리의 역사학계에서도 시련과 뜻 있는 일이 있었다. 그 대표적인 일로는 재야인사들과 학계 사이에 벌어진 이른바 '국사찾기 시비', 정부에서 오래 전부터 구상해왔던 국학연구의 중심기구인 '한국정신문화연구원의 설립', 국사학계 일각에서 벌어졌던 '근대개혁논쟁' 등이 그것들이다. 이들 이슈는 그대로 간과해 버릴 수 없는 역사학계의 시금(試金)일 뿐만 아니라, 일반국민들에게도 적지 않은 관심거리가 되었기 때문이다.

이른바 '국사찾기 시비'는 오래 전부터 재야인사들에 의해서 거론되었다. 애초에는 한사군의 만주건치론(滿洲建置論), 단군의 실존성 문제에서 두드러지기 시작했다. 이러한 주장은 해방 전의 일부 민족사학자들의 주창을 이어받아 왔다고도 볼 수 있는데, 재야인사측에서는 여기에 백제가 중국의 강남지방을 통치했다는 주장을 비롯한 몇 가지의 주장을 더하게 되었다. 그러나 종래에는 가위 일방적인 주장들이었지만, 국정 국사교과서의 개정을 문교부에 건의하는 한편, 이를 관철시키기 위하여 소송을 제기하기에 이르면서 사회문제로까지 비화되었다.

이에 종전에는 전혀 반응을 보이지 않았던 국사편찬위원회에서 이제까지의 연구결과를 바탕으로 이들의 비논리적인 비판에 반박으로 대했고, 아울러 역사관계의 10개 학회에서도 인신공격중지 등의 경고성명서가 나오게 되었다.

역사는 해석이라고 한다. 견해에 따라서 역사해석은 다를 수 있고 평가도 그러하다. 그러나 역사를 해석, 평가하기에 앞서 과학적·고증적·객관적인 연구가 있어야 하고, 이에 못지 않게 도의적인 사덕(史德)이 있어야 한다. 또 역사연구는 학계만의 전용이 아니다.

특히 국사는 민족의 것이다. 이에 한국민족이면 누구나가 역사에 관심을 가져야 하고 또 연구해야 할 것이다. 그렇지만 역사연구의 기본태도는 지킬 줄 알아야 한다. 또 역사는 그 민족의 영광만을 추구하는 것이 아니다. 곤욕스러웠던 일도 영광스러웠던 일 못지 않게 역사인식의 새김이 되는 것이다.

종래 우리 국사학계 중에는 실증사학에서 빠지기 쉬운 좁은 안목의 편견이 없었다고 장담할 수 없다. 그러나 국사학자들은 어려운 여건 속에서도 현대사학의 연구방법에 의한 풍성한 성과를 거두었다.

그런데 사회면에 부각된 이른바 '국사찾기 시비'에 의해서 그 동안 꾸준하고 보람있던 연구성과들이 진상을 잘 모르는 일반국민들에 의해서 오해되고 있다는 것은 참으로 가슴아픈 일이 아닐 수 없다. 어떤 기발한 착상이나 단편적인 기사만을 가지고 과장되게 구상되는 비약이 역사소설의 세계라는 것을 잘 모르는 일반국민이고 보면, 더욱 그러하다.

여하간 '국사찾기 시비'는 판결에서 판가름될 문제가 아니다. 두고두고 연구의 과제로 삼아서 해결되기를 기다려야 할 것이다.

이 문제를 제출한 재야인사들은 어디까지나 진지한 학적 태도와 사덕을 바탕으로 한 논설의 개진이 있어야 할 것이고, 국사학자들은 자신들의 연구도 중요하지만 일반국민들의 올바른 국사인식을 높이는 데 계몽적인 사명을 게을리했다는 사회평도 명심해야 할 것이다.

한편 국사연구를 위한 한국정신문화연구원의 설립은 어느 의미에서 보면 때늦은 느낌이 있다. 당사자들의 설명에 의하면, 민족문화의 정수를 발굴하고 주체적인 역사관을 정립시켜서 국가발전의 문화적·정신적인 요인을 학문적으로 구명함으로써 우리나라 앞날의 방향과 대책을 제시한다고 한다.

그리고 국학연구가 전통적인 민족문화의 연구에만 머무는 것이 아니라, 한국의 현실과 미래에까지 직결되는 민족의 정신·문화를 계도한다고도 한다.

하기야 국학이란 매력적이면서도 폐쇄적이고 진부한 개념이다. 따라서 종래의 국학연구는 대부분 전통문화의 연구에만 국한되어온 것이 사실이다. 그러나 국학연구가 민족의 전통문화를 연구하는 것 못지 않게 그 연구를 통해서 이를 현실적으로 되살리는 정신적인 다짐, 나아가서는 민족의 미래에 어떤 제시가 있어야 한다고 보면 국학연구는 현실성도 도외시할 수 없는 것이다.

그렇지만 국학연구 과정에서 자기도 모르는 사이에 도취될 수도 있는 야랑자대적(夜郎自大的)인 함정도 있다는 것을 늘 경계해야 할 것이다. 아울러 국학연구를 정신문화연구원에서만 독점한다는 총수적(總帥的)인 자만을 가져서는 안되고, 건물이 좋고 일하는 사람이 많고 재정적인 뒷받침이 풍부하다고 해서 모든 성과가 쏟아져 나온다고 기대하는 것도 무리한 일이다. 하나를 이루어도 순수하고 책임있는 결과가 되도록 다짐해야 할 것이다. 이와 같은 요망은 학계뿐만이 아니라 일반국민들이 다 같이 기대하는 당부라고 보아도 좋을 것이다.

끝으로 한국근대개혁논쟁은 구한말 개화파의 개혁만이 유일한 개혁이었다고 믿는 주장에 대해 아관파천에서 러일전쟁 사이에 있던 광무개혁(光武改革)이 참다운 개혁이었다고 보는 반론과의 논쟁이었다. 우리의 역사는 어떤 의미에서 볼 때 외세와의 관계사이였다고 볼 수 있다.

특히 근대 이후는 더욱 그러했다. 여기에서 한국에서의 근대화론의 해석과 개화사상 내지 개화파 정치인들의 평가도 뒤따른다. 이렇게 보면 이 근대개혁논쟁은 얼마 전에 있었던 시대구분론에서 야기되었던 근대화론의 문제가 구체적인 사례를 둘러싸고 다시 일어난 듯한 느낌마저 든다.

외세와 한국이란 야릇한 함수관계를 어떻게 극복할 것인가, 또 외세에 대한 우리들의 마음가짐을 어떻게 할 것인가를 일깨워주는 본보기라고 하겠다.

어떤 사람은 1978년도 역사학계의 이슈가 스스로 주체가 되어 만들어졌다기보다는 외부적인 여건의 조성에 의해서 학자들이 관계하게 되었다고 한다. 과연 그렇다면 우리의 역사연구는 아직도 시세의 영향을 받는 처지를 벗어나지 못하는 것만 같아서 안타깝기 짝이 없다. 여기에는 적어도 한 세기 이상의 전통을 가진 외국의 역사학계에 비해서, 겨우 한 세대밖에 이르지 못한 우리 역사학계의 어린 연륜의 탓도 있겠지만, 이와 같은 학계를 북돋워주지는 못할 망정 걸핏하면 학계를 경시하는 몰지각한 풍조에도 책임이 있다는 것을 깨달아야 할 것이다.

(『조선일보』, 1978년 12월 22일)

5. 광해군(光海君)

　　1575(선조 8)~1641(인조 19). 조선 제15대 왕. 재위 1608~1623. 이름은 혼(琿). 선조의 둘째아들. 어머니는 공빈김씨(恭嬪金氏). 비(妃)는 판윤 유자신(柳自新)의 딸이다.

　　의인왕후 박씨(懿仁王后朴氏)에게서 소생이 없자, 공빈김씨 소생의 제1왕자 임해군 진(臨海君珒)을 세자로 삼으려 하였으나 광패(狂悖)하다고 하여 보류하고, 1592년(선조 25) 임진왜란이 일어나자 피난지 평양에서 서둘러 세자에 책봉되었다. 선조와 함께 의주로 가는 길에 영변에서 만약의 사태에 대비해 분조(分朝)를 위한 국사권섭(國事權攝)의 권한을 위임받았다. 그 뒤 7개월 동안 강원·함경도 등지에서 의병모집 등 분조활동을 하다가 돌아와 행재소(行在所)에 합류하였다. 서울이 수복되고 명나라의 요청에 따라 조선의 방위체계를 위해 군무사(軍務司)가 설치되자 이에 관한 업무를 주관하였고, 1597년 정유재란이 일어나자 전라도에서 모병·군량조달 등의 활동을 전개하였다. 1594년 윤근수(尹根壽)를 파견하여 세자책봉을 명나라에 주청하였으나, 장자인 임해군이 있음을 이유로 거절당하였다.

　　1608년 선조가 죽자 왕위에 오르고 이듬해 왕으로 책봉되었다. 이에 앞서 1606년 선조의 계비 인목왕후 김씨(仁穆王后金氏)에게서 영창대군(永昌大君)이 탄생하자, 서자이며 둘째아들이라는 이유로 영창대군을 후사(後嗣)로 삼을 것을 주장하는 소북(小北)과 그를 지지하는 대북(大北) 사이에 붕쟁이 확대되었다. 1608년 선조가 병이 위독하자 그에게 선위(禪位)하는 교서를 내렸으나 소북파의 유영경(柳永慶)이 이를 감추었다가 대북파의 정인홍(鄭仁弘) 등에 의해 음모가 밝혀져 왕위에 즉위하자 임해군을 교동(喬洞)에 유배하고 유영경을 사사(賜死)하였다.

그는 당쟁의 폐해를 막기 위해 이원익(李元翼)을 등용하고 초당파적으로 정국을 운영하려 하였으나 대북파의 계략에 빠져 뜻을 이루지 못하였다. 1611년(광해군 3) 이언적(李彦迪)·이황(李滉)의 문묘종사(文廟從祀)를 반대한 정인홍이 성균관유생들에 의하여 청금록(靑衿錄 : 儒籍)에서 삭제당하자 유생들을 모조리 퇴관(退館)시켰다. 이듬해에는 김직재(金直哉)의 무옥(誣獄)으로 1백여 인의 소북파를 처단하였으며, 1613년 조령에서 잡힌 강도 박응서(朴應犀) 등이 인목왕후의 아버지 김제남(金悌男)과 역모를 꾀하려 하였다는 허위진술에 따라 김제남을 사사하고 영창대군을 서인(庶人)으로 삼아 강화에 위리안치하였다가 이듬해 살해하였다. 1615년 대북파의 무고로 능창군 전(綾昌君佺)의 추대사건에 연루된 신경희(申景禧) 등 반대세력을 제거하고, 1618년 이이첨(李爾瞻) 등의 폐모론에 따라 인목대비(仁穆大妃)를 서궁에 유폐시켰다.

이와 같은 실정은 대북파의 당론에 의한 책동에 의하여 나타난 것이었으나, 한편 그는 전란으로 인한 전화(戰禍)를 복구하는 데 과단성 있는 정책을 펴기도 하였다. 1608년 선혜청(宣惠廳)을 두어 경기도에 대동법(大同法)을 실시하고, 1611년 양전(量田)을 실시하여 경작지를 넓혀 재원(財源)을 확보하였으며, 선조 말에 시역한 창덕궁을 그 원년에 준공하고 1619년 경덕궁(慶德宮 : 慶熙宮), 1621년에 인경궁(仁慶宮)을 중건하였다. 이 무렵 만주에서 여진족의 세력이 커져 마침내 1616년 후금(後金)을 건국하자 그 강성에 대비하여 대포를 주조하고, 평안감사에 박엽(朴燁), 만포첨사에 정충신(鄭忠臣)을 임명하여 국방을 강화하는 한편, 명나라의 원병요청에 따라 강홍립(姜弘立)에게 1만여 명을 주어 명나라와 연합하였으나, 부차(富車)싸움에서 패한 뒤 후금에 투항하게 하여 명나라와 후금 사이에 능란한 양면외교 솜씨를 보였다. 또한 1609년에는 일본과 일본송사약조(日本送使約條 : 己酉約條)를 체결하고 임진왜란 후 중단되었던 외교를 재개하였으며, 1617년 오윤겸(吳允謙) 등을 회답사(回答使)로 일본에 파견하였다.

또 병화로 소실된 서적의 간행에 노력하여 『신증동국여지승람』·『용비어천가』·『동국신속삼강행실』 등을 다시 간행하고, 『국조보감』·『선조실록』을 편찬하였으며, 적상산성(赤裳山城)에 사고(史庫)를 설치하였다. 한편, 허균(許均)의 『홍길동전』, 허준(許浚)의 『동의보감』 등의 저술도 이때 나왔다. 외래문물로는 담배가 1616년에 류큐(琉球)로부터 들어와 크게 보급되었다.

그의 재위 15년간 대북파가 정권을 독점하였다. 이에 불만을 품은 서인 김류(金瑬)·이귀(李貴)·김자점(金自點) 등의 인조반정으로 폐위되어 광해군으로 강등되고 강화로 유배되었다가 다시 제주도에 이배되었다. 세자로 있을 무렵부터 폐위될 때까지 성실하고 과단성있게 정사를 처리했지만, 그의 주위를 에워싸고 있던 대북파의 장막에 의하여 판단이 흐려졌고, 인재를 기용함에 있어 파당성이 두드러져 반대파의 질시와 보복심을 자극하게 되었다. 뒷날 인조반정을 정당화하기 위한 책략과 명분에 의하여 패륜적인 혼군(昏君)으로 규정되었지만, 실은 당쟁의 소용돌이 속에서 희생되었다고 보아야 할 것이다. 따라서, 같은 반정에 의하여 희생된 연산군과는 성격을 달리해야 할 것이다. 묘는 경기도 양주군 진건면 사능리에 있다.

[참고문헌]

『광해군일기』, 『柵中日記』, 『黨議通略』, 「明史朝鮮傳譯註 Ⅱ」(황원구, 『동방학지』 15, 1974), 「毛文龍と朝鮮との關係」(田川孝三, 『靑丘學叢』 3, 1932)

(『한국민족문화대백과사전』, 1991년)

6. 현종(顯宗)

1641(인조 19)~1674(현종 15). 조선 제18대 왕. 재위 1659~1674. 이름은 연(棩). 자는 경직(景直). 효종의 맏아들이다. 어머니는 우의정 장유(張維)의 딸 인선왕후(仁宣王后)이며, 비는 영돈녕부사 김우명(金佑明)의 딸 명성왕후(明聖王后)이다.

효종이 봉림대군(鳳林大君) 시절에 청나라의 볼모로 심양(瀋陽)에 있을 때 심관(瀋館)에서 출생하였으며, 1649년(인조 27) 왕세손에 책봉되었다가 효종이 즉위하자 1651년(효종 2)에 왕세자로 진봉(進封)되었다. 현종은 효종의 뒤를 이어서 1659년에 즉위하여 재위 15년 동안 대부분을 예론을 둘러싼 정쟁 속에서 지냈다고 볼 수 있지만, 1662년(현종 3) 호남지방에 대동법(大同法)을 시행하고, 1688년 동철활자(銅鐵活字) 10여만 자를 주조하였으며, 혼천의(渾天儀)를 만들어 천문관측과 역법의 연구에 이바지하였다. 또, 지방관의 상피법(相避法)을 제정하기도 하였고, 동성통혼(同姓通婚)을 금지시켰다.

1666년에는 앞서 1653년에 제주도에 표류해온 하멜(H. Hamel) 등 8명이 전라도 좌수영을 탈출하여 억류생활 14년간의 이야기인『화란선제주도난파기 : 하멜표류기』와 그 부록인「조선국기 朝鮮國記」를 저술하기도 하였다. 그리고 현종은 효종대에 비밀리에 계획했던 청나라에 대한 보복정벌인 북벌을 국제관계와 국내사정으로 중단하는 대신 군비(軍備)에 힘써서 훈련별대(訓鍊別隊)를 창설하였다. 한편 이미 망한 명나라에 대한 숭모(崇慕)의 경향이 현저해졌고, 이러한 숭명 활동은 다음 숙종 때부터 구체적으로 나타나기 시작하였다.

현종은 즉위하자마자 기해복제문제(己亥服制問題)라는 예론에 부딪혔다. 즉,

효종의 상을 당하자 인조의 계비(繼妃)인 자의대비 조씨(慈懿大妃趙氏)의 복제
문제가 정쟁화된 것이다. 당시 일반사회에서는 주자의『가례 家禮』에 의한 사례
(四禮)의 준칙이 지켜지고 있었지만, 왕가에서는 성종 때 제정된『오례의 五禮
儀』의 준칙을 따르고 있었다. 그런데『오례의』에는 효종과 자의대비의 관계와 같
은 사례가 없었다. 효종이 인조의 맏아들로서 왕위에 있었다면 별문제가 없었지
만 인조의 둘째아들로서 책립되었을 뿐더러 인조의 맏아들인 소현세자(昭顯世
子)의 상에 자의대비가 맏아들의 예로 3년상의 상복을 이미 입은 일이 있었기 때
문에 다시 효종의 상을 당하여 어떠한 상복을 입어야 하는가가 문제되었던 것이
다. 여기에서 서인측에서는 송시열(宋時烈)과 송준길(宋浚吉)이 주동이 되어 효
종이 둘째아들인 만큼 기년복(朞年服)을 주장하였고, 남인측의 윤휴(尹鑴)와 허
목(許穆) 등은 효종이 아무리 둘째아들이라고 하여도 승통하였으므로 3년상이
옳다고 주장하였다.

　이 무렵 정치계는 1575년(선조 8) 동인에게 배척되었다가 인조반정으로 정치
계에 되돌아온 서인과, 동인의 계열이기는 하지만 북인·남인으로 분파된 뒤 북
인에게 배척되었다가 역시 인조 때부터 조정에 복귀한 남인과의 대립이 심상치
않았다. 그래도 인조·효종 때는 그 관계에 감정적인 대립이 적어서 특히 학문적
인 면에서는 서로의 교섭이 원활한 때였다. 그렇지만 예론이라는 당론의 극한적
인 대립이 양극화되고 이로 인하여 피차의 논쟁이 장기화되자, 감정이 격화되어
서인측의 주장에 따라서 기년복이 조정에서 일단 결정되었다. 그렇지만 이른바
예론이 지방으로 번져 그 시비가 더욱 커지자, 1666년 조정에서 다시 기년복의
결정을 재확인하면서 이에 대하여 항의를 하게 되면 그 이유를 불문하고 엄벌에
처할 것을 포고하기에 이르렀다.

　그럼에도 불구하고 1674년 왕대비가 죽자 다시 자의대비의 복제문제가 재론되
면서 예론이 또 다시 일어나게 되었다. 즉, 서인측의 대공설(9개월복)과 남인측의
기년설이 대립하게 되었다. 그 뒤 이 문제가 기년복으로 정착되면서 서인측의 주
장이 좌절되었으므로 현종 초년에 벌어진 예론도 수정이 불가피하게 되었고 이로
써 서인측이 많이 배척되었다. 이 문제는 현종이 죽고 숙종이 즉위한 뒤에도 계속

되다가 1679년(숙종 5) 20년간에 걸친 기해복제문제의 재론을 엄금하는 엄명이 있어 형식적으로는 조정에서 다시 거론되지 않았지만, 이후에도 많은 시비가 내면적으로 계속되었다. 이 예론은 예의 본질론(本質論 - 불가변성)에 입각한 서인측의 예관념과 행용론(行用論 - 가변성)에 치중한 남인측의 예관념의 학문적인 해석이 당론으로 발전하면서 당쟁의 비극으로까지 파급된 것이다. 이렇게 현종대는 예론의 시비로 일관되다시피 했고, 당론의 쟁투로 지새웠기 때문에 현종이 죽은 뒤에 찬수된 『현종실록』도 문제가 되지 않을 수 없었다. 『현종실록』은 숙종 1년(1675)부터 편찬이 착수되었으나 여의치 못하다가 숙종의 독촉을 받고 1677년에 겨우 완성된 졸속의 실록이었고, 아울러 그 편찬에 현종 말년 이후 숙종 초년에 걸쳐서 득세한 남인측이 많이 참여하였기 때문에 서인측으로는 불만일 수밖에 없었다. 그러다 1680년 경신대출척을 계기로 서인이 다시 남인을 숙청하고 정권을 잡자 서인중심의 실록개수청(實錄改修廳)을 설치하고 1683년 28권의 『종개수실록』을 완성하였다. 조선시대의 실록 가운데 수정실록으로는 『선조실록』과 『경종실록』이 있고, 개수실록으로는 『현종실록』이 있는데 모두 당쟁의 결과 부득이 개수 또는 수정되었다는 사실을 감안하면 『현종개수실록』의 성격과 당시의 당쟁상황을 짐작할 만하다. 시호는 소휴(昭休), 능호는 숭릉(崇陵 : 경기도 구리시 소재)으로 비 명성왕후와 같이 예장되어 있다.

[참고문헌]

『현종실록』, 『현종개수실록』, 『璿源系譜』, 「己亥服制論案始末」(황원구, 『동아세아사연구』, 일조각, 1976)

(『한국민족문화대백과사전』, 1991년)

7. 안정복(安鼎福)

　　1712(숙종 38)~1791(정조 15). 조선 후기의 실학자. 본관은 광주(廣州). 자는 백순(百順), 호는 순암(順庵)·한산병은(漢山病隱)·우이자(虞夷子)·상헌(橡軒). 제천 출신. 예조참의 서우(瑞羽)의 손자이고, 오위도총부 부총관 극(極)의 아들이며, 어머니는 이익령(李益齡)의 딸이다. 이익(李瀷)의 문인이다.

　　1717년(숙종 43) 외할머니상을 당하여 어머니를 따라 외가인 영광 월산(月山)의 농장에서 생활하다가 1719년 할아버지가 서울에서 벼슬을 하게 됨에 따라, 남대문 밖 남정동(藍井洞)으로 귀경한 뒤 1721년(경종 1) 10세에 처음으로 학문길에 들어섰다. 그 뒤 할아버지의 임지를 따라 여러 지방을 전전하다가 1736년(영조 12) 25세 때 선영이 있는 광주 경안면(慶安面) 덕곡리(德谷里)에 정착하였다. 그의 집안은 전통적으로 남인이었기 때문에 다른 남인 집안과 마찬가지로, 그 아버지 때부터 당쟁에 희생이 되어 벼슬길이 끊긴 불우한 집안이었다. 그러나 그는 어려서부터 공부를 시작하여 경학(經學)은 물론, 역사·천문·지리·의약 등에 걸쳐 넓고도 깊은 경지에 도달하였다. 그러면서도 그는 과거에는 단 한번도 응시하지 않았다.

　　1746년 35세 때 특히 이익의 문하에 들어가서 공부하면서부터는 학문의 목표를 경세치용(經世致用)에 두고 이를 위해서 진력하였다. 1749년 처음으로 만령전참봉(萬寧殿參奉)에 부임한 것을 시작으로, 내직으로는 감찰·익위사익찬(翊衛司翊贊)을 역임하였고, 외직으로는 65세 때에 목천현감(木川縣監)을 지냈다. 그러나 70세 이후에 받은 통정대부·가선대부 등의 산직은 고령에 따른 예우에 지나지 않았다. 어쨌든 그는 노령에 들자 80세의 나이로 죽을 때까지 학문연구와 선비로서 갖추어야 할 몸가짐을 게을리하지 않았다. 그 동안 그는 이익의 가르침을 받는 한편, 성호학파(星湖學派)의 여러 학자들과 어울려서 토론하고 학문적 교환을 가지면서 실학의 사상적 영역을 넓혀나갔으며, 경세치용의 구체적인 모색을 위한 사상적 정립을 꾀하였다. 그리고 이러한 성과들을 저술로 남기게 되었다. 그의 저술로는『순암선생문집 順庵先生文集』30권 15책이 있고,『동사강목 東史綱目』·『하학지남 下學指南』·『열조통기 列朝通紀』·『임관정요 臨官政要』·『계갑일록 癸甲日錄』·『가례집해 家禮集解』등이 있다. 이 밖에 그가 지은『잡동산이 雜同散異』와『성호사설유선 星湖僿說類選』등도 안정복을 이해하는 데 빼놓을 수 없는 책들이며, 문집에 수록되어 있는『천학고 天學考』·『천학문답 天學問答』은 그의 주변을 위협하였던 천주교의 박해와 안정복과 같은 전통적 조선 학인의 서학(西學)에 대한 인식을 살펴보는 데 중요한 저술이기도 하다.

그는 18세기 조선 후기에 살면서 사상적으로 무던히도 고민하였던 학자이며 사상가였다. 조선시대의 전통적인 봉건체제가 무너져가고 있던 제도적 모순과, 중국을 통해서 전래되고 있던 이단적인 서학의 충격 속에서 조선시대의 전통적 가치와 유교이념을 되살리되, 이를 합리적으로 개진하기 위해서 고민하였다. 특히 그는 역사적 현실을 실증적으로 새로 정립해서 정신적인 정통성을 확립하기 위하여『동사강목』과『열조통기』를 편술하였고, 경사(經史)의 부연적인 측면을 위해서『잡동산이』를 지었으며, 행정에 임하여 취해야 할 목민관(牧民官)의 자세를『임관정요』에 담았다. 목천현감을 지낼 때에는 향약을 실시하여 농촌을 자치적인 유교의 실천세계로 기대하기도 하였다. 당시는 이른바 실학의 학풍이 선구적인 학자·사상가들에 의해서 개진, 선양되고 있었는데, 그는 이러한 실학의 한 지도자인 이익의 학문과 사상을 계승하여 이를 구체적으로 밝히고자 하였다. 그렇지만 성호학파에 속하였던 그는 다른 사람들과는 달리 천주교에 대해서는 어디까지나 비판적이었다. 그는 철저한 주자학자였고 전통성을 고집하는 전통적인 조선학인이었다.

오늘날 그의 주요한 저술과 편찬물은 거의 전해지지만, 그의 연보에 전해오는 저술과 황필수(黃泌秀)가『하학지남』에 적어놓은 저술 목록과, 그리고 그의 일록 등에서 전해오는 저술목록과는 일치하지 않고 있다. 이 밖에 그의 사상적 편력을 찾아볼 수 있는 그의 일부 저작물이 아직도 발견되지 않고 있는 실정이다. 그는 정치적으로는 불행하였던 시대에 살았지만, 사상적으로는 비교적 자유스럽고 개방적인 시대에 산 인물이었다. 따라서, 그가 역사상에 차지하는 비중은 정치적 행적이나 정책적 업적보다는 학문적·사상적인 공헌과 영향에 있다고 하겠다. 이에 정통성으로 대표되는 그의 역사적 감각과 모든 학문과 사상체계를 합리적이고 실증적으로 정립하고자 하였던 학구적 방법은 당시의 학풍에서도 매우 뛰어난 것으로 평가될 수 있다.

[참고문헌]
『영조실록』, 『순암선생문집』, 『순암유서』, 『동사강목』, 「안정복」(황원구, 『한국의 인간상』 4, 신구문화사, 1965), 「순암 안정복연구서설」(심우준·정필모, 『중앙대학교 인문학연구』 1, 1974)

(『한국민족문화대백과사전』, 1991년)

8. 한치윤(韓致奫)

　　1765(영조 41)~1814(순조 14). 조선 후기의 학자. 본관은 청주(淸州). 자는 대연(大淵), 호는 옥유당(玉蕤堂). 한성 출신. 헌납 덕량(德良)의 손자로 통덕랑 원도(元道)의 아들이며, 어머니는 고령신씨(高靈申氏)이다.

　　어려서부터 전통적인 교육을 받고 9세 때에 이미 글을 읽으면 그 뜻을 완전히 깨닫게 될 만큼 숙성하였다고 한다. 또 어느 정도 성장한 청년기에는 시문에 뛰어나 명성이 있기도 하였다. 그러나 그가 성장하였을 때는 남인의 정치세력이 이미 완전히 꺾여 있던 터라 벼슬에의 뜻을 버릴 수밖에 없었다. 비록, 영조와 정조대의 탕평정국(蕩平政局)이라 하더라도 그가 속한 남인들은 정치무대에서 힘도 제대로 쓸 수 없는 형세였기 때문에, 대부분 벼슬에 뜻을 두지 않고 학문에만 전력하던 추세였다. 이런 상황하에서 그는 1789년(정조 13) 진사시에만 합격하였을 뿐 문과에는 응시를 하지 않고 학문에만 진력하였다. 그런데도 그가 간혹 종2품의 가선대부(嘉善大夫)의 지체로도 불리는 것은 아들 진상(鎭象)이 동지돈녕부사가 되어 1887년(고종 24)에 삼대추증(三代追贈)에 의하여 그에게 가선대부 호조참판 겸 동지의금부사가 증직된 때문이다. 1799년 10월 북경에 사행(使行)하는 집안 형님 치응(致應)을 수행하여, 당시 학자들이 대부분 한번은 가보고 싶어 하였던 선진문물의 본거지 북경에 약 2개월 동안 머무르면서, 청나라의 문물을 살펴보고 돌아온 뒤 자신의 학문과 사상을 더욱 정진시켜 나갔다. 당시의 사행은 의례적인 외교적 차원의 통교(通交)에만 그친 것이 아니라 문화교류의 중요한 기회도 되었다. 이러한 연유가 당시 학계에 새로운 학문적 조건을 지어주었던 것으로 보면, 그의 북경여행이 자신의 학문과 사상을 개진시키는 중요한 계기가 되었으리라는 것은 쉽게 짐작이 간다. 그 뒤 이러한 학문적인 기틀을 가지고 한국사의 객관적인 서술을 기도하게 되었던 것이다.『해동역사 海東繹史』의 원편(原篇) 70권이 바로 그것이다. 이 책은 그의 만년의 10여 년 동안에 걸쳐서 이룩한 업적이다. 이 밖에도 북경을 여행할 당시의 연행일기(燕行日記)와 많은 유고(遺稿)가 조선 말기까지도 그 증손자인 일동(日東)에 의하여 간직되고 있었으나, 이들 유고는 오늘날 그 소장여부가 알려져 있지 않다.

그는 50년의 생애 동안 젊어서는 시문으로 그 이름을 떨쳤고, 중년에는 북경을 찾아서 견문을 넓혔으며, 만년에는 한국사의 객관적인 편찬물을 이룩하는 데 심혈을 기울였다. 그러면서도 집안에서는 일찍이 죽은 형님 치규(致奎)의 식솔을 극진히 돌보았다. 조카 진서(鎭書)가 학행으로 세상에 이름이 있었고, 진사가 된 뒤 현감까지 나가게 된 것도 그의 보살핌에서 이루어진 것이었다. 한편, 그는 학문의 교환에서 당색을 초월한 폭넓은 학우들을 사귀는 데 노력하였다. 당시는 학문의 교환에서 학연·지연·당색 등을 초월한 접촉이 많았다는 시대상황에서도 연유하지만 그의 경우는 더욱 그러하였다. 그가 죽은 뒤 상청에 보낸 만장(挽章)에서 보아도 알 수 있다. 물론, 그의 원만한 인격과 학문적인 업적을 기리는 바도 없지 않았다. 즉 후대 김정희(金正喜)는 만장에서 그를 송대『옥해 玉海』의 저자 왕응린(王應麟)과 청나라 초기의 고증학자 고염무(顧炎武)에 비유해서 그 업적을 높이 평가하였고, 한치응·홍명주(洪命周)·심영석(沈英錫)도 그와 같이 평가하였으며, 김유헌(金裕憲)도 그의 인품을 옥(玉)과 난(蘭)에 견주었다. 또, 이해응(李海應)은 그를 후한 때 은거하면서 학덕을 쌓고 청빈하면서도 봉양·우애를 일삼았던 모용(茅容)과, 역시 같은 무렵 신선과도 견줄 만큼의 풍채와 학문과 덕행을 가졌던 곽태(郭泰)에 비유하기도 하였다. 만장에서 그를 높이 평가한 이들은 거의가 당대 당상관으로 있던 지체높은 친구 내지는 그를 아끼던 인물이었지만, 이 밖에도 그를 기리던 사람들은 허다하였던 것으로 생각된다.『해동역사』의 서문에서 유득공(柳得恭)이 그를 평가한 것도 물론 예외는 아니다. 이와 같이 그는 한국사학사에서 높이 평가될 수 있는『해동역사』의 저자라고 하는 위치에서만이 아니라, 18세기 말에서 19세기 초기에 걸쳐서 우리나라의 문화사적 측면에서도 도외시될 수 없는 인물이다. 그가 전통적인 학문과 덕행을 계승하면서도 새로운 학문적인 분야를 개척하고 이를 위한 색다른 업적을 쌓아올린 성과는 당시의 학문적·사상적인 상황을 이해하는 데 소홀히 할 수 없는 측면이라 하겠다.

[참고문헌]
『해동역사』, 「玉蕤堂韓公行狀」, 「한치윤의 실학사상」(황원구, 『인문과학』 7, 1962)

(『한국민족문화대백과사전』, 1991년)

9. 추사(秋史)말고는 추사(秋史)가 없다

북학파에게서 깊은 영향

우리나라의 역대 명필가 가운데 김정희같이 유명한 분도 많지 않은 것 같다. 명필이란 글씨를 잘 써야 하지만, 김정희의 경우는 학문과 지체가 겸비되었을 뿐만 아니라 서예의 기본인 금석학(金石學)을 누구 못지 않게 통달하고 익혀서 그의 서예에 응용했기 때문이다.

김정희는 이른바 추사체(秋史體)라고 불리는 서예의 한 경지를 자기 나름대로 이룩하였는가 하면 경학을 중심한 학문의 세계에서도 뛰어났고 그 학문을 고증적인 방법으로 연구한 남다른 차원의 학자였다. 김정희는 당시의 지식층에서도, 학문과 서예를 다 같이 갖춘 학예일치(學藝一致)의 대표적인 분이었다.

김정희는 자가 원춘(元春)이고 호를 추사(秋史) 또는 완당(阮堂)이라고 했다. 당시의 이름높은 문벌인 경주김씨의 후손으로 정조 10년(1786)에, 지금의 충남 예산군 신암면 용궁리에서 출생했다. 이곳은 김정희의 증조부인 김한신(金漢藎)이 영조의 부마인 월성위(月城尉)가 되면서부터 누려온 향저(鄕邸)였다. 그의 아버지는 뒤에 판서까지 지낸 김노경(金魯敬)이었으나 대사헌으로 있던 큰아버지인 김노영(金魯永)의 양자로 들어가게 되었다. 이에 김정희는 월성위의 봉사손(奉祀孫)이란 지체를 이어 받게 되었다. 따라서 김정희는 뛰어난 재질도 없었던 것은 아니지만 명문의 후예이면서 특히 왕실의 외손이란 배경으로 장차의 출세를 보장받게 되었다.

여하간 김정희는 어려서부터 할아버지와 아버지가 벼슬살이를 하던 서울에 올라와 살면서 전통적인 교육을 받는 한편 당시 선각적이던 박지원(朴趾源)·유득공(柳得恭)·박제가(朴齊家) 등의 북학파 학자들의 사상적인 영향도 받게 되었다. 특히 박제가는 김정희가 16세 되던 해부터 아낌없는 지도를 하게 되었다. 북학파란 실학파 중의 한 사상계열로서 청나라의 새로운 문물을 받아들이기를 주창하던 학자들을 말하는데, 박제가는 이들 북학파 학자 중에서도 가장 선봉에 섰던 인물이었다. 이렇게 김정희는 성장과정에서 선진된 학풍에 영향받기도 했다.

그 후 24세가 되던 순조 9년 생원시(生員試)에 합격하였고 청나라의 수도인 연경(燕京 : 북경)에 가게 되었다. 아버지인 김노경이 연행사절(燕行使節)의 부사(副使)로 파견되자 그 수행원으로 가게 된 것이다. 김정희에게는 이 기회가 장차의 새로운 학문과 서예활동을 위한 결정적인 계기가 되었다.

얼마 후 김정희는 당시의 여건에서 벼슬살이를 하지 않을 수 없었다. 이에 순조 19년에 문과에 급제한 후 검열(檢閱)·대교(待敎)·설서(說書)·필선(弼善)·대사성(大司成) 등의 청요(淸要)의 직책을 역임한 후 병조의 참판에까지 이르렀다. 청요의 직책은 예사 관직과는 달리 장래를 약속받는 자리였고 참판은 나라의 정책을 수립할 수 있는 권한을 부여받은 직책으로서 대감이라고 불리는 자리였다.

그러나 김정희는 그 무렵 격렬했던 당쟁에 의해서 헌종 6년부터 14년까지 9년 동안을 제주도에서 귀양살이를 하였고 제주도 귀양이 풀린 후에도 곧 이어 함경도 북청 땅에서 2년 동안의 귀양살이를 또 해야만 했다. 김정희는 이렇게 오랫동안 귀양살이를 하는 사이 이미 노년기에 들고 있었다. 55~63세는 제주도에서, 66~67세는 북청에서 외롭고도 어려운 귀양살이를 한 것이다.

따라서 김정희는 현실을 회의하면서 불교의 선(禪)에 의탁하기도 했다. 특히 북청의 귀양에서 돌아온 노년의 김정희는 아버지의 묘소가 있는 관악산 기슭인 과천 땅에 살면서 봉은사(奉恩寺)에도 자주 들러 승려들과 불법을 논하기도 하는 한가로운 생활을 하다가 철종 7년(1856)에 71세로 세상을 떠났다.

어려서부터 남달리 뛰어난 재질과 명문 출신이란 배경을 가지고 살아온 김정희도 그 생애에서는 결코 순조로운 것만은 아니었다. 그의 고집스럽고 자존심 강한 성품도 묵과할 수는 없지만, 시파(時派)·벽파(僻派)의 당파싸움에서 희생되기도 했다. 그러나 김정희는 어려운 여건에서도 학문과 서예의 경지는 시들지 않고 더욱 원숙해갔다.

청나라 학자들과의 교유

　김정희의 학문은 경학을 바탕으로 한 실학이었다. 조선 후기의 실학이 정약용(丁若鏞)에 이르러 집대성되었다고 하지만 김정희도 이 시기의 학자였다. 그런데 김정희는 실학파 중에서도 북학파의 영향을 많이 받았으나, 김정희 자신이 젊었을 때 연경에 잠시 머물면서 사귄 옹방강(翁方綱), 완원(阮元) 등과 같은 청나라 대학자들의 영향으로, 북학파의 주장과는 다른 사상구조를 형성하게 되었다.
　즉 북학파에서는 청나라의 문물을 대담하고도 전폭적으로 받아들여서 우리나라의 생활구조와 경제구조를 개혁하고자 했지만 김정희의 경우는 청나라 문물의 수용보다도 문화적인 측면과 학문의 연구방법을 받아들이는 데 머무르고 말았다. 이런 사정은 당시의 환경과도 연관되었다.
　실학파의 전성기인 영조·정조 때는 탕평책(蕩平策)에 의해서 당쟁이 잠잠했었지만 순조 때부터는 안동김씨의 일당전제(一黨專制)가 시작되어 집권당의 정책에 반대할 수 없는 형편에 있었다. 시파인 안동김씨 계열과 다른 벽파의 중심세력이었던 김정희는 북학파의 사상계열이면서도 청나라 고증학적인 연구방법과 그 차원의 학문경향만을 받아들여서 익히게 되었다. 청나라의 고증학도 만주족인 청나라의 통치 아래에서 부득이하게 발달한 학문경향이었고 보면 피차의 사정은 비슷한 성향을 갖고 있었다.
　하여간 김정희는 실사구시(實事求是)의 기치 아래 경학과 금석학을 지향했다. 이와 같은 학문관과 연구태도는 연경에 들렀을 때 학문 관계를 맺은 옹방강·완원과 그 주위의 여러 청나라 학자들과의 학문적인 연락을 통해서 계발되어 갔다. 김정희가 완당이라고 호를 삼은 것은 완원의 완(阮)자를 따서 붙인 것이고 옹방강의 호인 담계(覃溪)와 역시 옹방강의 서재 이름인 보소재(寶蘇齋)를 본받아서 자기의 거실을 보담재(寶覃齋)라고 붙인 것 등은 그들과의 관계가 얼마나 깊었는가를 웅변으로 말해주는 것이다.

또 오늘날 전해지고 있는 김정희의 장서 목록을 보아서도 김정희의 학문적 관심을 짐작할 수 있다. 모두 546종의 장서 가운데 우리나라 학자의 저술은 겨우 너더댓 종류에 지나지 않고 그 밖의 540종 가량이 모두 청나라 학자의 저술이 아니면 중국의 서적이었다. 김정희도 그의 스승인 박제가와 같이 당벽(唐癖)이 두드러진 학자였다. 그러나 한편으로 김정희가 청나라의 새로운 학문경향에 대해서 얼마나 관심두었던가를 알 수 있는 일이기도 하다.

아울러 김정희는 학문의 폭이 넓었다. 앞서 왕성했던 실학파의 학문경향과 청나라에서의 학문경향과도 같이, 김정희도 경학을 중심으로 하되 경학만의 공부가 아닌 학문으로 될 수 있는 것은 모두 섭렵했다. 특히 경학과 금석학은 완원과 옹방강의 계속적인 지도를 받으면서 깊이를 더하여 갔다. 오늘날 전해지고 있는 『완당선생전집 阮堂先生全集』·『금석과안록 金石過眼錄』 그리고 김정희에게 보낸 옹방강의 여러 차례의 편지와 그 밖의 김정희와 청나라의 여러 학자들과의 왕복 서신 등에 의해서 찾아 볼 수 있다.

물론 김정희의 폭넓은 경학의 수준은 청나라 학자들의 지도와 학문적인 연락을 통해서 이루어졌다. 따라서 독자적인 창의에 의한 것이 아니었다. 『완당선생전집』에 수록되어 있는 여러 논문들을 따져 보면 그 사정은 쉽사리 알 수 있는 일이지만, 당시의 조선학계에서 청나라의 경학 연구수준을 이만큼이라도 이해할 수 있었던 학자는 김정희와 그 주변의 몇 학자에 지나지 않았다.

신기(神氣) 번득인 추사체 확립

한편 김정희는 추사체라고 말하는 독특한 서예의 모범을 이룩하였다. 김정희는 중국과 우리나라의 역대 명필의 서법(書法)을 익히고 다시 금석학의 폭넓은 지식을 뒷받침해서 자기 나름의 서체를 이룬 것이다. 더욱이 김정희를 지도했던 청나라의 옹방강은 그의 법첩(法帖)이 출판될 정도의 명필이었을 뿐만 아니라 금석학에 해박한 학자이어서 김정희는 추사체를 이루는 과정에서 이 옹방강의 영향 또한 적지 않았다.

김정희의 추사체는 '신기(神氣)가 내왕하여 바다와 같고 조수와도 같으며 용이 날아오르고 호랑이가 뛰어오르는 듯도 하다'는 찬사를 받게 되었다.

그리고 김정희는 단지 글씨에만 통달한 것이 아니라 문인화(文人畵)에도 뛰어났다. 난초와 대나무·산수화 등에 걸쳐서 많은 걸작을 남겼다. 특히 부작난도(不作蘭圖)와 같은 난초 그림과 제주도에서 귀양살이를 하면서 그린 세한도(歲寒圖)는 김정희의 문인화의 정수로 대표될 수 있는 것이다.

이렇게 글씨와 그림에 능숙했던 김정희는 서화를 감식하는 뛰어난 안목도 갖추고 있었다. 아울러 글씨와 그림에 관한 이론까지도 통달하고 있었다. 따라서 김정희는 글씨와 그림을 직접 다룰 수 있는 탁월한 서화가일 뿐만 아니라 그 세계의 수준높은 비평가이기도 했다.

이와 같은 김정희의 예능적인 업적들은 모두 김정희의 인격과 학문 그리고 이 방면의 이론과 감식력이 혼연일치가 되어 발휘되었다고 말할 수 있을 것이다.

그러나 김정희는 자기의 글씨나 그림에 대해서 만족해 본 일이 없었고 또 언제나 전통적인 법도에 어긋나는 일도 없었다. 여기에서 김정희의 예술은 더욱 원숙될 수 있었다.

전통적인 완고함을 고수하다

김정희는 위에서 말한 바와 같은 학문과 예술을 통해서 보람있는 생애를 마쳤다. 그런데 보람이란 영향력을 갖기도 하는 것이다. 김정희의 학문은 그 뒤의 세상이 이를 충분히 받아들일 만한 여건이 되지 못하여 불행하게도 별다른 기여를 하지 못하고 말았다. 다시 말하면 김정희가 세상을 떠난 얼마 후부터 근대적인 새

사조가 등장해서 뒤돌아 보지 않았기 때문이다. 그러나 김정희의 예술은 그렇지 않았다. 그의 금석학은 신관호(申觀浩)에게, 난초의 기법은 이하응(李昰應)에게, 산수화는 허유(許維)에게 전수되었다.

한편 김정희는 결코 근대지향적인 사상가는 아니었다. 김정희는 만년에 청나라 말기의 사상가인 위원(魏源)이 서양의 사정을 소개한 해국도지(海國圖志)를 남들에게는 읽어 보기를 권하면서도 서양세력 특히 천주교의 배척을 주장하기도 했다. 이렇게 보면 김정희는 어디까지나 전통적인 완고한 인물이었다. 비록 북학파의 선진된 사상에 영향받은 바가 많았다고 하더라도 이 사상체계는 여전히 전근대적인 입장에서의 중국문명의 수용에 지나지 않았다. 하지만 김정희의 문하에서는 신헌(申櫶)·조면호(趙冕鎬)·오경석(吳慶錫)·강위(姜瑋)……등과 같은 근대적인 인물이 많았다. 우리는 여기에서 인간이 시대와 환경에 얼마나 깊은 함수관계를 맺고 있는가를 찾아볼 수도 있다.

(『학생중앙』 5월호, 1977년)

10. 『여암유고』·『여암전서』 술문(述聞)

(1)

　여암(旅菴) 신경준(申景濬 : 1712~1782) 선생은 조선 후기의 저명한 실학자로 잘 알려져 있습니다. 특히 『훈민정음운해 訓民正音韻解』는 국어학 연구에서 굴지의 저술로 주목받아왔고 『강계고 疆界考』·『산수고 山水考』·『사연고 四沿考』·『도로고 道路考』 등의 여러 저작은 한국지리학연구의 귀중한 업적이며, 『수차도설 水車圖說』·『거제책 車制策』·『논병선화차제비어지구 論兵船火車諸備禦之具』 등은 수레·화차·수차·병선의 효율적인 이용과 적의 침공에 방어하기 위한 구조의 개선을 논술한 연구서로 실용학의 정신을 잘 보여주는 저술입니다. 아울러 합리적인 철리의 세계를 분석, 탐구한 『소사문답 素沙問答』도 중요한 저작입니다.

　오늘 여암의 이러한 연구성과와 그 밖의 학문적인 업적을 기리기 위하여 '여암 신경준 선생의 학문과 사상'을 주제로, 옥천향토문화연구소 주최의 학술세미나를 개최하게 된 것을 진심으로 축하합니다.

　그러나 이 축사가 치사에 머무는 것보다는, 여암의 학문적 업적에 적지 않은 관심을 갖고 1955년도 유고채방(遺藁採訪)을 시도한 일이 있었던 저로서, 그 동안 여러분들에게서 조언받은 일들은 전하여 드리고, 장차의 여암연구에 조금이라도 참고가 될 만한 몇 가지 말씀을 드려 이 모임의 송사(頌辭)로 삼고자 합니다.

(2)

『여암유고』는 모두 13권 5책의 목판본입니다. 홍양호(洪良浩 : 耳溪)의 서(序), 신익구(申益求)·신기휴(申冀休)의 발문(跋文)이 있는 전형적인 문집체제입니다. 그 내용은 시(詩)·서(書)·서(序)·기(記)·발(跋)·설(說)·찬(贊)·명(銘)·전(箋)·잡저(雜著)·행장(行狀)·전(傳)·부록으로 구성되어 있습니다.

이『여암유고』는 문중 여러분의 노력으로 간행되었는데, 그 간기(刊記)가 실제의 연대와 다릅니다. 발문을 쓰신 신익구씨의 손자이신 신만휴(申晚休)씨에 의하면 발행연도가 경술(庚戌 : 1910) 4월로 되어 있지만, 사실은 이보다 9년 뒤인 을미(乙未 : 1919) 4월이라는 말씀이었습니다. 유고를 간행하려면 당시 조선총독부 검열과의 검열을 받아야 하기 때문에 국치(國恥) 이전을 간기로 하였다는 숨은 뒷이야기입니다.

하기야 1955년 남원 죽항리(竹巷里) 169번지에 피난중이던 종가집에서 후술한『여암전서』교정지를 본 일이 있는데 '왜(倭)'를 '일본'으로 개정한 것을 확인한 일이 있었을 뿐만 아니라, 왜정의 '검열필'이라는 붉은 도장이 찍혀 있는 교정지마저 본 일이 있어, 그렇게 된 사연을 짐작할 수 있었습니다.

따라서 일본의 식민통치에 항거했거나 비판한 문적은 후손들에 의해서 비장되어오다가 광복 후에 와서야 공개된 것이 많습니다.『여암유고』는 일제의 식민통치와는 무관하다고 할지라도, 유고 중에서 한 자라도 고칠 수 없다는 의지 못지않게 왜정의 간행허가를 얻기 싫어서 9년이나 소급해서 간기를 삼았던 그 무렵 신씨 문중의 정서를 이해할 만합니다.

여하간 여암의 학문과 사상이 문집인『여암유고』에만 있는 것이 아니라 서두에서 기술한 여러 논저에서 찾아볼 수 있습니다. 이들 논저들도『여암유고』가 간행된 후 문중에서 계속 간행할 계획을 세우고 있었으나 재정문제가 여의치 못하여 미루어오고 있었다고 합니다. 그런데 1934년 8월 불교전문학교의 교수이던 박한영(朴漢永)씨와 같이 순창 남산대(南山臺)의 여암 고리(旅菴故里)를 찾은 정

인보선생(당시 연희전문학교 교수)이 『여암유고』 이외의 『여암전서』를 기획하고
있었습니다. 이 소식은 1935년 정인보선생이 여암의 5대종손 신재휴(申宰休)씨
에게 보낸 글(將編申旅菴先生全書書示先生五世孫相賢 - 薝園文錄 卷3 所收)에
서도 알 수 있습니다. 그 후 김성수(金性洙)·송진우(宋鎭禹) 선생도 이곳에 체
류하면서 전서 간행을 상의한 바 있었다고 합니다. 이 무렵 마침 서울에서 신조선
사(新朝鮮社)라는 출판사가 설립되어 조선 후기의 걸출한 학자들의 저술로서 아
직 진행되지 못하고 있었던 저작을 배인간행(排印刊行)하기로 되어 있어서 『여
암전서』도 거론된 것입니다.

　『여암전서』는 신조선사에서 간행, 보성전문학교의 후원을 받기로 하고 5세손
신재휴씨 편, 정인보·김춘동(金春東) 선생 동교(同校)로 했습니다. 이에 간행이
시작된 1939년 봄, 유고가 순창에서 서울로 옮겨지고 편집목차가 결정되었습니
다. 1957년 봄, 김춘동선생이 제게 주신 당시의 편집목차는 다음과 같습니다.

　　『여암전서』 총목
　　　권1 훈민정음도(운)해, 권2 평측운호(平仄韻互), 권3 증정일본운(證正日本韻)
　　(이상 1책), 권4 강계고(疆界考) 1, 권5 강계고 2(이상 2책), 권6 강계고 3, 권7 강
　　계고 4(이상 3책), 권8 사연고(四沿考) 1, 권9 사연고 2, 권10 산수고(山水考) 1(이
　　상 4책), 권11 산수고 2, 권12 산수고 3(이상 5책), 권13 산수고 4, 권14 산수고 5,
　　권15 산수고 6(이상 6책), 권16 가람고(伽藍考), 권17 군현지제(郡縣之制)(이상 7
　　책), 권18 거제책·논병선화차제비어지구, 권19 수차도설, 권20 소사문답·장자변
　　의(莊子辨疑)(이상 8책), 권21 차이하상재기간유고(此以下常載旣刊遺稿 : 시문집)

　　이 밖에 정인보선생의 서문이 제1책의 머리에 실리기로 되어 있었습니다. 그런
데 제1책에 해당하는 『훈민정음운해』·『평측운호』·『증정일본운』 등은 목각해야
할 활자가 많아서 경비와 시간이 걸리기 때문에 먼저 제2책부터 간행하기로 하여
제8책까지 어렵게 간행이 끝나고 제1책이 착수될 무렵인 1939년 9월 규장각장서
중에서 여암의 『도로고』가 발견되었습니다. 편집순서로 보면 『도로고』가 제7책에

해당되지만 제8책이 이미 출간되었기 때문에 제9책에『도로고』를 싣기로 하고 기간의『여암유고』를 제10책 이후로 하기로 했으나 신조선사측의 어려운 운영사정으로 출판이 모두 중단되고 말았습니다. 그 동안 제2책에서 제8책까지 모두 7책만이 간행되었습니다. 김춘동선생은 8책이 모두 계획대로 출간되었다고 말씀하셨으나 제1책은 아직까지 찾아보지 못했습니다. 따라서 정인보선생의『여암전서』서(序)도 순창 남산대 어느 분이 소장하고 있다는 소문만 들었습니다.『담원문록』에도 들어있지 않습니다.

이『여암전서』는 매책마다 1천 부를 찍었는데 많이 팔리지 못한 채 신조선사 창고에 수천 부의 잔존본이 보관되어 있다가 광복 후 애석하게도 지하문 밖 과수원의 소용으로 팔려갔다고 합니다.

(3)

여암의 유고는 순창 남산대의 종가에서 보관되어 오다가 시문은『여암유고』로 상재(上梓)되고 그 밖의 저술은『여암전서』의 간행을 위해서 서울에 옮겨진 후 이리저리 옮겨다니다가 망실(亡失)되었습니다. 1955년 남원 종가에서 들은 바에 의하면『여암전서』가 중단된 후 유고가 돈암동 종가에 보관되어 오다가 6·25동란중에 망실되었다고 하지만, 남산대 신씨 문중의 고로(古老)들께서는 혹시 보성전문 - 고려대학교에 보관되어 있지 않을까 여기고 있었습니다. 이에 1957년 김춘동선생을 통해 고대 도서관 소장여부를 알아보았으나 안타깝게도 찾지 못했습니다.

다행히 여암의 유고라고 전하는『훈민정음운해』가 여러분들에 의해서 소중히 간직되어왔습니다. 정인보선생 저술인『담원국학산고 薝園國學散藁』의 조선고서 해제 중『훈민정음운해』해제에 의하면 김원근(金瑗根)씨가『정음운해』를 소장하고 있었는데 홍택주(洪宅柱)씨가 이를 이등(移謄)한 후 이등본 권수(卷首)에 훈민정음이라고 써넣은 것을, 당시 성대 사학과 학생인 이계갑(李繼甲)·이주형

(李周衡)·김종무(金鐘武)씨 등이 홍택주씨의 이등본을 다시 등사본 수십 부로 만들어 동호인들끼리 분양했다고 전합니다. 1930년대의 일입니다. 그 후 통문관 이겸로(李謙魯) 사장의 말씀에 의하면 광복 후 이『훈민정음운해』가 오한근(吳漢根)씨의 소장으로 되었다고 합니다. 그런데 숭실대학교 박물관에도 김양선(金良善) 교수가 유고(遺藁)라고 굳게 믿고 기증한『훈민정음운해』가 소장되어 있고 보면 어느 것이 진본인지 알 수가 없습니다.

물론 여암의 유고가『여암유고』·『여암전서』로 출간된 일은 다행스러운 일입니다. 그러나 여암의 학문과 사상을 보는 데는 출간된 간행물만으로는 부족함이 많습니다. 신조선사에서『여암전서』와 같이 간행된 정약용(丁若鏞)의『여유당전서 與猶堂全書』배인본 한 페이지마다 최소 한두 자의 오자가 있고 보면『여암전서』도 오자가 있을 것이 확실합니다. 당시 아무리 교정을 잘 보았다고 하더라도 오자는 배인본의 속성상 어쩔 수 없는 일이었습니다.

여기에서 여암선생의 유고가 반드시 있어서 대조해가면서 오자를 잡아야 합니다. 1934년 8월, 정인보 선생이 남산대를 방문하고 동아일보에 기고한 '남유기신 이십오신(南遊寄信 二十五信 - 申旅菴故宅訪問記)'에 남산대에 있는『여암유고』사본이 "자체(字體)가 이잡(俚雜)하고 탈오(脫誤)가 많다"고 전하고 있는 것을 보면 여암의 저작들이 사본에서부터 이미 제 모습을 잃고 있었다는 것입니다. 앞서 언급한『여유당전서』의 오자도 정약용의 유고에 의해서 확인된 것입니다. 만약 여암의 유고가 나와서『여암전서』와 대조된다면 상당수의 오자가 바로잡힐 줄 믿습니다.

오늘의 여암을 위한 학술행사를 계기로 여암의 유고를 찾아 보존해야 할 책무가 우리 모두에게 있다는 것을 명심하여주시기 바랍니다. 그리고 유고가 발견되면 비장하지 말고 공개하여 여암연구에 크게 공여하여 주시기 부탁드립니다.

(옥천향토문화연구소 주최「여암 신경준의 학문과 사상」세미나 축사, 1994년 12월)

11. 한국의 관혼상제 총설

인류가 공동생활을 영위하게 되면서부터 사회질서를 유지하기 위한 규범이 있게 되었다. 이것이 바로 예(禮)이다. 이에 예는 양(洋)의 동서를 막론하고 인류사와 같이 있게 되었다고 보아도 좋다.

그런데 여기에서 운위하는 '예'는 유교에서 강조되었기 때문에, 일찍이 유가(儒家)의 가치관에 반대했던 도가(道家)에서는, 이 예를 인위적 문화 - 곧 자연의 섭리를 저해하는 타연(他然)의 작위라고 하여 비난했지만, 세계사적인 보편성에서 볼 때, 예의 원의(原義)는 배제할 수 없는 것이다. 따라서 예는 인위적 문화의 총화였다. 인류가 살아오면서 나름으로 발달시킨 지혜의 한 결정(結晶)이었다.

그 후 이 예는 크게 종교적 의례(儀禮)와 세속적 의례로 발달했다. 종교적 의례는, 인류가 신을 발견하게 되면서 지켜온 제사절차였고 세속적 의례는 국가·사회생활을 효율적으로 수행하기 위한 규제였다.

그러나 국가의 규모가 커지고 사회가 복잡해지면서 구속력 있는 실정법이 이 문화총화인 예로부터 분화되고, 비분화된 채 윤리성만을 간직한 예절만이 잔존된 예의 면목을 유지하게 되었다.

예가 이렇게 시대적인 추이에 의해서 발달하면서도 예의 본질이 외경(畏敬)에 있다는 원리에는 하등의 변화가 있을 수 없었고, 오히려 예의 외경을 형식과 절차로 표현하는 예제(禮制)로 더욱 구체화되었다. 그리고 이러한 예제는 다시 국가 통치를 위한 오례(五禮 : 吉·凶·軍·賓·嘉禮)와 지배층의 가정질서를 위한 사례(四禮 : 冠·婚·喪·祭禮)로 되었다. 이 사례는 처음에 오례에 포함되어 있었으나 지배층의 사회기능이 커지고 예교적인 윤리성이 강조되면서 분리되었다.

한편 종교적 의례는 시대적 추이에 초연할 수 있어 신앙의례로 큰 변화 없이 유지될 수 있었다.

아울러 예가 초기에는 공동체에 소속된 모두에게 적용되었지만, 차츰 계층이 분화되고 예와 법이 분리되면서부터, 예는 지배층에만 한정된 문화가 된 반면 법은 피지배층에만 적용되는 바가 되었다. '예는 서인(庶人)에게 혜택있는 것이 아니고, 형(刑 : 法)은 대부(大夫)에 미치는 것이 아니다(禮不下庶人 刑不上大夫)'(『예기 禮記』 곡례편)란 바로 이를 두고 말한 것이다.

예가 이렇게 분화되고, 그 예를 구체적으로 적응시키기 위한 예제가 성립된 것은 봉건제도가 실시되었던 주대(周代)의 일이다. 오늘날의 삼례(三禮 : 禮記·儀禮·周禮)가 이 시기의 이상을 잘 전해주고 있다.

그러자 얼마 후 전제군주제가 등장해서 2,100여 년 동안 지속됐고, 이 전제정체 안에서도 귀족사회와 사대부사회가 연변(演變)되었다. 이와 같은 구조변화에서 전제주의에서는 봉건제도에서의 예제가 그대로 맞지 않게 되자 알맞는 예제가 다시 요구되었고, 귀족사회와 사대부사회에서도 그 나름의 지배층에 알맞는 예제가 필요하게 되었다. 여기에서 귀족사회인 육조시대(六朝時代)부터 강조된 사례가 사대부사회인 송대(宋代)에 와서 재편성되면서 더욱 발달하게 되었다. 『주자가례 朱子家禮』 이후 가례(家禮)가 바로 이것이다.

한국에서는 삼국시대부터 중국적인 예제를 받아들였다. 처음에는 유교경전으로서의 삼례가 전래되었고 국가통치의 필요에서 오례적인 요소가 주목되었으며 지배층을 위한 세속적 의례도 들어왔다. 그 후 고려시대에 들어 유교를 국가경영의 이념으로 삼으면서 더욱 그러했지만, 조선조에서 주자학을 정교(政敎)의 강령으로 삼게 되면서부터는 주자학과 같이 사례의 표본이 된 『가례』가 준용되었다. 조선 초기에는 『오례의』를 편찬하여 오례가 문자 그대로 정착되기도 했다.

물론 한국에서도 『삼국사기』·『고려사』 등에서 찾아 볼 수 있는 고유한 종교적 의례와 세속적 의례가 없었던 것은 아니지만 중국적인 예제와 절후행사(節候行事)가 수용되면서 대부분 예속(禮俗) 아닌 민속으로 전락되고 말았다.

특히 『가례』는 송대 사대부사회에 적응될 수 있도록 재편성된 사례서였지만,

조선시대의 양반(사대부)사회에도 그대로 시용시켜서 조선조의 봉건적 질서를 유지하고자 했다. 그뿐만이 아니라 『가례』를 평민에게도 시용시키려고 기도하기도 했다.

여하간 17세기에 들면서 예학파(禮學派)가 형성되어 예의 연구가 본격적으로 개진되더니 예론(禮論)이 일어나 고례(古禮 : 삼례)연구가 더욱 고조되는 한편 종래 묵수(墨守)되었던 『가례』도 주목되었다. 여기에서 예 관계의 몇 가지 새로운 경향이 있게 되었다. 즉, 1) 고례와 『가례』에 관한 주소(注疏)가 성행했고 2) 『가례』를 분류 혹은 재편집한 사례서가 등장했으며 (3) 심지어는 『가례』가 평민에게는 맞지 않으니 서인가례(庶人家禮)를 따로 마련해야겠다는 비판도 있게 되었다.

그렇지 않아도 『가례』가 지배층에만 적응될 수 있고, 일반 민중에게는 무리한 요구였기 때문에 실질적인 시용이 지배층에서만 행용되었는데, 17세기부터 고례 연구 내지 가례연구가 진행될 무렵에는 '가가례(家家禮)'란 말이 더욱 두드러지게 되었다. 각 가문, 각 지방 또는 계층 나름으로 『가례』의 정신에 어긋나지 않는 한 사례를 융통성있게 변개(變改)하여 시용하게 되었다. 그러면서도 당시 비교적 널리 보급되고 많은 영향을 준 사례서는 『가례』 외에도 『가례집람 家禮輯覽』(金長生 編)과 『사례편람 四禮便覽』(李縡 編) 등이었다.

이렇게 보면 예의 정신은 변하지 않지만 예제는 가변적이었다. 따라서 봉건왕조·전제왕조가 아니고 귀족사회·사대부사회와 같은 신분차별의 사회구조도 더더욱 아닌 오늘날의 민주정체·시민사회에서는 전시대의 잔재인 예제가 그대로 적응될 수 없는 일이므로 우리의 현실에 알맞는 새로운 예제가 대체되어야 함은 당연한 일이다.

그런데 근자 각 도에서 애써 실시하고 있는 민속조사보고에 의하면 오늘날에도 상·제례(喪祭禮)에서는 전통적인 예제가 대부분 시행되고 있다고 한다. 10여 년 전 정부에서 「가정의례준칙」을 제정해서 사회적 폐습이라고 볼 수 있는 구습을 행정권력으로 단속하고 있지만 별다른 실효를 거두지 못하고 있다. 그러면 왜 그러할까. 그 이유는 간단하다. 당국에서 절차만을 졸속으로 제정했을 뿐, 예의 정신과 예를 둘러싼 기본적인 인습을 도외시했기 때문이다.

이에 우리는 현대사회에 알맞으면서도 전통과 단절되지 않는 새로운 상·제례를 다시 모색해야 할 것이다. 어디까지나 계도를 통해서 점진적으로 기대해야 한다.

한편, 오늘날까지도 비중있게 습용되고 있는 전통예제의 발달과정과 변화사정을 살핌과 동시에 그 예제 안에 잠재되어 있는 우리 나름의 전통성을 현대인의 입장에서 새삼스럽게 재발견하여 보다 더 합리적인 우리의 예속으로 승화시키기를 기대하면서 글을 맺는다.

(『사진으로 보는 관혼상제』, 1988년)

II

자화상(自畫像)

1. 나의 학창시절

나는 철이 들기 시작할 무렵인 국민학교시절을 대부분 농촌에서 지냈다. 내로라 할 만한 부자는 아니었지만 행세하기에 별로 구차하지 않은 처지였고 완고하면서도 우애로 이름있던 집안에서 자랐다. 아울러 집안 어른들께서 풍류를 즐기셨기 때문에 거문고·가야금·양금…등의 가락을 귀에 익히기도 했고 어른들틈에 끼어 집안에 드나들던 명창의 소리에 발바닥으로 장단을 맞추는 경우도 있었다.

또 사랑방 벽장이나 미닫이 따위에 장식되어 있던 몇 폭의 서화의 어울림도 분간할 만하기도 했다. 따라서 나는 한국의 전통적인 운치를 몸에 익히면서 자랐다. 이 날이 되도록 집에서 사철을 두고 한복을 입지 않은 적이 별로 없을 만큼 한국적인 생활을 하고 있는 것도 여기에서 비롯하는지 모르겠다.

그 후 중학교 시절도 옛 감영자리인 지방도시에서 지냈다. 기와집의 도시이어서 한국적인 정취가 물씬하게 풍기는 곳이기도 하다. 여기에서도 친척어른 집에서 통학을 했기 때문에 하숙다운 하숙도 해보지 못했다. 여전히 완고하신 어른의 지도를 받았다. 마침 정부수립 전후의 혼란기였기에 더러는 하학 후에 강제로 족보를 등사하지 않으면 안될 만큼 엄격한 금족생활을 받기도 했었다. 그리고 대학은 대부분을 서울에서 지내게 되었다. 이렇게 보면 나는 농촌과 지방도시에서 초등·중등교육시절을 보냈고 고등교육은 서울에서 받게 되었다. 유치원을 2년 동안 다닐 정도였고 보면 교육은 완전히 근대교육을 받았다. 지금 일상 보고 있는 한문도 중학교시절에 배운 한문독법 이외에는 독학으로 익혀온 셈이다.

한편 국민학교와 중학교 때에는 물론 대학시절에도 유명하리만큼 공부를 잘

한 것은 아니지만 암기력과 지구력은 뒤떨어지지 않아서 과목 중에서 두드러진 성적을 올리는 경우가 없지는 않았다. 대학입시 때에는 물론이지만 대학생활에서도 며칠을 지새면서 공부해 본 일도 한두 번이 아니다. 비록 입성은 보잘 것 없었지만 장서수는 대학원시절까지 벌써 3백 권을 상회하는 수집광이기도 했다. 이런 학창시절 - 특히 중학 때에 간혹 엉뚱한 행동의 변화가 없지도 않았지만 전형적인 한국인의 사고양식을 잊어본 일은 없었다.

사실 나는 이러한 학창시절을 전쟁과 혼란기에서 지내야만 했다. 어릴 때는 일본 군국주의의 대륙침략전쟁 속에서 지냈고 중학교 때의 대부분은 해방 후의 혼란기에서 보냈는가 하면 대학생활도 동란기의 전화 속에서 견디어야만 했다. 여기에서 학생의 몸으로 군복을 입었던 기간을 제외하고서라도 정상적인 학교생활을 다하지 못한 기간도 있었다.

한 인간이 성장과정에서 겪은 경험과 시대적인 여건이 그 사람의 앞날에 크게 영향을 미친다고 한다. 특히 사상가의 사상적인 성향에서는 더욱 그러하다고 하지만 역사가도 지난날의 역사를 해석하고 분석하는 데 자기의 경험에 비추어서 이해하는 경우가 실감을 더해준다고 한다.

나는 비록 늙지 않았으면서도 젊은 세대로부터 가끔 영감같은 보수성향의 인물로 지목받는다는 얘기를 듣고 있다. 이런 오해 아닌 오해는 정녕 내가 여자의 도리를 강조하고 전통적인 생활양식을 주요시하는 등의 윤리적인 긍지를 앞세우는 탓인지도 모르겠다. 그리고 이런 보수적(?)인 사고양식은 나의 성장과정과 학창시절에서 체질화된 나의 취약점인지도 모른다.

여하간 나는 지난 학창시절을 회고하면서 후회스러운 일이 너무나도 많다. 정다운 속삭임을 나누어 본 일이 없고 운동조차도 해본 일이 없었다. 젊음을 즐길 만한 시대적 여건이 아니어서도 그랬지만 변변치 못했던 공부에만 늘 쫓기다가 지내온 때문이기도 하다. 중학교시절만 해도 고전을 비롯한 다방면의 난독을 해보기도 했고 이름뿐인 낭만생활을 해보기도 했지만 이런 경험은 나만의 일이 아니었고 보면 더욱 그러하다.

그뿐이 아니다. 어학에 보다 충실하지 못한 일도 두고두고 돌이킬 수 없는 후회로 남아 있다. 밤잠을 제대로 못자서 생겼다는 지병만은 자랑이 되었으면 되었지 후회가 되는 것이 아니지만 병약이 젊었을 때의 운동부족이었다는 결과에 있고 보면 못내 후회되는 일 중의 일이기도 하다.

그렇다고 해서 후회만이 있는 것도 아니다. 한국적인 사고방식과 행동의 체질화와 윤리적인 긍지의 만족감이 그것이고 타율적이었든 자율적이었든지 간에 폭넓은 삶의 경험과 낭만의 여운도 후회되지 않는 것 중의 하나이다.

내가 만약 다시 학창시절로 되돌아간다면 지금의 후회스러운 일과 자랑스러운 일을 묘미있게 조절시키면서 보람있는 시절을 지내게 될 것이다.

나는 간혹 요즈음 학생들의 생활과 생각들을 지난날의 나의 학창시절과 비교해 볼 때가 있다. 외국에 나가 있으면서도 외국 학생들의 생활과도 견주어 본 일이 있다. 그러면서 오늘날의 학생들을 부러워할 때가 많다. 우리 나이의 학창시절보다도 더 건실하고 충실한 학생들이 많음을 발견하게 된다. 이럴 때에는 지금의 나를 더욱 격려하게 된다. 그러나 그렇지 못한 경우도 없지 않다. 이 경우에는 내가 못다 한 일을 다시는 되풀이하지 않도록 타일러 주기도 한다.

나의 학창시절도 이미 두 손의 손가락을 오무렸다가 다시 펼 만큼 지났다. 이제 와서 후회해야 야속하고 허망한 과거가 되고 말았지만 후배들에게는 제발 후회없는 학창시절이 되도록 노력해 주기를 당부할 뿐이다.

(『일간스포츠』, 1975년 9월 21일)

2. 나의 독서편력

옛 선인(先人)들의 문집을 대할 기회가 있을 경우, 목차·서문과 연보를 먼저 훑어 보는 일이 많다.

그때마다 나는 선인들과 비교해서 모든 면에서 뒤떨어졌음을 뉘우치곤 한다. 조숙한 어떤 분은 다섯 살에 당시(唐詩) 수백 수를 줄줄 외우기도 하고 열 살이 채 못된 나이로 사서오경(四書五經)을 암송했고 보면 나의 경우와 너무나도 차이가 있기 때문이다. 평범한 나로서 귀재나 기린아(麒麟兒)였던 이들 선인들과 비교한다는 것부터가 엉뚱한 생각인 줄 알지만 나 자신을 반성하고 각성시키는 기회가 되기도 했다.

동화를 듣고 동요와 유희로 지냈던 소꿉시절의 유치원생활은 백여 개나 되는 돌계단을 업혀다니는 재미에 다녔지만 소학교 때는 거의 만화·동화책과 월간지를 보면서 지냈다. 그런데 무척 덤벙대고 무엇 하나도 끝까지 마무리를 못했던 나로서 월간지 한 권을 가지고도 읽다말다 하는 좋지 못한 버릇이 있었다.

친구들과 어울려 놀기에 재미붙여서 땅거미가 지는 줄도 몰랐으면서도 주간지 읽는 것마저 공부로 알았던지 별다른 흥미를 갖지 못했다. 이럴 때마다 아버지로부터 '책을 읽기 시작하면 끝을 보는 버릇을 가져야 한다'고 몇 번인가 꾸지람을 듣기도 했다. 과연 하루면 읽을 수 있는 것을 한 달이나 끌었기 때문이다. 이때부터 무엇이든 시작하면 끝을 보아야 한다는 것이 잊지 못할 가르침의 하나로 되었다.

하여튼 이른바 독서다운 독서는 중학교시절부터 시작되었다. 내가 독서라 함은 학교공부나 어떤 목적을 위해서 읽어야 하고 익혀야 하는 것이 아니라 어떤 홍미 또는 버릇에 의해서 읽는 것을 말한다.

어떤 사람들은 자기의 교양과 지적인 향상을 위해서 책을 읽는다고 자랑삼아 말하지만 나로서는 홍미나 버릇으로 책을 읽었지 애초부터 교양을 위해서 읽기 시작한 것은 아니다. 교양은 결과였지 동기는 아니었다.

중학교시절 독서를 하게 될 무렵은 대부분이 광복 후의 혼란기였다. 일서는 고서방에 산적되어 있었고 국내간행물은 서점에서 팔았는데 이들 책은 과히 비싸지 않았다. 당시의 한 달 용돈으로 몇 권씩은 부담없이 사 읽을 수 있었다.

먼저 탐독한 것은 광복이전에 일본에서 간행된 세계문학전집류와 암파문고(岩波文庫)본의 문학작품들이었다. 그리고 국내판의 사회과학계통 번역물들이었다. 문학작품은 밤을 새면서 읽은 일도 한두 번이 아니었지만 사회과학 방면의 번역서는 어떤 내용이었는지 기억이 별로 나지 않을 정도로 난독했다. 한번은 옆집을 덮친 경찰관들이 담너머의 내 방까지 조사하면서 이들 국내 번역물들을 모두 압수한 일이 있었다. 이때 경찰서에 불려가서 '이런 책을 왜 갖고 있느냐'고 문책받는 바람에 혼비백산한 일도 있었다.

지금 읽어도 정녕 심각한 이런 책들을 사서 읽은 것은, 솔직히 말해서 중학교 고학년의 학생쯤이면 한번쯤 읽어야 한다는 당시의 시대적 사조탓이었다.

그러나 그 중에서도 역사관계의 책은 정독하여 지금까지도 꽤 많이 기억되고 있다. 『세계사교정』은 두 번인가 읽었고 『삼국지연의』와 『수호전』은 학교수업 시간에도 몰래 읽었던 책들이다.

한편 어릴 때부터 내방소설(內房小說)에 대한 홍미가 있었다. 할머니방 선반에 몇 줄인가 쌓여 있어서 늘 눈익혀 왔기 때문인지, 혹은 장단맞추어 읽으시면서 홍겹게 이야기해 주시던 '하머니'의 유훈(流薰) 때문인지는 모르나 궁체의 내방소설을 몇 권인가 읽어본 일도 있다. 대부분 영웅소설 아니면 어진 부덕을 기리는 것들이었다.

『옥루몽』이 가장 홍미로웠던 것 같다. 아울러 추운 하숙방에서 이불을 뒤집어 쓴 채 『단종애사』를 읽으면서 고사리같은 손을 불끈불끈 쥐어야만 했던 의분과 『상록수』를 보다가 요에 얼굴을 파묻었던 일들은 지금까지도 생생하게 기억하고 있다.

이렇게 중학교시절의 독서는 부담없이 읽고 흥미롭게 보는 일이 대부분이었지만 당시의 여건에 의해서 이해하지도 못하면서 덩달아서 읽은 경우도 없지 않았다. 따라서 책을 모으는 습관도 뒤따랐다.

중학교 졸업 때까지 2백여 권의 장서도 할 수 있게 되었다. 이들 책은 6·25사변통에 모두 잃어버렸지만 간혹 남아서 지금까지도 간직하고 있는 책을 대할 때마다 중학생 주제에 이런 책을 왜 샀던가 고소를 금할 수 없을 때가 있다. 지금 생각하면 그 무렵 착실히 읽은 책은 아마도 굵직한 책으로 백여 권은 족히 될 것이고 주섬주섬 읽은 책은 얼마가 될지 헤아릴 수는 없으나 당시의 중학생으로서는 적은 편이 아니었다고 장담할 수 있다.

이와 같은 난독 때문에 학교공부에 보다 더 충실하지 못한 일이 어느 때는 후회스럽게 여겨지기도 하지만 어떤 면으로는 이때의 폭넓은 독서와 그 여운이 나의 나아갈 길에 적지 않은 방향타 구실을 해주었고 보면 불행 중 다행한 일이기도 했다.

그 후 대학에 들어와서는 대부분 내가 전공하는 역사에 관계된 책들을 보게 될 수밖에 없었다. 대학에서 역사를 전공하게 된 것은 두 가지 이유가 있었다. 하나는 중학교 저학년 시절부터 역사에 남다른 흥미가 있었던 차에 마침 세계사를 가르치시던 선생님의 영향이 컸기 때문이고, 두번째는 색약인 나로서는 이과 대신 문과를 택할 수밖에 없는데 어학에 자신이 없어서 어문계를 피하기 위함이다.

아버지께서 법학을 희망하셔서 당시로서는 특차였던 Y대학교에 사학과를 내 나름으로 지망하고 1차인 S대학교에는 법과를 지망했었으나, 공교롭게도 Y의 면접시험과 S의 필기시험이 중복되는 바람에 초지일관 역사전공을 밀고 나간 것이다. 이 때문에 아버지께 꾸지람을 들었지만 나로서는 후회되지 않았다.

대학시절에도 역사 관계만을 읽은 것은 아니다. 문학작품에 흥미를 가졌던 중학교 때와 달리 철학과 종교 방면에 관심을 갖게 되었다. 역사철학도 이 범주에 속했다.

그러나 온통 전쟁중에 대학시절을 보낸 나로서는 체계있는 독서를 하기가 어려웠고 관계되는 책들을 손쉽게 구하여 보기도 어려운 실정이었다. 따라서 기초적이고 명저라고 정평된 책은 정독에만 그치는 것이 아니라 처음부터 요약을 하면서 읽었다. 시로코고로프의 『북방퉁구스의 사회구성』과 쓰다 소우키치(津田左右吉)의 『도가(道家)의 사상과 그 전개』 등은 각기 두 달씩이나 걸리면서 요약을 했다.

모두 두툼한 공책이 열 권씩이나 되었다. 그 밖에도 읽을 만한 저술은 닥치는 대로 읽었다. 마침 당시는 강의를 오늘날처럼 꼬박꼬박 하지 않았기 때문에, 한 책을 읽기 시작하면 끝을 본 후에 학교에 나오곤 했다.

이에 별로 가깝지 않았던 친구는 내 전공을 역사 아닌 철학이나 종교방면으로 착각하기도 했다.

이 동안에 전공에만 몰두하는 외곬은 아니었다. 서양사를 전공하지 않으면서도 희랍사 관계의 책을 많이 읽었다. 하라 즈이엔(原 隨園)의 저작들은 거의 읽었고 학부 때만 해도 국사를 전공했지만 동양사 관계 특히 선진(先秦)시대와 육조(六朝)시대의 사상방면의 저술 중에서 구해 볼 수 있는 책은 골라 읽을 사이 없이 읽었다.

요사이 학교책을 대출받을 때 그 책 뒤의 대출 카드에서 내 이름을 발견하고 당시를 회상하면서 감회에 젖을 경우가 많다.

여하간 학부를 마무리하는 졸업논문을 사학과 논문으로는 어울리지 않게 「태극설(太極說)의 전개」로 정하고 이를 위한 작업을 해오던 마지막 1년 동안은 문자 그대로의 광범위한 독서편력을 겸해야 했다. 역사 이외에 유학·도교·불교의 관계 저서는 물론 연관되는 논문마저 읽어야 했다.

이제와서 생각하면 왜 그런 문제를 택했는지 얼굴이 화끈할 때가 있지만, 그 문제를 쓰겠다고 신청했을 때 허락해주신 지도교수의 나에 대한 기대가 과히 소홀하지 않았던 데에 기인한 것이 아니었던가 여겨진다. 하여간 이 논문을 위해서 무던히도 고생했으나 성과는 별달리 크지 못했다. 쥐꼬리만한 철학지식을 나 나름대로 과대평가한 것이 보기좋게 실패한 것이다.

전공 이외의 폭넓은 독서의 양식으로 만족하지 않고 그것을 전공으로 직결시키려고 한 과욕이 큰 원인이었다. 전공으로 연관시키되 어디까지나 보조과학으로서의 철학과 종교의 원용이 아니라 인접학문의 영역을 침범한 침략자의 입장이 되었기 때문인지도 모른다. 그러나 여기에서 얻어진 폭넓은 역사의 안목은 후회될 수 없는 좋은 결과가 되어주기도 했다.

4년 반 만에 졸업한 대학시절의 독서는 엄격히 말해서 독서라고는 말하기 어려운 독서아닌 독서였다. 오직 순수한 독서라고 말할 수 있는 것이 있다면 월간잡지를 계속 읽고 흘러들어온 기담잡설(奇談雜說)의 읽을거리라고나 할까. 한마디로 말해서 나의 대학시절은 시대적 상황에서 독서다운 독서를 허락받지 못한 불행한 시기이기도 했다.

대학을 마친 후, 이듬해 봄 대학원에 진학하기까지 반 년 동안은 자유로운 시간을 가질 수 있었다. 당시는 대학원 입학이 신학기에만 한 차례 있었기 때문이다.

따라서 그야말로 독서생활을 많이 했다. 쓰다 소우키치의 여러 저술을 탐독하고 여기에서 언급된 중국 고대의 관계고전도 섭렵했다. 특히『문학에 나타난 일본국민사상의 연구』와『지나(支那)사상과 일본』등의 쓰다 소우키치의 저작물에서는 사상사연구의 식견을 익히게 되었다. 그리고 프레이저의『황금의 가지』를 읽고 야나기타 구니오(柳田國男)의 일본민속연구에 이르는 문화인류학적인 연구방법에도 접했는가 하면 아카마쓰 도모시로(赤松智城)와 아키바 다카시(秋葉隆) 등의『만몽의 민족과 종교』를 정독하기도 했다. 아울러 암파강좌(岩波講座)의『윤리학』과『동양사조』에서도 골라 읽었다. 매달 용돈으로 이러한 읽을거리는 쉽사리 구경할 수 있었다.

차차 사회가 안정되어감에 따라서 대학원에 입학하여 공부를 계속하기로 작정하였기 때문에 기초적인 독서를 겸하기도 했다.

독서를 하는 데 자극되고 도움이 되었던 일은 선생님들을 찾아 뵙고 지도를 받는 일도 중요한 일이었지만 책방 순방도 유익한 일이었다.

어리숙한 고서방에서 값진 책을 헐값으로 사들고와서 독파했던 흐뭇한 경험은 잊을 길이 없는 추억이기도 하다. 이시다 미키노스케(石田幹之助)의『장안(長安)

의 봄』을 일본의 대중소설로 오인한 고서방에서 휴지값으로 사서 읽었던 일, 1930년대에 혜화전문(惠化專門)에서 강의하던 최남선(崔南善)의 『조선종교사』의 유인본 교재를 사서 읽은 후 관계학자들에게 돌려 읽게 한 일들은 뒷이야기거리도 될 만한 일들이었다. 이렇게 비교적 자유로이 독서했던 반 년이 화살같이 지나고 늦추위가 가시지 않았던 그 봄에 대학원에 입학했다. 당시의 대학원 입학은 교수 두 분의 추천이 있어야만 응시할 수 있었다.

대학원시절에는 뜻대로 책을 많이 읽지를 못했다. 전반기에는 마침 학교 연구소에서 편찬하는 색인작업에 동원되어 이미 관계되는 참고서를 읽는 데 머물렀고 후반기에는 졸업논문을 작성하기 위하여 여기에 골몰했기 때문이다. 이때 부득이 읽어야만 했던 것에는 몽골과 만주관계의 연구물들이었다. 색인에서 이 방면의 인명·지명·직관 등의 생소한 기사가 많았기 때문이다. 그러나 별다른 생각 없이 읽고 참고했을 뿐이어서 그때만 해도 별다른 흥미를 갖지 못했으나 얼마 후부터는 다시 읽지 않으면 안되게 되었다.

그런데 대학시절부터 중국관계 연구서적을 많이 탐독하고 만주 방면의 민족과 종교에 관심을 두었던 일이 대학원을 졸업한 뒤 동양사(중국사)를 강의하는 데 적지 않은 도움이 되었다. 대학원 졸업논문도 「예(禮)의 전개」로 정했다. 국사에서의 예학(禮學)의 성립과 예론(禮論)의 문제가 중심이 되어 있었다.

참고서도 태반이 중국관계였지만 내용은 조선시대 예의 전개였기 때문에 국사 전공이었다. 그러나 스무 해 전부터 중국사 전임으로 되어 중국사와 중국사상사를 강의하게 되면서부터 폭넓은 독서편력으로 읽었던 중국의 철학과 종교관계의 지식이 바로 쓸모있게 적용되었다.

한 가지 고충은 중국어를 하지 않아서 처음에는 고생한 일이다. 원전 읽는 데는 『이조실록』이나 『고려사』를 독해하는 것과 별다른 차이가 없었으나 백화문(白話文)으로 된 중국논문이나 저서를 읽기에는 몇 년인가 숨은 공부가 뒤따랐다. 중국어를 제대로 학습하지 않았기 때문에 몇 차례나 대만에 머무른 일도 있었지만 입은 여전히 잘 떨어지지 않은 채 읽고 쓰는 데에만 불편을 느끼지 않을 정도였다.

그런데 대학에 몸을 담게 되면서 강의에 쫓기고 잡무에 시달리다 보니 자연히 독서할 여가가 없어지게 되었다. 전공분야의 공부는 당연한 일이기에 독서라고 볼 수 없기 때문이다. 하루 종일 책을 읽는다고 해도 강의준비나 논문을 위한 공부에 지나지 않았다. 따라서 무엇인가 읽어야겠다고 생각한 나머지 평소부터 역시 흥미를 가졌던 시를 많이 읽게 되었다.

마침 당시(唐詩) 관계서가 몇 권 있어서 이를 읽고 그 주석(註釋)과 해설을 아울러 익히면서 감상하기도 하였다.

여기에서 몇십 수의 한시(漢詩)를 암송하게 되었고 십여 편의 시작도 시도해 본 일이 있었으나 어디까지나 취미 위주의 일로 발표할 만한 것은 못된다. 아울러 책가방에 새로 수입된 외서를 넣고 다니면서 시간나는 대로 읽기도 하지만 속도는 느리기만 하다. 이렇게 읽은 것은 부담없이 읽을 수 있는 외국의 문고류가 대부분이다. 돋보기를 쓰기 전에 책을 많이 읽으라고 하시던 선배들의 고마운 충고가 되새겨지곤 한다.

얼마 전의 독서물에서 재미있게 읽은 것으로는 안병찬(安炳璨)의『중공·중공인·중공사회』와 카프라가 짓고 이성범(李成範)·김용정(金鎔貞) 등이 번역한『현대물리학과 동양사상』등이다. 두 책은 나의 전공과 관계가 있는 책이라고도 볼 수 있겠지만 반드시 직결되는 것은 아니어서 독서물의 부류에 포함시킬 수도 있기 때문이다. 그리고 출판된 지는 오래되었지만 근자에 와서 읽은 김두한(金斗漢)과 김홍일(金弘壹)의 회고록도 쉬지 않고 독파한 책 중에서 인상이 많이 남는 책이다.

독서는 이렇게 부담없이 재미있게 읽어야만 참다운 독서가 될 수 있는데 잠시 전에 말한 바와 같이 강의와 논문을 위한 공부를 하다가 보면 예전과 같은 난독이나 다독은 할 수 없게 되는 반면 필요해서 읽어야만 할 전문서적을 정독하게 마련이다.

어느 영문학자가 소매치기로 오해되어서 파출소에 연행되자마자 소지품을 조사받을 때 영어교재에 적힌 단어 해석을 물끄러미 굽어 보던 형사가 "정말로 대학교수요? 이 책을 보면 아닌 것 같은데!"라고 했다는 웃지 못할 얘기도 있거니와 으레 책마다 줄이 그어지고 주석이 붙게 마련이다. 이쯤되면 썩 홍미로운 것이 아니고는 한 달에 한 책의 독서도 쉽지가 않다.

그래서 요사이 내곁에는 독서를 마친 독서물이 별로 쌓여지지 않는다. 보통 웬만한 책이 아니면, 읽고난 후 옆 사람에게 주거나 버리는 습관에서 쌓이지 않는지도 모르지만 주책스러울 정도로 사모으는 전문관계의 장서들에 비하면 그 비례가 점차로 줄어들고 있다. 그러면서도 젊은 사람들에게는 책읽기를 시간나는 대로 권장한다. 내가 못하고 있기 때문인지도 모른다.

그러나 언제나 색다른 책을 대하면 읽고 싶은 충동을 느껴서 당장 읽지 않으면서도 사두는 경우가 많다. 이렇게 쌓아둔 채 보기만하는 독서물(?)도 있다. 작년에 몇 친구들과 대만에 간 일이 있었는데 그때 다시 한번 읽어보기 위해서 사온 『삼국지연의』·『수호전』·『금병매』·『유림외사 儒林外史』·『홍루몽 紅樓夢』 등도 아직까지 쌓여진 채로 있다. 이런 책들은 언젠가 읽게 되겠지만 금방은 읽어낼 수 없는 안중서(眼中書)에 지나지 않는다.

나는 독서할 때 정독할 경우는 점 하나도 소홀히 않지만 난독할 경우는 목독(目讀)을 한다. 어떤 친구는 책을 대각으로 읽는다고 뽐내기도 하고 옛 선인들도 일목삼행(一目三行)했다고 하지만 나로서는 이해할 수 없는 일이다. 책을 보는 것과 읽는 것과는 구별되어야 하기 때문이다. 또 어느 선배는 책을 읽되 목적을 가지고 읽어야 한다고 한다.

그러나 나로서는 이른바 독서의 경우에 목적을 가지고 책을 읽은 경험이 별로 없다. 읽다 보니 자연히 문제의식이 생기게 되었다. 그렇지만 목적을 가지고 책을 읽으라는 것을 굳이 반대하지는 않는다. 이런 독서법이 나의 경우보다도 오히려 의의있을 수도 있기 때문이다.

학문을 하는 데 두가지의 유형이 있다. 하나는 넓고 엷게 하는 것이고 또 하나는 좁고 깊게 하는 것을 말한다. 학문뿐만이 아니라 각기의 인생관과 세계관에서도 외곬이 있는가 하면 폭넓은 가치관이 있다. 폭넓은 독서와 생각을 많이 한 사람은 도량이 넓고 다정다감하게 된다고 한다. 학문의 세계도 예외는 아닌 것 같다.

나는 어쩔 수 없이 나의 솔직한 독서고백을 하고 말았다. 독서를 둘러싼 몇 가지 사건도 덧붙였다. 하여간 나의 독서다운 독서는 중학교시절이 가장 의의있고 보람있는 편력이었고 교육을 모두 마친 후는 독서의 정력이나 기회가 많지 못했다.

그러나 지금도 황진이 하늘을 덮는 봄철의 황사현상을 보면 금새『대지』의 귀절이 연상되고, 복사꽃이 만발할 때는『홍루몽』의 가보옥(賈寶玉)과 임대옥(林黛玉)의 사랑이 떠오르곤 한다.

젊어서 읽은 것일수록 기억이 새로워지는 것 같다.

며칠 전에도 우리나라에서 신간된 어떤 책을 한 권 샀다. 과연 어떤 것인지 아직 읽어보지는 못했지만 정녕 재미있을 것 같다. 그러나 이 해의 베스트셀러가 될지 안될지는 나보다도 더 정력적으로 책을 읽고 있는 젊은층에 의해서 좌우될 것이다.

(『삼성문화문고』 76·77호, 1979년)

3. 나의 서재

　나는 이제까지 반반한 서재를 가져본 일이 없다. 십여 년 전까지만 해도 2평 남짓한 방 하나를 서재로 삼아서 새벽녘까지 대명란(大明蘭)의 향취를 독차지하기도 했지만 애들이 자라면서 방을 비어준 지금은 애들방에 더부살이하는 신세가 되고 말았다. 따라서 나혼자만의 서재는 학교의 연구실이 되었다.

　연구실도 겨우 너더댓 평밖에 되지 않기 때문에 두 벽에 빈틈없이 책을 꽂아 놓고도 책상 위와 보조책상에까지 책이 쌓이게 되었고 그 밖의 잡물이 많아져서 소파 하나를 들여 놓을 만한 여유가 없고 보면 여전히 궁색한 연구실을 면치 못하고 있다.

　그러나 나는 대부분의 시간을 연구실에서 보내고 있다. 작년부터 학교의 어떤 일을 맡아서 사무실에 가있는 시간이 많아졌지만 나의 학교생활에서는 잠깐동안의 외도에 지나지 않는다.

　여하간 나는 으레 아침에 연구실에 나와서 지내다가 밤이 되면 집에 들어간다. 낮시간을 대부분 연구실에서 지내게 되니만치 나의 일상용품도 구비해 놓을 수밖에 없다. 기호품인 다류(茶類)도 일곱 종류나 갖추어져 있고 간이식량도 늘 준비되어 있다. 마침 연구실이 집에서 십여 분밖에 걸리지 않는 거리이기 때문에 사랑방에서 기거하는 심산으로 생활하고 있다.

　내가 붙인 연구실 당호(堂號)인 '곡불곡재(曲不曲齋)'에 연민(淵民)이 노래하고 써준 '곡불곡지곡(曲不曲之曲)'이 연구실의 운치를 한결 더해주고 있다. 이에 하루라도 연구실을 비어두면 허전하게 여겨질 정도로 정이 들었다. 뿐만 아니라 교외(校外)에 나갔다가도 집에 돌아올 때는 연구실에 들렀다가 귀가하는 일이 버롯이 되었다.

그런데 연구실을 서재로 삼고 보니 장점이 셋이고, 단점은 넷이다. 장점으로는 매일같이 책가방을 들고 다닐 필요가 없어서 좋고, 강의실 - 특히 대학원 강의에 필요한 참고도서를 수시로 이용할 수 있어서 편리하며 장서의 보존에 유리하다는 점이다. 한편 단점으로는 식사가 여의치 못하고 책이 두 곳에 분산되어 있어서 경우에 따라서는 집과 연구실을 왔다갔다 해야 할 때가 많아서 불편하며 책이 공개되어 있어서 사설도서실의 구실을 하는 일이 짜증스러울 때가 많다는 것이다. 불시의 방문객이 많은 것도 무시못할 결점이다.

한때는 점심도시락을 갖고 다녀보기도 하고 연구실에서 하는 작업과 집에서 할 수 있는 작업을 분리해서 시도해 보기도 했으며 잃으면 안될 책을 골라서 집에 두어본 일도 있다. 또 연구실에 있으면서도 방을 잠그고 있어 본 일도 있다. 하지만 이런 일 저런 일들이 모두 신경을 써야 하는 일이 될 뿐더러 별다른 큰 일도 안하면서 유별난 생활을 하기가 멋적어서 일이 밀리면 책보를 들고 연구실과 집을 왕래하게 되었다.

나는 연구실과 집에 값진 희구서(稀覯書)는 없지만 그 동안 모은 책이 이럭저럭 4천 권이 넘는다. 중학교시절부터 주책없이 책을 사모았던 버릇인지도 모른다. 한국동란 때와 부산에서 환도할 때에 분실할 책, 또는 십여 년 전의 투병생활중 어쩔 수 없이 값싸게 팔았던 서화를 제외하고는 수십 년 동안 손때가 묻은 책들이다.

『총서집성간편 叢書集成簡編』·『십통 十通』, 명·청시대의 『회전 會典』과 그 사례 및 판종(版種)이 다른 두 벌의 『25사 二十五史』…등이 거질(巨帙)에 속하는 것들이다.

대부분이 학교의 도서관에 소장되어 있지 않은 책들이거나 책상 위의 필수적인 참고도서들이다. 작업의 능률과 공부의 편의를 위해서는 책상 위의 설비에 인색하지 않아야 한다는 지론에서다.

“서투른 무당이 장구만 나무란다”는 속담이 있다. 내 경험에 의한 연구실의 장단점이 서투른 무당격인지도 모른다. 하여간 생활에 여유만 있으면 집에 서재를 두는 것이 바람직하다. 연구와 생활이 직결되어 있어야 한다는 견지에서 아무리 연구실을 효과적으로 이용한다고 해도 밤이라는 긴 시간을 이용하기가 쉽지 않기 때문이다.

나는 비좁은 집의 마루에 '불지노지장지지려(不知老之將至之廬)'라는 옹방강(翁方綱)의 액판(額板)을 걸어 놓고 있다. 뜻인즉 발분망식(發憤忘食)하는 경지를 말하지만 이 액판의 의의에 부합될 만한 시설과 업적이 없는 것이 유감이다. 비록 대여섯 책의 저서를 내놓기는 했지만 모두 보잘 것 없는 것들이다. 며칠 전에도 주치의로부터 충분한 수면을 강요당했다. 연구실을 서재로 삼게 된 일이 나에게는 어쩌면 새옹지마(塞翁之馬)의 격이 되고 있는지도 모른다.

그렇지만 삼벽(三壁)에 장서를 꽂아둔 나만의 널찍한 서재를 집에 마련하여 두고 시간이 있는 대로 그 안에서 지내고 싶다. 그때가 오면 내 서재의 당호인 '경학사지지당(耕學捨知之堂)'과 '지상서실(芝裳書室)'의 액자도 제자리에 자리 잡게 될 것이다.

(『삼성문화문고』 56호, 1978년)

4. 서림한화(書林閑話)

나는 어려서부터 책과 인연이 있었다. 사랑방 벽에 거문고가 걸려 있고 서가에는 책이 수북이 쌓여 있는가 하면 미닫이와 벽장문에 붙어 있는 서화를 보면서 자랐다. 연상과 바둑판도 있었다. 어른들이 즐기던 금기서화(琴棋書畵)와 서책들이 갖추어진 우리 전통사회의 사랑방 차림이었다.

그 후 중학교를 다니면서부터, 나는 내 나름의 장서를 갖게 되었다. 어렸을 때 주위에서 보던 한적이 아니라 양장본들이었다. 장서인까지 파서 찍고 차례로 장서수를 적어 넣기도 했다. 이 무렵의 장서는 대학 초년 때 갖고 있던 장서와 함께 한국동란통에 대부분 망실되었으나, 짓밟힌 발자국 흔적이 있는 몇 권이 다행히 남게 되어 당시를 회상하게 한다. 이때는 학교 공부에 쫓겨서 다 읽지는 못하고 서가에 꽂아 두고 흐뭇해 하거나 자랑하는 것으로 만족했다. 동란 후 건진 책에 찍혀 있는 '284호'의 장서수를 보아, 아마도 기백 권은 족히 되었을 것으로 안다.

어려서부터 책을 모았던 취미가, 대학을 마치고 대학원을 거쳐 본격적인 학구 생활에 접어들면서도 연구용 장서로 체계화되어 갔다. 당시만 해도 학교도서관 장서와 시설이 충분하지 못하여 요긴한 자료와 참고 도서들은 연구자가 갖추어야 했다. 요사이처럼 복사기가 없어서 귀중한 책을 빌리면 필사하거나 요약하면서 읽어야 했다. 고서점을 뒤지는 일도 중요한 일과 같이 되기도 했다. 책욕심이 많았던 나는 꼭 필요한 책 외에도 귀한 책은 사들였다.

따라서 다섯 평밖에 안되었던 초기의 내 서재는 사방이 책으로 둘러싸이고 말았다. 어쩔 수 없이 마루에도 쌓아두고 아이들방까지 침식하게 되었다. 그런가 하면 학교 연구실도 책으로 둘러싸이게 되었다. 얼마 전부터 제법 넓직한 서재를 쓸 수 있게 되었지만 궁색했던 시절의 형편과 별로 다를 바 없게 되고 있다. 마침 학교에서 보직을 맡게 되자 사무실에도 책이 늘어나게 되었다.

물론 책은 읽기 위해서 장만하는 것이다. 그렇지만 책을 모으다 보면 모조리 읽기 위해서만이 아니라, 욕심으로도 책을 모으게 된다. 일단 책을 손에 넣으면 모두 읽지는 못한다고 할지라도 책의 내용을 어느 정도는 헤아릴 수 있기 때문에 언젠가 읽고, 참고하기 위해서도 책을 사들이게 되는 것이다.

그런가 하면 책이란 묘한 것이다. 남에게 빌려준 책이 이상할 정도로 필요하기 마련이다. 기억에 많이 남아서 그런지도 모른다. 그런가 하면 책이 집에 있고 연구실에 있고 사무실에 있게 되면 작업을 할 때마다 이리 뛰고 저리 뛰어야 한다. 책을 한 곳에 두어야만 편리한 줄 몰라서가 아니고, 책을 빌려주면 돌려받기가 어려운 줄 알면서도 형편이 여의치 못하고 마음이 모질지 못한 탓으로 돌리면서 지내고 있다.

이에 요사이에는 하는 수 없이 작업과 독서를 구별해서 책을 분산하고 있다. 또 책에 따라서 분리하고 있다. 논문을 쓸 때는 관계되는 자료와 참고서를 보자기에 따로 싸서 들고 다니지만, 대체로 집에는 많은 책수가 한 질로 되어 있는 총서류와 귀한 책들을 두고, 학교 연구실에는 그 밖의 도서를 두며, 사무실에는 강의용 참고서를 두고 있다.

그렇지만 나에게는 드러내놓고 자랑할 만한 희귀본이나 귀중본이 별로 없다. 귀한 책이라야 오래된 고본이나 옛 명현들의 필적 그리고 얻어보기 힘든 책들뿐이다. 그리고 연구를 위해서 한 분야에 걸친 책뿐이어서 장서가라고는 결코 말할 수 없다. 그러나 책수는 수월치 않다. 학술도서만 줄여잡아도 5천 권은 넘을 것이다.

중국의 어떤 학자가 자기의 박학과 장서를 자랑하면서 '5천 권의 책을 읽지 않은 사람은, 이 방에 들어오지 못한다(不讀五千卷者 不入此室)'고 써붙인 일이 있었다고 하는데, 옛날의 한 권이 오늘날의 활자 양장본의 십여 페이지에 지나지 않고 보면 내집의 서재만도 수만 권의 장서가 있는 셈이다. 연구실의 책까지 합치면 옛날 권수로 십만 권이 훨씬 넘을 것이다. 책장을 짜놓으면 책이 모아진다는 말이 있지만, 나는 책을 모은 후 책장을 짜게 된 것이나 다름이 없다. 계획적인 장서가가 아니기 때문이다.

여하간 나는 서재생활에서 의자와 책상을 무엇보다도 우선으로 삼는다. 편안히 앉을 수 있는 의자에 앉아서, 공부하는 데 필요한 공구들을 마음껏 늘어놓을 수 있을 만한 넓은 책상을 앞에 두고 있으면 좁은 서재일망정 나만의 세계에서 즐기기에 부족함이 없다. 여기에 향기로운 차 한 잔에 즐기는 담배 한 대를 피우면 아무리 피로해도 마음과 몸이 한결 흐뭇해지기에 더욱 그러하다.

그런데 얼마 전부터 내 서재가 수난을 당하고 있다. 올망졸망한 손자들이 마루 책장에서 책을 꺼내서 내동댕이치더니, 슬그머니 서재에 들어와서 난장판을 만들기 시작했다. 벌써 아끼던 만년필 두 자루가 망가졌고 애용하던 찻잔이 박살났다. 나만의 세계가 무단침입자들에 의해서 엉망이 되고 있다. 즐거운 비명이라고는 하지만 여러 번 수난을 당하게 되자 아예 당분간 잠글 수밖에 없게 되었다.

이렇게 책을 모으고 내 나름의 서재생활을 한 지 40년을 넘기면서 주위에서 책이 많다는 말을 듣고 있다. 그러나 얼마 남지 않은 정년퇴임 후에 내 책을 한 곳에 모아놓고 지내기를 희망하는 한편 이 책들을 장차 어떻게 할 것인가에 관해서도 많이 생각하게 된다. 그러면서 책에 어떤 흔적도 남기지 않기 위해서도 도서인은 물론 아무런 필기도 삼가고 있고 이 이상의 책은 주체스러워서 요긴한 책만을 사는 인색한 졸장부가 되어 버렸다.

책은 늘어가지만 내가 어려서 나도 모르게 훈도받았던 사랑방 정취가 내 서재에서는 아직도 찾아보기 어려운 것은 무엇 때문인가를 자성해 본다.

(『월간 보령』 통권 105호, 1991년)

5. 이 빠진 서가(書架)를 보며

언제부턴가 책을 빌려주는 것은 가장 어리석은 일이고, 책을 돌려주는 것이 다음으로 어리석은 일이며, 돌려달라고 독촉하는 것도 어리석은 일이라고 전해온다.

얼마 전까지만 해도 책이 귀했다. 옛날에는 더욱 그러했다. 옛적에는 목판본이든 활자본이든 간에 기백 권을 찍는 것이 고작이었다. 독서인층이 한정되어 있었다고 하지만 이 정도의 수량으로는 태부족이었다. 이에 책을 소중하게 보존했다.

따라서 책을 구해 보자면 빌려 보든지 그렇지 않으면 필사본으로 이용하였다. 그리고 필사본은 시간과 노력이 엄청나게 소요되었을 뿐만 아니라 적지 않은 오자가 불가피하게 되어 정성으로 찍어낸 판본에 비할 바가 아니었다. 또 책이 워낙 귀하다 보니 골동품 성격까지도 띠게 되어서 오래된 판본이면 부르는 게 값이 되었다. 그래서 책은 보물과도 다를 바 없는 값진 것이 되었다. 어떤 학자는 자신의 장서 중 상당량이 빌려온 책이었는데, 불행히도 소실되고 말았다는 이야기가 있다. 선비는 책을 상품화하지 않는다는 우리의 전통에서 온 실화이기도 하다.

여하간 책을 필사하지 않고도 이용할 수 있게 되었다. 청사진으로 복사하든지 사진으로 찍어서 이용하게 되었다. 요사이는 복사기를 이용하기도 한다. 하기야 책을 읽는 데는 필사하면서 읽는 일이 가장 좋고 요약하면서 읽으면 옆줄 치면서 읽는 것보다 유익하다는 것을 알면서도 시간과 노력을 절약하기 위해서 복사하기 마련이다. 공부하는 사람이면 여러 종류의 복사물이 많을 줄 안다. 공기와 접촉하면 얼마나 보존할 수 있을런지는 모르지만 손쉬운 방법이라 선호하고 있다.

요즈음에는 책의 홍수시대이다. 책방에 들르면 놀랄 정도로 신간들이 많이 나오고 있다. 옛날의 희귀본도 영인본으로 많이 출판되고 있다. 옛날 어떤 학자가 '5

천 권의 책을 읽지 않은 사람은, 이 방에 들어올 수 없다(不讀五千卷者 不入此室)'는 현판을 문 앞에 걸어 놓았었다는데, 그 무렵의 5천 권이면 오늘날 웬만한 책 2백 권도 안된다. 매일 읽는 일간신문 한 부의 분량이면 옛날 책 다섯 권에 해당한다니, 짐작할 수 있을 것이다.

사실 책은 소중한 것이다. 선인들의 지혜와 경륜이 책 속에서 전해오고 있기에 그러하다. "옛사람의 책을 읽으면 천하의 어떤 일이고 간에 해낼 수 있다(古人書無不讀 天下事皆可爲)"고까지 일컬어온 것은 옛날부터 전해오는 독서의 보람일 뿐만 아니라 오늘날의 책에서도 이러한 가능성은 얼마든지 있기 마련이다. 문화 전통이 유구한 민족일수록 이러한 독서의 보람을 더욱 잘 알고 있다.

나는 청사진본·사진첩본·제록스물과 많은 필사본을 소장하고 있다. 비록 누렇게 바랜 것들이지만 나에게는 소중한 것들이다. 그런가 하면 단행본의 전공서적도 5천 권이나 소장하고 있다. 책욕심이 많아서 무리하게 장만한 장서이다. 그런데 이런 책들이 남의 손에 많이 나가 있다. 책을 빌려줄 때는 빠른 시일 안에 돌려주기를 입버릇처럼 다짐받지만, 서가를 빠져나가서 돌아오지 않고 있는 책이 많고 보면, 책을 빌려주는 일이 가장 어리석다는 옛말을 상기하면서, 느긋이 기다리고 있을 뿐이다. 반환을 독촉하는 또다른 어리석음을 범하지 않으려는 심사인지도 모를 일이다.

몸이 늙으면 이가 빠지기 마련이듯이 책이 많고 귀한 책이 적지 않으면, 이빠진 서가가 어느 서재에서나 있을 수 있는 일이기 때문에, 이런저런 어리석음은 나만이 아닐 줄 안다. 서재에서 빠져나간 책들이 보람있는 결과가 되는 데 많은 공헌을 해주기를 바라면서 이빠진 서가를 새삼스럽게 응시해본다.

(『출판저널』 137호, 1993년 10월 20일)

6. 나의 악취미

나는 무엇이든 두 개 이상을 가져야만 직성이 풀리는 좋지 못한 취미(?)가 있다. 하나를 가지고 쓰다가 못쓰게 되거나 싫증이 났을 때 새 것을 장만하는 일이 보통인데 나는 그렇지 않다. 따라서 나의 소지품에는 두 벌 이상인 것이 대부분이다. 도장이 여덟, 만년필도 일곱, 심지어 눈가리개마저 다섯 개나 되고 보면 짐작될 만하다.

이러한 버릇이 수집을 위한 일이라면 좋은 의미에서 취미가 될 수 있겠지만 수집이 아닌 괴벽에 가까운 짓이고 보면 분명 고질화된 악취미가 아닐 수 없다. 그렇다고 해서 넉넉한 살림에서 온 도락도 아니요, '선부족(羨不足)'의 격조 높은 사치는 더더욱 아니다.

이에 이와 같은 버릇을 잘 알고 있는 어느 친구로부터 "자네는 회교로 개종하면 더욱 직성이 풀릴 것일세"라는 농담을 받은 일이 있는가 하면, "그렇게 욕심이 많으니 쌍둥이를 점지받을 수밖에 없지 않았느냐"는 말을 듣기도 한다. 그러나 반백의 세월을 두고 습성화된 내 버릇은 좀처럼 고쳐질 수 없을 것만 같다.

취미와 악취미는 남의 평가에 의해서 가름되는가 보다. 나도 처음에는 무엇이든 모으기를 좋아하는 수집벽인 청욕(淸慾)의 연장으로만 자위해 왔지만, 수집의 취미를 벗어난 악취미인 것을 주위 사람들의 지적에서 절실히 깨닫게 되었다. 하지만 나의 악취미는 예사의 악취미와 달리, 남에게 피해를 끼치지 않는 것이 다행일 뿐이다.

(『건강의 벗』 11월호, 1977년)

7. 이 가을에 부치는 나의 애송시 한 잎

추풍인(秋風引)

유우석(劉禹錫)

何處秋風至　어디에서인가 가을 바람이 불어와서
蕭蕭送雁群　무리 이룬 기러기를 쓸쓸히 보낸다더니
朝來入庭樹　아침 일찍 뜰나무 가랑잎에 가을 바람 찾아들어
孤客最先聞　외로운 길손에게 가을 소리 먼저 듣게 하네

달 그늘에 기러기 스쳐가며

나는 간혹 격정(激情)을 느낄 때, 붓가는 대로 시를 짓는 버릇이 있다. 내놓을 만한 것이 못 되어 그때그때 책상에 펼쳐두었던 책 갈피에 꽂아 두었다가, 다시 그 책들을 이용하는 기회가 있으면 시고(詩藁)를 퇴고(推敲)하면서 그 시절을 회상하기도 한다.

이렇게 시를 좋아하다보니 안상(案上)에 시집도 대여섯 권이 꽂혀지게 되었고, 당·송시대의 명시도 적지 않이 읽게 되었다. 물론 그 시들을 모조리 외지는 못하지만 자주 읽어 가면서 마음에 드는 수십 수도 자연히 애송하게 되었다.

이 중에서도 가을이 오면 생각나는 시에 중당(中唐) 때의 시인 유우석(劉禹錫)의 「추풍인 秋風引」이 있다.

달 그늘에 기러기가 스쳐가면 가을은 깊어진다고 한다. 옛적 서울의 풍류객 중에는 남대문 밖 남당(南塘)의 연꽃이 적막(寂寞)을 깨고 '쨍'하는 음향을 내면서 벌어지는 소리를 듣기 위하여 여름밤을 지새웠다고 하지만, 오늘날에는 가을답지 않게 우중충한 하늘에서 기러기를 지켜보기보다는 소복이 쌓인 낙엽에서 가을을 찾게 된다.

봄이 꽃과 나비의 계절이라면, 가을은 확실히 기러기와 낙엽의 시절이다. 이에 가을의 옛 시에는 후안(候雁)과 적풍(赤楓)을 읊은 시구가 많다. 유우석은 가을 바람을 읊었지만 그 쌀쌀한 바람은 가랑잎을 스치는 소리로 가을을 보다 더 실감나게 하였다.

가을은 무르익은 홍시와도 같이 보람된 철이다. 그러나 그 보람을 뜻있게 만끽하는 인간상이 있는가 하면, 애처로이 가슴치면서 애수에 잠기는 사람들도 적지 않다.

며칠 전 가을바람을 타고 낙엽과 같이 떨어진 잊지 못할 한 제자의 소식을 접하고 억제할 수 없이 흐르는 눈물을 머금으면서 문득 이 「추풍인」을 생각했다.

기막힌 소식과 그대로 동부(同符)되지는 않지만, 뿌리로 성급히 돌아간 푸르기만한 한 잎새의 사연이 가을바람의 기별이었기에 그랬는지도 모른다.

(『문예중앙』 겨울호, 1978년)

8. 인생유전(人生流轉)

눌어언 민어행(訥於言 敏於行)

중국 사람은 일찍이 사물의 근본되는 이치를 원(元)·형(亨)·이(利)·정(貞)이라고 했다. 봄이 가면 여름이 오고 그 여름이 지나면 가을과 겨울이 차례로 뒤따라 왔다가 다시 봄 시절로 되돌아오는 자연사(自然史)의 순환뿐만 아니라 계몽기·전성기·태분기(蛻分期)·쇠락기(衰落期)로 갈마들면서 바뀌는 사조의 순리도 이 법칙에 의한 조화라고 했다. 불가에서 말하는 생(生)·주(住)·이(異)·멸(滅)의 유전설(流轉說)도 바로 이와 같은 이치를 뜻한다는 것이다.

인생도 예외는 아니다. 태어난 후 영문 모르고 어린 시절을 지나서 철이 들어 자기 일을 감당할 무렵이 되었는가 하면 어느 사이에 갱년기에 접어 들고 얼마 있지 않아서 노쇠현상을 보이기 시작한다. 물거품처럼 다시 되살아날 수 없는 일만이 자연사와 다를 뿐이다.

이렇게 보면 바야흐로 50에 이른 나로서는 인생유전(人生流轉)의 고비를 두 차례 넘기고 세번째의 고비에 있는 셈이다. 돋보기를 두 번이나 갈아 끼워야 했고 갱년기의 자각을 느껴본 지도 벌써 오래되었기 때문이다. 그러나 나에게는 지난날에 자랑할 만한 일이 별로 없다. 어떻게 보면 오히려 구질구질하게 살아왔다고 말할 수밖에 없을 것이다. 오직 편집자의 간청으로 지난날의 나를 자책하면서 천 갈래 만 갈래 조각난 밝고 어두운 영상들을 꿰매어 본다.

나는 어려서부터 전쟁과 격동의 소용돌이 속에서 지내온 불행한 사람이지만 이런 어려운 속에서도 퍽 다행스러운 사람이기도 하다. 관상가들에 의하면 사람의 얼굴은 아흔 아홉으로 나누어서 운수를 판단한다는데, 유난히 늙어 보이고 점이 많은 나에게 불행과 행운의 유년운기(流年運氣)가 다 같이 점지되었는가 보다. 하기야 내 등뒤에 큼직한 일곱 개의 점이 있다고 해서 칠성날에 어기지 않고 칠성불공을 드린 할머니의 치성이 하늘에 닿아서 허약한 몸으로 이만큼이나 견디었고 내 이름을 대면 어디서 들어본 일이 있다고 끄덕여 줄만치 되었는지도 모른다.

할머니께서는 나를 끔찍히도 귀여워하셨다. 유식하시고 말씀이 좋으셨던 할머니께서는 나를 '동해수(東海水)'라고 부르셨다. 강보에 싸여 있을 때, 사주를 보았더니 내 사주에 오행(五行) 중의 물(水)이 부족하다고 해서, 동해의 물을 모두 차지하라는 아명이었다. 내가 장가를 들 때까지 생존하셨던 할머니께서는 그 무렵까지 '동해수'라고 부르셨다.

여하간 소문난 부자는 아니었지만 행세할 만큼 살았고 열 손가락 안에 꼽힐 만한 명문은 아니었지만 그래도 지체를 자랑할 만한 자부심은 어릴 때부터 지니게 되었다. 또 아버지께서는 병원을 개업하고 계셔서 도시생활을 하셨기 때문에 완고하셨던 고향의 풍토와는 달리 비교적 자유롭게 자랐다. 이에 유치원에도 다녔고 초등·중등·고등교육도 좋은 학교를 골라서 마쳤다.

학생시절에는 비록 뛰어난 성적을 거두지는 못했지만 열심히 공부를 했다. 그러면서도 학교공부 못지 않게 딴전도 곧잘 피웠다. 객기에 넘친 학생시절을 보낸 셈이다. 지금에 와서 되돌아 보면 결코 뉘우쳐야 할 일만은 아닌 폭넓은 인생경험을 많이 했다.

한편 나는 어릴 때부터 말더듬이었다. 또 덤벙거리기를 잘 했다. 중학교시절에 교무실에 출입할 때나 군대생활에서의 내무반사열에서는 제일 곤경을 치러야 했다. 긴장하거나 급작스러운 일을 당하면 말을 더욱 더듬었기 때문이다. 요사이에는 많이 교정되었지만 지금도 급해지거나 긴장하면 옛 버릇이 되살아난다. 백부께서 내 호에 '눌(訥)'자를 주시면서 말보다도 행동을 앞세우라(訥於言 敏於行)고 교훈하셨지만 말더듬이에 알맞는 호가 아닐 수 없다.

일체유전(一切流轉) - 그 시작

그리고 나는 어려서부터 고집이 셌다. 유치원 때인 줄로 기억한다. 한번은 어떤 일로 마루구석에 토라져 앉아 있었는데 어머니께서 꼭 열 번을 달래 주셔서 풀어진 일이 있었다. 그 후에도 이와 비슷한 일은 자주 있었다. 요즈음에 우리 집 애들이 토라져 있으면 지난날의 내 일을 생각해서 달래는 데 인색하지 않으나 내 고집만큼은 못한 것 같다.

위와 같은 어릴 때부터의 나의 환경과 체질에서 사회인이 된 얼마 후까지도 모든 일이 아니꼽게 보이고 시시하게 여겨지기도 했다. 괜한 자존심만이 있었을 뿐이다. 그러나 나이가 들어가고 여러 사회경험을 겪으면서 많이 달라지게 되었다. 현실에서의 나의 처지도 새삼 발견하게 되었다. 상고적인 기질과 현실의 갈등 속에서, 남은 뭐라고 하건 사람답게 살아가자는 길이 나의 인생관으로 되었다. 정직하고 교만스럽지 않으며, 꾀부리지 않고 소박하여, 내가 몸담고 있는 학교와 사회에서 꼭 있어 주어야 할 사람이 되도록 노력하는 것이 나에게 주어진 보람된 길이라고 다짐하고 있다.

그러면서 학문의 길도 자리잡히게 되었다. 대학에서 역사를 전공하게 된 것은 내가 좋아서 택한 길이다. 암기에 뒤떨어지지 않은 소질과 옛 것이 좋아서 사학과에 진학한 내가 학부 때부터 사상사를 다룬다는 욕심으로 인접학문인 중국고전과 철학도 많이 공부했다. 대학원을 마치고 연구소에서 일하면서, 또 대학 강단에서 교수하면서 한결같이 사상사를 공부하고 있다.

작년에 그 동안의 작업 중에서 활자화된 것만을 주섬주섬 모아서 크고 작은 책을 4권이나 출판했다. 나로서는 어떤 정리를 서둘렀기 때문이다. 책들을 간행한 후 공연한 일을 서둘렀다고 후회도 해 보았지만 다른 작업단계로 들어가기 위한 지난날의 어떤 결산으로 자위하고 있다.

마음은 옛날과 같은데 스파크한 생각이 감퇴되고 그렇지 않아도 허약한 체질이 말을 듣지 않는다. 5년 전까지만 해도 오랫동안 내과질환으로 고생했고, 거기에 3년 전에는 큰 수술까지 받아야 했다. 20~30대만 해도 하루 이틀밤을 지새워도 별로 지장이 없던 몸이 이제는 마음만으로 되지 않는다. 친구들의 권유로 운동을 해 보고 싶으나 계속되지 않을 것만 같다. 건강요법에 관한 책자를 열심히 뒤적이면서도.

나는 오늘날, 내 처지에 만족하고 있다. 풍우를 가릴 만한 거처가 있고 우리 사회의 사정에서 그래도 중류 정도의 생활을 하고 있는가 하면 무엇보다도 내가 하고 싶은 일을 즐거이 할 수 있기 때문이다.

그러나 나에게 얼굴을 들지 못할 부끄러움이 있다. 젊어서는 아는 것을 자랑했지만 이제 와서는 모르는 것이 더 많기 때문이다. 그리고 소원이 있다면 언젠가 밀린 일을 다 마치고, 당장 계획하고 있는 작업을 다 마무리한 후 가벼운 마음으로 못가본 이 강산의 구석구석을 돌아보고 싶다. 아울러 후회로운 일은 지난날 좀 더 성실하게 살지 못한 일이다.

앞으로 나에게 10년이 될지 20년이 될지는 모르지만, 못다 한 일을 부지런히 마무리해서 부끄러움을 덜고, 보다 성실히 살아서 후회로움을 덜 수 있도록 노력하여 하루라도 빨리 홀가분한 심정으로 돌아가기를 다짐할 뿐이다.

일체유전(一切流轉) - 이 시각, 창너머 붉어가는 가을 단풍을 바라보면서 낙엽귀근(落葉歸根)의 천리를 되새겨 본다.

(『내외출판계』 12월호, 1977년)

9. 어떤 후회

　세모가 가까워지는 추운 겨울밤이면 잊혀지지 않는 어떤 후회가 있다. 이제는 박하를 먹은 듯이 후련한 기분이 되었지만, 얼마 전까지만 해도 어혈(瘀血)맺힌 가슴같이 개운치 않을 때가 있었다.

　5, 6년 전, 학기말시험이 끝난 후의 어느 추운 겨울밤이었다. 아홉 시가 훨씬 넘어서 어떤 학생이 찾아왔다. 정초가 아니면 집에서 학생을 만나기를 싫어한다는 것을 사학과 학생으로서 모르는 이 별로 없고 보면 사학과 학생이 아님은 거의 확실했다. 만약 사학과 학생이라면 매일 나가 있는 학교 연구실에 찾아오지 않고 집으로 찾아온 데에는 무슨 곡절이 있는 것이 분명했다. 여하간 현관에 나가보았다. 그런데 낯이 익기는 했으나 잘 모르는 학생이었다. 물어볼 것도 없이 교양과목의 문화사를 수강하는 학생이었다. 한 손에는 길다란 병을 포장지에 싸서 들고 있었다.

　"어째서 왔소, 이렇게 늦은 밤에……"

　입담이 없는 퉁명한 물음이었다. 그러자 그 학생이

　"교수님께 말씀드릴 것이 있어서 왔습니다."

라고 하면서 문을 열어준 가정부에게 들고온 것을 넘기려고 했다. 그러자마자 반사적으로 대꾸하는 말이

　"나는 술을 못합니다. 받아도 소용없소. 집에 돌아가서 아버지께 갖다 드리시오. 용무가 있으면 학교 연구실로 오시오."

하고 들어왔다. 몹시 불쾌했다.

　얼마 있다가 집사람이 내 방에 찾아와서 못마땅한 듯이

"아무리 불쾌해도 이렇게 추운 날 밤에 찾아온 손님을 현관에서 쫓는 법이 어디 있어요?. 차라도 한 잔 대접하고 타이를 것을……"
하는 것이었다. 그 말을 듣고 보니 과연 그 말이 옳았다. 학생도 손님인데 이렇게 추운 날 밤 현관에서 손님을 쫓은 것이 마음에 맺혔다.

이튿날 학교에 나가서 문화사를 수강한 학생들의 기록카드를 조사해 보았다. 성도 이름도 모르는 학생이지만 기록카드에 붙어 있는 사진으로 그 학생을 찾기 위함이었다. 과연 ○○학과 모군이었다. 학교성적은 보잘 것 없었으나 고등학교는 명문 출신이었다. 학기말 성적을 이미 학적과에 제출한 후이었지만 그 성적이 궁금하여 학적과에 알아 보았더니 60점(D)이었다. 일단 안심은 되었지만, 찾아온 이유를 알 만도 했다.

그러나 방학이 시작되었기 때문에, 새학기가 되어서 그 학생을 만나면 가슴에 엉킨 후회를 풀어야겠다고 다짐했다. 하지만 몇 학기가 지나도록 그 학생을 만날 수가 없었다. 그 학과에 부탁해서 찾아오도록 할까 생각도 해 보았지만 어쩐지 이상해서, 그만두고 자연스럽게 만나게 되기를 기다렸다.

얼마가 지났다. 교정에서 어떤 학생이 허리를 굽혀서 인사를 했다. 예사로 답례를 하고 보니 바로 그 학생이었다.

"○군 강의 있소? 시간이 있으면 내 방에 가서 이야기좀 할까……"
그 학생은 마침 한 시간 동안 강의가 없다고 했다. 그래서 그 학생을 데리고 연구실에 왔다.

"오랜만이오. 그날밤에는 차 한 잔도 대접하지 않고 현관에서 쫓아서 미안하게 됐소. 차 한 잔을 대접해야만 내 가슴에 맺힌 어혈이 풀릴 것 같으니 내 방에서 커피 한 잔 드시오."
여전히 살갑지 않은 말투였다. 차 한 잔을 나누면서 잠시 이야기를 했다. 사과 반, 타이름 반이었다고 기억한다. 그 학생은 집을 찾느라고 늦게 방문했다고 한다. 또 그날밤에는 몹시 원망했다고도 한다. 그 동안 군대도 갔다 왔다고 한다. 돌아가면서 몇 번인가 고맙다고 인사를 했다.

나는 이로써 오랫동안 맺힌 가슴의 어혈을 풀었다. 그러나 찾아온 손님을 매정하게 쫓은 일은 두고두고 후회되어 겨울밤이 되면 간혹 생각나곤 한다. 올해의 연고전 때에도 그 학생을 만났다. 이제는 모회사에 취직한 동문으로 응원을 왔다고 한다. 가벼운 기분으로 악수를 하고 헤어졌다.

(『세대』 161호, 1976년)

10. 다섯 차례나 고쳐 배운 맞춤법

"영어 철자는 틀리지 않으면서, 왜 한글 맞춤법은 틀리는가?"

1학년 국어를 담당하셨던 장지영 선생님이, 입학 시험에 출제되었던 문제를 풀이해 주시던 첫 시간에 꾸짖으며 하신 말씀이었다. 입학 시험지를 채점하시면서 느끼신 일을 말씀하신 것으로 믿지만, 나로서는 두고두고 잊지 못할 나무람으로 기억하고 있다.

사실 나는 이제까지 한글 맞춤법을 다섯 차례나 배운 셈이 된다. 처음에는 소학교에 입학하면서 당시의 『조선어 독본』으로 배웠다. 학교에서만이 아니라 집에서 어머니로부터도 한글을 배워서 소학교 1학년 1학기가 끝날 무렵에 한글을 읽을 줄 알았고 1학년을 마칠 때에는 그런 대로 쓸 줄 알아서, 할머니께 문안 편지를 올린 일도 있었다. 3학년 때에 '조선어' 시간이 폐지되어 학교에서는 한글을 그 이상 배우지 못했으나 일상 생활에서 보고 읽고 쓰는 데 불편이 없었다.

그 후 광복이 되자, 중학교에서 '한글 맞춤법 통일안'으로 한글을 다시 배우게 되었다. 그런데 당시 한글을 가르치시던 국어 선생님은 광복 전 일본말을 가르치다가 갑자기 국어 교육을 맡게 되어 맞춤법에 아직 능숙하지 못하셨는지 '맞춤법 통일안'을 그대로 외우게 했다. 그러다가 연희대학교에 입학하게 되었으나 6·25 사변으로 대학에서도 한글 공부를 제대로 못하고 말았다. 그래서 한글 운동의 본산지인 연희대학교를 졸업하면서도 한글 맞춤법에 자신이 없었다. 당시 엄격하기로 유명했던 김윤경 선생님으로부터 철저한 교육을 받은 국문과 학생이 아니라, 한자를 주로 대하는 사학과 출신인 나로서는 독후감 두 편으로 교양과목 국어를 무난히 마쳤기 때문에 더욱 그러했다.

　그런데 1960년대에 접어들어 교편을 잡고 원고를 본격적으로 쓰게 되면서 어쩔 수 없이 한글 맞춤법을 공부하지 않으면 안되었다. 특히 연세대학교에서는 모든 글이 한글 위주로 되어 있고 학교신문인 『연세춘추』마저 순 한글 가로쓰기여서 제대로 된 글을 쓰기 위해서는 한글 맞춤법 자습이 불가피했다. 이렇게 해서 한글 맞춤법이 어느 정도 익숙해지는가 했더니 얼마 전 다시 맞춤법이 달라져서 또 다시 새로운 맞춤법을 익히고 있다. 한글 전문가들의 설명에 의하면 사소한 변화에 지나지 않는다고는 하나 나로서는 새롭게 익혀야 할 숙제이다.

　따라서 글을 쓰게 되면서부터 부지런히 참고하던 한글사전이 더욱 필수적인 반려가 되고 있다. 새로 편찬된 새 사전이면 더 좋다. 맞춤법만 아니라 되도록 전통적인 우리말을 쓰고 보다 더 아름다운 어휘를 골라 쓰자는 욕심에서 연유하지만, 한자음의 구별이 모호할 때가 많아서 그렇기도 하다. 한자의 '제'와 '재'가 간혹 모호할 때는 부득이 일본말 발음에 의해서 구별하는 어처구니없는 방법을 이용하고 있거니와, 이런저런 일을 그런 대로 부지런히 익히고자 노력하고 있다.

　한글과 나는 인연이 없지도 않다. 18세기의 학자이셨던 선대의 한 분이 한글을 연구하셨고 그 연구 업적이 국어 논문이나 저술에서 인용되는 것을 볼 때마다, 연세대학교에서 맺어진 한글과 나의 관계 이전에 이미 한글과 나는 혈연적으로 인연이 진하게 맺어져 있구나 싶어서, 한글을 잘 익혀 맞춤법에 능통해야겠다는 다짐을 안해 본 것이 아니지만, 그 다짐이 아직까지 희망에 그치고 있을 뿐이다.

　더욱이 한자는 눈으로 읽고, 한글은 입으로 읽는 것이 나의 솔직한 부끄러움이다. 하지만 가로읽기가 세로읽기보다 편한 것은, 한글세대가 아니더라도 "사람의 눈은 옆으로 째져 있어, 가로 읽게 되어 있다"고 역설하시던 최현배 선생님의 고집스러운 가로쓰기 운동의 영향인지도 모른다.

　이렇게 보면 내가 비록 한글 맞춤법에 여전히 익숙하지 않고 한글로 된 글을 눈으로 줄줄 읽어내려가지 못한다고 할지라도, 맞춤법을 제대로 익히기 위하여 몇 번이나 노력하고 가로쓰기가 세로쓰기보다 편하게 여겨지는 것 등은 40여 년 동안 연세대학교 안에서 생활하면서 체득한 결과라고 자부하고 싶다.

(『연세와 한글』, 1992년)

III

연세와 나

1. 용재(庸齋) 백낙준(白樂濬)

(1) 용재(庸齋) 백낙준(白樂濬)

용재 백낙준(1895~1985)은 평안북도 정주군 관주면 관삽동에서 1895년 3월 9일 백영순(白永淳) 씨와 경주 김씨 사이의 네 형제 중 막내로 태어났다. 용재의 부친은 한때 그 고을의 풍헌(風憲 : 지금의 면장)을 지낸 일이 있었으나 넉넉치 못한 촌부였고 모친은 무척 총명하고 너그러운 분이었다고 한다.

강물은 바다에 이르러 퍼지나니

어려서부터 한학을 익혀 사서(四書)까지 공부했지만 1906년 이웃 마을에 기독교회가 들어와 세운 영창(永昌)학교에 입학했다. 기독교 신자도 아닌 용재의 부친이 용재를 이 학교에 보낸 것은 장차 신학문이 필요할 것이라는 신념 때문이었다. 나라 잃은 울분도 적지 않았으나 1910년 선천의 신성(信聖)중학교에 진학하면서 크나큰 호기심을 가지고 서양의 문명에 본격적으로 접하게 되었다. 이 신성중학교는 미국인 선교사인 윤산온(尹山溫 : G. S. McCune)이 세우고 교장으로 있었는데, 부모를 여의고 가세가 빈한했던 용재는 이 윤산온 교장의 도움으로 학교를 다닐 수 있었고 윤산온과는 1938년까지 밀접한 사제관계가 이어졌다.

그러나 용재는 1913년 신성중학교를 졸업하기 직전, '105인 사건'이라고 불리는 날조된 조선총독 암살모의사건에 연루되어 중국에 망명해서 영국인이 경영하는 교회학교인 천진(天津) 신학서원(新學書院)에 입학하게 되었다. 용재가 1927년 연희전문학교 교수로 부임하기까지 14년간에 걸친 해외 고학생활이 시작된 것이다. 용재는 여기에서 3년 동안 중국인 학생들과 함께 교육을 받으면서 중국어와 영어를 열심히 배웠다.

이러는 동안 한국에서는 일제의 탄압이 가혹해지고 중국에 와있던 한국인에게까지도 이러한 탄압이 미치게 되자, 용재는 1916년 중국인으로 가장해서 상해를 경유, 미국으로 다시 망명하여 파크 대학 부속중학교를 거쳐 1922년 파크 대학을 졸업했다. 용재는 파크 대학 학생이면 누구나 하루 3시간씩 일을 해야 한다는 교칙도 교칙이려니와 학비를 마련하기 위한 고학을 하면서 전공인 역사학 이외에 심리학을 부전공으로 하고 교육학에도 관심을 쏟았다. 물론 공부를 열심히 했고 미국사회와 그 풍습도 익혔다.

이어서 용재는 신학 자체에 대한 관심도 있었지만 약간의 장학금이 지급되는 혜택과 장차 귀국해서 교회활동으로 민족에 봉사하기 위하여 프린스턴 신학교에 입학했다. 그런데 프린스턴에서는 다행히 신학교 3년을 이수하면서 프린스턴 대학 대학원 2년을 같이 마칠 수 있도록 규정되어 있어, 프린스턴 대학 대학원에 적을 두고 역사학을 계속 공부하게 되었다. 이 동안 실바니아 대학의 하기학교에서 정치학을 공부하기도 했다. 그래서 1925년 용재는 프린스턴 대학교를 졸업함과 동시에 프린스턴 대학 대학원에서 역사학 전공의 문학석사학위까지 받게 되었다.

그리고 용재는 1925년 바로 예일 대학 대학원에 진학했다. 여기에서는 2년 동안 장학금이 지급되어 일생 동안 가장 많은 책을 읽고 전공에 열중할 수 있었으며, 무엇보다도 라토렛(K. S. Latourette) 교수에게 받은 지도는 대단한 것이었다. 중국통이면서 마침『중국기독교선교사』의 저술이 거의 완결단계에 있던 라토렛 교수가 용재에게 한국기독교전래사를 연구하도록 제안하고 지도하게 된 것이다. 따라서 용재는 한국에서의 기독교전래사를 연구하면서 한국문화에 대해서 더욱 더 큰 관심을 갖게 되었다. 그 결과, 1927년 봄 용재는『한국 개신교사 - 1832 ~1910(*The History of Protestant Missions in Korea - 1832~1910*)』으로 Ph. D. 학위를 받고 예일 대학을 졸업하게 되었다. 어려서 한학을 익힌 것이 중국유학중 많은 도움이 되었던 용재는 태평양을 건너 미국에 머물면서 이질적인 서양사회에 적응하고자 노력하면서도 민족을 강하게 인식하게 되었다. 마침 제1

차 세계대전을 전후해서 팽배해진 민족주의 사상의 영향이 용재에게는 더욱 간절한 것이기도 했기 때문이다.

대야골(大野坪)과의 인연

용재가 대야골에 자리잡고 있던 연희전문학교에서 초청교섭을 받은 것은 1925년의 일이다. 프린스턴 대학교의 마지막 학기 때였다. 안식년으로 프린스턴에 와 있던 연희전문학교 신학 교수인 노해리(魯解理 : H. A. Rhodes)가 권유하게 된 것이다. 그러나 용재는 대학원을 마치고 Ph. D.를 수득한 후 부임하겠다고 약속했기 때문에 예일 대학에서 Ph. D.를 받은 후에는 약속을 지켜야 했다. 1927년 8월 용재의 나이 33세 때의 일이다.

당시 연희전문학교는 국내 사립학교로는 무척 진보적이고 규모가 큰 편이었다. 특히 일본을 거치지 않고 서구의 신학문을 직접 수용하는 특성을 안고 있었을 뿐만 아니라 최현배·유억겸·백남운·이순탁·조병옥·하경덕·이춘호와 같은 쟁쟁한 학자·명사·지사들이 교수로 있었다. 백남운과 같이 유물사상에 젖어 있던 분도 있었지만 대부분은 민족과 국가만을 생각하는 민족주의자들이었다.

처음 1년 동안 성경을 가르쳤던 용재는, 1년 만인 1928년 가을부터 문과 과장에 취임하고 강의 과목도 서양사로 바꾸었다. 담당시간이 줄어듦과 동시에 학교 행정에 깊이 관여하게 되었다.

용재가 문과 과장으로 있으면서 가장 먼저 시도한 일은 우리의 말과 글 그리고 문학과 역사를 교수하는 일이었다. 오늘날에는 이들을 국학이라고 말하는데 일제하였던 당시에는 이를 국학이라고 할 수 없어 조선학이란 이름으로 위장해야만 했다. 최현배의 『우리말본』의 기초가 이때 이룩되었고 백남운의 『조선사회경제사』, 『조선봉건사회경제사』가 이 무렵 완성되었으며 정인보의 한국문학과 실학관계 논문이 발표되었다.

이렇게 10년 동안 근속하다가 1937년 용재는 안식년으로 미국에 가서 각 지방을 순회하며 강연과 설교를 하게 되었다. 그 해에 마침 연희를 후원하던 미국 북장로교회가 외국 선교부를 조직한 지 100년을 맞게 되어 용재를 특별초청한 것이다.

그런데 뉴욕에 있는 선교단체들의 권유로 용재는 영국 옥스퍼드에서 열린 '교회와 국가' 세계대회에 참석할 기회를 갖게 되었다. 이 세계대회는 전체주의가 세력을 넓혀가던 그 당시, 민주주의국가의 기독교회로서 대처해야 할 방안을 토론하는 것이었다. 따라서 용재는 많은 각국 대표들에게 일제하 한국 교회의 수난상을 알리게 되었다.

그 후 용재는 미국에서의 두번째 망명생활을 시작하였다. 용재가 영국을 다녀온 후 마침 한국에서는 수양동우회(修養同友會)사건, 흥업구락부(興業俱樂部)사건, 좌익사상관계 검거사건이라고도 불리는 일련의 검거사건이 벌어져서 연희의 조병옥·이묘묵·하경덕 등이 수양동우회사건에, 유억겸·최순주·최현배 등이 흥업구락부사건에, 백남운·이순탁·노동규 등이 좌익사상검거에 각각 관련되어 투옥되어 있어서 돌아가면 구속될 것이 자명하였기 때문이다. 이에 용재는 2년 동안, 모교인 파크 대학에서 역사를 강의하고, 미국 국회도서관에서 한국에 관계된 서적을 정리하는 일에 종사하기도 하면서 관망하다가, 국내에서 민족사상가들의 검거사건이 일단락된 1939년 여름에 귀국했다. 그러나 교수직이 박탈되어 한때 도서관에서 도서정리를 하였으나 이것마저 못하게 되고, 일본관헌의 감시 속에서 거의 6년 동안 은둔생활을 하다가 고대하던 광복을 맞이하게 되었다.

연세와 더불어 58년

광복 후 용재는 여러 사람과 같이 접수위원회를 만들어 일제 말기 적산(敵産)으로 몰수되어 경성공업전문학교로 둔갑했던 연희전문학교를 접수하고 유억겸을 교장으로 추대했다. 그리고 용재는 미군정청의 요청으로 광복 전의 경성제국대학을 접수하고 잠시 법문학부장으로 있으면서 새로운 대학(경성대학)으로 재조직하던 중, 유억겸이 미군정청 문교부장으로 임명되자 1946년 1월 그 후임으로 연희전문학교 교장이 되었다.

7년 반 만에 다시 연희전문학교에 돌아온 용재는 우선 학교정비에 힘쓰는 한편, 대학준비위원회를 조직해서 대학승격을 준비하여 1946년 8월에 연희전문학교를 대학으로 승격시키고 초대 총장에 취임했다. 이어 용재는 교과과정과 수강 신청, 등록금 선납제와 남녀공학 등 여러 제도 개발을 추진하였다. 이어서 진정한 자유는 진리를 바탕으로 이루어져야 한다는 뜻에서 학교의 표어를 '진리·자유' 로 정했다.

이렇게 학교가 차츰 정비, 성숙되어 가는 가운데에도 다른 학교와 마찬가지로 좌우익 학생들의 대립이 심각해서 학교는 늘 소란했으며 학교의 재정형편도 몹시 어려웠다. 1948년에 이사회가 재구성되어 선교부에서 다시 학교운영에 참여하기까지 3년 동안, 연희는 어려운 고비를 용재의 힘에 의해서 겨우 넘길 수 있었다. 물론 동문회의 협조와 사회유지의 기부행위가 적지 않은 도움이 되기도 했지만 날로 성장하는 학교의 성예에 부응할 만한 것이 못되었다. 늘어나는 학교의 규모에 비해서 교육시설이 답보상태에 있는 일이 용재로서는 더없이 큰 부담이었다.

그런데 1950년 5월 용재가 문교부장관에 취임하게 되어 학교운영을 김윤경에게 위임한 지 두 달도 못되어 6·25 전란이 터졌다. 용재는 전쟁중에도 학교 교육은 계속되어야 한다는 신념으로 전시노천수업을 시작했고 전시연합대학도 여는 한편, 외국에 원조를 요청하여 교육자재를 조달했다. 한편 용재는 부산 영도에 연희대학교 임시 교사를 마련해서 1952년부터 학교운영을 재개함과 동시에 파괴된 서울 본교를 정비했다.

이렇게 전시교육을 추진하다가 1952년 10월 문교부장관을 그만두고 총장으로 다시 돌아온 용재는, 1953년 서울 환도로 학교 본부가 서울에 복귀하자, 파괴된 학교시설을 본격적으로 수리, 재건하면서 부족한 교육시설을 확충해갔다. 광복관·연희관·용재관·대강당 등이 이 무렵의 확충계획에 의해서 이루어졌다. 일제 말기에 상실된 학교부지를 환수하는 데에만 머물지 않고 더 넓혀 갔으며 그 밖의 학교자산을 증식시켜 나갔고 연구여건을 조성하기 위한 기구설립 방법을 강구하기도 했다. 동방학연구소를 설치한 것도 이때의 일이다.

한편 용재는 연희대학교와 세브란스 의과대학을 통합하여 1957년 새로운 연세대학교로 출발시키면서 초대 총장에 취임한 후 명실상부한 종합대학의 면모를 갖추기 위해서 노력했다. 학교자산도 날로 불어났다. 연희와 세브란스는 같은 기독교 선교부에서 같은 목적과 정신으로 설립, 운영되었기 때문에 일제시대부터 한 교장이 두 학교를 경영한 일이 있고 한 이사장이 두 학교의 이사회를 운영한 일이 있기도 하여 통합논의가 늘 대두되었으나 6·25 전란으로 중단되었다가 급기야 1957년에 숙원이 이루어지게 되었다.

그러나 용재는 1960년 7월 만 65세로 정년이 되어 총장직을 물러나야만 했다. 그 동안 용재는 줄곧 총장과 이사장으로 겸임하면서 학교발전에 이바지했고, "연세는 연세인의 연세요, 연세는 한민족의 연세이며, 연세는……세계의 연세"라고 주장하기도 했다. 한국어학당을 부설한 것도 이 취지에서 나온 것이다.

이에 연세대학교에서는 1961년 5월 용재를 명예총장에 추대하고, 1965년 5월 연세대학교 창립 80주년을 맞아 명예 문학박사학위를 수여했으며, 1977년 10월에는 백낙준 박사 연세봉사 50년 찬하 기념모임을 가져 연세에서의 용재의 공헌과 그 동안의 봉사에 감사드렸다.

사실 용재는 이후에도 계속 연세대학교의 명예총장으로 있으면서 음으로 양으로 학교발전에 기여해 오다가 1985년 1월 3일 세상을 떠났다. 1937년 대야골과 첫 인연을 맺은 후 58년을 연세와 더불어 살면서 연세를 지극히 사랑했으나 연세대학교 창립 100주년이 되던 그 해에 세상을 하직한 것이다. 이와 같이 연세를 말하면 용재를 연상하고 용재를 회상하면 연세를 상기하게 될 정도로 용재와 연세는 뗄 수 없는 관계를 맺고 있다. 따라서 연세대학교 동문회에서는 용재를 두고 두고 잊지 않고자 설립자 언더우드(元杜尤) 목사의 동상에 이어 용재의 동상을 1987년 5월 2일 '동문의 날'을 맞아 교정에 세워 추모하고 있다.

"민족을 붙들고 살기를 애써 왔다"

용재는 영창학교에 입학하면서 기독교 신앙을 갖게 되었고 신성중학교 생활과 중국·미국에 유학하면서 독실한 신자가 되었다. 또 용재는 프린스턴 신학교에서 신학을 전공한 후 1927년 미국에서 목사 장립을 받고 귀국하여 연회에서 강의하면서 대한예수교장로회 경기노회 소속의 대현교회 당회장까지 되었으나 교수직과 목회활동을 겸할 수가 없었다. 그러나 교회봉사는 적극적이어서 대한 YMCA

이사장, 미국연합장로교 외지 선교부 고문, 한국기독교 100주년 기념사업회 명예 총재 등을 역임했다.

그러나 용재가 가장 힘을 기울였던 것은 교육이다. 일제하 연희전문학교 문과 과장으로 있으면서 민족교육과 민족문화의 계승·발전에 노력한 일은 앞에서 이미 말했거니와, 연희대학교와 연세대학교의 책임자로 있으면서 교육의 목적이 먼저 민족의 번영에 기여하는 것, 더 나아가 세계에 기여하는 것이라고 주장했다. 그리고 이러한 신념은 미군정청 문교부 교육심의위원으로 있으면서 교육법을 기초하여 이 나라 교육의 기틀을 잡고 '홍익인간'을 교육이념으로 제창하면서 보편화되었고 문교부장관, 서울시교육회장, 대한교육연합회장을 역임하면서도 그러했다. 이어서 용재는 도의교육 및 민주시민으로서의 자질함양에도 노력했다.

이 밖에 학계에 끼친 공헌도 적지 않다. 광복 전 진단학회와 조선민속학회를 조직할 때 그 발기인으로 활약했고 조선어학회(한글학회)와 영국 왕립 아주학회에도 간여했다. 1942년 조선어학회사건 때에는 연루자의 한 사람으로 홍원까지 불려가서 검거된 여러 학자들을 적극 변론한 일도 있었다. 광복 후에는 역사학회 고문과 국사편찬위원, 외솔학회와 애산학회 이사장 그리고 학술원 원로회원을 역임했는가 하면, 미국에서 연구비를 공여받아 학자들의 연구를 돕기도 하였다.

사회활동에 있어서는 1946년 국제연합 한국위원단 영접위원장을 시작으로 대한소년단 총재, 서울로터리클럽 회장, 한국교육문화협회 초대 회장, 유네스코 한국위원회 위원, 한국연구원 초대 이사장, 대한민국 독립유공자 심사 실무위원장, 대한체육회 고문 등을 역임하면서 봉사했다. 또한 국제관계에도 참여하여 1947년 이후 유럽과 동남아 등지에서 개최된 유네스코 총회, 반공대회 등에 한국대표로 참석했고 친선사절, 교육시찰을 다니거나 교회관계 모임에도 대표로 참여하는 등 20여 회에 걸친 해외여행 내지 해외체류를 통해서 한국을 세계에 알리고 한국문화를 선양하여 국가발전에 이바지했다.

그런가 하면 정치에도 참여했다. 1960년 4·19 직후에 있었던 민·참의원 선거에 서울지구 참의원 후보로 무소속 출마하여 서울지구에서 최고 득표자로 당선되고 압도적인 지지로 참의원 초대 의장에 선출되었다.

이 참의원 선거에서 용재가 주장한 4·19 정신의 계승, 반공 아닌 승공, 참다운 민주주의의 실현, 교육의 중립화, 한국문화의 선양과 발전을 위한 과감한 대책 수립……등이 용재의 인품과 더불어 유권자의 절대적인 지지를 받은 것이다. 특히 공산주의를 무조건 반대만 할 것이 아니라 공산주의 국가·사회보다 더 잘 살 수 있도록 하는 길이 곧 승공이요, 이 길만이 대한민국의 진로가 되어야 한다는 논리는 오늘날까지 설득력있게 수용되고 있는 주장이다.

여하간 1961년 5·16 군사쿠데타로 참의원 의장 8개월의 막이 내렸지만, 용재는 평생의 신념인 불편부당의 처신으로 참의원에서뿐만 아니라 당시의 정계에서 많은 추앙을 받았다. 따라서 이후에도 정계에서는 용재를 정치에 계속 참여시키려는 움직임이 있어서, 1966년 9월에는 민중당 대통령후보로 응락해 줄 것을 요청받기도 했다. 물론 용재가 수락할 리 없었다. 이후에도 정계에서 계속하여 용재의 도움을 요청해왔다. 1966년 말부터 시작된 민중·신한당의 합동 실현과정과 이범석·윤보선·유진오 등과 같이 이른바 4자 회담을 갖고 대통령후보 추천을 논의할 때도 많은 유혹이 있었지만 과감히 정치와 결별하고 명예총장실로 돌아온 것은 역시 용재다운 용단이기도 했다. 다만 국토통일원 고문과 국정자문위원을 수락한 일은 용재의 숙원인 남북통일에 다소나마 기여하기 위한 것이었으리라고 믿어 의심치 않는다.

위에 열거한 용재의 두드러진 행적들은 용재가 입버릇처럼 말해 오던, 민족을 붙들고 살기를 애써온 용재의 민족에 대한 평생의 봉사였다.

종강록(終講錄)

1983년 여름 용재의 『나의 종강록』이 정음문화사에서 발행되었다. 용재의 폭 넓은 인생관과 국가관, 그리고 세계관이 평이하게 기록된 것이다. 1927년 미국에서 학위논문으로 써서 1929년 숭실전문학교에서 발행한 『한국개신교사』(영문)와 영문과 우리말로 된 논문들이 학술적인 것이었다면 『한국의 현실과 이상』(1963~77) 상·하 두 책은 광복 후의 한국 현실에서 미래의 한국을 위해 합리적으로 제의했던 경세(經世)의 가르침이었다. 그리고 『한국교육과 민족정신』(1954)이 한국교육의 나아갈 길을 제시했던 지침인 데 비해서, 『나의 종강록』은 『나의 인생관 - 시냇가에 심은 나무』(1971)와 유족들이 1989년 엮어 낸 대담집 『내일을 위하여』와 함께 사상과 경륜을 적은 것이다.

이 『나의 종강록』이 발행될 무렵, 용재는 일생 동안 애지중지했던 그 많은 장서를 연세대학교 중앙도서관에 모조리 기증하였다. 비록 1973년도에, 1832년에서 1910년까지의 『한국개신교사』가 국역판으로 간행되었다고는 하지만, 학자로 출발해서 학자로 마감하고 싶은 고집스러운 집념으로 속편 『한국개신교사(일제시대편)』을 완성하기 위해서 여전히 바쁠 때였다. 여러 곳의 강연회에 연사로 초청되거나 요긴한 모임에 참석하는 일 외에는 매일 9시에 명예총장실로 출근해서 석양이 되어야 퇴근하는 규칙적인 생활을 하면서 읽고 사색하며 집필하기만 했다.

젊어서 『맹자』를 줄줄 암송하던 총기가, 90이 되었어도 쇠잔하지 않은 듯 여전히 박학다문하였다. 영어는 물론, 중국어에도 능했으며 한학에 밝고 고전에 유난히 조예가 깊었다.

특히 국학과 실학에 관심이 많아, 명예총장으로 있으면서 동방학연구소에 실학 공개강좌를 두어 매년 공개강좌를 개최하게 했고 국학연구원을 설치하도록 권유하여 개설되기도 했다. 그리고 한국교육의 장래를 위해서 부설한 교육연구소가 위축된 것을 염려하기도 했다.

이와 같이 부지런하고 신념으로 살며 그때까지만 해도 정정했던 용재가 90을 바라보면서 낸 책을 『나의 종강록』이라고 이름한 것은 당신의 삶이 오래가지 못하리라고 예감했기 때문인지도 모를 일이다. 그렇지 않았다면 사명을 가지고 집필중이었던 속편 『한국개신교사(일제시대편)』로 학술적인 작업을 마무리하고자 했던 욕심에서, 계몽서의 마감을 의미했는지도 모를 일이었다. 머리말에서 용재는 "이것이 나의 마지막 강의임에 틀림없다"라고만 겸허하게 술회하고 있을 뿐이다.

용재는 진실되고 노력하는 사람이 되기를 다짐했다. 거짓이 없었기에 흉금을 털어놓고 사귈 벗이 많았고 성실하게 노력한 보람으로 많은 업적을 쌓았다. 정월이면 많은 사람들이 보내온 많은 연하장이 용재의 폭을 알게 해주었고 그의 인품과 학덕, 그리고 업적은 여러 분야의 명예학위와 상훈이 대변해준다.

1938년 영국 왕립 역사학회 회원에 피선된 것을 시작으로 1948년에서 1982년까지만 해도 미국 파크 대학에서 명예신학박사, 미국 스프링필드 대학에서 명예인문학박사를 받았고 미국의 뉴욕 대학에서 세계적 인물에게 수여하는 뉴욕 대학 학교장(메달)을 받았는가 하면, 국내에서 연세대학교의 명예문학박사, 세종대학교의 명예교육학박사를 받았으며, 인촌문화상에 추천되고 대한민국 국민훈장 무궁화장이 수훈되기도 했다. 용재로서는 당연히 받을 만한 학위였고 메달이었으며 상훈이었다.

용재를 기리면서

교육자요, 학자요, 종교인이요, 정치인이요, 또한 사회사업가이기도 했던 용재는 구한말과 일본 식민지시대, 광복 후의 격동기와 전란 시기, 그리고 군사정권의 권력정치기 등 한국의 근 백년사를 한 몸으로 체험하고 이를 극복하면서 민족의 나아갈 길을 제시해준 분이다. 그는 대부분의 삶을 연세대학교와 더불어 살아온 연세인이었다.

이에 연세대학교에서는 1965년 창립 80주년을 기념하는 자리에서 용재에게 명예문학박사학위를 수여하기 위해 이렇게 추천했다.

한국이 낳은 세계적인 인물이요, 교육계와 기독교계의 지도자이신 동시에 민족주의자이신 백낙준 박사는 연세학원의 건흥에 심혈을 경주하신, 33년 만에 정년으로 현직에서 퇴임하신 연세대학교 명예총장입니다.

일찍이 백낙준 박사는 연희전문학교의 한국인 최초의 문과 과장으로서 자아인식을 고취하는 민족교육에 힘쓰셨습니다. 조국광복 후에는 연세대학교 총장으로서 종합대학의 건설을 목표로 두고 한민족의 기독교 고등기관으로서의 면모와 체제를 이룩하셨습니다. 6·25 동란 후에는 파괴된 연희학원의 재건과 확장을 위하여 증흥계획을 입안, 완성시켰습니다. 에비슨 교장 이래 30년래의 숙원이던 연희와 세브란스의 합동을 성취하고, 연세대학의 초대 총장으로서 연세의료원의 초석을 놓고 대연세의 건설을 달성시키셨습니다.

한국교육의 이념을 주창하신 백낙준 박사는 그리스도를 목표로 하는 인격도야를 연세교육의 종지로 삼고, 학생일치의 사상으로 실사구시의 학풍을 세웠습니다. 민족봉사의 방식을 기독교정신에서 체득하도록 연세교육의 이념을 실현하였으며, 민족문화의 향상·발전을 위하여 국학의 진흥을 창도함으로써 세계문화의 공헌을 책려하셨습니다.

백낙준 박사는 민족중흥의 뜻을 교육에 두고 평생사업으로 교육에 헌신하였을 뿐 아니라 자유정신의 부응과 구현으로 한국의 국제적 지위를 높이셨습니다.

그러므로 전 생애를 연세와 함께 살고 연세를 키우며 사는 동시에 민족을 붙들고 살며 민족에 바치며 살아오신 연세학원의 정신적 지주요, 연세인의 스승이요, 한국 교육계의 공헌자입니다.

이와 같이 연세학부에 진리·자유 교육의 기치를 높이 세우신 백낙준 박사의 공적은 명예문학박사학위를 받으시기에 남음이 있다고 인정되어 본 대학원위원회의 의결을 거쳐 이에 추천하나이다.

그러나 용재는 연세만의 용재로 독차지하기에는 그 그릇이 너무나 컸다. 한국의 용재는 세계의 용재이기도 했기 때문이다. 이는 세계적인 인물에게만 수여하던 뉴욕 대학의 학교장(메달)이 1962년에 수여되었던 것을 보아서도 알 수 있는 일이다. 뉴욕 대학에서는 학교장을 수여하면서 용재를 현창했다. 위에서 거론치 못한 것을 추보하기 위해서 장황하나마 이를 적어보면 다음과 같다.

교육가요, 정치가요, 인도주의자인 백낙준은 인류활동의 여러 분야에서 현저한 공헌을 하였습니다.

그는 동서양에서 교육을 받아 파크·프린스턴·예일 대학에서 학위를 받았고 양권문화에 깊은 이해를 가지고 있습니다. 연희·연세대학교의 총장으로 문하 학생들에게 민주주의와 기독교의 진의를 전수하였고 문교부장관으로 공산침입 기간에도 국내교육을 중단하지 아니하였고 국민의 사기를 드높이었습니다.

백 박사는 권력정치를 초월한 정치인입니다. 자유당 정부에서는 문교부장관이었고 민주당 집정시대에는 참의원 의장이었습니다. 유네스코, 반공대회, 또는 교육·문화기구의 세계적 대회에 수석대표로 두드러진 공을 세웠으므로 한국민이 그의 지도력을 신뢰하기에 어김이 없이 되었습니다.

인간개인 중시 사상은 백낙준 철학에서 분리할 수 없도록 내재되어 있습니다. 민간사업에도 뚜렷하여 기독교청년회·대한소년단·교육단체 등에 봉사하였고, 위원 하나를 더 맡거나, 학생 하나를 더 도울 수 있거나, 문제 하나를 더 다룰 수 있다면 분주한 줄 몰라 하였습니다. 독실한 기독교인인 그는 지금은 북미연합 장로교 교무처 고문입니다.

그러므로 뉴욕 대학교는 그의 두드러진 공적과 미국에 대한 성실한 우의에 감사하여 백낙준을 영접하고 학교장을 증정합니다.

그렇지만, 용재도 인간이었다. 이에 사람에 따라서 여러 가지로 비난하는 일이 있었고 이러한 비난이 활자화된 일도 있었지만 허물보다는 훌륭한 점이 더 많았다. 한 번 저지른 일은 두 번 탓하지 않는 도량과 정이 풍부한 분이었고 의리도 강했다. 정인보와 최현배와 사귀면서 보여주었던 의리는 남이 이해하지 못할 용재의 모습이었다.

용재는 이제 국립묘지 국가유공자 제1묘역에서 편안히 쉬고 있다. 그의 묘비에는 ‘연세대학교 명예총장 백낙준의 묘’라고만 씌어 있다. 용재와 연세대학교는 시공을 초월해서까지 맺어지고 있는 것이다.

(『진리·자유』 9·10호, 1991년)

(2) 연세대학교와 용재 선생

1

우리나라에서는 다섯 세대(世代)가 한 울 안에서 생활하는 이른바 '오세동거(五世同居)'를 미덕으로 삼아왔다. 세대가 내려올수록 가족의 수는 기하급수로 증가되지만, 그 울 안에 살면서 종적으로는 존경과 사랑이 끊이지 않고 횡적으로도 우애와 화목이 넘쳐흘러야만 한다고 했다. 오늘에는 이와 같은 대가족제도의 모랄을 전근대적인 유습으로 단정해서 소홀히 하고 있는 듯하지만 종래의 우리 사회에서는 그 집안의 지체를 판가름하는 기준이 되기도 했다.

백낙준 선생께서 연세대학교와 관계를 맺어오신 지 50년이 된 보람을 찬하는 잔치에 즈음하여 오늘날의 이 학원의 구성을 상고해보면 줄잡아 보아도 종전 우리나라에서 그렇게도 선망되어온 '오세동거'가 되지 않을까 여겨진다. 학교책임자인 총장의 차례로 보아서도 그렇고, 사승관계로 헤아려 보아도 그렇다. 사승관계에서는 다섯 세대가 이 학원의 울 안에서 조석으로 만날 수 있고 보면, 옛날의 '오세동거'보다도 그 뜻이 깊고 보람이 더하다고 볼 수 있다.

2

용재 백낙준 선생께서 우리 학원과 인연을 맺게 되기는 1927년 9월 27일의 일이다. 하지만 10월 27일을 기해서 연세대학교 봉사 50년 기념 찬하를 드리게 된 것은 10년 전인 40년 기념 찬하 때, 10월 27일에 거행했기 때문이다. 이 무렵의 9월달은 학원사태가 심상치 못하여 겨우 소강상태에 접어든 10월 27일 - 한 달 뒤늦게 잔치를 하게 된 것이다.

하여간 용재 선생은 당시의 연희전문학교에서 서양사와 성서 담당의 교수로 오셨다. 앞서 1925년 여름 미국 프린스턴 대학에서 역사학 전공으로 M. A.를 마쳤을 때, 연희전문학교에서 영어와 성서를 교수하다가 안식년으로 미국에서 쉬고 있던 로즈 교수가 연희전문학교 교수의 교섭을 해왔지만 Ph. D. 과정을 마친 후에 응락하겠다고 사양한 일이 있었다. 그 후, 용재 선생은 예일 대학에서 저 유명한 『한국 개신교사 - 1832~1910(*The History of Protestant Missions in Korea - 1832~1910*)』으로 1927년 6월 Ph. D.를 받았기 때문에 로즈 교수의 권유에 의해서 부임하게 된 것이다.

당시의 연희전문학교는 문과, 상과, 수물과로 분과되어 있었고 교수진과 학생 중에는 투철한 민족의식을 간직한 분들이 많았다. 이에 일제의 감시와 간섭도 적지 않았다. 용재 선생이 부임하실 때 교장에는 에비슨 박사, 부교장에 원한경 박사, 학감에 유억겸 선생이 계셨고, 문과에 정인보, 최현배, 상과에 백남운, 이순탁, 홍승국, 조병옥, 수물과에 이원철, 이춘호 등의 교수들이 계셨다. 모두가 한국의 학계와 정신계를 지도하고 있던 저명한 분들이었다. 용재 선생은 이러한 환경 속에 들어오셨다.

일찍이 1913년 중국으로 가서 3년간 수학하면서 중국의 고전과 동양학에 대해서 깊은 관심을 갖기 시작했고, 1916년 미국에 간 후 11년 동안 머물며 수학하는 동안, 역사학·신학·교육학·정치학 등에 걸친 광범위한 공부를 하면서 근대학문의 연구방법과 그 정수를 익힌 바 있던 용재 선생은 일제강점의 질곡 속에서도 민족의 전당을 자처하던 연희전문학교에 즐거이 참여하게 된 것이다. 여기에서 마음을 함께 하는 여러 동료교수와 같이 교육을 통해서 젊은 학생들에게 민족의 정신을 함양시켰고, 뜻을 같이하는 교수들과는 민족의 유산인 국학(당시 조선학)의 보다 새로운 차원의 연구와 선양을 위해서 진력하게 되었다. 특히 1928년 한국인으로서 처음으로 문과 과장의 자리를 맡자 행정적인 뒷받침으로 더욱 적극화되어 갔다. 즉 당시 조선어를 정규과목으로 가르칠 수 없었던 시대적인 조건 때문에 조선어를 선택과목에 편입시키는 편법을 써서 조선어 연구의 기반을 닦고 마침내는 최현배 선생으로 하여금 연희학원을 국어학의 요람으로 키울 수 있도록 하였다. 그리고 국어학뿐만 아니라 국문학의 체계화된 연구를 위하여 한문학이라는 이름 아래 한국의 문학을 정인보 선생으로 하여금 교수하게 했다. 뿐만 아니라 동양사라는 강의 명칭으로 한국의 역사를 가르침으로써 한국사의 바른 인식 - 식민지적인 역사관에 대립이라기보다도 오히려 민족사관의 확립지로서의 기반을 닦도록 하였다. 이렇게 국학연구의 기반을 다져나간 일은 일제탄압 아래에서도 민족의 정신을 이어받기 위한 용기있고 대담한 민족의지의 발돋움이었다.

아울러 용재 선생은 이러한 국학의 연구와 그 성과를 공개하고 진작시키기 위해서 1930년『조선어문연구』제1집을 간행했다. 여기에는 정인보 교수의 조선문학원류고와 최현배 교수의 품사유별에 대한 국어학의 논문이 실렸다. 간행동기에 관해서 용재 선생은 "우리는 조선의 위업을 계속치 못하였을 뿐만 아니라 더욱이 그 자취를 더듬을 길조차 묘연하게 되었으니 어찌 통탄할 바 아니리오. 오늘 우리 그 통한을 삼제하려면 그 위업을 계속함에 있고, 그 위업을 계속하려면 우리 조상들의 생각하신 바 및 행하신 바를 생각하고 느끼고 본받음에 있다"고 하였다. 당시 한국에서 우리의 손으로 펴낸 최초의 국학 논문집이었다.

여하간 그 후 연희전문학교에서는 민족의 얼을 다시 찾고 배양하려는 의의있는 연구활동과 저술활동이 계속되었다. 정인보·최현배·백남운·현제명……등의 한국인 교수와 원한경·베이커·핏셔·로즈 등의 미국인 교수의 활동이 컸다. 그런데 이와 같은 연구활동에 용재 선생이 음으로 양으로 장려하고 도와준 뒷바침이 컸다. 학생들도 이러한 교수들의 국학에 대한 연구열에 호응해서『연희』,『문우』등을 간행해서 교수들의 연구논문을 싣고 자신들의 연구활동을 펴나가기도 했다.

비록 일제의 강압과 간섭은 이 학원에 가중되어갔지만 위와 같은 교수의 연구활동 특히 국학에 대한 사명감에 불타는 연구의욕과 그 결과로, 시설의 확충과 더불어 문자 그대로의 연희전문학교의 확충기가 아닐 수 없었다.

여기에서 학생들의 항일운동도 그 도를 더해갔다. 1927년의 신간회 조직과 1929년의 광주학생사건 등을 전후로 한 학생들의 일제에 대한 저항운동은 그 대표적인 사건들이었다. 이러한 사건과 관련되어 학생들이 희생이 될 때마다 용재 선생은 문과 과장으로서, 교수로서 학생들의 일을 해결하고자 노력했다.

그 후 백 선생님은 1937년 봄 영국에서 개최된 '교회와 국가'의 세계회의에 참석하는 길에 구미 각국을 시찰하고 1938년 봄부터는 파크 대학에서 국제관계사를 강의하시는 등 구미지역에 체류하셨다가 1939년 7월에 귀국하였다. 마침 백 선생님께서 외유중이실 때 수양동우회사건과 흥업구락부사건 등으로 또는 항일 저항운동의 조직의 발각으로 많은 교수와 학생들이 곤욕을 당했고, 미국과 일본 사이의 감정악화와 신사참배의 강요, 조선교육령의 개정으로 인한 일본화 교육이 더욱 강요되는 등 연희전문학교로서는 견디기 어려운 시기였다. 여기에서 부교장 유억겸 선생이 사임하고 정인보·백남운·최현배·이순탁·이원철·이춘호 등의 교수들이 사임하지 않을 수 없었다. 일제는 앞서 사임한 바 있는 여러 교수들과 같이 용재 선생도 해직시키고자 작정하여 귀국한 용재 선생을 강의할 자격이 없다는 이유로 교수직에서 몰아내고 말았다. 따라서 용재 선생은 부득이 도서관 사서직으로 물러앉게 되었다. 그러나 다시 1942년 9월 조선어학회 사건의 연류자로 흥원까지 불려갔다. 선생님은 여기에서 더 이상의 곤욕은 면하게 되었지만 결국 도서관 사서에서마저 추방당하여 학교 밖으로 내쫓기게 되었다.

그러나 용재 선생은 조국이 해방되자 유억겸·이춘호·<u>이문묵</u>·김윤경·조의설·김성권과 같이 연희전문학교를 접수한 후 유억겸 선생께 학교를 맡으시게 하고 당신은 경성대학 법문학부장으로 잠시 계시게 되었다. 미군정청의 요청으로 경성대학을 접수 운영하기 위함이었다. 그러나 유억겸 선생께서 미군정청 학무부장으로 취임하기 위해서 이임하게 되자 유억겸 교장의 후임으로 용재 선생은 1946년 1월에 연희전문학교로 다시 돌아오시게 되었다. 그리고 1946년 7월에 연희대학교로 승격시킨 용재 선생은 대학교의 규모에 부합될 만한 여러 면의 학사 개편과 교학의 쇄신 및 시설의 보완 등에 노심초사하지 않을 수 없었다. 또 이사회도 재구성해야 했다. 1941년에 들어서 일제의 노골적인 강압이 있더니 그 해 12월에 도발한 태평양전쟁 직후 종래의 이사회를 총독부의 어용단체로 만들고 다시 1942년 8월에는 학교를 적산으로 처분해서 총독부의 관리로 삼았기 때문에 해방 이듬해에 이사회가 재구성되어야만 했기 때문이다.

용재 선생은 이 밖에도 어려운 경우를 수없이 겪어야만 했다. 특히 해방 직후부터 격렬했던 사상적 대립에서 온 학교질서의 문란을 어떻게 감당하느냐가 문제였다. 당시 어려운 학교의 경영난을 극복하는 일도 큰 문제였다. 그러나 이 어려운 여러 문제들을 극복하면서 새 질서를 찾고 보다 충실한 학교를 이룩하기 위해 교수진을 보강하고 이사회를 재구성하며 시설을 정비하면서 확충책을 강구하였다.

이 무렵 선교계 고등교육기관인 연희·세브란스·이화의 합동문제가 야기되었다. 백낙준(연희), 이용설(세브란스), 김활란(이화) 선생 등이 세 대학의 합동이 국내교계의 소원이고 재미합동 이사회의 희망이니만치 합동하는 일이 상책이라는 의견의 일치를 보기는 했지만 여러 이해관계 때문에 성취되지 못했다. 특히 연희와 세브란스의 합동론은 1929년부터 대두되었던 일이었기에 합동에 대한 두 대학 교수회 대표 명의의 공동건의서까지도 발표된 일이 있었다. 용재 선생은 이 합동문제에 대해 적극적으로 나섰다. 1949년부터 의예과를 연희대학교 이공대학에서 이수하게 하였다. 이 두 대학의 합동은 6·25 동란으로 미루어져서 1957년에 성취되었다.

용재 선생은 1950년 5월 학교의 일을 김윤경 선생에게 대리시킨 후 문교부장관으로 부임했다. 하지만 6·25 동란이 발발했다. 여기에서 학교가 위기에 처하자 학교의 일을 솔선해서 지휘했다. 부산에서 임시교사를 짓고 개강하도록 강구했다. 이산된 교수들을 돌보고 전시중에도 학생들에게 공부할 수 있는 여러 시설과 기구를 마련했다. 비록 피난생활을 하고 있지만 학구적 의욕을 고취하고 방향을 제시해 주기도 했다. 다행히 서울로 돌아와서는 많은 피해를 입은 학교의 시설을 복구하는 데 진력했다. 서울 환도 직전에 학교에 다시 돌아오신 용재 선생은 시설 재건에만 그친 것이 아니라 확장에도 힘을 썼다. 광복관과 과학관, 강당, 도서관, 체육관, 성암관, 청경관, 논지당 등을 신축하고 교육의 혁신책도 강구했다. 전인교육 및 실무교육을 강화하고 교과목을 개편하여 교수방법을 개선하며 교수진을 강화하기도 했다. 연희대학교의 중흥과 확충을 기한 것이다. 또 연구활동의 중심이 될 각 연구소를 설치하여 교수들의 합동연구를 자극했다. 아울러 학생들의 장학제도를 확충하고 자치활동과 종교활동을 통한 대학생활의 보람을 살리도록 힘쓰기도 했다.

한편 백 선생님은 연희대학교와 세브란스 의과대학의 합동을 끈질기게 추진시켜서 1957년 급기야 합동에 성공했다. 여기에서 연세대학교라는 보다 알찬 대학교를 이룩한 용재 선생은 연세대학교 초대 총장으로 취임해서 교학을 쇄신하고 경영을 합리화하며 학생지도와 복지시설을 확충하면서 명실상부한 연세대학교의 구실을 위해서 의과대학의 모든 시설을 오늘날의 위치에 유치하고 이를 신축하는 데 노력하였다.

이렇게 연세대학교가 합동을 통한 새로운 의욕으로 확충되어 나갈 때, 자유당 정권의 종말적인 현상들이 속출되었다. 그 결과 4·19 학생의거가 일어났다. 4·19는 학교의 색다른 기풍을 야기시켰다. 학원의 민주화운동이 고조되어 이사회 대 교수진, 교수 대 교수, 교수 대 학생이라는 걷잡기 어려운 판국이 전개되었다. 이로 인하여 문과대학, 이공대학, 정법대학이 사실상 마비되다시피 되었다. 이른바 연세대학교 분규가 터진 것이다. 이와 같은 분규가 심각하게 되기 전인 7월, 용재 선생은 재직 33년 만에 학교를 떠나야만 했다. 대한민국 초대 참의원 의원에 출마하기 위함이었다. 그 후 용재 선생은 참의원 의장이 되었다. 용재 선생은 비록 학교를 행정책임의 자리에서는 떠났지만 명예총장으로 계시면서, 또는 이사로 직접 참여하시면서 오늘에 이르기까지 학교의 발전과 나아갈 바를 물심양면으로 돕고 계신다.

3

용재 선생은 학교와 직접 간접으로 함께 일하고 생각하시면서 한결같이 삼아 온 주장이 있다면 연세인이 민족, 국가, 세계를 위해서 일하는 데 지녀야 할 정신적인 바탕과 합리적인 방법, 그리고 일사불란한 방향을 제시하시는 일이었다.

여기에서 백 선생님은 특히 총장 재임시에 교육방침으로 진리와 자유라는 교훈을 제정한 후 과학적 방법에 의한 실사구시의 학풍을 확립하고 전인교육을 실시하기 위해서 통재교육(通才敎育 : 교양학)을 창설했으며 이해와 표현에 치중한 외국어교육을 실시하기도 했는가 하면, 남녀공학제를 최초로 실시하고 이공학부의 종합체계를 이루고자 노력했으며 경영학·도서관학을 도입하는 한편 국학진흥을 위해 여러 가지로 노력을 기울였다. 이를 위한 교육시설에는 학교의 중흥계획을 세워 이를 달성하기 위해서 7,500평에 이르는 아홉 채의 건물을 신축하고, 동방학연구소·교육연구소·지역사회개발연구소 등의 연구기관과 한국어학당 등을 개설하기도 했으며 부산분교 및 부산초급대학(1965년에 폐쇄)을 설립하기도 했다. 뿐만 아니라 교육기금의 확충을 위해서 학교 구내에 있던 토지와 가옥은 물론 서울, 인천 각지에 부동산을 매입하고, 한청빌딩·서울금융창고주식회사를 매입했으며 일신방직회사와 대한교과서인쇄주식회사 및 대한통운회사에 투자했는가 하면 목장용 토지와 함안농장도 매입하고 부산에 토지·건물을 조성하기도 했다.

여기에서 교세는 중흥에만 머무는 것이 아니라 확장일로에 있었다. 1946년 8월 연희대학교로 승격되었을 때 4개 학원(대학) 11개 학과에 지나지 않았던 학교가 1960년 7월 퇴직할 무렵에는 6개 대학 27개 학과로 되었고 특히 세브란스 의과대학과 합동한 후의 연세대학교는 국내의 사학에서 추종을 불허하는 교세로 굳어지기도 했다.

오늘날 우리가 진리와 자유정신의 체득으로 교육의 이상을 삼고 신문명의 선구로 전통을 세우며 민족봉사와 가족적 친애로 연세의 정신을 길러 오게 된 것은 용재 선생의 그 동안의 교육적 이상에 힘입어 된 것이다. 그리고 이러한 이상과 전통과 정신의 형성으로 연세는 오늘날의 민족교육의 책임적 교육기관으로 발전하게 되었다.

이렇게 보면 용재 선생이 연세대학교에 끼친 공로는 한 마디로 표현할 수 없다. 이에 연세 창립 80주년 기념식전에서 연세대학교는 용재 선생에게 명예문학박사학위를 드리면서 다음과 같은 추천사로 그 동안의 업적과 보람을 찬양했다.

한국이 낳은 세계적인 인물이요, 교육계와 기독교계의 지도자인 동시에 민족주의자이신 백낙준 박사는 연세학원의 건흥에 심혈을 경주하신, 33년 만에 정년으로 현직에서 퇴위하신 연세대학교의 명예총장입니다.

일찍이 백낙준 박사는 연희전문학교의 한국인 최초의 문과 과장으로서 자아인식을 고취하는 민족교육에 힘쓰셨습니다. 조국광복 후에는 연희대학교 총장으로서 종합대학의 건설을 목표로 두고 한민족의 기독교 교육기관으로서의 면모와 체제를 이룩하셨습니다. 6·25 동란 후에는 파괴된 연희학원의 재건과 확장을 위하여 중흥계획을 입안 완성시키셨습니다. 에비슨 교장 이래 30년래의 숙원이던 연희와 세브란스의 합동을 성취하고 연세대학의 초대 총장으로서 연세의료원의 초석을 놓고 대연세의 건설을 달성시키셨습니다.

한국교육의 이념을 주창하신 백낙준 박사는 그리스도를 목표로 하는 인격도야를 연세교육의 종지로 삼았고 학행일치의 사상으로 실사구시의 학풍을 세웠습니다. 민족봉사의 방식을 기독교 정신에서 체득하도록 연세교육의 이념을 실천하였으며 민족문화의 향상 발전을 위하여 국학의 진흥을 창도함으로써 세계문화의 공헌을 책려하셨습니다.

백낙준 박사는 민족중흥의 뜻을 교육에 두고 평생사업으로 교육에 헌신하였을 뿐 아니라 자유정신의 복음과 구현으로 한국의 국제적 지위를 높이셨습니다.

그러므로 전 생애를 연세와 함께 살고 연세를 키우며 사는 동시에 민족을 붙들고 살며 민족에 바치며 살아오신 연세학원의 정신적 지주요, 연세인의 스승이요, 한국 교육계의 공헌자입니다.

이와 같이 연세학부에 진리·자유 교육의 기치를 높이 세우신 백낙준 박사의 공적은 명예문학박사학위를 받으시기에 남음이 있다고 인정되어 본대학원 위원회의 의결을 거쳐 이에 추천하나이다.

이렇게 용재 선생이 연세대학교에 끼친 업적과 보람은 위에서 거론한 추천사에서 그 개요가 잘 표현되어 있거니와 선생님은 특히 국학의 진흥에 대해서 무던히도 노력하셨다. 1930년을 전후한 시기에 만난을 무릅쓰고 국학의 개발과 선양에 힘쓰셨는가 하면, 6·25 동란중에는 전화로 산일되어가던 문화재를 비롯한 민족의 여러 유산을 간직하고자 노력했다. 또 1949년 초가을에는 국학연구를 위한 기관을 구상해서 준비중에 6·25의 동란을 겪었지만 1952년에 이를 성취시켜서 동방학연구소를 설치해서 국고정리사업에 착수하여 그 결과를 『국고총간』으로 내는 한편 『동방학지』를 간행해서, 1930년에 간행된 『조선어문연구』가 한국인의 손으로 펴낸 국학관계의 최초의 잡지가 된 것처럼, 해방 후에 대학교의 연구소에서 간행된 최초의 국학전문잡지가 되도록 하였다. 또 1930년 무렵, 문과 과장으로 계실 때 유망한 학생으로 하여금 연암 박지원의 연구를 시킨 일과 같이 총장으로 계실 때는 국학연구를 하는 교수들에게 연구비를 주시고, 조수비용까지 대주시는가 하면 외부에서 연구비를 주선해서 보조하기도 했다. 아울러 도서관의 장서도 국학 중심으로 삼고자 하셨다. 오늘날의 연세대 도서관이 국학관계 특히 개인 문집의 중요한 수장기관이 된 일도 실은 용재 선생의 각별한 방침에 의해서 추진된 결과였다. 학교의 장서뿐만 아니라 용재 선생은 개인장서도 많으신 분이다. 이와 같은 수많은 장서도 대부분이 국학관계라고 알고 있는데 이 애지중지하시던 장서를 모두 연세대학교에 기증하신 일도 이 학원으로 하여금 국학의 본산이 되도록 격려하시는 일면이기도 하다.

하여간 용재 선생은 이 학원에서 이어받아온 국학의 맥락을 보다 충실히 이어받고 이를 선양, 진작시키기 위하여 1967년도부터 개최된 '실학공개강좌'를 주선하였고 그 사업의 일환으로 연세대 출판부 명의로 정인보 선생의 문집을 간행하도록 했으며, 금년 5월 14일에 개설된 국학연구원의 창립에도 물심양면의 후원을 하기도 했다.

한편 용재 선생은 이 학원에서의 국학관계의 일에만 협력하시는 데 그치는 것이 아니라 이 나라의 국학의 개발과 연구 개발에도 진력하고 계신다. 해방 전부터 조선어학회(한글학회)·진단학회·조선민속학회·영국 왕립 아주학회 한국지부 등에 깊게 참여하셨고, 해방 후에도 오늘에 이르기까지 국사편찬위원·역사학회와 한국사학회 고문, 외솔회 회장, 다산학회 대표 등 여러 기관에 적극 참여하고 계신다. 물론 용재 선생은 이와 같은 국학관계뿐만 아니라 교육·교회·사회·정치·국제관계에서도 폭넓은 봉사를 하고 계신다. 용재 선생께서는 국가와 민족을 위해서 도움이 될 수 있는 일이라면 기꺼이 참여하셔서서 돕고 계신다. 연세대학교를 위하시는 마음과 성의 못지 않게 겨레와 나라를 위해서도 봉사하고 계시는 것이다. 이렇게 보면 용재 선생께서는 이 나라와 이 겨레를 위해서 일하시고, 특히 연세대학교를 위해서 일복을 타고나신 분만 같다.

물론 오늘날의 연세대학교가 있기까지는 용재 선생의 힘만은 아니었다. 원두우 목사, 에비슨 박사, 원한경 박사, 유억겸 선생, 그리고 오긍선 박사, 김명선 박사와 같은 역대 행정책임자의 노력이 컸고, 정인보·최현배·이순탁·최순주·

홍승국·이원철·하경덕·백남운·이춘호·김윤경·장기원·홍이섭 등과 같은 돌아가신 교수, 그리고 생존해 계시는 수많은 분들의 남다른 성의에 의해서 이루어졌다. 연세대학교의 전통과 지체가 이들에 의해서 굳어지고 쌓아올려졌다.

하지만 용재 선생은 50년 동안이란 긴 세월을 이들과 같이 머리를 맞대고 학교를 위해서 일하신 분이다. 아마도 연세대학교를 위해서 50년 동안 일하신 분으로는 용재 선생과 의과대학의 김명선 선생이 아닌가 한다. 그렇지만 용재 선생은 50년 동안의 대부분의 시기를 학교의 책임진 자리에 계시면서 노심초사하셨을 뿐만 아니라 그 영향이 크다는 데에 의의를 더하는 것이다.

<h1 style="text-align:center">4</h1>

50년 동안이란 결코 짧은 시간이 아니다. 공자는 50세가 되니 천명을 알 만치 되었다고 술회했다지만, 범상한 사람도 50이 되면 옹(翁)을 자칭할 수 있을 만치 노쇠에 접어드는 나이이기도 하다.

용재 선생은 이러한 50년간을 연세대학교와 같이 지내오셨다. 그 동안에 괴로웠던 일, 즐거웠던 일도 헤아릴 수 없이 많으셨을 줄 믿는다. 하지만 어떤 일이고 간에 굳건한 의지와 적정한 방법 그리고 투철한 목적을 가지고 노력하면 뒤따라오는 것은 보람찬 결실이다.

백 선생님이 50년이란 긴 세월을 연세에서 가르치시고 행정을 도맡아 책임지시고 또는 살림을 보살펴 주시는 동안 이 나라의 정치, 경제, 사회, 학술, 교육, 문화, 예술 등에 걸쳐서 주역을 맡고 봉사하게 된 인재가 그 얼마인가! 비록 직접 가르침을 받지 않았다고 하더라도 직접 간접으로 훈도되었고 보면 3만을 넘는 우리 연세인들에게 끼친 유훈(流薰)이야말로 짐작되고도 남음이 있다.

언제나 성실하고 분명하며 꾸준하고 굳건하되 한국의 현실과 이상을 자기의 주어진 사명으로 알고 마음과 몸을 다 바쳐야 한다고 말씀하신 선생님의 지론, "연세는 연세인의 연세요, 연세는 한민족의 연세이며 연세는 문자 그대로 세계의 연장으로 세계의 연세이다"라고 외치시면서 연세인들에게 학교사랑, 모교사랑과 나라사랑을 일깨우쳐 주시는 한편 그들에게 한없는 자부심과 부푼 사명감을 고취시켜주신 격려 등은 연세인들에게 두고두고 잊혀지지 않을 교훈이 되고 있는 줄 안다. 그리고 선생님의 이러한 지론과 격려는 비록 연세인들에게만 한정된 교훈이 아님은 말할 나위가 없다.

그러나 용재 선생은 연세대학교를 위해서 봉사하신 지난 50년 동안의 그 큰 보람을 늘 하찮은 일로 여기고 계신다. 젊을 때에는 아는 것을 자랑하지만 나이가 들고 원숙해질수록 모르는 것이 더 많아진다는 어느 성현의 말씀과도 같이 선생님은 이 학원과 같이 생활해오신 50년 동안의 일 중에서 만족스럽게 여기시는 일보다도 인간이었기에 실수하신 일들을 못내 후회하고 계신다. 지부족(知不足)의 경지라고 말할 수 있을 것이다. 여기에서 이 학교를 위하는 일이라면 만사를 마다하지 않으시고 적극적으로 돕고 충고하고 계신다. 당신께서 다 펴지 못한 의지와 목적을 후배들에 의해서 펴나가게 하기 위해서 진력하고 계시는 것이다.

백 선생님은 학문의 경우에서도 이와 같은 모습을 찾아볼 수 있다. 학자로 출발했지만 하고많은 일 때문에 다 하지 못한 학문의 길에 다시 돌아오셔서 연찬에 연찬을 거듭하고 계신다.

우리 사회에 도승(道僧)은 많지만 학승(學僧)은 많지 않은 현실에서 선생님은 아예 학승을 자처하고 계신다. 언제나 읽고 배우고 묻고 사색하시면서 이들을 정리하고 다시 생각하고 쓰고 계신다. 학계의 새로운 소식도 젊은 사람 못지 않게 관심 갖고 계시며 모르시는 일이 있으면 나이를 가리지 않고 배우기를 자청하신다.

도승이 어느 차원을 극복해서 도통의 경지에 이르렀다고 자타가 공인하는 존재라면, 학승은 그 차원에 미치지 못했거나 그 차원을 스스로 극복했다고 할지라도 이에 만족하지 않고 보다 높은 차원을 지향하는 경우를 말한다.

용재 선생은 일찍이 정평이 난 영문『한국개신교사』에 만족하지 않고 평생의 숙제로 삼아 다시 수정, 보충하는 한편 이를 국역본으로 펴내시기도 했다. 그 동안 못다 하신 그 속편을 집필중에 있는가 하면, 그 밖의 국학에 관한 여러 가지 문제를 가지고 연구중에 계신다.

어떤 사람은 용재 선생을 뵈올 때마다 도승과도 같은 분으로 평가할 수도 있을 것이다. 춘추와 경륜으로 보나 경력과 학식으로 보아서 이미 높은 차원에 계시는 것임이 사실이기 때문이다. 하지만 용재 선생은 어디까지나 학자이시기에 학승으로 모시는 것이 옳을 것이다. 예사의 학승이 아니라 진리의 보다 높은 경지의 차원을 위해서 주야로 공부하고 몸을 닦는 구도자(求道者)의 경지라고 보아도 좋을 것이다.

이러한 백 선생님의 학덕과 그 뜻이 선생님을 모시고 있는 이 학원의 여러 식구들에게 그대로 영향이 되어서, 새롭게 도약한 후 바야흐로 비상하고 있는 연세인의 날개 위에 새삼 힘이 되고 방향이 되어주기를 바라는 마음 간절하다.

(「백낙준 박사 연세 봉사 50년 찬하 강연」, 1977년)

2. 나의 스승 홍이섭(洪以燮)

(1) 나의 스승 홍이섭

평행된 곡선

간밤에 쌓인 눈
고히 잠든 人界에
보드러이 나리었더라

쇠방울 소리
지롱지롱 들리는 새벽

어디로 간 줄도 모르고
잊어버린 그때의
나의 팬씨를 찾으러
나섰던 날

울음도 없는 그 말소리
소구루마 바퀴가 지나간
두 줄기 평행된 곡선만이
말라빠진 가로수 밑으로

스미여 버리고

분홍빛 아침해만
반기며 떠옵데다

홍이섭 선생께서 스물두 살(1935) 때 『삼사문학 三四文學』 제3집에 기고한 「새벽길」의 시고(詩稿)이다. 연희전문학교 문과 1학년 때 조풍연(趙豊衍)님의 꾐으로 공부시간에 적어준 즉흥적인 이 시상에도 선생님의 어떤 의지를 찾아볼 수 있다.

당시 선생님은 연전 재학시절 신백수(申百秀)님을 비롯한 학우들의 모임인 삼사문학 그룹에 참여하고 있었다. 삼사문학 시절에 관해서는 선생께서 「어두운 시절의 초상화」라는 제목으로 1971년 9월호의 『세대 世代』지에서 회상하였기에 부연할 필요가 없지만 문학이야기와 시세의 울분으로 밤을 새우기도 하였다는 추억은 '두 줄기 평행된 곡선'과도 같이 타협없이 지낸 고집스러운 선생님의 일생이 벌써 이 시절부터 사상적 핵심으로 형성되어 장차 눈덩어리처럼 뭉쳐만 갔다.

보드라운 손길처럼

"손길이 보드라우면 정이 많은 거야."

어떤 사연으로 화제가 무르익을 때 말씀하신 것이다. 나는 선생님과 손을 마주 잡아본 일이 별로 없다. 그러나 선생님의 손길은 보드라우면서도 따스하였을 줄 믿는다. 정이 많은 분이었기에 그러하다.

선생님은 열네 살의 어린 나이에 어머님을 여의셨다. 구세군이 있고 홍화문이 있었던 홍파동 한옥에서 손아래 누이 되는 분과 같이 하늘이 꺼지는 슬픔을 겪어야 했다. 두상이 유난히도 크고 키가 작으면서도 두툼한 안경을 낀 철부지 소년이 인생의 비애를 체험한 것이다. 얼마 후 계모 되시는 분의 보살핌을 받았지만 누이를 위로하면서 고독하기만 한 심정을 독서로 보내야 했다. 안경의 유리두께는 두꺼워지기만 했다.

배재고보(培材高普)를 거쳐 연희전문을 마치고 바로 중앙기독교청년회학교에서 교편을 잡게 된 선생님은 김정익(金貞益) 여사와 결혼하였다. 사모님은 개성에서 사시면서 호수돈(好壽敦)여고를 졸업하였다. 음식솜씨가 훌륭한 분이었다. 선생님은 십여 년 만에 알뜰한 정을 주고받게 되었다. 직장은 서울이었지만 살림은 개성의 처가에 차리고 1947년 안암동 집을 마련하기까지 개성을 왕래하였다. 부득이한 일로 처가에 못가게 되면 애정 어린 편지를 띄웠다. 그로부터 내외분의 금실은 각별하였다. 시장에 장보러 가시는 사모님을 따라 다니는 선생님을 돈암동시장에서 만났다는 사람이 한둘이 아니다. 값이 예쁜 화장품을 사주시기도 하고 알맞는 양산을 골라주시는 알뜰함도 있었다.

자제들에게 베푸는 자애도 유별났다. 선생님은 생전에 아들만 넷을 두었는데 6·25 동란 때 셋째 재원을 잃고 재영·재성·재익 3형제를 기르시면서 끔찍이 사랑하셨다. 재원은 선생님이 피신하고 계실 때 병을 앓다가 떠났기 때문에 두고 두고 못잊을 아들이 되기도 했다. "나는 전쟁 때 책과 아들을 잃었어!" 몇 번이고 들은 선생님의 말이었다. 아울러 며느님과 손자들께도 예외가 아니었다. 누이 되시는 분과 이복남매 사이의 우애를 자제들에게 모범으로 보여주시면서, 형제 사이의 우애도 간곡하게 교훈하였다.

이렇게 당신께서 일찍이 그리워하였던 사랑을 가정에 쏟는 한편, 스승에 대해서도 절대적인 존경과 추종을 마다하지 않았다. 배재고보 때의 이윤재(李允宰)·문일평(文一平)님, 연전 때의 백낙준·정인보·최현배님에 대한 사모와 존경은 예사스러운 것이 아니었다. 그분들의 말이라면 우선 따르고 시비는 뒤에 가렸다. 4·19 의거 직후에 있었던 연세대학교 학원분규 때도 이와 같은 사정에서 학교를 한때 사퇴하는 일이 있었다.

한편 선생님은 거처를 별로 옮기지 않았다. 살림을 차린 지 얼마 후인 1947년 처음으로 안암동 옛집을 장만하여 1973년 응암동댁으로 이사하기까지 줄곧 돈암천의 방천가 좁은 골목집에서 살았다. 정인보님의 서체를 닮은 손바닥만한 문패가 달렸던 이 안암동댁은, 반세기 동안 우의를 이어온 최영해(崔暎海)님의 배려로 장만되었고 보면, 그분의 우의가 서린 집이기도 했다. 스무 평 남짓한 대지에

ㄱ자로 지은 작은 한옥 문간방에서 자제를 타이르시고, 며느님을 맞고, 제자와 친구분을 대접하였다. 겨울이면 따끈한 커피 한 잔, 여름이면 시원한 주스 한 잔이 고작이었지만, 시간가는 줄 모르고 말하시는 바람에 찾아뵈었던 용건을 잊은 채 돌아오는 일도 한두 번이 아니었다.

또 선생님은 일생 동안 나라 밖에 나가시지 않았다. 일본, 프랑스, 미국에 꼭 갈 일이 있었지만, 사양하거나 거절하였다. 당시의 사정이 한결같이 마땅하지 못하였기 때문이다. 따라서 6·25 동란 때 사직동 누이 집에 피신하고 있던 동안과 서울수복 후 미육군의 문관으로 종군한 일을 제외하고는 오랫동안 집을 비우는 일이 없었다.

아울러 선생님은 성예에 비해서 별다른 포상을 받으신 일이 없다. 학교에서 훈장을 신청하고자 하면 거절하였고, 포상을 의론하면 반대하였다. 그러면서도 스승과 제자, 애국선열과 동학의 업적에 대해서는 앞장을 서서 포상을 주선하였다.

여하간 선생님은 오랫동안 몸담았던 안암동댁을 정리하고 1973년 가을에 응암동댁으로 이사하였다. 이듬해 정월 세배차 안방을 찾았을 때 선생님은 웃목에 좌정하면서 "이 집에 오니 방 구석이 모두 아랫목이야"라고 웃으면서 세배를 받았다. 안암동댁 같으면 연탄을 때기에 아랫목이 있었으나 응암동댁은 보일러 난방이 되어서 아랫목이 따로 없다는 말이었다. 그런데 바로 이 보일러 난방식의 안방에서 선생님이 돌아가셨다. 연탄보일러실에서 안방에 스며든 연탄가스 때문이었다.

아직도 싸늘한 3월 초의 새벽녘에 적십자병원으로 뛰어간 나는 들 것에서 고압산소실로 옮겨드리고자 선생님의 손을 잡아드렸다. 정녕 따사로우셨을 손길이 차가울 뿐 보드랍기만 했다.

민족과 더불어

홍이섭 선생은 문학에도 출중하였지만 학문의 세계도 폭이 넓고 깊이가 있었다. 젊어서는 과학사에 몰두하여 서른한 살 때 『조선과학사』(1944)를 출판해서 이름을 떨쳤고 이어서 조선 후기의 실학사상 연구에 골몰하여 『정약용의 정치·

경제사상』(1959)으로 집약시켰으며 아울러 한국정신사와 현대사에 영역을 확대시켜서 『한국사의 방법』(1959), 『한국정신사서설』(1975) 등으로 정리되어 나왔다. 이 밖에도 한국근대사와 세종대왕의 전기 등이 있어 이 방면의 연구에 크게 기여하였다.

이러한 학문적 편력을 거치는 동안 선생님은 사상적으로 무던히 고민하였다. 이러한 고민은 순조롭지 못한 시대변동을 직시한 수많은 글 속에 그대로 배어 있었다.

신문·잡지에서 청탁 받은 글을 별로 거절하지 않는 선생님의 속뜻은 어떤 선구적인 안목으로 시류를 올바르게 계몽하고 이끌고자 다짐한 개척자의 자세이기도 했다. 재빠르게 앞지르는 사상적 시각을 손끝으로 써 내려가는 원고지의 속도가 미처 뒤따르지 못하여, 문체에서는 간혹 난해스러운 구절과 장문의 서술로 문맥에 힘이 빠지는 곳이 있기도 했지만, 누구나가 읽어서 공감을 갖고, 새길수록 뜻이 깊은 글을 쓰는 진보적인 사상가였다.

그리고 선생님은 민족에 대한 애착이 유난하였다. 한국의 과학사·실학·정신사·현대사로 이어지는 연구의 진전단계는 물론 계몽적·시사적인 글에서도 지난날 한민족의 영광과 현실에서의 우리 민족의 서야 할 자리, 그리고 앞으로 우리 민족의 걸어나가야 할 길에 관한 것들을 다루었다.

또한 선생님은 박학하였다. 어떤 화제가 있으면 언제 그렇게 많이 읽었을까 의문이 생길 정도로 책이름·인명…을 열거하면서 그 자리를 석권하였다. 이런 일은 선생께서 독서를 많이 하였기 때문이다. 선생님의 서재에는 전공 서적 못지 않게 보조학문에 관한 책들로 꽉차 있었다. 문학·철학·종교·미술…등에 이르는 책들이었다. 외국에서 애써서 구한 신간서적들은 선생님 자리 옆에 놓여져 있었다. 남에게 보여서 오해받을 만한 책은 책상 서랍에 넣어두거나 연구실의 캐비닛 속에 두고 읽었다. 상당히 속독하는 편이어서 그야말로 눈으로 읽었다. 돌아가시기 얼마 전 속리산 관광호텔에서 선생님을 뫼시고 이틀 밤을 지낸 일이 있었는데, 침대머리의 스탠드 불빛으로 읽으면서 넘기시는 책장이 여간 빠르지 않았다. 어쩌면 일목수행(一目數行)하였는지도 모른다.

그분은 중요한 독서카드만 있었지 자료카드는 별로 만들지 않았다. 책마다 쪽지가 꽂혀 있었을 뿐이었다. 책을 읽은 후 연구에 직접 이용되지 않을 것은 그대로 쌓아두었다. 그리고 글을 쓸 때에는 목차 정도만 메모로 적어놓은 채 그대로 써내려 갔다. 언젠가 원고에 관해서 여쭈었더니 문제와 논조만 잡히면 만 하루에 일백 장을 쓴 일이 있다고 할 만큼 속필이었다. 퇴고는 특별한 경우가 아니면 안 한다고 하였다. 누구나가 알아차릴 수 있는 독특한 필체로 쓴 많은 원고뭉치가 아드님댁에 많이 보존되어 있다. 글을 주되 원고를 돌려 받는 버릇이 있었기에 그렇게라도 남게 되었다. 그러면서도 제자들에게 글을 잘 쓰라고 늘 말하였다. 어떤 제자는 석사논문의 자료인용과 서술에서 거의 절반 이상을 수정받은 일까지 있었다.

간혹 선생님은 학문지도나 상대방에 도움이 될 사항이 있으면 쪽지에 직접 적어주는 세밀한 분이었다. 선생님이 늘 간직하고 있던 작은 수첩이 있었는데, 어느 때인가, 그 수첩의 작은 주머니에서 백지에 적은 서목을 보여준 일이 있다. 그런데 이 모필로 적은 스무 대목 정도의 서목은 정인보님께서 선생님께 써주시면서 장차 연구대상이 되어야 할 문제를 주신 것이라고 말하였다. 이에 관한 소식은 선생님이 『사상계』에 어떤 수필 형식으로 기고한 글 속에서 전해지고 있거니와, 선생님도 이러한 옛 스승의 지도와 방법을 따르셨다. 선생님과 가깝게 지낸 분으로서 이러한 쪽지 몇 장을 간직하고 있는 분은 적지 않을 것이다.

이 글을 적으면서 선생님의 저서들을 옆에 두고 보니, 앉아있는 내 키보다도 훨씬 높이 쌓였다. 모든 책에 선생님의 친필함자가 있다. 선생님의 모든 글을 모아서 『홍이섭전집』을 발간하여 보자는 의논이 몇 차례인가 있었다. 그렇게 되면 그 전집의 양과 질은 상당한 정도에 이를 것이고 후학들에게 주는 영향도 적지 않을 것이다.

꾸밈없는 소탈한 삶

선생님은 가식이 없는 소탈한 분이었다. 겨울에 머플러·장갑을 사용한 일이 없고 여름에는 러닝 셔츠를 입은 적이 없다. 여름에 하루밖에 못 입는 남방셔츠

아래에 또 하나의 러닝 셔츠를 입으면 그만큼 덥기만 할 뿐이라는 설명이었다. 그리고 책과 노트는 늘 보자기에 싸가지고 다녔다. 동네 나들이에서는 고무신을 즐겨 신었다. 어느 때는 신설동 로터리까지도 그 차림으로 나갔다. 도장은 목도장 하나가 고작이었고 필기용구는 펜촉만 사용하였다. 웬만한 원고 한 묶음을 쓰는 데 펜촉 하나로 충분하다는 분이었다. 물론 아호도 없었다. 이름 석 자도 제대로 간수하기 어려운데 아호가 무슨 필요가 있느냐는 변명이었다.

언젠가 선생님 아버님의 초상이 났을 때 문상을 갔다. 마침 무척이나 더위가 극성스러웠을 무렵이기는 하였지만, 상주인 선생께서 남방셔츠에 맨발로 있었다. 우리는 조문을 마치고 나오면서 변함없는 선생님의 생활신조에 그저 놀랄 뿐이었다.

그러면서도 폭이 넓은 분이었다. 또 믿으면 끝까지 믿고 밉게 보이면 콩으로 메주를 쑨다고 하여도 믿지 않는 분이기도 했다. 학교 여러 기관의 책임을 맡고 있을 때, 올라오는 결제서류를 거의 믿고 결재하였다. 너희들이 설마 나를 속이기야 하겠는가 라는 속셈이었는지 모른다. 그렇기 때문에 선생님은 공직에서 원칙과 청렴함을 솔선하였다.

그리고 어려운 사정이 있는 사람은 늘 도와주었다. 학장으로 있을 때 남자사환이 그만두고 진학하게 되자 거금을 슬그머니 주었다느니, 연말에 구차한 택시운전사에게 강연료로 받은 두툼한 봉투를 그대로 주고 내렸다는 뒷이야기들은 선생님을 아는 사람들에게는 잊을 수 없는 정담으로 되어 있다. 또 딱한 일로 입원해 있는 제자를 몇 차례나 위문하고 몸이 약한 제자에게는 "봄 가을에 인삼 한 근씩을 푹 달여 먹으면 한결 좋아질 것"이라고 말하시던 선생님이었다.

그러나 당신은 신경통으로 고생하였다. 변절기와 우중충한 날에 휴강하는 일이 있었다. 이럴 때마다 학생들은 선생께서 신경통으로 휴강하는지를 알 정도였다. 이에 선생님은 신경통 치료를 위한 단방약을 많이 알고 있었고 이들을 쓰기도 했다. 한 번은 "신경통에 노루뼈가 좋더군"이라고 말한 일이 있다. 노루뼈를 구해서 손질하여 달여 먹는 방법까지 자세히 설명하였다. 과연 노루뼈가 특효약인지 나는 모르지만 이러한 단방약에 관한 상식도 웬만한 의원보다 해박하였다. 어떤

한약은 이렇고, 어느 양약은 저렇고……하는 말은 선생님이 당신의 건강 때문에
체득한 치료법이었다.

선생님이 젊었을 때는 자주 야산에 오르고 교외에 나가는 일이 많았다고 한다.
그렇지만 일에 쫓기다보니 산에도 들에도 나가지 않았다. 언젠가 울적하여서 전
주에 비빔밥을 먹으러 하루에 다녀왔다는 말을 들은 일밖에 없다. 강의나 회의가
없는 시간은 언제나 댁에 있었다. 학교에서 보직을 맡지 않을 때에는 학교연구실
에 오래 있지 않았다. 그리고 대부분 피로한 눈매였다. 두꺼운 안경을 벗고 손수
건으로 눈을 비비는 일은, 코아래 안면 근육을 위 아래 또는 좌우로 움직이면서
콧방귀를 너더댓 차례 뀌는 일과 같이 그분의 버릇이었다.

선생님은 말년에 당신 나름으로 정리를 하였다. 환갑을 맞는 심적인 어떤 변화
가 있었는지는 모르지만, 소중하게 간직하여 오던 책을 주위 사람에게 많이 나누
어주었다. 6·25 동란중에 많은 책을 잃어버린 후 다시 사 모은 것들이었다. 부산
피난시절의 일이다. 광복동에서 선생님의 댁이 있던 대신동쪽으로 선생님을 뫼시
고 가다가 어떤 책방에 들렀다. 고서가 산적되어 있었다.

이때 선생께서 낯익은 책을 주섬주섬 집어들면서 "모두 내 책이구먼"이라고
하면서 책값을 치르려고 하자, 서점주인이 난처해 하면서 시세보다도 훨씬 싸게
책값을 쳐서 받은 일이 있었다. 댁에 돌아와서 다시 사온 책을 펴보면서 웃던 일
은 지금도 잊혀지지 않는다. 이렇게 다시 사들이신 소중한 책까지도 분양한 책 속
에 들어 있었다. 당신은 앞으로 한국사상사와 현대사만 공부를 할 것이니 그 밖의
책은 선생님보다도 더 요긴하게 필요로 하는 제자와 주위 사람에게 주어야 한다
는 말이었다. 어려서부터 책을 좋아하였고 폭넓은 연구를 하면서 다방면의 귀한
책을 사들이는 바람에 어느 때는 봉급보다도 지불해야 할 책값이 많아서 살림에
지장이 적지 않았다는 사모님의 말이 있을 정도로 생활의 큰 몫이 되었던 책을
기꺼이 나누어준 것이다.

선생님은 기독교를 믿으면서도 교회에는 나가지 않았다. 선생님의 부친이신
홍병선(洪秉璇) 목사님은 한국감리교의 지도적 인물이었지만 선생님은 그러한
내색을 하지 않았다. 책장 한 구석에 예쁜 장정의 성경이 꽂혀 있었고 담배와 술

을 안하는 것으로 짐작될 뿐이었다.

옳은 일은 굽힘없이

홍이섭 선생님은 옳다고 믿는 일은 눈치를 보는 분이 아니었다. 이에 한때는 오해를 받기까지 했지만, 그렇다고 해서 그분의 뜻이 굽혀지는 것은 아니었다. 우리나라에서 있었던 계기적인 어떤 일을 둘러싼 시비에서, 선생님은 "지금부터 50년 후면 그 사실이 밝혀질 것이야"라고 하면서 "그때는 내가 죽은 후이겠지!"라고 말끝을 맺은 일이 있었다. 이는 두고보아야 하겠지만 나는 그때 선생님의 격분하던 일을 잊지 못한다.

여하간 선생님은 타협을 몰랐다. 얼마 전 어떤 교수가 선생님이 어떤 회의에 참석했다 온 후 그렇게도 격분하던 일을 이제 와서야 알 만하다고 실토한 일이 있다. 그 교수는 선생님이 돌아가시기 얼마 전부터 여러 회의에 가끔 같이 참여한 일이 있었는데, 선생께서 돌아가신 후에는 선생님이 간여하던 회의에 전적으로 참여하면서 얻은 소감이기도 했다. 나는 그 교수에게서 이 말을 들은 후부터 선생님의 성품상의 단점 아닌 단점에 대한 새로운 이해를 갖게 되었다.

한편 선생님을 아는 분들의 말에 의하면 험구였다고 한다. 서울 토박이의 독특한 어조로 격분되어 말하는 어휘가 어쩌면 험구일 수도 있겠지만, 이 역시 선생님의 한 성품이었다.

남을 싫어하면서도 내색을 하지 않는 사교적이요, 위선적인 분이 아니라 싫으면 싫은 대로 말하는 직설적인 분이었다. 간혹 좋아하는 분이라도 너무 직선적이고 솔직하게 말한 일이 오해되어 이러쿵 저러쿵 뒷말이 따르기도 했지만 이러한 경우는 으레 잊혀지는 것이 선생님의 성품이기도 했다.

연세대학교 학관 앞 언더우드 동상 옆을 돌아서 퇴근하면서 교무처장에게 "왜 국사학과를 두지 않는 게요. 이래 가지고 어떻게 나라꼴이 되겠소"라고 일갈하였다는 뒷이야기는 당시의 교무처장에게서 들은 이야기이다. 또 연희대학교 전체 교수연구회의에서 당시의 총장이었던 은사 백낙준 박사에게 교수연구실을 하루 빨리 확충해서 학문의 연구풍토를 다져야 한다고 직언하여 여러 교수들의 의견을 대변하였다는 일도 선생님에 관한 뒷이야기로 전해지는 화제의 하나이다.

1971년도 사학과 졸업생들에게 "영국의 식민지 통치하에서 인도의 독립을 위해서 몸바쳐온 간디의 말에 '저항하지 말아라, 순종하지도 말아라'라는 명언이 있습니다. 여러분들은 이제 사회에 나갑니다. 어디를 가서 일하든지 소신껏 일하되 맹목적인 저항은 하지 말기를 바랍니다. 그렇다고 해서 무골충같이 순종만을 해서도 안됩니다. 어디까지나 민족을 위해서 일하십시오"라고 말한 당부도 당시의 졸업생만이 아니라 선생님의 지도를 받은 학생에게는 누구나 일생을 두고 간직해야 할 지침이 될 것이다.

선생님은 한국근세사의 강의시간에 빼놓지 않고 말하는 것이 있었다. 즉 선정비(善政碑)의 이야기였다. 특히 조선 말기에 들어서 각 고을마다 즐비하게 늘어섰던 목민관의 선정비가 문제라는 것이었다. 재임중에 갖은 수탈과 악정을 하였으면서도 떠날 때 그 고을의 아전에게 부탁하여 마치 선정을 한 것처럼 선정비를 세우게 해서 장차의 벼슬길에 이용한 사례가 많았고 보면, 선정비가 있는 고을 원님이라고 하여 모두가 어진 목민관이라고 볼 수 없다는 말이었다. 종래 중국에서 "천 년 동안의 역사책 속에 자기 이름을 남기지 못하는 일을 가장 부끄럽게 여긴다"는 말이 있다. 사람이 죽어서 이름을 남긴다는 말은 좋은 일을 해서 이름을 남긴다는 뜻이지, 좋지 못한 일로 악명을 남긴다는 말이 아니다. 더욱이 돌에 이름을 박아서 남기는 일은 더욱 그러하고 보면, 선생님의 선정비에 관한 강의내용은 역사적 사실에 대한 객관적 - 비판적인 안목을 함양시키기 위한 말임과 동시에 젊은이들에게 주는 교훈이기도 했다. 그리고 돌아가시기 얼마 전부터 선생님은 당신까지 포함해서 50대 이상은 모두 죽어야 문화계의 움직임이 바로 잡힌다고 극론하였다. 어떤 회의에서는 중도에 퇴장하는 일까지 있었다. 물론 이런 말은 어떤 시사를 주기 위한 것이었고 풍자를 곁들인 것이었지만, 예나 지금이나 주책스러운 몰골을 서슴지 않는 어떤 위인들이 내로라 하고 설치는 꼴을 간혹 볼 수 있는데, 선생님은 이들을 두고 말한 것이다. 선생님과 비교적 가까웠던 어떤 분은 이러한 선생님의 극론에 대해서 "생각하건대 지식인이나 학자란, 사람들이 안으로는 지식인의 자세를 잃어버리고 학문의 혁신을 위한 노력을 하기보다는 없는 권위만 주장하고, 밖으로는 급격한 국제정세의 변천에 대한 정확한 인식이 없었으며, 또 인식의 필요성도 느끼지 못하는 식민지 체질에서 오는 그들의 사상적 무능력을 증오하였고, 그 무능력이 학계에서나 전 문화계에서 무능력의 세력권까지 형성하려 하는 것을 보다 못하여 공격한 말일 것이다"(『나라사랑』 제18집 - 홍이섭 선생 특집호에서)라고 평하기도 했지만, 선생님은 이러한 극단적인 말을 자주 하였다.

학교에서나 사회에서 어떤 의의있는 기관이 새로 생길 때마다 "그 자리에는 돌아가신 홍이섭 선생님이 적격인데!"라는 중론을 많이 듣는다. 늘 힘주어 말하던 그러한 기관들이 설립될 때마다 선생님을 잘 아는 사람들은 일찍 가신 선생님을 못내 아쉬워하면서 말하는 것이다.

님은 가시고 유훈(流薰)만이

나는 선생님을 모시는 처지에 있었지 사귀는 관계는 아니었다. 따라서 선생님의 속사정은 속속들이 잘 모른다. 더욱이 6·25 동란 이후부터 모셨기에 그 이전의 일에 관해서는 선생님과 주변의 어른들로부터 들은 바에 지나지 않는다. 그렇지만 비교적 가까이에서 모셨기 때문에 선생님의 일상생활과 신조 그리고 학문과 사상을 어느 정도는 헤아릴 수 있게 되었다.

선생님이 즐겨 입던 짙은 회색 빛깔의 양복색깔, 옥색 와이셔츠와 줄무늬가 있는 넥타이의 조화, 희귀본에만 사인하시던 에머럴드색의 파카 잉크, 만년에 입던 붉은 라이너가 붙은 검정색 바바리 코트……무엇 하나 눈에 선하지 않은 것이 없다.

충무로의 어떤 일본식 음식점을 지날 때에는 몇 번인가 선생님을 모시고 저녁을 같이했던 생각도 떠오른다. 선생께서는 언제나 복지리를 즐겼다. 그 무렵만 해도 나는 복요리를 입에 대지 않는 못된 성미가 있었기에 다른 요리를 시켰다. 그 때마다 선생께서는 "시원해 좋지. 한 번 시식해봐"라고 하였다. 올 정월부터 복요리를 먹기 시작한 나로서는 어차피 먹게 될 바에야 선생님을 모시고 먹기 시작할 것을 괜히 망설였다고 후회하고 있다.

　스무 해쯤 되었을까, 한 번은 덕수궁에서 개최하고 있던 미술전시회에 모시고 갈 기회가 있었다. 옛 친구분을 시내에서 만나기로 하였는데 마침 가을철이라 덕수궁 국화전시도 있고 하여 덕수궁에서 약속하였다는 것이다. 그때 선생님이 만난 친구분의 함자는 잊었지만 분명 학창시절의 친구분임이 분명했다. 반기며 나누는 정담이 어찌나 정다운지 몰랐다. 젊은 나로서는 어른들의 친구 사귀는 일을 배우기도 했다. 그런데 이때 선생님이 말한 것 중에서 지금까지도 역력하게 남아 있는 것은 그림을 보면서 한 말이다. 옛 사람들은 그림공부를 할 때 솔잎 하나, 풀 한 포기를 그리되 법도에 맞고 수천 번의 연습을 거듭하여 자기 나름의 화풍을 터득하였는데, 요사이 어떤 중견화가는 그러한 공부를 하지 않고 자기 나름의 화풍을 터득한 것인 양 그저 그리기만 하니 큰일이라는 말이었다. 선생님은 그림을 그리는 분은 아니었지만 그림을 제대로 감상할 줄 알았다. 이제 와서 되돌아보면 그림뿐만이 아니라 조각에 대해서도 상당한 심미안이 있었다. 해방 직후 충무로에서 샀다는 중국의 석조관음보살상을 책상머리에 두고 감상하면서 "이만한 것쯤은 나도 가질 만하지"라고 하면서 흐뭇해할 줄 아는 분이었다.

　젊어서는 시와 문학에 도취하셨고, 장년기부터 역사를 보되 어디까지나 정신적인 시각에서 사실을 조감하였던 선생님은, 미의 경지에서도 당신 나름의 주관이 있었다. 만년에 들면서 소설을 탐독하되 그 속에서 숨쉬고 있는 시대적 사상을 오늘의 시야에서 되살리고자 시도한 여러 연구성과들도 선생님이 아니고는 해내기 어려운 분야이기도 하다.

　이제 선생님이 돌아가신 지 벌써 10년째 접어들고 있다. 다재다예하고 정이 두터웠으며, 박학하면서도 깊이있는 많은 연구성과들을 남겨준 선생님은 평소에 그렇게도 좋아하던 서남향의 양지바른 명당에 고이 잠들고 있다.

　이제는 선생님의 뜻을 받들어서 이를 현실적으로 펴나가고 미처 이루지 못한 바를 계승받아서 알차게 거두는 것만이 우리에게 주어진 사명이다.

(『주간조선』 통권 771호, 1983년)

(2) 민족사학자 홍이섭

유난히도 큰 두상에 도수 높은 안경을 낀 중키의 홍이섭을 기억하는 사람이 많다. 평소에는 온후하면서도 바른 말을 잘해서 더욱 잊혀지지 않는지도 모른다.

홍이섭은 그 생애의 전반생(前半生)을 민족의 질곡 속에서 지냈고 후반생(後半生)은 민족의 혼란 속에서 살았다. 즉 1914년 12월 6일, 서울 사직동댁에서 홍병선(洪秉璇) 목사와 박씨 성을 가진 어머니의 맏아들로 태어나서, 1974년 3월 4일, 응암동댁에서 김정익 여사와 재영·재성·재익의 삼형제를 두고 세상을 떠났다. 그 동안 금화(金華)보통학교·배재(培材)고보·연희전문학교를 다녔고 대부분을 연세대학교에서 교수하면서 문과대학장·출판부장·동방학연구소장을 맡았다. 한편 독립운동가 포상심의위원·국사편찬위원·학술원 회장에 있었으며, 역사학회 초대회장과 외솔회 초대이사장을 역임하기도 했다. 문학박사학위를 수여받았음은 물론이다.

이렇게 보면 홍이섭은 그 후반생의 30년 동안 연구와 교육·학술활동과 사회계도에 참여하여 무던히도 많은 일을 했다. 그렇지만 그는 흔해빠진 훈장 하나 받지 않은 지사였고 한 번도 나라 밖에 나가지 않은 명사였다. 받지 못한 것이 아니라 안 받았고, 나가지 못해서가 아니라 나가지 않은 것이다. 더욱이 늘 소탈하면서도 소신을 굽히지 않은 난청(蘭淸)과 같은 선비였는가 하면, 가정과 친구·제자에게는 언제나 훈훈한 정을 담뿍 쏟았던 매훈(梅薰)과도 같은 성품이었다.

여하간 홍이섭은 젊어서 얼마 동안 문학에 뜻을 두어 시를 짓고 평론을 했지만, 한국사에 골몰하면서는 세 차례의 학문적인 단계가 있었다. 과학사·사상사·근대사의 연구단계가 그것이다. 모두 당시의 시대적 상황에서 이해되어야 한다.

먼저 과학사 연구에서는 『조선과학사』의 출판을 들지 않을 수 없다. 이 책은 그가 서른한 살이 되던 1944년, 일본에서 간행된 우리나라 최초의 과학사이자 한국과학사를 개척한 쾌저(快著)였다. 그가 이를 저술하게 된 동기는 일제의 억압 하에서도 한국민족사 중 자랑스러운 업적을 마음대로 쓸 수 있는 분야가 과학사뿐이었고, 아울러 과학사가 우리 문화사에서 중요한 비중을 차지하고 있을 뿐만 아니라, 민주정신의 확립을 위해서 과학정신을 배우는 일이 중요하다고 느꼈기 때문이다.

그리고 그는 과학사에서의 두 장르인 학설사와 사회사를 잘 조화시키면서 외래적인 영향과 자생적인 변용·창조를 찾아내고자 했다. 이에 참고·인용된 자료에는 당시로서 광수(廣搜)될 수 있는 모든 논저가 거의 망라되었다. 이 책이 오늘에 이르도록 국내외에서 한국과학사의 입문서임은 말할 것도 없고 자료집으로까지 널리 알려져 있는 이유가 여기에 있다.

다음, 사상사분야에서는 실학을 중심으로 하는 조선조의 정치·사회경제·학술·종교 등의 연구에 몰두하였다. 실학연구는 광복을 맞아서 스승인 정인보·문일평 등으로부터 환기된 국학의 실체인 실학을 이어받아 다시 계승·발전·성취시킨 것이었다. 이러한 일련의 연구성과 가운데서도『정약용의 정치경세사상 연구』(1959)는 선구적인 업적이었다. 연세대학교에 문학박사 학위청구논문으로 제출하기도 했던 대표적인 연구인 셈이다.

여기에서 그는 유형원→이익→정약용의 학적·사상적인 계보와 정약용 사상의 다각적인 분석을 하고 있어 실학연구의 한 이정표가 되었다. 또한 정약용에 관한 글은 심지어 잡문에 이르기까지 모두 수집·정리·소개하기도 했다.

이어서 근대사에 대한 관심으로 취의되었다. 이들 연구성과는 그가 타계한 다음해 연세대학교 출판부에서 1주기 기념으로 간행되었다.『한국근대사』(1975)와『한국정신사서설』(1975)이 곧 그것이다.

『한국근대사』는 19세기 전반기 한국사회의 실태에서부터 일제식민통치의 실상을 파헤쳐서 올바른 한국근대사의 이해를 위한 것으로, 유네스코 한국위원회에서 간행한 *The History of Korea*의 근대편 한글원고이고,『한국정신사서설』은 1906년부터 1930년대 사이의 역사의식, 문학정신, 서구인의 한국관을 다룬 것인데, 특히 한국정신사의 과제와 당시에 발표된 문학작품을 통해서 본 정신구조의 파악은 홍이섭의 문학적 재간을 여지없이 발휘한 논문들로서 그가 아니면 감당하지 못할 작업이었다.

아울러 한국일보사에서도 홍 박사의 유고 중 20세기 전반사(前半史) 8편의 논문을 모아서 춘추문고로 『한국근대사의 성격』(1975)을 간행하였거니와, 이러한 논문을 영문으로 발표한 후 *Korea's Self - Identity*(1973)로 묶어 간행해서 외국에서의 한국연구에도 이바지했다. 아울러 그는 한국문화사에서 두드러졌던 『세종대왕』(1971)을 저술했고, 『한국해양사』(1955)의 편찬에 참여하기도 했다.

그러나 그의 면모를 잘 보여주는 『한국사의 방법』(1968)은 보다 더 널리 알려진 책이다. 이는 한국사의 방법, 한국의 사상가와 근대의 사가들, 한국과 서양 등으로 구성된 조촐한 문고본(탐구신서 35)인데, 위에 열거한 여러 연구에서 과학사를 제외한 대부분의 연구경향들이 집약적으로 정리되어 있고, 그의 사상편력뿐만 아니라 독특한 문학과 어휘마저 각양으로 구사되어 있어서 그를 이해하는 데는 귀중한 저서이기도 하다.

물론 홍 박사는 이것에만 그치지 않았다. 「Gores 시고」(『역사학보』 1집)를 비롯한 수많은 논문과 글들이 아직도 정리·출판되지 못한 채 유족에게 보관되어 있다. 이러한 유고들이 모두 공간되어야만 문자 그대로 '홍이섭 사학'의 전모가 드러나고 그의 학문과 사상의 평가가 제대로 될 것이지만, 11주기를 얼마 후에 맞을 그에 대한 평가는 이미 알려지고 간행된 것만으로도 후학들의 높은 숭앙을 받고 있다.

그러면 홍이섭에 대한 평가는 어떠해야 하겠는가. 두말할 것도 없이 그의 인생관과 사상체계 및 학문경향은 오로지 한국사의 올바른 인식과 이해, 민족문화의 선양과 민족번영의 염원에 있었다.

어떻게 보면 조선 후기의 실학에서 1930년대 이후의 국학으로 이어졌던 정신적 계승을 한 몸으로 지탱했는지도 모른다. 또한 해박하고도 예리한 자기판단으로 이에 역행되거나 이를 부정하는 경우라고 생각되면, 타협 없이 고군분투하였다. 한때는 그의 사상적 귀추를 의심하는 사람이 있었다고 전해들을 정도로 이 점에 있어서는 근본적이고 직설적이었다.

이와 같은 홍이섭에 대한 평가는 필자만의 생각이 아니다. '홍이섭 선생 특집호'인 『나라사랑』 18집(1975)에서 김철준(金哲埈)·천관우(千寬宇)·박종홍(朴鍾鴻)·손보기(孫寶基)·전상운(全相運)·염무웅(廉武雄)들도 다 같이 그를 민족사학자로 규정짓고, 그의 투철했던 역사정신과 그 소산물들을 높이 평가하고 있음은 정확한 지적이라 아니할 수 없다.

이제 그는 돌아가셨지만 그의 유훈은 오늘날 한국사의 새로운 인식과 연구에 그대로 이어져 생동하고 있고 앞으로도 크게 영향될 것을 의심치 않는다.

(「해방 40년 한국인물 40선」,『政經文化』, 1985년 1월)

(3) 선비 홍이섭

사람은 아쉬움을 두고 떠나야 하는가 보다. 이러한 아쉬움이 누구에게나 다 같이 공감되어야 함은 물론이다.

홍이섭 선생님은 바로 이런 분이셨다.

내가 선생님을 알게 된 것은 6·25 전쟁 때의 부산 피난시절이었다. 해군전사 편찬실의 문관으로도 계셨을 무렵이어서 카키색 군복에 검정 가죽가방을 들고 다니실 때였다. 그 후 나는 선생님을 비교적 가까이 모시게 되었다. 그분의 정열적인 연구활동, 소탈한 일상생활과 강직한 성품까지도 남못지 않게 잘 알게 되었다.

그렇지만 선생님을 잘 아는 사람들이 누구나 잊지 못할 일은 그 어른의 평민적인 생활신조와 강직한 성품인 줄 안다. 어떻게 보면 가식을 거의 모르는 분이셨기에 더욱 그러하다. 한번은 "우리집은 양은시대의 사람들이야"라고 말씀하신 일이 있었다. 1960년대 말이라고 기억되는데, 식기에서 일상용품에까지 모두가 양은뿐이라는 뜻이었다. 지금에 와서 생각하면 양은시대야말로 1950년대의 우리들 생활상을 대변하는 일이었고, 그 무렵에는 스테인리스시대였는데 선생께서는 10여 년 전의 생활양식을 지속하고 계셨고 보면 시속과 거의 담을 쌓고 사셨다는 것을 의미한다. 청빈한 생활을 엿먹듯이 감수한다(淸貧如飴)는 옛 선비의 긍지를 되살리는 듯했다.

그뿐이 아니었다. 돌아가실 때까지 길거리에서 백 원을 주고 새겼다는 목도장을 봉투에 둘둘 말아서 간직하고 계셨고, 초로에 들면 대부분이 애용하는 아호마저 없으셨다. 이름 석 자도 제대로 간수하지 못하는데 호를 쓰면 그만큼 감당할 수 없다는 것이 그분의 지론이었다.

또 언제나 훈훈한 인정이 감도시는 선생님이셨지만 때로는 냉혹한 분이시기도 했다. 공사의 분별에서는 물론 유난히도 각별하셨던 애증의 표현에서도 그러하셨다. 좋으면 좋은 대로, 싫으면 싫은 대로 가식 없이 말씀하시고, 당신의 판단에 의해서 한 번 가늠하신 일이면 타협이 없으신 외곬 성품에서는 한결 그러하셨다.

모름지기 선비는 자기 세계를 갖고 있다. 더욱이 비굴하지 않고 부끄럽지 않게 사는 길이 선비의 긍지라면 선생님은 바로 이러한 선비정신의 한 표상이기도 했다.

나는 선생님을 오랫동안 모시면서 그분께서 이룩하신 학문적인 업적은 물론 평생을 두고 걸어오신 소탈한 삶의 길은 뒤따르지 못하지만 강직한 마음가짐만은 닮고자 기쓰고 있다.

선생님께서 이승을 떠나신 지 벌써 10년째 접어들고 있다. 사람은 10년을 지내봐야 제대로 평가될 수 있다고 하거니와 이제 와서 선생님을 새삼스럽게 추상하고 보면 내가 살아온 60 가까운 세월에서 결코 잊지 못할 스승이셨을 뿐만 아니라 우리 학계에서도 두고두고 추모될 분이시기도 하다.

(『경향신문』, 1984년 2월 20일)

3. 연세기질론

4·19 직후의 일이다. 어떤 소설작가가 모일간신문의 연재소설인 「혁명전야」에서 '몇백 환(?)이 생기면 서울대학생은 책을 사고, 연세대학생은 구두를 닦고, 고려대학생은 막걸리를 마신다'고 쓴 것이 학생들을 격분시켜 학생들이 그 신문사에 몰려가서 항의하는 한편 그 작가로부터 사과를 받은 일이 있었다. 작가는, 이런 기질이 4·19를 계기로 해서 변혁을 가져온다는 것을 쓸 작정으로 시작한 공상적인 표현에 지나지 않는다고 해명했다지만, 연세인으로서는 분명히 기분 나쁜 일이었다.

이 학교를 다녔거나, 이 학원에 봉직하는 사람들은 오랫동안 이 환경에서 연세 나름대로의 기질을 키우고, 이어왔다. 기질은 어떤 환경과 여건 속에서 후천적으로 길들여지는 것이고, 또 이 기질이 부지불식간에 자기의 어떤 성정(性情)의 한 면으로 발로되는 것이다. 따라서 지금은 태반이 쓰러지고 만 낙락장송의 그늘에서 지금은 아주 없어진 백양로를 걸어 드나들면서 또한 금주금연의 규칙 아래 연세의 기질은 우러나서 연세인의 몸에 그대로 배게 되었다.

물론 이 기질에는 객관적으로 보아서 장단점이 있고, 주관적으로도 장단점이 있다. 어떤 이는 아전인수격으로 모두를 좋게만 보기도 하지만 한편에서는 아주 못마땅하게 볼 수도 있다. 이런 상반된 견해가, 주관적이건 객관적이건 간에 세인의 입에 오르내리게 될 때, 앞서 말한 소설작가의 단적인 표현으로까지 이르게 되지 않았는가 생각되기도 한다.

여하간 20여 년 동안 이 연세에서 지내온 필자로서 과연, 우리의 기질이라고 볼 수 있는 점이 무엇인가 생각해 보았다. 다른 학교의 기질과 비교해서 내 나름대로의 느낌을 서슴지 않고 들어본다.

장점이라고 할 만한 것이 있다면 첫째로 어떤 불의에도 타협하지 않는다는 점이고 둘째는 세련되고 신사적이라는 것이다. 이를 두고 외유내강이라고나 할까. 겉으로 보기에는 패기가 없을 정도로 얌전하고 말쑥하며 착해 빠졌지만, 어떤 불의에 대해서 참다 참다 못참을 지경에 이르면 그대로 폭발시키는 것이다. 연세가 이런 기질 때문에 스스로 밑진 일도 없지 않지만, 한편 이런 기질이 민족의 독립 과정이나 학교의 정화를 위해서 또는 민주주의의 수호를 위해서 장한 결과를 가져온 일도 적지 않았다.

반대로 단점이라고 할 만한 것이 있다면 첫째로 무기력, 둘째로 개인주의, 셋째로 이중성격을 들 수 있다. 무기력과 개인주의는 분명 소시민적인 이기주의, 실리주의에서 오며 현대인으로서 밑지는 짓은 안한다는 서구적인 합리주의에서 오는 것이라고 좋게 평할 수 있을지 모르나, 이런 성향이 우둔하고 저돌적인 상대와 맞붙었을 때 감당하지 못하는 결과를 가져오기도 한다. 그리고 맞대놓고 말하지 못하고 뒷공론하는 짓, 겉과 속이 다른 위선적인 짓을 서슴지 않고 하는 이중성격적인 요소는 우리가 뼈저리게 반성해야 할 것 중 으뜸가는 것이다.

우리는 연세대에서 인재가 많이 나지 않는다는 말을 주위에서 흔히 듣는다. 교양을 갖춘 평범한 시민, 전인(全人)교육에 젖은 선량한 국민은 대표될 수 있을지 모르나, 학문적으로, 정객으로, 기술자로, 경제인으로서 특출한 인재는 많지 않다는 것이다. 이는 연세의 기질과 꼭 상관성이 있다고는 보지 않지만, 무기력하고 얌전하기만 한 소시민적인 기질과 아주 동떨어지는 것만도 아닐 성싶다.

위에 적은 연세의 기질에서의 장단점을 놓고 볼 때 그 중의 어느 것이 자타가 공인할 수 있는 기질 중의 기질이냐고 반문한다면, 전자의 장점이라고 서슴지 않고 말할 수 있겠지만, 후자의 단점에서도 전자 못지 않는 기질로 보는 사람이 없다고는 할 수 없을 것이다.

연세인은 진리와 자유를 위해서 과감해야 하고, 가을 하늘처럼 푸르고 높은 예지와 티없는 결백성을 지녀야 하며, 수풀처럼 파란 희망을 안은 포부가 있어야 한다. 그리고 천지인(天地人)의 덕을 갖춘 희생과 봉사의 정신이 있어야 한다. 이런 소망은 개인의 처신과 인생관에서는 물론, 학교를 사랑하는 애교심, 민족과 국가를 위하는 애국심뿐만 아니라 세계와 인류를 대하는 세계관에서도 없어서는 안될 것들이다.

만약 연세인이 제각기 생각되는 여러 기질 중에서 과연 좋다고 믿는 것이 있다면 더욱 배양해야 하고 믿고 나가야 하겠지만, 그렇지 않고 좋지 못한 점이 있다고 성찰된다면 과단성있게 고쳐 나가야 할 것이다. 언제나 자기만족에 도취하는 것처럼 위험스러운 것은 없다. 늘 자기의 잘못을 반성하고 고쳐나가는 데 보다 성장이 있고, 보다 더 발전이 있는 것이다. 하기야 한 번 굳어진 기질은 그 나름대로의 특색이 있고 장점이 있는 것이고 보면 일조일석에 저버릴 수도 없다. 감단학보(邯鄲學步)란 고사의 교훈처럼 잘못하다가는 전통인 기질마저 잊어버리는 결과가 올지도 모를 일이다. 그렇다고 해서 좋지 못한 점을 자인하는 바에야 그대로 묵과할 수도 없는 난처한 처지에 직면하게도 된다. 이런 뜻에서 우리의 기질을 어느 정도 발전적인 면으로 교정할 수는 없을까 하는 소원이 간절하여진다.

이를 위해서도 연세는 앞으로 80점 짜리 평준화된 인물을 배출하기보다는 95점 짜리 특출한 인재의 배출을 위해 노력해야 할 것이고, 저돌적이며 우둔스러울 정도의 기질의 아쉬움도 있다. 버릇이 없어도 좋다. 미련스러워도 좋다. 패기에 찬 발랄한 기질이 우리의 단점이라고 지적될 날이 언제 올 것인가가 문제이다.

독수리는 먹이를 얻기 위해서 지상의 어떤 맹수와도 대결해야 한다는 생태학적인 면을 망각해서는 안된다. 두 발 가진 짐승은 외로이 살 수 없다는 것을 잊어서도 안된다. 사실 자기들의 단점을 들추어 낼 수 있다는 것은 그만치 자신과 실력이 있다는 증좌이기도 하다. 어떤·미국친구가 어떤 일본외교관이 자기들의 추악한 결점을 들추어 놓았다고 해서 그들 국민을 욕하지 않는다. 도리어 그 반대의 결과를 주는 것이다.

연세기질론을 써내려오면서 좋은 점, 좋지 못한 점을 들추어 낼 수 있다는 것은 연세가 그만치 자신과 저력이 있기 때문이라고 믿는 만족스러운 미소를 지으면서 이 고언(苦言)의 붓을 놓는다.

(『연세춘추』 676호, 1973년)

4. 연세동산의 명소들

오랜 역사를 자랑하는 곳에는 어디서나, 어제와 오늘이 공존하기 마련이다. 연세대학교는 연희와 세브란스가 1957년 합동한 후 세브란스 계열의 역사유적과 명소들이 거의 없어졌지만, 연희계열은 대야골(大野坪) 이곳에서만 80년 가까운 역사를 누려왔기 때문에 오늘날의 연세동산에는 적지 않은 역사유적과 명소가 산재한다.

우선 이곳은 옛부터 명당의 터로 일컬었던 자리이다. 이에 일찍이 조선 후기 영조의 후궁이자 사도세자의 모친이던 영빈 이씨 무덤인 수경원(綏慶園)이 있었던 일도 결코 우연한 일이 아니다. 또 여기는 봄의 신록, 여름의 녹음, 가을의 단풍과 겨울의 설화(雪花)가 비발디의 '사계'를 연상시키는 뛰어난 풍광을 자랑한다. "한강을 반낮에 앉고서 푸른 숲에 깊이 싸인 연희언덕……"이란 연희전문학교 시절의 교가 서두는 이를 두고 한 말이다.

따라서 백양로(白楊路)를 조석으로 오가면서 옛 선배들의 발자취를 상기하고 청송대(聽松臺)에 들려 송뢰(松籟) 속에서 지난 역사를 회상해 보는 일이 체험적으로 먼저 겪어야 할 연세인의 할 일이다. 그리고 찾아야 할 역사적 유적과 명소를 둘러보면서 연세인으로서 넓혀야 할 견문과 자긍심을 함께 함양해야 한다.

건물을 소개하면, 먼저 정자각(丁字閣)과 비각(碑閣)을 들 수 있다. 이들은 1764년 수경원이 조성되면서 세워진 건축물이었으나 1969년 영빈 이씨의 무덤이 경기도 고양군에 있는 서오능으로 이장된 후 학교에서 보존하고 있는 조선 후기의 건축물이다. 이 수경원 봉분자리에는 1974년 대학교회(루스채플)가 건립되었다. 다음에 1920년에 세워진 스팀슨 홀(대학원), 1924년에 건립된 언더우드 홀

(대학본부)과 아펜젤러 홀(신과대학)은 사적 275, 276, 277호로 각각 지정되어 보존되고 있는 연세대학교의 상징건물이고, 1924년에 준공된 핀슨 홀(재단이사회)은 1945년까지의 학생기숙사로 학생운동의 진원이기도 했다. 아울러 1920년대에 들어서서 이용하기 시작한 십여 채의 교수사택(양옥) 가운데 오늘날까지 남아 있는 건물에서 기억해야 할 것은 상과 백남운 교수가 『조선사회경제사』와 『조선봉건사회경제사』를 집필했던 사택(의료원)이 오늘날 의료원 노동조합 건물로 사용되고 있다는 것을 아는 사람이 거의 없다.

또 건조물인 노천극장도 유서 깊은 곳이다. 입학식·개교기념일 행사, 졸업식과 학생활동의 중요한 공간으로 활용하고 있는 이곳이 연희전문학교 시절에는 학교 의식뿐만 아니라 음악회·연극을 비롯한 학생활동의 무대였고 광복 후는 비좁은 공간을 보충하기 위하여 학교의식·채플 등의 대단위 집회를 개최하여 동문들의 잊지 못할 추억의 자리가 되고 있다.

복원 건물로는 박물관 경내의 잔디밭에 세워진 광혜원(廣惠院) 건물이 있다. 이 광혜원은 1885년 알렌 박사가 갑신정변으로 몰수된 홍영식의 가옥에서 한국 최초의 근대병원을 개설하여 연세대학교의 역사가 시작된 유서 깊은 곳이었는데, 1985년, 연세대학교 개교 백주년을 맞아 연세대학교 백주년기념관을 건립하면서 백주년 기념사업의 일환으로 1987년도에 복원한 것이다. 애초의 광혜원은 규모가 더 컸으나 진찰실이 있던 본부건물만을 복원한 것이다. 이 광혜원은 수경원 정자각·비각과 같이 시멘트 건물 숲 안에 자리잡은 세 채의 목조건물로서 연세동산의 환경에 운치를 더해주는 곳이기도 하다.

한편 연세대학교에 많은 기여를 했고 봉사를 아끼지 않았던 여러 분을 기리기 위한 동상과 흉상이 많다. 동상으로는 연희전문학교를 창립한 언더우드 목사(교정), 연희전문학교와 세브란스 의학전문학교의 교장이었던 에비슨 박사(의료원), 세브란스 의학전문학교의 오긍선 교장(의료원), 연세대학교 초대총장이던 백낙준 박사(중앙도서관 앞)의 모습이 있고 광혜원을 개설한 알렌 박사(의료원 외래병동 앞), 세브란스 의학전문학교와 부속병원 건물을 기증한 세브란스씨(의료원), 세브란스 의과대학의 김명선 박사(의과대학), 세브란스 병원에 치과를 최초로 병설한 부트 박사(치과대학) 등의 흉상과 의료원 각 교실에 여러 기념상이 있다. 또 연희전문학교 원한경 교장 내외분(대학본부 현관)과 4·19 혁명 때 희생된 최종규 학생(대강당 2층 로비)의 부조도 있다. 그런데 이들 동상 가운데 교정에 있는 언더우드 목사의 동상은 일제 말기와 6·25 전쟁 때 수난을 당하여 세번째 세운 것이다. 일제 말기 전쟁물자에 궁핍한 일본이 이 땅에서 수많은 금속기를 거두어 가던 시절, 이 언더우드 동상도 강제로 징발당하고 그 자리에 '흥아기념탑'(박물관 보관)을 세웠는데 광복 후 이를 철폐하였고 6·25 전쟁 때에는 파괴당하는 등 한국 현대사의 뼈아픈 여러 사연들을 회상하게 한다.

그런가 하면 기념물들도 적지 않다. "뉴욕에 있는 우리 겨레로부터 붙여줌"이란 글귀가 새겨져 있는 석판을 사이에 두고 구축된 교정 돌계단은, 1927년 미국 뉴욕에 살고 있던 우리 교포들의 성금에 의한 것을 기념하기 위한 뜻으로 조성한 것인데, 오늘날에는 '민족'을 '겨레'라고 칭하는 것이 당연한 일이지만 당시로서는 우리의 옛말을 알맞게 찾아 쓴 일로서 국학운동의 요람다운 한 표상이었다. 그리고 광복 전 주요 건물의 기둥 위와 석조물 등에 태극무늬를 새겨놓아 우리의 얼을 되새긴 것도 은연중 우리 전통을 계승하고자 한 노력이었다. 이 태극문양도 일제 말기 연희전문학교가 일본과 싸우고 있는 적대국인 미국관계의 재단에 의해서 설립되고 운영되었다고 하여 적산으로 몰수된 후, 이들을 모두 깎아 버린 것을 얼마 전에 다시 새겨 놓았다.

1968년에 세운 윤동주 시비는 1967년 문과대학 교수들의 발의와 총학생회의 추진사업의 일환으로 이루어진 것인데, 그의 「하늘과 바람과 별과 시」의 서시인 "죽는 날까지 하늘을 우러러 한 점 부끄럼 없기를……오늘밤에도 별이 바람에 스치운다"가 새겨져 있어 연세인들에게 민족시인 윤동주 동문의 정신적 지조의 한 가닥을 이어주고 있고, 이 서시는 몇 해 전 작곡되어 기회 있을 때마다 불리고 있다.

독수리상은 연세의 표상인 독수리를, 연세대학교 개교 85주년을 기념하여 1970년도 총학생회 주최로 건립되었다. 백양로를 오가는 연세인들을 응시하면서 함께 비상하려는 독수리의 위용은 청운의 뜻을 한결 북돋아주는 격려의 상징이기도 하다. 또 이한열 추모비는 1987년 6월 독재정권에 항거하다가 숨진 이한열 학생을 추모하기 위하여, 이한열 기념사업회가 주동이 되고 총학생회가 협력하여 1988년에 건립한 것으로, 불의에 항거하던 연세의 기상을 드러내는 상징성마저 나타내고, 일본식민지 통치 아래에 줄기차게 이어온 항일운동과도 그 맥이 상통하고 있어 연세인들에게 시대정신을 일깨우고 있다.

뿐만 아니라 연세한글탑은 한글의 보존과 보급을 위해서 남달리 앞장서 온 연세인의 긍지를 현창하고 겨레 사랑과 나라 사랑의 정신을 한글을 통해서 선양하기 위한 운동의 일환으로 문과대학 교수들의 발의에 의해서 1992년 봄에 세워졌다. 연세대학교가 한글운동의 본고장이 되었던 일은 자타가 공인하는 바이지만, 이 웅장한 연세한글탑은 우리나라에서 처음으로 세워진 한글탑이라는 뜻있는 기념물일 뿐만 아니라 국학진흥을 교책으로 삼고 있는 연세의 지향적인 한 표현이다. 이 밖에 1948년도 의과대학 졸업동문들이 1968년에 기증한 의료원의 38분수와 전기공학과 동문회에서 1974년에 세운 공과대학 앞의 분수는 상아탑을 찾는 모든 이들의 세진(世塵)을 씻는 세심대(洗心臺)이기도 하다.

아울러 옛터를 기념하기 위한 표석을 살펴 연세의 지난날을 상기해볼 만하다. 1885~1887년에 있었던 광혜원 옛터인 '광혜원터' 표석이 종로구 재동에 있고 1887~1904년 동양의 제중원(濟衆院) 옛터에 있는 '제중원터' 표석이 중구 을지로 입구에 있으며 1904년에서 1957년까지 자리잡고 있었던 세브란스 의과대학과 부속병원터가 서울역 앞 연세재단 세브란스 빌딩 자리와 그 부근이기도 하지만, 연세동산에는 1918년에 세워진 치원관(致遠館)터가 과학관과 공과대학 신관 건물 사이에 있다. 이 치원관은 1915년 연희전문학교가 창설되어 YMCA에 신세지고 있다가 1917년 학교승인이 나자, 연세동산에 목조 2층의 첫 교사로 마련한 건물이었으나 6·25 전쟁 때 없어졌다. 이에 얼마 전 연세동산의 첫 건물인 이 치원관을 폐허나마 기념하기 위하여 '치원관터'를 조성하게 되었다.

이렇게 많은 연세동산의 역사유적과 명소들은 그 내력과 그 의의를 되새기면서 둘러보는 것이 유익하다. 이런 곳을 찾을 때에는 곳곳에 친절하게 설치되어 있는 안내판과 기념물에 부착되어 있는 명문을 참고하여 보다 더 깊은 이해가 있어야 할 것이다.

고위금용(古爲今用)이란 옛말이 있다. 문화유산을 계승하여 오늘날에 그 정신을 구현하고 그 전통을 적절하게 활용해야 한다는 뜻이다. 오늘날의 연세동산에는 옛 모습 그대로가 남아 있는 것이 있는가 하면 전쟁을 겪고 학교 규모가 커지면서 학교 박물관(백주년기념관)의 학교 전시실에서만 오랜 역사의 흔적을 찾아볼 수 있는 것도 적지 않다.

여하간 오늘날 연세동산에 산재해 있는 역사유적과 명소는 연세만의 자랑일 뿐만 아니라 한국근대 백년사에서도 유서 깊은 유적이고 명소가 된다는 것을 긍지로 삼아도 무방할 것이다. 그리고 세계 어느 유명대학의 환경에서도 뒤떨어지지 않는 훌륭한 경관과 전통을 지녀오고 있다는 것도 내세울 만하다.

세월이 흐르면서 백양로에 한 그루 백양이 남아 있지 않고 그렇게도 우거졌던 솔숲과 교정의 낙락장송이 거의 사라진 것이 못내 서운할 뿐이다. 그리고 그렇게도 많았던 다람쥐, 꿩, 산새를 찾아보기 힘들게 되었지만 몇 그루 안되는 고목에 상기 둥지를 틀고 예나 지금이나 다름없이 지저귀는 까치 소리의 정취는 학교발전의 희소식을 염원하고 있는 연세인들에게 적지 않은 위안과 기대를 갖게 한다. 연세의 '연(延)'이 맞이한다는 뜻도 있고 보면 기쁨(禧)이건 좋은 세상(世)이건 우리에게는 기대할 만하다는 내 나름의 욕심에서 더욱 그러하다.

(『보람있는 대학생활』, 1994년)

5. 대학과 박물관

(1)

교육에 있어서 실물에 의한 직관교육이 얼마나 중요한가는 두말할 것도 없습니다. 종래의 우리나라 교육이 추상적·관념적 교육방법에 치우쳤던 폐해를 우리가 잘 알고 있습니다. 구미 제국에 있어서 박물관 사업이 중요시되고 발달되어 있는 것은 참으로 놀랄 만한 것입니다. 우리나라에서는 국가재정의 궁핍과 직관교육에 대한 인식 부족으로 일반 박물관의 운영이 부진한 현 실정에 비추어 각 대학의 박물관 또는 참고품실의 중요성은 배가되고 있습니다.

……대학박물관은 주로 역사·미술·민속·고고학·자연과학 등에 관한 자료를 수집·보존 및 연구하고, 이것을 학생들의 요구에 이용하도록 할 것인 바, 그 중에서도 우리의 과거문화재의 수집·보존 및 연구는 우리나라 대학박물관의 최대의 사명인 줄 믿습니다. 더욱이 각 지방의 대학박물관은 그 지역의 문화재에 대한 보호·연구 및 보급에 대한 책임을 져야 할 것입니다.

실로 우리 대학박물관의 임무는 중차대한 것임을 다시금 인식하는 바입니다.

이는 1961년 5월, 한국대학박물관협회가 결성될 때 발표한 취지문의 발췌이다. 장황한 듯하지만 서두로 삼은 것은 그 당시나 지금의 상황이 크게 달라지지 못했을 뿐 아니라 다음에 논급될 문제제기를 위해서 인용한 것이다.

(2)

대학은 이 나라 지성의 상징이자 문화창조의 산실이다. 이에 대학은 지성과 문화를 능률적으로 배양하고 창조할 수 있도록 적극 후원할 의무가 있을 뿐만 아니라 이를 보호할 책임도 있다. 더 나아가서는 대학이, 세계문화의 발달에 기여함과 동시에 인류복지의 증진에 이바지해야 할 응분의 사명까지 있다.

여기에서 대학에서는 이러한 의무·책임 및 사명을 다짐하는 교수와 학생들의 학적인 긍지와 새로운 진리를 추구할 진지하고도 진취적인 욕구가 언제나 충만되어 있어야 한다. 따라서 대학은 대학인들이 그들의 책무를 충실히 이행할 수 있도록 하기 위하여 연구 분위기를 조성하는 데 노력해야 하고 필요한 시설을 보장해야 한다.

그러나 한국에서의 대학은 종래 연구 분위기와 시설에 등한시해 왔다. 언필칭 대학자율화의 제해, 재정상의 어려움을 내세워서 호도하기도 했다. 선진국의 이름있는 대학에서 매년 누적되는 엄청난 적자를 감내하면서도 대학이 갖추어야 할 인력과 시설을 보완하는 것을 당연시하는 경우와는 너무도 대조적이다. 연구 분위기를 위해서 과감한 조치와 대응을 하여왔던 사례들은 참으로 부러움이 많다.

대학박물관의 경우도 예외는 아니다. 대학설치기준령에 의해서 어쩔 수 없이 설치하였을 뿐, 대부분의 대학에서 그 시설과 운영을 소홀히 해왔다. '반구제기(反求諸己 : 잘못된 것을 도리어 자기에게 찾아라)'라는 옛 어른의 가르침이 있다. 몇몇 대학에서는 그래도 박물관의 육성에 노력하지만 문자 그대로의 골동품 수집에만 머물렀는가 하면 고고학의 실습장으로만 이용되어 대학교육을 위한 참다운 시절과 기능 그리고 사명에서는 파행성을 면치 못했음을 솔직히 고백한다.

학문은 좁고 깊어야 한다. 유행성이 있어서는 안되고 공리적이어서도 안된다. 고고학이나 미술사를 전공하는 교수가 자기의 전공을 위해서 아무리 좁은 분야를 연구한다고 해도 그 방면의 학문을 위해서 공헌할 수 있다면 권장해야 할 일이나, 대학의 어떤 기관을 자기 전공을 위해서 이용하는 일은 있을 수 없는 일이다. 대학에 해당학과가 설치되어 있어서 교육을 위한 일이라면 일리가 없는 바도 아니지만, 대학박물관의 진정한 설치목적에서는 이 역시 편파적인 일이 아닐 수 없다.

(3)

대학박물관은 대학에 설치된 박물관이다. 대학박물관이 대학에 설치된 교육기관의 하나이고 보면, 대학에 설치된 모든 기관의 기능과 사명이 그러하듯이 박물관에서도 응당 그 나름의 기능과 사명이 있어야 한다.

즉 대학박물관은 수집·정리·연구된 민족문화재를 학생들을 위해서 전시 공개하여야 하고 다음에는 되도록 대학에 설치된 학과와 유관되면서도 박물관의 성격에 부합되는 실물을 다양하고 풍부하게 전시하여 학습과 연구에 측면적으로 공여하여야 한다. 시청각 자료까지를 망라한 연구자료를 구비해서 교육효과를 배가하는 데 힘써야 한다. 다시 말하면 대학박물관에서는 연구 못지 않게 수집·정리된 유물과 자료를 효율적으로 전시 또는 이용하도록 공개하여 학생들에 대한 교육적 기능과 사명을 중요시하여야 한다.

이러한 대학박물관의 기능과 사명은, 보존(Conservation)·연구(Research)·교화(Education or Culture)라는 박물관의 목적에 부합하고, 국민을 교육하고 (Educate) 오락을 공여하며(Entertain) 인생을 충실히 한다(Enrich)라는 국제박물관협회(ICOM)의 3E 목표와도 상응됨이 많다.

물론 박물관의 명성을 좌우하는 것은 뭐니뭐니해도 수장품의 내용이다. 건물의 외관만 그럴 듯하고 기구가 아무리 잘되어 있다고 해도 내용물이 알차지 못하다면 박물관으로서 가치가 없다. 이에 박물관 하면 으레 대영박물관·루브르박물관이나 스미 소니언 박물관·고궁박물관과 같은 세계적인 박물관이 거론되고 국내에서도 국립중앙박물관이나 재벌에서 세운 유수한 미술관을 말하는 이유가 여기에 있다.

한국에서의 대학박물관은 위에 말한 국내외의 이름있는 박물관·미술관이 오랜 세월을 두고 많은 연구인력이 막대한 재력을 뒷받침으로 이룩한 것과는 다르다. 대학박물관 중에서 비교적 소장품이 풍부한 고려대학교 박물관, 이화여자대학교 박물관의 예를 보아서도 올해로 79년과 53년의 역사가 있다고 하지만, 대학박물관으로서 성예가 있는 것이지 국립중앙박물관이나 이름있는 미술관의 수장품과 비교될 수 없다. 세월도 중요하지만 연구인력 내지 충분한 후원이 뒤따라야 한다는 것을 웅변으로 말해주고 있는 것이다.

그렇다면 대부분의 대학박물관은 전쟁중에 유출될 값진 문화재를 거두어 보존했고 우리나라 유물발굴 및 그 보호에 태반을 공헌해왔음에도 불구하고 의욕만으로 기본적인 기능과 사명을 감당할 수밖에 없다. 특히 연세대학교 박물관은 설치된 지 얼마 안되고 재정적인 후원마저 보잘 것 없는 현실에서, 국내의 대학박물관 가운데 그래도 존재를 인정받을 수 있고, 대학에 설치된 기관으로서 그 기능과 사명을 다하기 위해서는 우리 나름으로 지향해야 할 뚜렷한 목적을 설정함과 동시에 대학박물관의 의의를 구현할 수 있도록 매진하여야 하겠다.

(4)

연세대학교 박물관은 종합박물관으로 운영되고 있다. 학교에 설치되어 있는 학과와 관련짓되 박물관의 성격에 알맞는 분야를 포괄하는 조직이다. 선사·역사·미술·민속·전적과 자료·동식물·지질·의약과 학교사의 분야가 곧 그것이다. 중앙도서관과 같이 교육의 측면적인 기능과 사명을 다하고자 한 구상이다.

1981년 10월부터 이와 같은 종합박물관을 위한 작업을 단계적으로 추진해왔다. 열 차례의 기획전시와 한 번의 신수품 전시, 또 한 번의 대학박물관 연합전시 등을 개최하면서 그때마다 교양문화강좌를 갖게 된 것은, 백주년기념관에 위치하게 될 종합박물관의 이전 개관을 앞두고 각 분야별의 단계적인 수집·전시의 효과적인 성과를 거두기 위한 사전 기획의 어김없는 결과였다. 아울러 시청각 교육을 위한 자료도 꾸준히 준비중에 있다.

이러한 기획전시는 박물관과 유관한 지질과와 의과대학 의사학자료실 소장의 자료와 유물을 대여해서 전시한 것 외에는 모두 박물관에서 수집·정리된 수장품들이었다. 자랑할 만한 것은 많지 않았지만 교육용 전시물로서는 다방면에 걸친 전시물들이었고 참관하는 학생들에게 민족의 긍지와 정신적인 각성을 환기시키기 위한 전시물이 특색이 되어서 적지 않은 호응을 받기도 했다.

오늘날 대학박물관의 이상과 현실은 많은 격차가 있다. 최소한 각종 교과서에서 배운 실물만이라도 진열되고 가능하면 우수한 유물이 전시되며 다양하고도 풍부한 수장품이 확보되어 있어서 수시로 교체전시되어야 하는데 현실적으로 이와 같은 기능을 제대로 추진할 만한 조건이 되어 있지 않다. 전시공간을 효율적으로 채우는 일마저 벅찬 일로 되어 있기 때문이다. 물론 이러한 취약점을 보충하는 일은 한국대학박물관 주최의 연합전시회를 유치해서 주관하는 방법이 있고 어떤 주제 중심으로 대여전시를 하는 길이 없지도 않으나 그리 쉬운 일은 아니다.

하기야 어떤 특정 박물관으로만 꾸밀 수도 있다. 선사박물관·고고미술박물관도 가능한 일이고 과학박물관·문물박물관 등도 바람직하다. 그러나 대학박물관이 대학에 설치된 박물관인 만큼 대학교육의 측면적인 기능과 사명을 다한 후에야 어떤 분야에 관한 중점적인 육성이 더욱 바람직하다.

(5)

연세대학교 박물관은 숙원의 독립건물이 참관하는 데 편리한 위치에 마련되어 대학박물관으로서 가장 기본적인 전시공간을 확보하게 되었다. 국내에서 처음으로 시도된 종합박물관으로서 어느 정도의 체면도 세우게 되었다. 또 학예원직이 신설되고 직제가 확장되어서 연구·관리면에서도 운영에 많은 도움이 되었다.

이제 알찬 종합박물관의 성취를 위해서 학교당국의 보다 더 적극적인 배려와 의욕적인 운영 그리고 교내외의 아낌없는 협조가 뒤따라야 하겠다. 아울러 박물관이 오랜 세월에 걸쳐서 꾸준히 성장된다는 것도 특히 이해하여주기를 바란다.

백주년기념관이 오는 2월 말에 준공되고 이어 5월 초에 이전 개관될 박물관은 전술한 바와 같은 기능과 사명을 더욱 드러내기 위하여 다음에 치중할 것이다.

첫째 수장품 내용을 우선 각 분야에 걸쳐서 종합적·일반적·기초적·교육적인 데에 둘 것이고, 둘째 잠시 중단되었던 연구기능을 적극적으로 활용해서 연구성과를 거둘 것이며, 셋째 전시실을 되도록이면 상시 개관하고 전시물을 수시로 교체하며 기획전시를 계속해서 언제나 새롭고 흥미있는 문화공간이 될 수 있도록 할 것이다. 넷째는 풍부한 설명문과 안내도를 충실히 갖추고 비디오 교육장까지도 운용해서 눈으로 보는 교육의 현장이 되도록 힘쓸 것이고, 다섯째는 대외활동과 사회봉사도 확대해서 사회문화에도 소홀히 하지 않을 것이다. 아울러 복원된 광혜원과 수경원 정자각 주변의 한옥·녹지대를 야외박물관으로 꾸며서 장차 석물과 조각으로 채워지는 학교 안의 색다른 명소가 될 것이다.

우리는 역사적 현실에서 살고 있다. 여기에서 현실을 직시하기도 한다. 이 현실은 역사적 사실과 직결되고 이러한 사실은 역사적 유산으로 전승되고 있다.

연세대학교 박물관은 민족문화의 유산 즉 역사적 사실의 유산과 학습자료들을 전시 공개하되 관람하는 이들이 단순히 완상하는 것에만 머무는 것이 아니라 이를 보고 느끼는 바 있어 장차 창조적인 슬기를 계발하는 데 응분의 공헌을 하는 도장(道場)의 사명까지도 다할 것이다.

끝으로 우리 박물관의 지표와 목적을 드러내기 위한 모토를 덧붙이면서 다시 한번 이를 다짐한다.

> 연세대학교 박물관은 민족유산을 보전하여 참관하는 이들이 이를 보고 느껴 창조적인 슬기를 계발함으로써 한국문화를 더욱 발전시키는 데 이바지하는 우리 문화의 중심이다.

(연세대학교 교수수양회 주제강연, 1988년 2월)

6. 백주년기념관 준공과 의의

(1)

　1985년 5월에 맞이한 연세대학교 창립 백주년을 기념하기 위한 사업의 일환으로 착공된 백주년기념관이 1988년 5월 드디어 준공 개관하게 되었다.

　물론, 연세대학교 백주년 기념사업을 위해서는 기념관 외에도, 광혜원의 복원, 알렌관(영빈관)과 재활원의 확장, 백년사 편찬 등이 있었지만, 이 기념관만은 규모가 크고 소요액이 막대하여 여러 차례의 설계변경을 거쳐서 겨우 마무리공정에 들게 되었다.

　이 백주년기념관은 종합박물관과 음악당(콘서트 홀)을 위해서 건축되고 있다. 연세대학교의 문화중심으로서 손색이 없는 시설이기도 하다. 연세대학교가 한국에서 최초로 맞이한 창립 백주년이 우리만의 경사에 머무는 일이 아니라, 한국현대사에서도 문화적인 한 계기가 되었고 보면 이를 기리기 위해서는 무엇보다도 문화시설이 요구되었고 아울러 그 동안 소홀히 되었던 교육기능에서의 문화요건을 이 기회에 보완하는 일이 절실히 요청되었기 때문이다.

　그런데 연세대학교 창립 백주년 기념사업은 어디까지나 동문, 교직원, 학생 등 연세인의 정성어린 성금에 의해서만 이룩한다는 의욕적인 다짐이 있었기에 어떠한 유혹도 외면한 채 오늘에 이르렀다. 결과 1987년 10월 17일 현재 16만 703명의 연세인들이 무려 87억 8307만 3,992원의 성금을 기부하기에 이르렀다. 애초의 100억 원 목표달성도 머지 않아 가능할 것으로 모두 믿어진다. 모두 백주년 기념사업에 한정해서 모금된 것이다. 연세인들의 다짐이 이렇게 성과된 것은, 역시 연세인의 한 저력을 여실히 보여준 쾌거이기도 하다.

이제 대지 5,166평, 연건평 2,997평에 이르는 백주년기념관의 준공 개관을 앞두고 규모를 소개하여 그 기쁨을 나누고 그 의의를 새삼스럽게 재확인하여 이 보람을 다함께 하고자 한다.

(2)

백주년기념관에 이전하게 될 박물관은 한국대학박물관에서 처음으로 기구화된 종합박물관이다. 대부분의 대학에서 박물관이 고고미술 중심의 박물관이고 자연사 박물이 으레 따로 분리되어 있는 우리나라의 실정에서, 대학의 중앙도서관과 같이 대학교육의 측면적인 교육기능을 감당하는 데는 종합적인 박물관이 되어야 한다는 생각에서 구상되고 추진된 것이다.

종합박물관의 조직은 크게 연구부와 보조관리부로 되어 있다. 여기에서는 인류 내지 민족문화에 관한 각종 자료(유물·유적)를 조사·개발·수집·정리·보존·전시하여 그들 문화를 전승·계발하고 이를 선양하는 일을 담당한다.

이에 백주년기념관에 이전 개관하게 될 박물관은 박물관의 편재에 의해서 그 기능이 작용될 것이지만, 외양적인 면에서 대체적인 규모를 알아보면 다음과 같다.

1층 : 미술전시실(97평), 다용도 전시실(75평)

2층 : 선사전시실(61평), 역사전시실(74평), 전적자료전시실(25평), 학교사전시실(47평)

3층 : 지질전시실(74평), 의약전시실(74평), 동식물전시실(116평), 민속전시실(103평)

지하층 : 수장고(128평), 소강당(110석의 비디오교육실), 연구실(34평), 작업실(59평), 사무실과 자료실(17평), 휴게실(10평 내외)

이 밖에 복원된 광혜원과 수경원 자리의 정자각, 비각이 자리잡고 있는 목조

한옥지대도 야외박물관의 구실을 겸하게 될 것이고, 박물관과 함께 개관될 음악당은 1층, 2층에 걸쳐서 설치된 912석의 객석과 무대 및 부대시설을 갖추게 될 것이다. 이러한 여러 시설을 위한 공조시설도 충분히 확보되어 있고 기타의 부대공간이 마련되어 있음은 두말할 나위가 없다.

또 박물관의 경우는 최신의 조명, 보안설비와 해론개스 소화설비를 비롯한 각종 소화시설이 구비되어 있고 유물소독장치, 전관의 상온시설과 상습설비 등이 장치되어 있다. 아울러 음악당은 완벽한 음향설비와 효과적인 조명시설이 갖추어져 있고 널찍한 객석과 비상시의 관객소산까지도 염두에 둔 전당이다.

(3)

사실 대학은 그 나라뿐만 아니라 세계인류문화를 연구·개발·발전·전승함과 동시에 그러한 문화요소를 보호 육성할 의무까지도 있다.

이에 이러한 문화에 관한 각종 자료를 조사·수집·연구·보존하고 이를 전시 공개함으로써 인류 내지 민족문화를 전승·계발·선양할 일익을 가장 효율적으로 감당할 대학박물관의 사명은 그만큼 크다고 하겠다. 그런데 대학박물관은 대학에 설치된 교육기관의 하나인 만큼, 연구 못지 않게 교육적인 기능과 사명에 그 존재이유를 찾아야 한다. 따라서 대학박물관은 먼저 교육기능의 효율화를 위해서 수장품 내용이 종합적·일반적·교육적이어야 하고 이를 효과적으로 전시할 수 있는 전시공간이 있어야 하며 이러한 교육시설을 언제나 편리하게 이용할 수 있는 위치선정이 좋아야 한다.

더욱이 종합박물관에서는 박물관의 기능상 가능한 한 다방면의 전시품과 전시시설이 요구되는 것이 당연한 일이다.

여기에서 어떤 특정한 목적에 의한 대학박물관 운영은, 자기 문화와 역사, 나아가서 전공에 관계된 실물교육의 참고를 위해서 직접 알고 향유하며 이를 계발 선양할 권리와 의무가 있는 대학인의 권리를 외면하는 일이고 폭넓은 대학교육에서 파행적인 결과를 가져오게 될 것이다.

한편 대학에서의 음악당도 예외는 아니다. 박물관이 보고 느껴서 창조하는 공간이라면 음악당은 듣고 느껴서 창조하는 공간이라는 개념상의 의의보다도, 서울 시내 6개 음악대학 중 시설이 가장 빈약하여 음악교육을 제대로 시킬 수 없는 현실의 고충을 어느 정도 해결해 주고 연간 100회 이상의 크고 작은 음악발표회를 가져오면서 겪었던 애로를 해소시켜 줄 수 있는 계기적인 자리가 절실히 요구되었다.

(4)

박물관은 일조일석에 꾸며지는 것이 아니다. 오랜 세월을 두고 자료를 수집·연구·정리·보존하면서 이룩되는 것이다. 박물관의 유형적인 교육효과 못지 않게 중요한 음악같은 무형의 전통도 하루아침에 이루어질 수 없는 것이다.

연세대학교 박물관은 1929년 설립되었다. 지금의 신과대학 건물(아펜젤러 홀) 지붕 밑에 상품진열관과 같이 박물관이 설치되고 고고·역사·미술·민속·지질·식물 등에 이르는 각종 자료가 수집·보존·전시되었다.

상품진열실에는 당시의 각종 산업에 관계되는 자료가 수집·전시되어 있었다. 모두 학생들의 교육적 효과를 높이기 위한 목적에서 설치된 것이다.

그러나 1950년의 6·25 동란으로 학교가 파괴되면서 이들 자료가 파괴되거나 분실되었다. 이에 수복 후에는 도서관장이 박물관장을 겸하면서 흩어진 자료들을 도서관에서 관장하게 되면서 박물관은 유명무실하게 되었다. 그 후 1965년 공주 석장리의 구석기 발굴이 시작되면서 박물관이 재출발하게 되었다. 그러나 구석기 연구의 박물관으로만 계속되면서 교육기능의 보편성 차원에서, 또는 종합적 기초적인 수집·전시라는 대학박물관의 사명에서 여러 문제가 뒤따르게 되었다.

여기에서 1981년 10월에 종전의 연구개발을 되도록 계속하되, 한국의 전통문화와 이에 관련된 문화요소까지 개발·연구·정리·전시하고, 더 나아가 연세대학교의 교육목적에 부응할 뿐만 아니라 되도록 모든 교과내용에 이용될 수 있는 종합박물관으로 개편되지 않을 수 없었다. 그리고 이러한 종합박물관은 장차 착공되는 백주년기념관에 이전될 것을 전제로 구상되었다.

한편 박물관과 같이 백주년기념관에 위치할 음악당은 1929년, 한국에서 처음으로 조직된 대학 오케스트라와 합창단의 전통을 가진 음악대학의 교육에 충실을 기하고 교수, 학생, 동문들의 음악문화의 중추적 역할을 다질 뿐만 아니라, 연극·세미나 등을 위한 다목적 문화공간이 될 것이라고 굳게 믿어서 구상되었다.

이렇게 보면 박물관과 음악당이 국내 유수의 대학에서는 거의가 독립건물로 이미 갖추어져 있는 대학시설임에도 불구하고 우리 학교에서만 소홀히 되었던 교육기능을 새삼스럽게 설치하게 된 것으로써, 그야말로 만시지탄이 있는 시설이라고 말할 수 있다.

어떤 사람은 서울대, 국립박물관, 현대미술관과 같은 국립기관과 유명한 사립박물관이 있고 또 세종문화회관, 호암아트홀과 같은 음악당이 있는데, 구태여 대학에서 적지 않은 비용으로 설치할 필요가 있겠느냐고 말하고 있지만, 전술한 바와 같이 대학에서의 박물관과 음악당은 대학교육의 측면에서 갖추어야 할 필수적인 것이고, 한국의 사회·문화의 발전에 대학박물관이 기여해야 할 기능과 사명, 그리고 국가발전과 인류문화의 증진에 일익을 담당하고 있는 대학본연의 사명에서도 도외시될 수 없는 일이라는 데에서 그 존재가치가 자명해진다고 말할 수 있을 것이다.

(5)

책장을 짜놓으면 책이 꽂혀지기 마련이라는 말이 있다. 백주년기념관이 건립되고 박물관이 종합박물관으로 여기에 이전하게 된다는 소문이 있자 나라 안팎에서 많은 호응이 있었다.

동문 중에서는 백주년기념관이 한국우정 백년과 알맞게 건축된 것을 기념하여 한국우표 백년첩을 기증해 왔는가 하면, 다량의 민속품과 석불을 기증하기로 약속했으며 미술전시실을 위해서 현역 대가들이 작품을 기꺼이 협조해 주기도 했다. 국외에서도 이에 맞추어 연구자료를 협조하고 있다.

이런 상황에서 박물관에서도 쉬지 않고 장차의 충실한 박물관의 사명을 다하고자 노력하고 있다. 아홉 차례의 특별기획전시와 한 차례의 신수품전, 그리고 한 차례의 한국대학박물관협회 연합전시를 개최하는 한편 도록을 간행해왔다. 그런가 하면, 백주년기념관의 개관과 동시에 한국에서는 처음으로 개최되는 '한국관계 유럽고지도'전시도 기획중에 있다. 누가 봐도 종합박물관의 터전을 구축하는 데 나무람이 없도록 노력하고 있다.

음악당의 활성화를 위해서, 음악대학에서도 개관 후 1년 동안의 연주를 이미 계획중이고, 국외 순회연주를 위한 연습장으로 이용할 수 있는 계획까지도 마련중이다.

따라서 이 백주년기념관은 우리학교만이 아니라 국내에서도 손꼽을 수 있는 대학문화센터가 될 것이 분명해지고 있다. 그 시설도 호화롭도록 훌륭하다. 그러나 이런 호화로운 시설이 우리 학교에서의 호화로운 시설이고 나라 안에서의 호화로운 시설이지, 나라 밖에서의 호화로움은 결코 아니다. 또 이 시설이 현시점에서는 호화로울지 모르지만, 내일의 시설에서는 결코 호화로움이 아닐 것이다.

'백 년이 지나면 천 년이 온다(百經千來)'는 격언이 있다. 우리는 천 년을 두고 매진하는 마당에, 모험에 가까운 야망도 언젠가는 모험 아닌 현실로 된다는 신념을 가지고 나아가야겠다.

누가 뭐라고 해도 굳건한 신념과 합리적인 사고 그리고 이성에 의한 가치판단만 있다면 두려움없이 대망을 성취할 수 있다.

백주년기념관이 준공되어 대야골 입구에서 이를 보게 될 때, 과연 잘 지었고 그 내용과 사명이 바람직하다는 솔직한 한 마디가 정녕 연세인 누구에게나 있게 되리라고 믿는다.

(6)

선진국에서는 물질적 풍요를 자랑하기보다는 윤리적 긍지와 문화적 전통에서 더욱 보람을 찾고 있다.

연세대학교는 반 년 남짓 지나면 창립 103주년을 맞는, 자랑스러운 교육기관이다. 이렇듯 전통을 자랑하는 우리 대학교에서 한국의 문화 전통을 언제라도 찾아보고 듣고 여기에서 느낀 바를 되새겨 장차 창조해야 할 문화창조의 밑거름이 될 수 있는 박물관과 음악당이, 바로 백주년기념관에 자리잡는다. 그런가 하면 철근 콘크리트와 아스팔트로 에워싸여 있는 학교건물 숲 안에, 시세를 외면하듯, 알맞게 위치해 있는 야외박물관에서의 옛날과의 대화는 봄 꽃과 속삭이고 가을 단풍에 휘감기는 경지와도 또 다른 차원의 세계를 찾아볼 수 있는 연세인만의 자랑거리가 되어 줄 것이다.

오직 백주년기념관의 준공과 의의가 위에 두서없이 말한 여러 사명과 긍지 그리고 보람을 다하는 데 얼마나 부응될 수 있을 것인가에 두려움이 앞설 뿐이다. 이를 위해서는 보다 더 충실한 박물관, 보다 더 성예있는 음악당의 활동이 기약되도록 더욱 노력하여야 되겠지만, 연세를 사랑하는 모든 연세인들의 배전의 협조도 뒤따르기를 간절히 바라는 바이다. 끝으로 그 동안 백주년기념관의 준공에 물심양면으로 기여해주신 연세인 여러분에게 거듭 고마움을 드리고 싶다.

(『연세춘추』 1085호, 1987년 11월 16일)

7. 종합박물관의 신설과 나 - 체험기

(1)

내가 연세대학교 박물관장직을 맡은 지 두 해가 넘었다. 이제 와서 변명할 필요는 없지만 이 자리를 맡아달라는 요청이 있을 때 몇 번이고 사양했었다.

그것은 첫째, 3년 반 후인 1985년 5월에 맞이할 연세대학교 창립 백주년 기념식까지 선사·역사·민속·미술·지질·동식물·의약·전적과 자료, 연세대학교사와 비디오교육에 걸치는 종합박물관을 꾸민다는 것이 힘에 겹다기보다도 불가능할 것 같았고, 둘째 당시로서는 나의 전공과 상당한 거리가 있는 직책이었으며, 셋째, 이 일을 맡으면 자연히 내가 하고 있는 연구에 지장이 있을 뿐만 아니라 내 성격을 잘 아는 나로서 인간적인 관계에 좋지 않은 결과가 올 것이 뻔한 일이었기 때문이다.

그러나 연세대학교의 창립 백주년을 기념해서 계획된 이 종합박물관의 거대한 사업에 내가 꼭 필요할 뿐더러 학교발전을 위해서 사명을 가지고 봉사하여 달라는 요청에 맡지 않으면 안되게 되었다. 이 학교 출신인 나로서 이 학교를 위해서 봉사하는 일이고 보면 기피할 수만은 없는 상황이었기에 어쩔 수 없이 맡고 말았다.

(2)

그런데 일단 이 자리를 맡았으면 이 일을 완수하는 것이 당연한 일이었다. 이에 취임하자마자 내 나름의 계획과 단계적인 조치가 불가피했다. 물론 종래에도 박물관은 있었다. 해방 전 연희전문학교 시절에는 박물실이 있었고 해방 후의 연희대학교 때에도 이 박물실을 도서관장이 겸임하였으나, 6·25 동란 때 문자 그대로의 박물이 그나마도 파괴되거나 유실되어 1964년 박물관이 재출발되었을 때는 여기저기에서 주워 모은 것이 고작이었다. 더욱이 재출발한 박물관도 선사시대를 연구·개발하는 특수박물관으로 계속되어온 탓으로 장차 구상되는 종합박물관을 위해서는 어림도 없는 수장 상황이었기 때문에, 구체적인 계획과 단계적인 수집이 있어야만 했다.

누구나 말하기를, 종합박물관을 꾸미기에는 이미 늦었다고 했다. 유물이 귀해지고 그 값이 뛰어올랐을 뿐만 아니라 단시일에 큰 규모의 시설을 이루기가 어렵게 여겨졌기 때문이다. 그렇지만 이미 늦었다고 말만 하고 그나마도 착수하지 않으면 더욱 늦을 것이 아니겠는가라는 것이 나의 만용에 가까운 의욕이었다.

그래서 학교의 여러 기관에 이미 수장되어 있는 것과 중복되지 않는 것을 중점적으로 수집하기 시작했다. 그것도 단계적으로 기획적인 수집이었다. 반 년 동안 수집·정리한 후 이를 전시하고 그대로 포장하여 장차 신축·개관되는 전시실에 옮겨 전시하는 방법을 계속해 나가면 어느 정도의 성과가 있지 않을까 하는 것이 애초의 구상이었다.

여기에서 박물관을 맡자마자 우선 반 년 동안 토기를 모아서 이를 정리하여 제1차 기획전시인 '한국의 토기'를 공개했고(1982. 5~7), 이어서 자기를 수집하여 제2차 기획전시인 '한국의 자기'를 전시했으며(1982. 9~11), 종래의 수장품인 와전류(瓦塼類)에 대폭 사들인 기와를 합쳐서 제3차 기획전시인 '한국의 기와' 전시를 가졌다(1983. 5~7). 그리고 지질학과에서 가지고 있는 지질표본을 정리하여 제4차 기획으로 '한국의 지질' 전시를 갖게 되었다.

이렇게 두 해를 지내는 동안 민속 관계의 유물도 수집하되 특히 공구류의 수집에 치중하는 한편 토기·자기·기와를 더욱 보충하면서 미술품을 수집하기도 했다. 미술 관계에서는 고서화도 단계적으로 수집하지만 그 값이 비싸기 때문에 우선 현대작가에게 부탁하여 서양화·동양화·데생·수채화·서예·전각(篆刻)·조각·직조에 이르는 60여 점의 좋은 작품들을 협조받기에 이르렀다. 모두 각 방면을 대표하는 작가들의 작품들이다. 아울러 비디오 교육을 위한 자료수집을 진행중에 있다.

나는 이 자리를 맡기 이전에도 고미술에 관심이 많았다. 어릴 때부터 주위에서 많이 보아왔을 뿐만 아니라, 어쩐지 이 방면에 관심이 많아서 국내에서는 물론 외국에서도 박물관·미술관과 각종의 전람회를 순시하는 일이 내 취미의 하나로 되었다. 이에 나로서는 어느 정도의 심미안과 감식안이 있다고 자부하여 왔지만, 막상 박물관을 책임 맡고 보니 그때부터 장님이 되는 듯했다. 무엇이건 감정에 자신이 없었다. 책임이 뒤따라서 그랬는지도 모른다. 따라서 이 방면에 경험이 많으신 분으로서 나를 도와주실 분을 찾게 되었다. 여기에 진홍섭(秦弘燮) 박사를 위시하여 황수영(黃壽永)·김원룡(金元龍)·정양모(鄭良謨)·한병삼(韓炳三)·정영호(鄭永鎬) 님 등이 고맙게도 기꺼이 협조하여 주셨다. 어느 때는 염치없을 정도로 자문을 요청하는 경우도 있었다.

이른바 골동(骨董)이라고도 하는 고미술품은 파는 사람과 사는 사람이 흥정하기 마련이기 때문에 그 값이 모호할 때가 많다. 같은 종류의 자기라도 진사(辰砂)의 점이 몇 개 있고 혹은 철사(鐵砂)의 줄무늬가 하나만 있어도 그 값이 두서너 배나 비싸고 보면 나로서는 값을 정하기가 쉽지 않다. 물론 어떤 시세라는 것이 있기 마련이지만 여간해서 구경하기조차 어려운 유물이면 시세가 따로 있을 수 없는 것이라 더욱 난처하다. 이럴 때마다 자문하여 주시는 분에게 감정과 그 값어치를 여쭈어 보고 이전에 수집한 유물값과 비교하여 보기도 한다. 그러면서 값이 비싸지만 구하기 어려운 유물이면 놓치지 않으려고 노력한다.

박물관장의 직책이 터무니없는 구설수에 오르기 쉬운 자리임을 익히 알고 있는 나로서 취임과 동시에 몇 가지 원칙을 세워서 밀고 나가고 있다. 첫째 공사를 분명히 하되 사사로운 일보다도 공적인 일을 앞세우고, 둘째 유물구입은 관장실이 아닌 사무실에서 여러 관원들과 함께 공개적으로 결정하며, 셋째 아무리 값싼 하찮은 유물이라도 관장이 개인적으로 구입하지 않음과 동시에 남에게 소개하지 않는다는 것이다. 그리고 박물관 관원들에게, 박물관은 은행보다도 더 정확하고 조심해야 하는 기관이라는 것을 입버릇처럼 당부하고 있다. 은행에서 현금 사고가 나면 현찰로 보상할 수 있지만 유물이 손상되면 다시 그대로 복원될 수 없고 망실하면 똑같은 것을 대치시킬 수 없을 뿐만 아니라 문화유산에 대한 죄악을 범하기 때문이다. 여기에서 박물관에서는 서로가 믿고 일해야 하지만 어떤 면에서는 세밀할 정도로 확인행정이 필수적이다. 유물창고에 혼자만의 출입을 엄격히 금지하고 있는 것도 못 믿어서라기보다도 은행 금고 출입 이상으로 통제받는 구역이라는 경고를 상기시키는 조치이기 때문이다.

또 나는 고미술상을 늘 손님으로 대했지, 장사꾼으로 대해본 일이 별로 없다. 유물 대금도 빠른 시일 안에 지불하는 것이 나의 운영방침이다. 되도록이면 외상을 하지 않는 일도 내 성격의 한 단면이기도 하다. 만약 거래하는 상대가 나를 속이려들거나 나의 대인관계를 악이용하려고 하면 다시는 상대하지 않는 것도 내 성격의 한 면이다. 따라서 자연히 믿는 상대끼리 거래하는 일이 많아졌다. 그러나 언제나 방심하지는 않고 있다.

(3)

대학은 문화를 보호할 뿐만 아니라 육성·발전시키는 곳이다. 이에 박물관은 대학원, 도서관과 같이 그 대학을 상징하는 기관이 되어야 한다. 그러나 우리나라의 어떤 대학에서는 박물관을 종합대학교의 설치기준에 의해서 어쩔 수 없이 두는 기관으로 여기는 곳이 있다. 관심을 둔다고 하여도 학교의 자산을 늘리는 타산적인 기관으로 여기는 대학도 있다고 한다. 물론 대학박물관은 국립박물관 내지 사설박물관과 달리 대학교육의 측면적인 기관으로서만 설치의 의의가 있다.

그리고 연구와 전시가 계속되어야 한다. 이에 각양 각종의 다양한 유물이 비교 전시되는 것이 바람직하고, 소수의 값진 유물보다도 연구와 교육을 위해서 수장품의 종류가 많을수록 좋다고 생각된다. 아울러 대학박물관의 소장유물은 한 기관만의 독점물이 아니라 공익성을 가진 문화재임을 감안하여 이를 공개해서 연구에 널리 공여할 줄 아는 박물관이 되어야 한다.

나는 연세대학교 박물관을 장차 '보고 느껴서 창조하는 박물관'으로 꾸미고 육성시키고자 한다. 현재 건축허가를 기다리고 있는 종합박물관은, 모두 3,800평 규모의 연세대학교 백주년 기념건물의 대부분을 사용하기로 되어 있다. 따라서 이 박물관이 완성되고 1천 평이 넘는 전시실에 전시가 완료될 1985년 5월에는, 3년 반이란 짧은 기간에 꾸며졌기 때문에 될 수 없었느니, 그 동안의 예산이 보물급 청자매병 한 점 값도 안되는 예산이었기 때문에 이룰 수 없었느니 하는 변명 따위는 허용되지 못하게 되어 있다. 무조건 성취시켜야만 되는 시한부 작업인 셈이다.

이에 요사이 나는 마치 경마장에서 경주하는 말처럼 주위에 눈 돌릴 겨를 없이 뛰고 있다. 오직 초를 읽어가는 기분으로 앞으로 매진하고 있다. 그리고 당장은 박물관의 큰 구실의 하나인 연구를 잠시 보류한 채, 장차의 전시실 열두 방을 구색 맞추어서 꾸미는 일에만 골몰하고 있다. 아울러 명년에는 아직 착수하지 못하고 있는 역사전시실의 유물수집에 착수하면서 제5차, 제6차의 약속된 기획전시도 가져야 한다. 내 머리 속에는 이런 일, 저런 일로 꽉 차 있다. 내 수첩도 여러 가지 일정과 계획표로 빈 칸이 없다.

'십인십의(十人十義)'라는 묵자의 말이 있다. 사람이면 제각기 생각이 다르다는 뜻이다. 그렇지만 대학인이면 그 나름대로의 상식이라는 것이 있다. 따라서 무모할 정도로 밀고 나가는 내 계획과 어떤 성과들이 대학의 상식에서 어떻게 평가되는지는 두고보아야 할 일이지만, 일단 맡았으면 끝장을 보자는 것이 나의 확고한 소신이다.

주위에서는 나를 원칙론자라고 하고 혹은 몰인정한 사람이라고도 말하는 사람이 있다고 한다. 과연 내가 그러한 사람인가를 되돌아본다. 그러나 나는 원칙론자라는 데에는 수긍될 수 있는 바가 있지만 결코 몰인정하지는 않은데 어째서 그러한 사람이라는 오해를 받게 되었는지 모르겠다. 아마도 이 자리에 오면서 어쩔 수 없이 척결한 몇 가지의 처사가 주요한 이유가 되었을 것이고, 다음으로는 지나치게 원칙을 내세우면서 오는 어떤 결과에서 연유하는 것이라고 생각한다.

　내 연구실 벽에는 '난득호도(難得糊塗)'라는 판교(板橋) 정섭(鄭燮)의 횡액(橫額)이 걸려 있다. 이 글귀가 어떤 원칙에 어긋나면 매정하게 척결하고 또 그럴 때마다 우물쭈물하지 않고 분명히 처리한다는 뜻이고 보면 내 소신을 두고 격려하는 것만 같다.

　그러면서 나는 행정직 박물관장임을 자처한다. 아울러 머지 않아 연세대학교 종합박물관이 신축 개관되면 내 소임을 마쳤으니 그만두어야 할 것 같다. 산파는 보모가 될 수 없기 때문이다.

(『대학교육』 7, 1984년)

8. 연세 한글탑

(1) 연세 한글탑 건립 취지문

세계 어느 나라에서나 그 국민은 자기 나라의 말과 글을 사랑하고 존중하며 가꾸어 나갑니다. 우리 겨레는 지금으로부터 546년 전에 세계에서도 뛰어난 우수성을 자랑하는 한글을 창제한 이래, 어떤 때는 모화사상으로 소홀히 되어오던 시대도 있었고, 한때는 이민족의 식민 통치에 의해서 큰 수난과 핍박을 받아오기도 했으나, 애써 한글을 지킴으로써 나라사랑의 정신적 공감대를 형성해왔습니다.

특히 연세학원에서는 1920년대부터 겨레사랑, 나라사랑의 실천적 노력의 일환으로 우리의 말과 글을 연구하고 이를 보급하는 데 앞장서서 일제의 가혹한 탄압을 받기도 했습니다. 조선어학회사건에 연루되어 모진 고난을 당한 분들의 대부분이 역시 우리 학원의 교수, 동문들이었다는 사실을 보아서도, 연세학원에서 한글 연구와 그 수호, 발전을 두드러지게 전개시켜온 것을 알 수 있을 것입니다.

이제 우리 연세인들은 백여 년의 역사 속에 흐르는 연세정신을 이어받기만 할 것이 아니라 이를 더욱 드높여가기 위한 노력이 뒤따라서 앞으로 천 년을 내다보는 지향적인 기약이 있어야 할 것입니다. 그러기 위해서도 종래 연세에서 보여준 한글운동을 현창하고 이 정신을 기릴 뿐만 아니라 장차 우리의 나아갈 나라사랑, 겨레사랑의 정신적 지표를 삼기 위해서 연세한글탑을 건립하고자 합니다.

1990년　10월

제안인 대표 황원구

(『연세와 한글』, 1992)

(2) 연세 한글탑 건립 경위

1990년 10월 4일 박영식 총장과 김석득, 이상섭, 황원구 교수 등이 연세 한글탑 건립을 위한 첫번째 주비모임을 갖게 되었다. 우리 연세대학교가 나라글인 한글을 수호하고 발전시키는 데 많은 노력을 기울여왔음은 자타가 인정하는 바로 이를 기념하고 이 정신을 더욱 드높여 연세대학교의 정신적 지표로 삼으며 나아가 겨레사랑·나라사랑의 기상으로 승화시키고자 하는 여망이 있어온 지 오래이다. 그러나 어떤 계기가 마련되지 못하다가 때늦은 감이 있으나 몇 사람의 뜻이 투합하여 모임이 이루어진 것이다. 이 자리에서는 먼저 탑의 성격, 명칭, 규모와 건립 방법을 논의하고 법인사무처 최기준 처장을 주비위원으로 추가하기로 했다.

그 후 1990년 10월 16일 이 주비위원들이 다시 모임을 갖고 탑의 명칭을 ‘연세 한글탑’으로 명명하기로 했다. 이어서 연세대학교 전체 교수들에게 찬동을 요청하기로 했다. 연세대학교 안에 건립되는 모든 기념물은 교수들의 발의에 의한 건의, 학생들의 총의에 의한 건의, 동문회의 건의 중, 어느 한 건의를 교무위원회와 이사회에서 승인받아야 한다는 ‘연세대학교 기념물 건립 규정’에 따른 것이지만, 이 연세 한글탑은 어느 건의보다도, 교수들의 발의에 의한 것이 가장 바람직한 일이라고 믿어서 추진하기로 한 것이다. 그리고 먼저 제안인 명의의 「연세 한글탑 건립 취지문」을 문과대학 교수들에게 보내어 그 찬동을 얻고, 이어 문과대학 교수 일동의 명의로 연세대학교 전체 교수들의 찬동을 얻기로 하였다.

따라서 1990년 11월 7일에 문과대학 교수의 찬동을 얻고 1990년 11월 16일에 연세대학교 전체 교수 과반수의 찬동을 얻어, 1991년 1월 10일에 연세대학교 교수 일동의 명의로 연세 한글탑 건립을 총장에게 건의함과 동시에 교무위원회에서 승인되었으며 1991년 4월 30일에 이사회의 승인까지 받게 되었다.

그리고 1991년 6월 19일에 총장 주재로 ‘연세 한글탑 건립 집행부서’를 내정하고, 1991년 7월 10일에 연세 한글탑 건립에 찬동한 교수들이 발기인이 되어 발기인 총회를 갖고 '연세 한글탑 건립 집행부서'를 의결, 확정하였다.

애초에 연세 한글탑의 건립을 1991년 10월 9일 한글날 하기로 예정했으나 여러 절차상 시일이 촉박하여 1992년 5월 9일, 연세대학교 창립 107주년 기념일에 하기로 하고 조각가 전뢰진 교수(홍익대)에게 설계를 부탁했다. 이에 이 탑은 대리석 조형물로 하되 연세대학교 안에서 가장 장엄하고 심미적으로 건립하기로 결정하고 1991년 말부터 여러 차례 수정, 보완하면서 건립위치도 중앙도서관 앞으로 결정했다. 아울러 연세인들에게 연세 한글탑 건립 찬조를 부탁하게 되었다.

또 이 연세 한글탑의 명문과 조형 해설을 위해서 주비위원들이 여러 차례의 회동을 거쳐 완성하는 한편, 이 연세 한글탑 건립을 기념해서 『연세와 한글』이란 글모음을 간행하기로 하고 이 탑의 건립에 찬동한 여러 분과 교수들 그리고 동문들에게 '연세와 한글과 나'를 주제로 한 글을 청탁하게 되었다. 이 글모음은 연세대학교와 인연이 있는 여러 분이 재학시절 또는 사회생활을 하면서 겪은 한글에 얽힌 재미있고 유익한 회고담이 될 것은 물론, 연세대학교가 한글 수호와 발전에 얼마나 많이 노력해왔는가를 선양, 현창함과 동시에 앞으로의 후학들에게 긍지와 사명감을 고취시키는 획기적인 사업이 될 것이다.

그 동안 이 연세 한글탑의 건립에 물심양면으로 협조해주신 여러분에게 감사를 드리고 이를 계기로 돈독한 연세 사랑과 겨레 사랑이 더욱 뻗어나가기를 간절히 기대한다.

(『연세와 한글』, 1992년 5월 9일)

9. 시련을 극복하는 길
— 사설 1 —

오랜 역사와 전통 속에서 갖은 형극의 길을 밟아온 우리 학교가 또 다시 힘겨운 시련을 겪어야만 하는가 하는 야속함을 한탄하지 않을 수 없다.

이번의 사태는 두 번이나 연거푸 참패한 연고전의 결과를 항의하기 위해서 총장공관에 몰려간 일부 학생들의 움직임에서 야기되었다. 이런 사태는 보도를 통해서 사회에도 바로 알려지게 되었다. 이에 성급한 세론은 연고전의 참패에 뒤따른 일부 학생들의 분풀이로 속단하기도 했지만 사태가 쉬이 수습되지 않았을 뿐만 아니라 휴강조치에까지 이르게 되었고 아울러 여러 차례 있었던 학생들의 요구사항을 접하게 되면서 종래에는 무관심했던 연세인이나 연세에 관심을 갖고 있던 세인들의 생각에는 사태가 단순한 울분의 돌출보다도 더 궁극적인 데서 온 하나의 발로로 이해하려고 하는 기운이 차츰 짙어져갔다. 더욱이 그 후에 있었던 여러 대학에서의 심상치 않은 움직임이 과열해졌고 보면 교내문제라고는 하지만 우리 학교의 사태도 우리 학교만의 일이라고 단순하게 판단해서는 안될 것이라고까지 여겨지게 되었다.

사실 학생들의 움직임에서 본 요구사항에는 그 나름대로 수긍될 바가 적지 않다. 그 동안의 학교 행정책임자들의 겉치레에 만족한 안일에서 온 내부적인 부조리와 갈등 등을 학교 침체로 볼 수도 있기 때문이다. 여하간 이미 저질러진 일이다. 사태 발단 후 한 달이 된 오늘에 와서 시비를 가리기에는 너무나 늦었을 뿐만 아니라 그럴 만한 시간의 여유가 있는 것도 아니다. 우리는 개인의 체면이나 이해보다도 '연세대학교'라는 공적인 기관을 위해 대승적인 해결점을 모색해야 한다.

'연세대학교'는 현재의 교수·학생만의 학교가 아니라 수많은 동문과 이후에

올 후배들의 학교이며, 더 나아가서는 이 국가와 이 민족의 학교라는 다짐을 염두에 두고 타결의 길을 찾아야 할 것이다.

오늘부터 다시 개강한다. 그 동안에 있었던 모든 일들은 학교의 밝은 앞날을 위해서 모두 잊어버리고 10월 18일에 발표된 총장의 학교개혁안을 일단 받아들이면서 정상적인 학교생활로 되돌아오기를 바란다. 이 개혁안이 학생들의 주장과 요구에 꼭 만족스러운 것만은 아닐 줄 안다. 그러나 종래에 비하면 과단성있는 개혁안임은 사실이고, 더욱이 총장의 자성과 자책에서 온 개혁안임을 믿고 조용히 기다려보는 아량을 가져야 할 것이다. 한편 총장은 이번의 사태를 개혁안의 조속한 실행을 통해서 신속히 수습하되, 이번의 개혁안만이 우리 학교의 부조리를 불식시키는 최선의 길이 아니라는 것을 유의해서, 앞으로도 보다 적극적이고도 효율적인 개혁의 방향을 모색·강행해주기를 바라마지 않는다.

우리는 여러 차례의 분규(이번 사태마저 분규로 부르고 싶지 않다)를 겪었다. 이로써 학교가 득을 본 일은 한 번도 없었다. 우리 학교의 사태가 학교 안에서만의 일로 그치는 것이 아니라 세론이 주시하고 있다는 것을 한시라도 잊어서는 안 될 것이다. 이번의 사태가 우리 학교의 새로운 발전을 위한 시련의 극복이 되기만을 바라는 마음 간절하다.

(『연세춘추』 704호, 1974년 10월)

10. 대학과 현실
─ 사설 2 ─

대학인들이, 대학을 상아탑이라고 자칭하면서 현실과 괴리된 생활을 영위한 것이 과거의 대학이었다고 한다면, 오늘날의 대학은 현실과 직결된, 사회 속의 대학임을 다짐하고 있다.

따라서 과거의 대학은 현실세계를 외면하면서 자기들 나름의 세계를 고수할 수가 있었고, 그 시대의 여건에서도 대학을 치외법권적인 카테고리로 인정해주기도 했지만, 오늘날의 대학은 과거와 달리 사회가 요구하는 봉사정신에 입각해서, 또는 장차의 사회책임을 통감한 나머지, 현실의 부조리를 묵과할 수 없다는 굳은 사명감에 불타고 있는가 하면 사회에서도 대학을 과거와 같은 상아탑으로만 보지 않는 것 같다. 이렇게 대학을 사회의 일부분으로 자타가 공인해가고 보면, 작금에 벌어지고 있는 우리 현실에서의 대학가의 사태도 이러한 현실의 대학으로 변질된 두드러진 결과의 하나라고 말할 수 있을 것이다. 특히 얼마 전부터의 대학사태의 동향이 우리 현실을 압축한 일부분이라는 강한 인상을 받고 보면 더욱 그러하다.

그런데 이러한 대학의 역사적인 변질에 의한, 대학의 이른바 현실참여가 있을 때마다, 대학은 자의건 타의건 간에 휴강조치를 취해왔고, 심지어는 방학이란 말초적인 방안만으로 대응했을 뿐, 궁극적인 해결책을 위한 어떤 입장을 취해본 일이 없었는가 하면, 당국에서도 이런 사태를 대학의 무질서한 동요로만 단정해왔다. 이로써 대학은 불안이 계속되었고, 사회에서는 대학의 교육 부재라고 극언하고 있는가 하면, 당국에서는 대학을 명목적인 과거의 대학으로 역행해서 규정 지우려고 하거나 혹은 대학이 자치적으로 수습해야만 한다고 되풀이해왔다. 이에 한 모퉁이에서 데모가 벌어져도 공부를 계속해야 한다는 이상론이 나오기도 했다. 하지만, 마르쿠제의 말을 인용할 필요도 없이, 비록 극소수라고 할지라도 그들의 행동이 과격해지면 대학이 정상화될 수 없다는 것을 우리는 여러 차례 겪어서 잘 알고 있는 일이다.

여기에서 대학은 종래와 같은 지엽적인 수습책만 되풀이할 것이 아니라, 대학 사태를 해결할 궁극적인 방안을 건설적이고 직설적으로 내세워서 그 해결의 길을 모색함과 동시에 그 해결을 위해 서로가 노력해야 할 단계에 이르게 되었다.

이런 시점에서 11월 21일에 발표된 총장의 담화문은 우리 학교뿐만이 아니라, 현 사태에 관련된 모든 대학과 당국에 대해서 응당 있어야 할 대학의 주장이라고 믿고 전폭적인 찬동을 보내는 바이다. 두 교수와 17명의 학생이 영어의 몸이 되어 있는 우리로서는 더구나 절실한 요구라고 할 수 있을 것이다.

더욱이 총장의 담화문이 발표된 직후인 22일부터는 28일까지 구속교수·구속 학생의 석방 실현을 위한 교수기도회가 열리고 있다. 이 기도회는 사람의 지혜만으로는 해결될 수 없을지도 모를 일을, 간곡한 기도를 통해서 이루어 보고자 발버둥치는 우리의 간절한 소망이기도 한 것이다.

사람은 자기들이 할 수 있는 모든 노력을 다한 후에 하늘의 도움을 받아야 한다는 옛 사람의 가르침이 있다. 우리는 사회 속의 대학의 입장에서, 현실의 어려움을 해결하기 위해 할 수 있는 일은 다하고 있다고 자부한다. 한국적 현실 안의 대학으로서 이 이상의 어떤 방법도 취해서는 안될 것이라는 심중한 견지이고 보면, 이제 남은 일이란 여기에 대한 당국의 성의있고 아량있는 해결과 이를 위한 하나님의 권능만을 희구할 뿐이다.

(『연세춘추』 705호, 1974년 11월)

IV

시상 따라 붓 따라

신도안(新都內)

몇 해 전의 초봄, 아직도 잔설이 산봉우리를 덮고 있는 계룡산 신도안을 찾은 것은 유사종교의 단속이 시작된 직후의 상황을 보기 위함이었다.

신도안이란 새 도읍의 중심인 궁궐터란 뜻이다. 조선초 이성계가 지금의 서울로 도읍지를 확정하기 이전에, 이곳에 도읍지를 삼기로 하고 거창한 초석 돌까지 실어다 놓았지만, 이를 중지하고 오늘날의 서울로 도읍지를 다시 정했던 것이다. 징 자국이 분명한 초석을 볼 때, 만약 이곳이 도읍지가 되었더라면 조선조의 인문지리와 문화의 성격이 어떻게 되었을까 하는 생각이 들었다.

대전에서 신도안까지는 시외버스로 1시간밖에 안 걸리는 곳이다. 계룡산 주봉에서 남향의 분지이다. 풍수는 잘 모르지만 그럴싸한 명당같다. 좌우로 산세가 뻗쳐 있고 앞에는 물이 있으며 안산이 있어 옴폭한 곳이다. 좌청룡 우백호에 장풍득수(藏風得水)한 평범한 지형이다. 지금의 서울에 비하면 도읍지로서는 뒤떨어지는 고장일 것은 분명하다.

여하간 이 신도안에는 국민학교, 중학교가 하나씩 있고 어김없이 다방과 미장원도 있다. 텔레비전 안테나가 여러 곳에 솟아 있기도 하다. 평범한 농촌의 정경이다. 하지만 신도교(新都橋)를 지나서 도로변에 서있는 '일일일선(一日一善)'의 표석이 다른 농촌과 색다른 것이었다.

하루에 한 가지의 착한 일을 하라. 보기만 해도 흐뭇한 느낌이었다. 그러나 이 분지의 각 골짜기와 산허리에는 현실적인 권선보다는 앞에 올 세상의 이상향과 복된 내세관을 내세우는 믿음의 전당으로 꽉 채워져 있다. 신도안 버스 정류장에는 '대궐터 청년회'의 이름으로 관광안내도가 소개되어 있는데 여기에서만도 이런 각종 전당은 30여 개소나 된다. 이 중에는 '세계일가공회본부(世界─家公會本部)'라는 코스모폴리탄적인 곳도 있다.

그 날도 김제에서 왔다는 10여 명의 부녀자들이 신도안에서 나오고 있었다. 유사종교의 단속이 시작되어 시들어가고 있다고는 하지만 아직도 많은 사람들이 이곳의 여러 믿음의 전당을 찾고 있다고 한다. 두계(豆溪)역에서 2.7km 남쪽에 신도(新都)란 새 역이 있다. 약 10년 전에 새로 세워진 간이역이라고 한다. 얼마 전까지만 해도 이곳에 기차역이 생길 만큼 번영했음을 말해주는 것이라고 하겠다.

돌아오는 만원버스 안에서, 분명 굿거리에 목쉰 아낙네들이 떠들어대고 있었다. 이들도 어김없이 신도역에서 하차했다. 믿음이란 이렇게 신나는 것인가.

(1975년 1월)

공신력(空信力)

약 10년이 지났다. 그 해 6월 17일 오전 11시 25분, 은행 영업부에 일금 만 원정의 수표 송금을 의뢰했다.

작년부터 적극적으로 추진되어온 문중의 모사업에 희사하기로 한 약속을 지키기 위하여 시골로 송금하기 위해서였다.

얼마 동안의 시간이 지났다. 지루하여 그 계원에게 독촉까지 하면서 무료하게 앉아 있었다. 내 앞에는 한 쌍의 잉꼬새가 다정하게 속삭이고 있었다. 길다란 의자에는 고객들이 10여 명 역시 지루한 듯이 앉아 있었다. 다시 한참 지났다. 한 여사무원이 나에게 미리 주어진 환번호를 불렀다.

"예"

나는 창구로 갔다. 그러나 그 여사무원은 자못 의혹에 찬 어조로,

"이것, S은행 A지점에 조회했더니 이런 것 발행한 일 없다고 하는데요."
하며 그 정액 자기앞 수표를 내준다.

"아니, 이것이 그러면……"

말문이 막혔다. 얼굴이 붉어지며 당황했다. 이미 주위 여러 사람의 시선은 나을 응시했다. 쥐구멍이라도 있었으면 모면할 수 있으련만.

"그러면 내가 직접 조회해 볼까요?"

"그러세요. 저쪽으로 들어오세요"

나는 은행 대리들이 있는 안으로 들어가서 S은행 A지점에 전화를 부탁했다. 내 꼴은 파락호(破落戶)가 되어 마치 동냥온 신세처럼 어찌할 바를 몰랐다. 그대로 나와서 그 은행에 뛰어가서 항의라도 하고 싶었으나, 그대로 나오면 꼼짝없이 수표 위조자가 되고 말 것이고 보니 그럴 수도 없었다. 우선 내 입장을 밝히고 나올 수밖에 없었다. 은행직원 몇 사람이 자꾸 나만 본다. 어떤 직원은 빈정대는 눈치이기도 했다. 더욱 민망했다. 20분은 족히 되었으리라. 연락이 되었다. 직원이 전화를 받은 후 나에게 수화기를 바꾸어준다.

"여보세요, 수표를 떼면서 부도를 내는 은행이 있소. 내 입장을 살리기 위해서 여기서 전화하는 것이오. 알겠소?"

"……"

"이제 송금하지 않겠소. 그리 아시오."

한 차례 쏘아 붙이고 그 은행을 나왔다.

이 봉변을 어떻게 할까. 몹시 불쾌하기 짝이 없다. 문제의 부도 쿠폰 수표를 쥐고, 그것을 월급봉투 속에 넣어준 학교로 택시를 몰았다. 우선 알리고 싶었다. 그리고 다음은 본부의 중역실로 뛰어가서 항의하고 신문지상의 공개사죄를 요구하든지 직장에서의 예금거래를 중단시킬 생각뿐이었다.

그러나 몇 시간이 흐르고 친근한 모 중역의 간곡한 만류로 모든 것을 내가 참기로 했다.

만약 내가 들고 일어선다면 그 문제의 부도 쿠폰을 발행한 지점의 피해가 상상 외로 확대될 수 있다는 것이다. 그 중에는 내 선배가 있게 될지도 모른다. 나와

얼굴을 마주댄 일이 있는 젊은 후배가 있을지도 모른다. 가뜩이나 어려운 경쟁시험을 뚫고 입행한 그 사람들에게 못할 일을 시키는 것 같은 생각이 들었다. 한없는 증오가 가련한 생각으로 바뀌었다. 깜박 잊고 호주머니에 넣어온 H은행의 환번호도 사람을 시켜 돌려보냈다. 수속료 50원은 나 때문에 돌린 조회전화통화료로 공제시키기 위하여 받아오지 않은 채……

홍분과 불쾌 속에 반나절이 지났다. 머리가 쑤시고 골이 아팠다. 이 일처럼 불쾌하고 홍분한 일은 이제까지 경험한 일이 없었다.

은행측의 변명에 의하면 사무착오 - 쿠폰을 떼고, 그 뒷처리를 채 하지 않고 이틀이 지났다 - 란 것이다. 사무착오로 골탕먹은 고객을 두고도 한 마디 사과도 없는 그런 거래처를 어떻게 상대할 것인가. 공신력을 생명으로 하는 은행에서 이런 일이 있고 보면 이 사회에서 무엇을 믿으란 말인가. 몇 번인가 독백을 되풀이하다가 나 나름의 처세훈을 삼았다.

"현찰 이외의 이른바 수표라는 종이 조각은 아예 받지 않겠노라"고.

(1963년 6월)

조란기(凋蘭記)

5년 전의 초가을 노염이 상기 가시지 않은 어느 석양에, L형이 대명란(大明蘭) 세 촉을 가져왔다. 난초는 분치레를 해야 한다더니, 제법 쓸만한 분에 담겨진 대명란은 누가 보든지 욕심낼 만한 것이었다. 내가 난초를 좋아하는 줄 알고, L형의 선친께서 손수 기르시던 것 중에서 골라왔다는 것이다.

나는 15, 6년 전에 춘란(春蘭) 몇 촉을 기르다가 여의어 버린 일이 있고, 또 13, 4년 전에도 제주도 풍란(風蘭) 한 촉을 기르다가 잃은 경험이 있었기 때문에,

자신은 없었지만 이 귀한 대명란단은 지난날의 경험에 비추어서 잘 길러 보겠다고 장담했다.

난초를 기르는 데는 기본적인 금기가 있다. 봄철에 밖에 내놓아서는 안되고, 여름에는 햇빛을 쬐지 말아야 하며, 가을철에는 마르지 않게 해야 하고, 겨울에는 물기를 적게 해주어야 한다는 것들이다. 또 물을 자주 주어서도 안되고, 그렇다고 해서 말려서도 안되며, 통풍을 잘 해주어야 한다. 강한 직사광을 피해야 하고, 석양의 햇빛은 아주 해롭다는 따위의 기초적인 상식도 잊어서는 안된다. 이에 나는 달력에 난초에 관한 여러 가지 일들을 적어두는 칸을 만들어서 물준 날, 햇빛 쬐인 날, 비료준 날, 잎을 닦아준 날……등을 기록해 가면서 규칙적으로 길러갔다. 귀한 양주를 사다가 잎도 닦아 주었다.

그래서 이듬해 정월 하순에는 꽃을 보게 되었다. 한 달 전부터 대가 올라와서 봉오리를 맺더니 급기야 꽃이 핀 것이다. 난초를 기르기 시작할 때는 막연히 대명란인 줄만 알았더니, 정월에 꽃을 보니 분명 보세(報歲)였다. 창너머에서는 하얀 흰 눈이 송이송이 떨어지는 철이었지만, 나는 서재에서 부향(浮香)이 감도는 가날프고도 애띤 난초꽃을 대하게 된 것이다. 하루에도 수없이 코를 대고서 냄새를 맡아보기도 했고, 천연색 사진까지도 찍어두는 수고를 마다하지 않았다. 그뿐이 었으랴, 난초를 좋아하는 몇 친구를 청해서 감상하면서 시회(詩會) 아닌 주연을 베풀기도 했다. 이것이 기연이 되어 그 친구들로부터 난초의 안부를 전해듣기까지도 했다.

여하간 그 뒤에도 나는 난초를 보살피는 데 게으르지 않았다. 갈현동 너머에 있는 동양란 화원에서 비료를 사다가 시비(施肥)도 했고, 1년 만에 제법 좋은 난분을 사다가 분갈이도 해주었다. 아침에 밖에 내놓았다가 미처 들여놓지 못한 채 학교에 나갔을 때는 전화를 해서 난초를 들여놓게 하기까지 했다. 거리를 지나다가도 난초가 있으면 멈추어서 보고 가야만 발길이 떨어졌고, 난초의 전시회가 있으면 두세 번은 가보아야 직성이 풀렸다. 난초에 미치다시피 되었다고 해도 과언이 아닐 정도로 애란가가 된 것이다.

그런데 3년째가 되던 무렵, 예기치 못했던 일이 일어나고 말았다. 통풍을 위해서 나무 그늘에 놓아둔 난초를, 마당에서 놀고 있던 개가 물어뜯어서 잎 다섯을 망쳐 놓은 것이다. 10여 년 전에 내 서재를 청소하던 가정부가 책상 위에 놓여 있던 청자접시를 박살내서 마음이 아팠던 일보다도 더 마음이 아팠다.

그 후부터 이 난초가 병들기 시작했다. 잎에 흑점이 생기고, 잎끝이 마르기 시작했다. 잎의 생기도 전같지 않았다. 이에 나는 난초의 재배법이 소상하게 설명되어 있는 『동양란』이란 책을 구해서 그 병명을 알아보기도 했고, 난초를 기르는 친구에게 물어보기도 했지만 잘 치유되지 않았다. 분갈이를 다시 해보면 어떠하겠느냐는 충고에 의해서 모래를 볶고 분을 튀겨서 분갈이를 다시 해서 썩은 뿌리의 수술까지도 했다. 그리고 마시다 남은 중국차를 비료대신 주기도 했다. 남들이 좋다는 것은 다 해보았다. 마치 병자를 알뜰히 간호하는 보호자와 다름없는 심정이었다.

그러나 난초는 다섯 잎에서 네 잎으로, 다시 세 잎으로 줄어갔다. 그것도 세 촉 중에서 두 촉은 죽고, 살아 남아 있는 한 촉에서만 뻗고 있는 잎들이다. 어떤 식물은 죽으면서 새순을 낸다는데, 새순 한 눈도 나오지 않고 있다. 어느 때는 시들어 가는 난초를 뽑아버리고 싶은 야속한 심사가 들 때도 있지만, 말라 쇠잔해 가는 잎일 망정 책상머리에 그대로 두고 있다.

집안 식구들보다도 난초를 더 아낀다는 핀잔을, 처에게서 받은 것도 한두 번이 아니었다. 그런 정성을 부모에게 다 했으면 효자 났다고 칭송을 들었을 것이라는 빈정대는 소리를 들었을런지도 모른다. 하지만 내 정성이 부족해서였던지 혹은 미련스럽게 길러서였던지 간에 난초는 생기가 없어진다.

세 잎 중의 한 잎이 마르다가 지쳐서 다시 다갈색으로 변하고 있다. 한때는 말라버린 잎일 망정 버리기가 아까워, 잘라서 백자 필통에 꽂아두기도 했지만 이제는 그렇게 하고 싶은 심경도 아니다. 다시는 분갈이할 필요도 없어진 것 같다. 뿌리에 손을 댈 필요도 없어진 것만 같다. 일 년 한 차례의 꽃을 보기 위해서였는지 또는 일 년 내내 시들지 않고, 허공을 찌르는 듯 치솟았던 싱싱한 잎들에 반해서 그랬는지 분명치 않으나, 그렇게도 정성을 다했던 애착이 차츰 식어 가는 것만 같다.

난초란 모든 화초를 다 길러본 후에 그 경험으로 길러내야만 실수가 없다 한, 어떤 사람의 경험담을 잊지 못한다. 마당에 있는 화초의 가지 하나 잘라주어 본 일이 없는 나로서, 그렇게도 기르기 힘든 난초를 기른답시고 주책없이 물을 많이 주었던가, 그렇지 않으면 쉴 사이 없이 피워대는 담배연기 때문에 난초를 여의고 마는지도 모르겠다. L형이 가지고 왔을 때 기를 자신이 없으니 다시 가져가라고 거절하지 못한 일이 한이 될 뿐이다.

어느 여인은 부러뜨린 바늘을 위해서 조침문을 지었다고 하지만, 생명이 없는 바늘에 난초를 비할 것인가. 추사 김정희(金正喜)는 난체를 치다가 난을 치는 것 같이 어려운 것이 없다고 했다지만 기르기보다 더 했겠는가.

내 책상머리에는 시들어 가는 난분이 아직도 놓여져 있다. 봄이 되면 행여나 새 잎이 솟아나지나 않을까 하는 한 가닥 희망을 둔 채 여전히 지켜보고 있다. 이 맘 때면 은은한 꽃향이 서실을 휘감았던 지난날을 회상하면서 오늘도 물을 약간 뿜어주고 잎을 닦아준다.

귀한 자식일수록 천덕스럽게 키워야만 명이 길다는 우리의 옛 격언이 있다. 숫제 못났다, 못생겼다고 해야만 복이 온다는 동양의 옛 풍습이 있다. 시들어 가는 난초를 두고 이 조란기를 적는 내 심정도 여기에서 오는 것인지도 모르겠다.

(『연세』 9, 1974년 6월)

딸에게 주는 글

'될 나무는 떡잎부터 안다'는 우리 속담이 있다. 이는 타고난 소질을 두고 하는 말인 줄 안다.

그러나 사람은 선천적으로 지닌 소질도 무시할 수는 없겠지만, 자라는 과정에서의 환경, 교육, 노력……등에 의한, 이른바 후천적인 영향에서도 많이 달라질 수가 있다.

언제였던가. 이 아버지가 너에게 장래의 희망을 물어본 일이 있다. 어릴 때부터 유별나게 드러난 너의 미술 소질을 염두에 두면서도, 혹시나 또 다른 소질을 발견할 수 있을까 해서 물어 본 것이었다.

그때 너는 미술가가 되고 싶다고 했고, 얼마 후에는 다시 자선가가 되고 싶다고 했다. 미술은 색감과 구도, 조형과 공간을 주관적으로 처리해 나가는 예술의 경지이고, 자선은 자비로운 봉사정신으로 남을 도와주는 희생의 경지를 말한다. 서로 근사치가 없는 희망들이다. 아마도 네가 그때 미술가가 되고 싶다고 한 것은 선천적인 소질을 스스로 알아차리고 대답한 것인 줄 알지만, 자선가가 되고 싶다고 말한 것은 정녕 네가 그 무렵 탐독했던 어떤 자선가의 전기를 읽고 감동한 나머지 희망한 것이었다고 여겨진다.

여하간 나는 그때 너에게 장차 미술가가 되라느니, 혹은 자선가가 되도록 노력하라는 등의 당부를 한 일이 없었다고 기억한다.

그때 네가 '아버지는 딸의 장래에 대해서 너무 소극적이다' 또는 '아버지는 딸에 대해서 너무 무성의하다'고 생각했을지도 모른다. 하기야 남처럼 과외공부를 시키는 일을 반대해 온 이 아버지였고 보면, 그런 원망 아닌 원망을 들어서 싸다. 그러나 나는 나대로의 생각이 있어서 그런 것이다. 그것은 너에게 장차 어떤 인물이 되도록 강요하고 싶지도 않고, 더욱이 일방적이고도 편협된 교육을 원하지 않았기 때문이었다. 이 아버지의 욕심 같아서는 네가 커서 유명한 미술가나 어질고 이름높은 자선가가 되기를 바라고 있지만, 나이 어린 너에게 일찍부터 그런 무거운 굴레를 씌우고 싶지 않았기 때문이다.

네가 중학교와 고등학교를 졸업하고 대학에서 또는 그 이상의 교육기관에서 정말 전공으로 하고자 하는 것은 예측할 수 없는 것이다. 이는 내가 강요해서 되는 것도 아니고, 네가 바란다고 해서 꼭 성취되는 것도 아니다. 또 소질이 있다고 해서 꼭 대성할 수 있다고 장담할 수도 없는 것이다.

이 아버지가 중학교의 저학년 때 할아버지와 같은 의사가 되고 싶었지만 색맹

이 되어서 문과를 택할 수밖에 없었던 경험은 접어둔다고 해도, 우리의 주위에서 자기가 하고 싶은 일, 자기의 소질을 살리고 싶어도 앞에 말한 여러 후천적인 영향에서 뜻을 이루지 못한 예들을 많이 볼 수 있지 않느냐.

이렇게 말하면 그야말로 무성의하고 소극적인 아버지가 되어버린 것 같은 생각이 내 자신마저도 들게 되지만, 나는 너에게 우선 다음의 충고를 주면서 딸에 대한 적극적인 성의를 다할까 한다.

첫째 네가 타고난 소질은 잘 살려 나가라는 것이다. 다정다감한 중학생시절에 빠지기 쉬운 공상적인 희망보다는 너의 뛰어난 소질을 네 자신이 자각한 이상 더욱 발전시켜야 할 것이다. 국민학교 때 받은 전국 어린이 미술대회에서의 금메달이 네 방에 장식되어 있지 않느냐. 너는 노력만 하면 얼마든지 발전할 수 있는 소질과 조건이 있기 때문이다.

둘째로 중학교, 고등학교 때의 중등교육기관에서는 모든 과목을 골고루 잘 익히는 완전한 교육을 등한시해서는 안된다. 국어, 영어, 수학, 과학, 사회……, 어떤 과목도 소홀히 해서는 안된다. 사람이 자라는 과정에서 중등교육이 얼마나 중요한가에 대해서 길게 설명하기보다는, 이 아버지가 딸을 위해서 진심으로 바라는 것이라고 믿으면 그것으로 충분하다고 생각된다.

셋째는 넓은 교양을 가지라는 것이다. 교양은 자라는 과정에서 몸에 배도록 익혀져야 하기 때문이다. 가정이나 학교에서, 또는 독서와 자기의 노력으로 얼마든지 다양하게 익힐 수 있는 것이다. 그렇다고 해서 전근대적인 고식화된 예의범절만을 강요하는 것은 아니다. 현대인으로서 갖추어야 할 교양을 말하는 것이다.

이들의 기본적인 충고가 받아들여질 때, 너는 지성과 교양을 갖춘 원만한 사람이 되고, 그 위에 너의 소질을 유감없이 발휘하고, 너의 희망을 성취시킬 수 있을 줄 안다. 이런 마음가짐은 학창시절뿐만이 아니라, 장차 사회에 나가서도 잊어서는 안될 부탁임을 명심해야 할 것이다. 이런 요구는 너의 성장과 발전을 위해서 충분한 힘이 되어 줄 이 아버지뿐만이 아니라, 어머니와 우리 가족들이 다 같이 바라는 소망임을 알아야 할 것이다.

구김없이 자라온 천진난만한 너에게 벌써부터 장래성에 대한 충고를 해서 혹시 부담같은 것이 생길지도 모르지만, 얼마 있지 않아 중학교의 최고학년이 될 너이고 보면 철이 들 때도 되었다고 믿는 흐뭇한 느낌을 가지면서 우리 딸을 위한이 글을 마친다.

(『여울』 4, 1974년 1월)

과공비례(過恭非禮)

자유당이 집권하던 시절에 높은 벼슬 자리를 지낸 후, 지금은 조용히 살고 있는 한 명사의 솔직한 경험담을 들은 일이 있다.

벼슬 자리가 높아질수록 많은 사람들이 그의 주위에 모여들었는데 누구누구는 유난스럽게 아부를 했고 또 어느 사람은 가끔 바른 말을 곧잘 했다고 한다. 그러한 여러 유형의 사람들을 거느리다가 보면, 처음에는 아부하는 사람을 대할 때마다 경계해야겠다고 다짐을 하게 되고 바른 말하는 사람을 속셈으로 고맙게 여기기도 했지만 얼마 후부터는 아부하는 사람이 밉지 않게 보이고 늘 바른 말만 하는 사람은 언짢게 여겨지더라는 것이다. 그리고 늙어갈수록 이와 같은 경향은 더해지고 자기의 처지가 곤경에 빠질수록 더하더라는 것이다. 그러면서, 이제 와서 보면 바른 말을 했던 그 사람들이 자기를 참으로 위해주던 사람이었던 것을 절실하게 느낄 수 있다는 것이다. 노경(老境)에서 외로이 지내는 자기를 자주 찾아와서 말벗이라도 해주고 정초마다 어김없이 세배 오는 사람도 지난날에 언짢게 여겨서 별다른 도움을 주지 못했던 바로 그 사람들이라고 힘주어 말하기도 했다.

여하간 정초에 세배를 다니면서 가끔 목격하는 일 중에 몹시 낯간지러운 장면이 있다. 온돌방이면 별문제가 없지만 양실(洋室)에서의 세배에서 궤배(跪拜)를 하는 사람이 있기 때문이다. 양실에 아무리 호사스러운 융단이 깔려 있다고 하더라도 양실에서는 허리를 굽혀서 세배를 해야 함에도 불구하고 온돌방에서와 같이 궤배를 하는 사람이 있다. 여러 사람 어울려서 세배를 다닐 때 그 중 한두 사람이 양실에서 이런 궤배를 하고 보면 그 밖의 사람은 어쩐지 어색해지기 마련이다. 세배를 소홀히 하는 것 같아서 송구스러운 생각마저 들 때가 있다.

물론 부모에게는 지극한 예를 갖추어야 한다. 출타했다가 돌아오는 부모를 노상에서 뵈면 흙바닥에서라도 궤배를 해야만 마땅한 것이다. 얼마 전까지만 해도 부모뿐만이 아니라 스승을 만나도 그랬다.

정인보 선생이 억수같이 쏟아지는 비 속의 서대문 네거리에서 스승인 이건방(李建芳) 선생을 만나자 그 자리에서 무릎을 꿇고 절을 올렸다는 일화가 바로 그 것이다. 전제군주제 시기의 군신간에서도 이러했다. 부모·스승·임금에 대한 지극한 섬김은 전근대사회에서의 군사부일체의 가치관에서 나왔다. 임금에 불충해서는 안되며 스승을 배사(背師)해서는 안되며 부모에 불효해서는 더욱 안된다는 것이었다. 이런 섬김이 모두 충심에서 우러나야 함은 두말할 나위가 없었다.

중국의 진(晉)나라 때 왕휘지(王徽之)란 고사(高士)가 있었다. 설야(雪夜)의 달빛 아래서 홀로 술을 마시다가 문득 지기(知己)의 친구인 대규(戴逵)의 집 문 앞까지 이르렀다가 다시 되돌아왔다. 이와 같은 일을 의아하게 생각한 어떤 사람이 그 이유를 묻자 왕휘지가 말하기를 "흥이 나서 찾아갔지만, 가서 보니 흥이 가셨기 때문에 되돌아왔다. 찾아갔으니 꼭 만나봐야만 한다는 법이 어디 있는가"라고 했다고 한다. 이와 같은 고사에서 이런 경지를 '승흥(乘興)'이라고 하거니와 왕휘지의 승흥에는 벗을 그리는 마음만이 넘쳐흐르고 있을 뿐 형식같은 것은 찾아볼 수 없다. 대규도 왕휘지 못지 않은 고사였기에 그 충심의 우정을 오히려 흐뭇하게 여겼을 것이다.

그런데 이 승흥은 속세보다 차원 높은 경지이고, 세속에서는 마음만이 통하는 세상이 아니다. 마음이 있으면 그 마음쓰임새에 따른 응분의 나타남이 있어야 하는 것으로 알고 있다. 이에 형식은 마음의 표현이라고 말하기도 한다. 하지만 진실한 마음과 마음의 발로인 형식은 늘 평형을 이루거나 또는 서로 비례되어야 한다. 속마음보다도 교묘하게 꾸며대는 말과 아첨하는 얼굴빛이 지나치면 아부가 될 수 있고, 형식을 무시한 채 자기 혼자만의 마음에 치중하다 보면 무심하다는 오해를 받기가 쉽다. 따라서 지난날의 어떤 고관의 숨김없는 회고담에서의 아부배는 정녕 형식에 치우친 것이고, 왕휘지의 승흥에서는 문자 그대로 마음만의 지기의 교분이 있다. 양실에서 무릎 끓고 절을 올리는 궤배를 곱게 보면 무식한 소치이지만 좋지 못하게 보면 이 역시 형식에 치우친 소행이 될 수도 있다.

일찍이 공자가 "지나치게 공손하는 것은 도리어 예가 아니다"라고 말한 것은 바로 이런 경우를 뜻하는 것이다. 어른을 섬기는 데에는 말할 것도 없고 친구를 사귀거나 아랫사람을 대하는 데에도 늘 명심해야 할 줄 안다.

(『중앙』 105, 1976년)

사족(蛇足)

요사이 논문에는 으레 주(注)를 달기 마련이다. 본시 주란, 큰 물줄기에서 갈라져 나가는 지류와도 같이 논문의 전개에서 지엽적인 사항을 다루는 것이다. 따라서 오늘날 통용되고 있는 '주'는 '주(註)'가 아니라 '주(注)'로 써야만 옳다. 그러나 주가 전(傳)·소(疏)·석(釋)·의(義)·해(解) 등과 같이 '풀이'란 뜻으로 이해되면서부터 주의 원초적인 의의가 달라지게 되었다. 여기에서 주(注)는 주(註)로 혼용되게 되었다.

더욱이 서구적인 논문작성법이 학계에서의 논문형식으로 굳어지면서부터, 주는 논문을 읽는 사람을 위한 친절한 안내가 되어주기도 하고, 또 논문을 쓴 사람의 양식과 방법론까지도 구비하여 공개하는 형식으로 되고 있다. 이에 어느 경우의 학위논문이고 간에 논문의 주는 그 논문의 질을 간접적으로 나타내는 것이 되고 있을 뿐만 아니라, 그 논문 작성자의 양식과 수준을 알 수도 있는 것이다. 물론 학위논문만이 아니라 학술논문에서도 이런 형식은 원칙상 준용되고 있다.

그렇다고 해서 논문에서 주가 필수적인 것만은 아니다. 인용서와 인용문, 그리고 문자 그대로의 주에 해당되는 사항을 논문의 줄거리에서 언급할 수 있고, 자기 나름의 서술체제에 의해서 전개시킬 수 있기 때문이다. 옛 사람들의 글에서 주를 별로 찾아볼 수 없는 것은 여기에 그 이유가 있는 것이고, 이른바 사계(斯界)의 대가로서 자기 나름의 생각대로 전저(專著)를 저술할 때 주를 무시하는 까닭도 여기에 그 사정이 있는 것이다. 그러나 논문에 주를 달아주는 것이 좋겠다는 것이 학계의 일종의 불문율로 되어 있어, 학술논문에서는 으레 주를 붙이고 있는 것이다.

하지만 논문에서의 주의 성격을 익히 알지 못하거나 논문 작성자의 부덕의 소치에서 엉뚱한 주가 나오기도 한다. 가령 우리나라에서는 찾아볼 수 없는 원전을 논문에서 인용하고 주에서 버젓이 표시하고 있는 것이 그 좋은 예이다. 말할 것도 없이 참고논문에서 인용되어 있는 것을 재인용하면서 재인용의 표시 없이 그대로 원전 인용표시를 하였기 때문에 온 결과이다. 그 원전을 직접 찾아보지 못했으면, 재인용 표시를 한 후 재인용했다고 해서 그릇됨이 없을 터인데 이러한 부덕으로 그 논문이 인정되지 못하고 마는 일이 있다.

한편 주에는 후배가 붙이는 일도 있고 타의에 의해서 붙여지는 사정도 있다. 이런 경우는 해석으로서의 주가 되지 않을 수 없다. 여하간 이런 경우에 논문 작성자의 의도와 다른 엉뚱한 풀이가 될 수도 있다.

3, 4년 전 어떤 모임에서 주제를 발표하기로 약속이 되어 논문을 작성해서 그 모임의 주관기관에 제출한 일이 있었다. 그리고 그 모임에 참석하고 보니 필자의 논문이 원고대로 유인(油印)이 되어서 배포되고 있었다. 주도 별다른 착오 없이 원고대로 되어 있었다. 그런데 얼마 후 그 기관에서 여러 차례의 모임에서 발표된 논문들을 단행본으로 묶어서 간행했다. 그 단행본의 선전도 요란스러웠다. 필자에게도 그 책이 기증되었다.

그러나 그 책에 수록되어 있는 필자의 논문을 보고 현기증을 느끼지 않을 수 없었다. 필자가 달아준 주에 그 책의 편집인이 다시 풀이하여 주었는데, 그 풀이의 서너 곳에 문제가 있었기 때문이다. 그 책이 역사전공의 편집물이 아니어서 그만큼이라도 다행이었다고 생각될 수도 있겠지만 역사전공자가 아닌 일반독자가 읽을 수 있는 것이었기에 난처했다. 제3자가 읽고 필자를 무식하다고 비웃는 것도 견딜 수 없는 일이었지만, 그릇된 그 풀이를 사실인 양 이해한다면 이것이야말로 더 견딜 수 없는 일이었다. 어떤 분이 논문을 쓸 때 이 논문의 주를 그대로 인용한다고 가정하고 보면 더욱 망신스러움을 참을 수 없었다.

이에 그 책의 발행처에 전화를 걸어서 그 대목들을 삭제하든지 또는 정오표를 붙이도록 했지만 과연 약속대로 되었는지가 궁금하다. 전해들은 바에 의하면 재판(再版)을 못하게 되었다고 하지만 설사 초판에서 그 대목들이 삭제되었다고 하더라도 필자가 발견하기 이전에 판매된 부수가 상당수에 이른다고 하니 못내 송구스럽기 짝이 없는 일이다.

이와 비슷한 경우가 또 있다. 5, 6년 전의 일이다. 학교 신문사에서 주최한 좌담회에 참석한 일이 있었는데 그 모임의 주제가 학풍을 진작하기 위한 좌담이었다. 서너 시간 동안 기탄없는 의견이 교환되었는데, 학풍이란 누가 하자고 해서 되는 것이 아니라 오랜 세월을 두고 닦아놓은 터전 위에서 수립되는 것이니만큼, 학생이나 교수가 다 같이 노력해야 한다는 데로 의견이 귀합되었다. 그리고 이 자리에서 필자는 대학이란 연구를 하는 곳이니만큼 학풍의 수립을 위해서는 학생들에게 공부를 하도록 지도하는 것도 중요하지만, 공부를 할 수 있는 분위기 조성의 한 방법을 위해서 교수들도 반성해야 한다는 직언을 한 일이 있었다.

그런데 며칠 후의 학교신문을 받아보고 깜짝 놀랐다. 필자의 발언이라고 표시한 후 "공부 안하는 교수는 나가야 한다"고 되어 있었다. 말뚝만한 활자로 표제로까지 뽑아놓았다. 하도 어처구니가 없어서 신문사에 전화하여 항의하고 다음 호의 신문에 정정하도록 하였다. 교수들 사이에 어지간히 시비가 되었으리라는 것은 짐작이 되었지만 들려오는 소문에 의하면 난감한 일까지도 있었다고 한다.

물론 신문에서는 정정이 되지 않았다. 이런 일이 있은 후 어떤 선생님이 말씀하시기를 신문사 기자들이 평소에 하고 싶은 말이 있을 때 비슷한 말을 하는 사람의 이름을 빌려서 하는 일이 있다고 하시면서 신경쓸 필요없다고 하셨다. 시간이 흐른 오늘날에는 모두 잊혀진 일이 되었지만 그 무렵에는 여간 난처한 일이 아니었다.

사족이란 말이 있다. '화사첨족(畫蛇添足)'의 약칭이다. 『전국책 戰國策』에서 연유하는 숙어이다. 뱀을 그리는 시합에서, 뱀을 먼저 그린 사람이 실지로는 없는 발을 다시 그려서 비웃음을 샀다는 이야기이다. 쓸데없는 일을 하여 도리어 낭패된다는 비유이다. 우리 속담의 '긁어 부스럼'과 근사하기도 하다.

우리의 주위에는 쓸데없는 짓을 해서 재화(災禍)를 자초하거나 일을 그르치는 일이 있다. 그러나 자기의 일을 자기가 그르치는 것은 자기 책임이지만, 남의 일을 그릇되게 간섭해서 욕보이게 하는 일은 하지 않아야 할 것이다. 올해는 뱀의 해이다. 뱀에는 발이 없다는 것을 새삼 다짐해 둘 필요가 있지 않을까.

(『신동아』, 1977년 2월)

왕도(王道)와 패도(覇道)

지난날 중국에서는, 공명정대하고 무사무편하게 천하를 다스리는 왕도와 무력이나 권모술수로 천하를 휘어잡는 패도가 있어 정치방법이 맞섰다.

왕도는 행복하고 평화로운 사회를 만들고자 먼저 백성들의 경제생활을 안정시키고 도덕으로 천하를 이끌어야 한다는 것이었고, 패도는 사회질서를 안정시켜서 백성들을 평안하게 하기 위한 방법의 하나로서 어쩔 수 없이 힘과 술수를 쓰되 어디까지나 목적을 이루는 데 중간수단에 지나지 않는다는 것이었다. 어떤 환자를 낫게 하는 데 먹는 약을 씀이 마땅하지만 먹는 약을 쓸 수 없는 환자이거나 먹는 약만으로 빠른 효과를 볼 수 없을 때 주사를 놓는 방법이 마치 패도와 같다고 말하는 사람도 있다.

왕도와 패도는 기원전 8~5세기, 곧 정치에 있어서 혼란된 춘추전국시대 5백여 년 동안 서로 맞서면서 그 시대의 여러 정치이상과 정치상황을 나타냈던 것이다. 이 정치사상은 뚜렷이 둘로 갈리어 맞서다가 덕치주의와 법치주의의 머릿글자인 것같이 쓰였을 뿐만 아니라 그대로 뒷날까지 이어오면서 나란히 선 관계를 맺었다.

'십인십의(十人十義)'란 말이 있다. 만약 열 사람이 있다면 열 사람마다 자기 나름대로 뜻을 세우는 이유가 있다는 말이다. 왕도를 이끄는 왕자뿐 아니라 패도를 내세우고 또 이를 합리화하는 패자에게까지도 다 자기대로 정당성이 있다는 말이기도 하다. 전국시대를 흔들었던 묵자(墨子)에서 나온 말이다.

어떤 목적을 위해서 쓰는 수단과 방법은 여러 가지가 있을 수 있다. 그러나 목적을 올바르게 이루려면 어디까지나 공명정대한 수단과 방법을 써야만 하는 것이다. 왕도와 패도를 지난날 역사 안에 파묻혀 있는 사실로만 생각한다면 이는 잘못이다.

(『연세춘추』 862호, 1979년)

이신전(貳臣傳)의 교훈

민족을 배반한 한간(漢奸)

오늘날 만주의 길림성(吉林省) 동남으로부터 요녕성(遼寧省) 동부에 걸치는 비교적 협소한 지방에서 일어난 만주족 누르하치(奴爾哈赤)의 세력이 후금(後金)을 건국하고(1616), 중국의 노대국(老大國)이던 명나라에 전쟁을 선포하였다.

그 후 후금은 황태극(皇太極 : 태종) 때에 이르러 청으로 국호를 바꾼 후

(1663), 만주왕국을 자처했던 후금에 대해서 만주·몽골·중국의 세 지역을 통치한다는 이상을 내걸게 되었다. 따라서 대명전쟁(對明戰爭)은 청나라가 중국통치를 실현화시킨 1644년까지 한결같이 계속되었다.

청나라는 중국통치를 시작한 후에도 얼마 동안은 청의 중국지배에 반대하는 중국민족의 저항을 진압하는 데 무진한 고전을 겪어야 했다.

이와 같은 과정에서, 청나라는 많은 중국인들을 포섭하여 자기들편에 삼고 이들을 이용해서 대명전쟁 내지 중국통치의 실효를 거두고자 했다. 중국인으로서 청에 포섭된 인물 중에는 명나라에서 높은 벼슬에 있던 사람도 적지 않았다.

청나라가 중국통치를 시작하기 전후하여 청에 투항해서 포섭된 인물이 있는가 하면, 한편에서는 시세에 민감한 무골충같은 이기주의자도 있었다. 이들은 청나라에 충성을 다짐하는 표시로서 만주족의 머리모습인 변발을 하고 여전히 높은 벼슬을 수여받아서 이민족 중국통치 앞잡이가 되었다.

중국으로서는 다 같이 민족을 배반한 한간(漢奸)이었지만 청으로서는 참으로 다행한 일이었다. 중국의 전통사회에서는 두 왕조를 섬겨도 절조가 없는 사람으로 낙인이 찍혀서 지탄을 받았는데 항차 이민족의 중국침략에 협력한 인물에 대해서는 두말할 나위가 없었다.

이에 명나라의 유신(遺臣)으로서 청에 협력하여 벼슬한 이른바 한간에 대해서 당시의 뜻있는 사람들은 이들을 '위관(僞官)' 또는 '역적(逆賊)'이라고 부르고 여러 야사에 이들의 행적을 소상하게 전해주었을 뿐 아니라 후세의 기록에서도 이들은 가혹하게 멸시되었다.

통치에 성공하자 푸대접

한편 청나라에서도 중국통치에 성공하게 되자 이들을 이신(貳臣)이라고 부르고 제대로 대우하지 않았을 뿐만 아니라 감시와 푸대접으로써 처우하였다. 오늘날 전해지고 있는 『이신전』(12권)·『국사이신전표 國史貳臣傳表』(1권)·『청대

징헌류편 淸代徵獻類編』(29권)에 의하면 그 상황을 짐작할 수 있다.

즉,『청대징헌류편』에 의하면 청나라의 중국통치가 시작되었던 순치연간(順治年間 : 1644~1661) 중앙정부의 관료인 경관(京官) 가운데 이신의 비율은 아주 높았다. 재보(宰輔)가 47%, 상서(尙書)가 43%였다.

아울러 지방의 실권자도 예외는 아니었다. 총독이 45%, 순무(巡撫)가 33%에 이르렀다. 당시의 주요 관직 중 거의 반수를 이신이 차지하고 있었다. 이렇게 이신들은 청의 중국통치 초기만 해도 내정의 전문가로서, 일선 지휘관으로서 다 같이 청조의 기반을 다지는 데 적극적으로 기여하였다.

그러나 청나라가 중국통치에 자신이 생기고 명의 유신(遺臣)이 아닌 새로운 인물을 차츰 기용하게 되면서부터 이들 이신에 대한 처우가 달라지게 되었다. 『이신전』을 분석해보면,『이신전』에 수록되어 있는 120명의 이신 중 4분의 1이 배제되었고, 또 4분의 1이 파직되었다. 그리하여 온전한 일생을 마친 인물은 전체의 불과 절반에 지나지 않았다.

이신으로서 이렇게 탈락당한 것은 명사찬수(明史纂修), 명숭정제(明崇禎帝)의 비문 작성, 입관(入關) 전『청조실록』의 찬수(三朝實錄) 등과 같은 강요된 작업과정에서의 평가와 수없이 빈발한 이신 규탄의 탄핵에 의해서 희생되었기 때문이다.

그때마다 언필칭 당파를 형성해서 영리를 꾀하고 청나라에 대한 좋지 못한 감정을 품고 있다는 죄명을 걸어서 처단하였다. 그리고 탈락되는 이신은 언제나 '역신'이라고 불리게 되었다.

최초로 희생이 된 인물은 재보대학사(宰輔大學士) 겸 이부상서(吏部尙書)였던 진명하(陳名夏)였다. 그는 명에서 도급사(都給事)의 벼슬에 있다가 청에 협력하여 최고의 벼슬을 누리던 인물이었는데 그의 죄명은 중국인 관료들과 '결당영사(結黨營私)'하고 '반만(反滿)감정'이 농후하다는 추상적인 것이었다. 이로써 진명하는 사형에 처해졌다. 순치 11년의 일이었다. 사실 진명하는 청나라가 중국민족에게 강요한 변발과 만주의관을 반대한 일이 있었고, 자기와 인연이 있던 지방관리의 편의를 돌봐준 일이 있었다.

여하간 그 후 이신에 대한 처우는 차츰 냉혹해져갔다. 만주주의를 내세우는 만주족 관료들의 우월감과 민족주의가 강렬하게 작용될 때마다 이신들의 입장은 늘 난처해졌다. 여기에서 이신은 청나라에 대해서 더욱 충성을 나타내기 위한 두드러진 행동을 할 수밖에 없었다.

이신들의 동지적 결속

한편 이신들은 혈연·지연·학연의 관계를 통해서 동지적인 의식을 가지고 그들의 결속을 다짐하였다.

이와 같은 동지적인 결속은 무관의 이신보다는 문관의 이신들 사이에 더욱 절실한 요구였다. 문관이 무관보다는 의식의 세계가 더 넓고 깊기 때문이었는지도 모른다.

『이신전』 속 64명의 문관 가운데 진명하·주량공(周亮工)·전겸익(錢謙益)·오위업(吳偉業)·공정자(龔鼎孳) 등의 19명이 굳은 동지적 결합을 하고 있었다. 모두 시랑(侍郞)급 이상의 고급관료이자 당시에 이름있는 문인들이기도 했다.

그런데 이들의 동지적인 결합에 위험이 깃들고 청으로부터의 예우도 식어가게 되자, 개인적인 감정 - 어쩌면 외면시되어 가고 있던 이신들의 어쩔 수 없는 감정의 표현을 솔직히 술회한 반청적인 저술물도 나오게 되었다.

이들의 저술들은 장차 건륭연간(乾隆年間 : 1736~1795)에 금훼(禁燬)처분을 받기도 했다.

이에 관한 소식은 요근원(姚覲元) 편의 『청대금훼서목 淸代禁燬書目』·『청대금서지견록 淸代禁書知見錄』에서 소상하게 밝히고 있거니와 당시 이신으로서 금훼처분을 받은 인물은 '강좌삼대가(江左三大家)'라고 일컬어졌던 전겸익·오위업·공정자를 비롯하여 조용(曹溶)·방가장(房可壯)·장봉상(張鳳翔)·진지린(陳之遴)·주량공·장진언(張縉彦)·손승택(孫承澤)·웅문거(熊文擧) 등이었다.

이들은 모두『이신전』에 있는 문관들이었고 동지적 결합이 두터웠던 인물들이었다. 이 밖에도『이신전』에는 수록되어 있지 않지만 이신으로서 활약한 문관으로서 금훼처분을 받은 인물도 적지 않았다.

이렇게 보면 이신으로서 이율배반적인 의식구조를 가졌던 예가 결코 적지 않았다.『이신전』에 오르고 있는 인물의 한계가 대략 명나라에서 누렸던 벼슬보다도 청나라에서 수여받은 벼슬의 품계가 더 높았던 인물, 또는 청조의 중앙정부나 지방관으로서 고관이었던 인물, 혹은 청조의 중국 침략과정·통치과정에서 현저하게 협력했던 인물 중 120명을 선정해서 편찬했고 보면, 이 밖에도 물론 수많은 이신이 더 있었다.

냉혹한 이신들의 평가

하여간 명말 청초에 걸쳐 존재했던 많은 이신들은 어떻게 보면 당시 시대정신의 한 반영이기도 했다. 일부 뜻있는 인물들이 청의 중국통치를 반대하여 격렬하게 항거하다가 숨져갔는가 하면, 명의 유신을 자처하여 일생 동안 청나라에 벼슬하지 않고 저항의 정신으로 지낸 경우와는 대조적인 군상들이었다. 사가법(史可法)·황종희(黃宗羲)·고염무(顧炎武)·왕부지(王夫之)·여류양(呂留良) 등을 비롯한 많은 반청적인 인물들과 견주어 볼 때 상대적인 이해와 평가를 가능하게 한다.

물론 중국사에서도 이와 같은 상반되는 군상들이 명말 청초에만 있었던 것이 아니다. 왕조가 바뀔 때마다, 권력의 소재가 옮겨질 때마다 있었다.

중국사에서만이 아니라 어느 지역의 역사에서도 있었던 일이다. 그러나 이민족의 침략을 받는 과정에서의 상황은 예사로운 경우로 보기에는 너무나도 심각한 것이었다.

중국에서 수많은 영웅이 있었지만 이민족과의 싸움에서 용맹을 떨친 인물이나, 명분을 지키다가 숨져간 인물을 더욱 숭앙하여 오고, 하고 많은 난신적자(亂臣賊

子)들 중에서도 이민족과 결탁했던 민족반역자를 준엄하게 힐난한 일은 주지하는 바이다.

여기에서 명말 청초의 이신들의 평가가 후세에 얼마나 냉혹한가를 짐작하고도 남음이 있을 것이다.

우리는 이민족의 침략을 여러 차례 입었고 이민족의 간섭 아래에서 지낸 일도 있는가 하면 심지어는 이민족의 식민지 통치를 받기조차 했다. 이렇게 수많은 고난 속에서 민족을 지키고 국가를 보위하기 위해서, 또는 나라와 민족을 찾기 위한 항쟁도 계속되었다.

이 동안 많은 민족의 영웅이 이 땅에서 나온 반면 이민족의 침략기에도 그 앞잡이가 되었던 인물, 이민족의 식민지 통치기에 적극적으로 협력한 매국노들도 적지 않았다. 또 그럴싸한 구실을 내세워서 외세를 등에 업고 활개쳤던 노예근성의 인물도 있었다.

역사의 무서움을 알아야

역사는 냉혹한 것이다. 이들의 행적이 언젠가 밝혀지기 때문이다. 너와 나만의 비밀도 이상스럽게 전해지는 일이고 보면 천하가 다 아는 일이란 결코 말살될 수 없는 것이다.

물론 전근대사회에서는 그 시대 나름의 가치기준이 있어서 역사를 해석하고 인물을 평가해 왔고, 근대사회에서는 근대의 가치기준에 의해서 역사를 해석하고 인물을 평가하기도 한다. 그렇지만 역사가 인간의 역사인 이상 사람 본위의 입장에서 해석하고 평가하는 데에는 예나 지금이나 다름이 없다.

아울러 역사는 언제나 민족·국가와 떨어질 수 없는 속성이 있다. 여기에서 민족·국가의 이해에 관계되는 역사의 사실이 그 민족·국가의 기준에서 해석·평가되는 일도 보통이다.

우리가 역사를 공부하는 것이 지식을 탐구하기 위한 단순한 목적만은 아니다.

지난날의 역사를 익혀서 앞으로 살아가는 우리의 행로에 귀감으로 삼기 위한 교훈적인 목적도 적지 않게 내포하고 있다.

앞에서 말한 이신의 동태와 결과는 우리에게 적지 않은 교훈을 준다. 그런데 세상사람들은 역사의 엄준한 심판을 망각하고 있는 경우가 많은 것 같다.

'제눈에 안경'이란 속담이 있다. 제각기의 판단에 의해서 살아간다고는 하지만 지나칠 정도의 곡예인생을 사는 사람이 많은 것 같다. 이런 유형의 인간일수록 현대판 이신이 되고도 남을 만한 사람들이다. 이 국가·민족의 기준에 견주어 살아가는 인생이 아쉬울 때가 많기 때문이다.

이렇게 역사의 무서움을 모르고 사는 것은 분명 역사에 몰지각하거나, 역사의식이 없기 때문이다. 혹은 역사의 냉혹한 심판을 실감나게 느끼지 못한 탓인지도 모른다.

우리는 종래 너무나도 관대해 왔다. 일본식민지 통치기에 외국에서 독립운동을 했다면 무조건 믿어 주었고 아무리 매국적인 행동을 했더라도 관용해 주었다. 어느 것이 옳고 어느 것이 그른가의 기준 설정도 분명하지 않았다. 그러나 지난날은 탓하고 싶지 않다. 이제부터라도 각자가 냉철한 자기반성을 해보아야 할 것이다. 법에는 시효가 있지만 역사에는 시효가 없다는 것도 아울러 명심해야 할 것이다.

(『중앙』(별책), 1979년 2월)

전자시계

몇 해 전부터 유행하기 시작한 전자시계가 내 차례까지 돌아왔다. 워낙 낡은 시계를 보다 못해 어느 분이 사다준 것이다. 이름있는 제품이라 모양이 좋을 뿐만 아니라 두 해에 한 번씩만 전지를 갈아 끼워주면 앞으로 50년 동안 연·월·일과 요일은 물론 오전·오후까지도 정확하다는 보증서의 설명과 엄지손톱만한 몸통 안에 50년 동안의 세월을 굽이굽이 압축시켜 두었다는 신기함에서 한동안 애용했다.

그러나 차차 싫증을 느끼게 되었다. 초침이 돌고, 분침과 시침이 있는 종래의 문자판 시계는 몇십 분의 일 초 동안의 시각으로도 알 수 있는 것에 비해서 전자시계는 그보다 몇 배의 시각으로 읽어야만 알 수 있는 불편함이 문제였다. 더욱이 문자판 시계는 12시간 동안의 시차 안에서 과거와 미래가 있는 현재를 알 수 있는데 비해서 전자시계는 현재만이 있는 것이 마음에 들지 않았다. 얼마 전부터는 이러한 단점을 보완하기 위해서인지 문자판 전자시계가 나오고 있지만.

그런데 전자시계는 너나 할 것 없이 현실주의에 얽매여 살고 있는 오늘날의 인생을 그대로 표상한 것이 아닌가 생각될 때가 있다. 과거는 잊혀진 지 오래이고 내일마저 필요없다는 현재만의 인생 - 그 속에서 자기만의 추구를 가장 영리한 처세로 착각하고 있는 하루살이 인생의 상징인지도 모르겠다.

이러저러한 이유에서 요사이는 25년 전부터 차왔던 고물시계를 다시 사용하게 되었다. 밤에 태엽을 감거나 흔들어주고 아침에는 옷소매로 안면을 닦아서 차는 오랫동안의 버릇을 다시 계속하고 있다. 문자판은 낡았지만 하루해의 설계가 있는가 하면 몇 시간 동안이나마 과거와 미래가 있는 자기 나름의 한 세계를 이리 나누고 저리 쪼개어 볼 수도 있다. 그런가 하면 한동안 시계를 들여다 보고 있노라면 무구한 시간 속의 현실의 의미를 되새겨 볼 수도 있다. 그렇지만 풀어놓은 전자시계가 아주 쓸모없는 것만은 아니다. 우리집의 여러 시계를 며칠 만에 맞추어주는 표준시각이 되기 때문이다. 사실 이러한 생각을 갖는 것부터가 과학시대에 살고 있는 사람들의 비위에 거슬리는 잠꼬대같은 망상인지도 모른다. 그러나 과학의 첨단을 자랑한다는 문명의 이기에 대해서 싫증만이 아니라 회의를 불러일으키게 하는 것은 무엇 때문인가. 나만의 생각이겠는가!

(『경향신문』, 1981년 2월 3일)

올챙이

"웬 올챙이 그림인가?"

"꼬리가 아직 떨어지지 못한 사람에게 충고하기 위한 그림이지."

얼마 전 내 연구실을 찾아온 허물없는 어떤 친구와 서가 앞에 세워놓은 제백석(齊白石)의 올챙이그림을 놓고 오고간 말이다. 웅덩이에 네 마리의 올챙이가 놀고 있고 그 기슭에서 개구리 두 마리가 이들을 물끄러미 굽어보고 있는 단조로운 그림이다.

올챙이는 유치단계에 있다는 것을 몸뚱이로 분명히 나타내지만 이 밖의 동물들은 대부분 어미와 새끼의 생김새가 비슷하다. 사람도 예외는 아닌 성싶다. 사실 사람은 한평생 생리적으로 세 차례의 체질 변화가 있다고 하지만, 다행인지 불행인지 태어날 때부터 생김새에 차이가 없어서, 일정한 기간이 지나면 꼬리가 없어지고 다리가 나와서 개구리가 되는 것과 같은 큰 변화 과정이 없다.

그러나 우리는 유치한 사람을 '덜 떨어진 사람'이라고 지칭하기도 한다. 물론 배꼽이 덜 떨어졌다느니, 꼭지가 덜 떨어졌다는 등 미숙한 사람을 가리키는 말임에는 틀림이 없겠으나 마치 꼬리가 덜 떨어진 올챙이가 개구리의 대우를 받지 못하는 것처럼 사람은 사람이되 어떤 의미에서 사람 대접을 받지 못하는 경우를 비유한다고도 볼 수 있을 것 같다.

주위 사람들은 하찮은 존재로 밖에는 보지 않는데 '자칭 천자'식으로 자기도취되어 있는 사람이 적지 않은 것 같다. 자기의 분수를 안다(知足)는 것이나 자기의 분에 넘치지 않도록 그칠 줄을 아는(知止) 사람은 그야말로 완벽한 인간이라고 말할 수 있겠지만 이러한 인간상의 발견은 차차 어려워지는 것만 같다.

요사이는 자기선전의 시대라고 한다. 내가 이만큼 알고 있노라, 또 내가 이만큼 잘났노라고 나팔 불어대야만 남이 알아준다고 한다. 겸양하면 손해본다는 타산이 너나 할 것 없이 통념으로 되어가고 있다. 이러한 현실에서 지족(知足)이니 지지(知止)를 말하는 것부터가 현실감각에 맞지 않은 것같이 생각하는 사람이 많을 줄 안다.

그러나 이 세상에는 그렇지 않은 사람도 많다. 늘 밑지면서 살기를 자처하는 사람, 사회가 어떻게 변화되더라도 자기의 분수에 만족하는 사람들이 있기 때문이다. 따라서 개구리가 올챙이를 보고 있듯이 우리를 굽어보고 있는 사람도 적지 않다는 것을 알아차리는 슬기가 있었으면 한다.

(『경향신문』, 1981년 2월 10일)

계상

상가에 조문을 가서 흔히 겪는 민망스러운 일이 있다. 망인(亡人)에 분향 배례한 후 상제에 조문할 때, 조문객이 먼저 절하기를 기다리는 상제가 있기 때문이다.

상고를 당한 상제는 편지 서두에 '계상(稽顙)……'으로 시작하여 자기가 상제임을 알리기도 한다. 계상이란 상제가 불효막심해서 친상을 당했다고 하여 죄인임을 자처하고 그 속죄를 위한 표시로 이마가 땅에 닿도록 조아리며 사죄한다는 말이다. 이에 조문객이 오면 무조건 대죄하는 표현으로 머리를 시종 조아리고 조문객이 조문하기 전에 자기가 먼저 용서를 빌어야 하는 것이다. 따라서 상제가 조문객에게 드리는 절은 조문을 와주어서 고맙다는 뜻으로 드리는 것이 아니다.

예란 시대에 따라 변질되는 것이다. 고대의 의례(儀禮), 중세 때의 예제(禮制), 근대적인 예속(禮俗)이 한결같은 것이 아니다. 또 망인의 지체와 상주의 지위에 따라서 그 규모와 절차가 달라질 수도 있다. 다시 말하면 어느 시대의 체제와 구조적인 상황에 의해서 예가 변질될 수 있다. 여기에서 얼마 전부터 시행되고 있는 이른바 의례준칙도 오늘날 우리 나름의 절차라고 볼 수 있다.

그러나 오늘날의 통속적인 예의 관념에는 큰 문제가 있다. 어떤 형식만 있고 본질이 없는 것이다. 예가 시대 나름의 사정에 의해서 아무리 변화되었다고 하더라도 예의 정신은 그대로 살아왔는데 오늘날에는 그 정신이 없다는 것이다.

형식과 본질은 상관성을 갖는다. 제 아무리 예의 정신에 철저하다고 하여도 형식이 뒤따르지 못하면 오해 아닌 오해를 받기 쉽고 형식에만 얽매이고 보면 뜻있는 사람의 빈축을 사기 일쑤다.

옛말에 초상 때의 사소한 결례는 눈감아 줄 수 있다고 한다. 오장육부를 도려내는 듯한 쓰라림과 하늘이 무너지고 땅이 주저앉는 듯한 애통에서 자칫 저지를 수도 있는 실수이기 때문이다. 그렇지만 소상과 대상 때의 결례는 용서받을 수 없다고 한다. 그만큼 준비할 시간과 다짐해야 할 마음의 여유가 있기 때문이다.

안다는 것이 모르는 것보다도 마음이 편치 못하고 행동거지에 적지 않은 지장이 있을 때가 많은가 하면 안다고 해서 모르는 것보다도 모두가 이치에 맞아떨어진다고 볼 수도 없다.

모든 이치는 사람이 이를 어떻게 적응하느냐에 따라서 의의를 지울 수 있지만 원칙만은 오랫동안 지속시켜야 한다는 것을 잊어서는 안될 것이다.

(『경향신문』, 1981년 2월 17일)

감사(監査)

어떤 영업단체에서 값을 제멋대로 올려 받았다는 사회면 기사를 보고 나면 감독기관에서 으레 감사에 착수하겠다는 후속기사를 대하는 일이 많다. 감사는 당국에서 단속하고 조사한다는 준말이다. 위생관계이면 위생감사, 상행위이면 세무감사 등이 그것이다. 심지어 학교에 대한 학사감사까지도 있다.

그런데 우리는 이러한 소식을 접할 때마다 석연치 못한 느낌을 갖게 된다. 여러 종류의 감사는 어김없이 언제나 시행되고 있는 줄로 알고 있는데 당국의 정책에 협조하지 않고 비위에 거슬릴 때마다 감사를 한다면 평소 당국의 단속과 조사는 물론 지도까지도 충분치 못하기 때문이 아닌가 하는 의아심마저 갖게 된다.

들기에 영업소에서는 감사를 가장 무서워한다고 한다. '털면 먼지 나지 않는 것이 없다'는 속담처럼 감사를 받게 되면 대부분의 업소가 무엇인가에 걸리게 되기 때문이다. 따라서 당국이 감사를 하겠다고 으름장을 놓으면 올렸던 값도 주춤하게 되기 일쑤다. 물론 얼마 후에 타결된 수준으로 값이 조정된다.

이렇게 보면 우리는 무엇 하나 믿지 못하는 사회에 살고 있는 것만 같다. 외식을 할 때에는 혹시 위생처리가 제대로 안된 음식이 아닌가 의심하게 되고 하찮은 물건을 사더라도 믿을 수 있을 만한가를 따져보아야 한다. 따라서 어떤 친구는 비싼 줄 뻔히 알면서도 백화점을 찾아가 이름있는 상표를 산다고 한다. 결코 사치스러워서가 아니라 속 편하고 어느 정도는 믿을 수 있기 때문이라고 한다.

국가의 통제력이 약한 대신 어떤 조직의 힘이 커서 제멋대로 이익을 추구한다면 감사라는 강권수단도 있을 수 없을 것이다. 반면 국가의 통제력이 강하여 감독과 사찰이 제대로 되어준다면 소비자로서 다행한 일이다. 그러나 합리적인 정책 없이 관권에 의해서만 휘어잡으려고 하는 방편으로서의 감사만이 두고두고 계속된다는 것은 소비자의 입장에서도 반가운 일이 못된다.

서로가 믿고 사는 사회를 어떻게 하면 실현할 수 있을까. 인간의 사회생활이 복잡해질수록 늘 염원해온 일이다. 옛적부터 종교적인 차원에서 구현해 보고자 했고 정책적인 입장에서도 구상해본 일이 있다. 그렇지만 오늘날까지도 여전하고 보면 그 까닭이 어디에 있는가를 우리 서로가 한번쯤은 반성해 보아야 할 일이 아닌가 싶다.

(『경향신문』, 1981년 2월 24일)

가랑잎

앞마당의 후박나무 잎에 가을이 배어든다. 얼마 전까지만 해도 쥐어짜면 금세 푸른 물감이 손가락 사이로 뚝뚝 떨어질 것만 같았던 잎사귀가 메마르다 못해 가랑잎으로 되어간다.

흔히 가을을 원숙의 계절이라고 한다. 열매를 맺는 곡식과 과일을 두고 일컫는 말이다. 그런가 하면 어떤 사람들은 가을을 맞아서 허전하게 느끼기도 하고 후회하기도 한다. 한해 동안 뜻을 이루지 못한 일을 못내 아쉬워하는 사람에게는 더욱 절실하다.

나는 가을, 이 중에서도 가랑잎을 좋아한다. 이 한해가 만족스러운 해가 되어서 그런 것은 아니다. 옷깃에 스며드는 찬바람이 불 때면 이리 밀리고 저리 뒹구는 가랑잎을 밟으면서 돌담길을 거닐던 옛 추억도 추억이려니와 가랑잎의 색깔이 더더욱 마음에 들어서 그러하다.

봄 여름을 두고 삼라만상이 제각기 원색을 자랑하다가도 이 철에 접어들면 대부분이 가랑잎과 다름없는 원숙한 색조의 경지에 이른다. 이제는 빨강 노랑 파랑의 원색은 찾아볼 수 없다. 오직 세 가지 기본색의 조화가 값진 홈스펀 양복의 옷소매와도 같을 뿐이다.

우리의 주변에는 내 것과 네 것, 우리 것과 다른 것을 유별나게 내세우는 일이 많다. 붉은 장미꽃과 푸른 그 잎이 아무런 상관성이 없다고 주장하는 듯한 인상마저 느끼게 할 경우가 없지도 않다.

물론 자기 것과 남의 것은 어느 정도 식별해야 한다. 내 것과 네 것을 한타령으로 삼는 일은 주책없는 일이기도 하지만 최소한의 양식은 뒷받침되어 주어야 하는 것이다.

이렇게 보면 자연이야말로 우리 인간에게 절대적인 교훈을 주는 것 같다. 봄이 시작되면 싹이 트고 꽃이 피며 여름을 지나면서 그 꽃에서 열매가 맺고, 가을철에 결실을 맺다가 겨울 동안에 쉬는 이 자연의 순리만이 아니라, 봄에서 가을에 이르는 동안 겪어야 하는 갖은 시련과 풍상이 있었기에 원숙한 풍요로움이 있다는 것을 보여주고 있는 것이다. 그뿐이랴. 그 결실을 위해서 소임을 다하고 시들어 뿌리로 돌아가고야마는 가랑잎의 귀결도 어쩔 수 없는 섭리의 한 모습이다.

따라서 "이 하찮은 인간들아! 뭐 잘났다고 까부느냐. 어제의 원색이 머지 않아서 가랑잎 색으로 되지 않으면 안되는 이치를 왜 모르느냐"고 자연이 나무라는 것만 같다.

이 글을 쓰면서 가랑잎이 되어 가는 후박나무 잎을 새삼스럽게 응시하면서 자연의 오묘한 이치를 되새겨 본다. 마지막 힘을 다하는 하루살이 한 마리가 시계에서 멀어져 간다.

(『동아일보』, 1981년 10월 1일)

직업윤리

런던에서 2백 년의 역사를 자랑한다는 유명 코트전문 가게에 들렀을 때의 일이다. 거창한 제복을 입은 안내원이 극진하게 안내한다. 말끝마다 존칭인 '써(Sir)'를 연발한다. 가벼운 여행복 차림이었을 뿐만 아니라 구경삼아 들어선 길이었기 때문에 다소 당황하기는 했으나 배짱만 가지고 돌아볼 셈이었다.

하지만 안내원의 융숭한 접대만이 아니라 각 층에서 대기하고 있던 판매원들의 상술에 그만 넘어가고 말았다. 차마 빈 손으로 나오기가 민망할 정도의 서비스도 뿌리칠 수 없었지만 더욱이 그들의 직업윤리에 감탄하고 만 것이다.

사람은 제각기 자기 나름의 할 일이 있다. 직업에 귀천이 있을 수 없다. 특히 현대사회에서는 신분과 지체에 의해서 직업이 숙명적으로 결정되는 것이 아니라 개인의 소질과 취미에 따라서 선택되는 것이다. 오직 자기가 맡고 있는 일에 대해서 보다 성실하며 그 나름의 보람을 찾고 주어진 여건에 충실해서 스스로 후회 없는 생을 누리면 되는 것이다.

어느 친구가 소속기관에서 운영하는 소형 통근차를 탔다. 그 친구 혼자만 타게 되었다. 그런데 통근차의 운전기사가 몹시 못마땅한 눈치를 보이면서 내려주기를 종용하더라는 것이다. 마침 칠흑같이 어둡고 비마저 내리고 있어서 예정된 코스로 돌아주기를 간청했으나 아랑곳없이 움직이지 않더라는 것이다. 나중에 책임자에게 항의했더니 곧 인사조치하겠다고 했는데 그 운전기사는 언제까지나 그 자리에서 일을 하더라는 것이다. "오래 살지는 않았지만 세상에서 별 망신을 다 당했다"고 흥분할 만한 기막힌 사연이었다. 밤은 깊고 갈 길은 멀고 승객은 한 사람이니 꾀가 날 만도 하다. 그러나 이럴 수가 있는가.

우리 사회의 어느 면에서는 자기에게 주어진 직업에 대한 윤리성이 무엇인지를 아예 외면하는 경우가 적지 않다. 문앞에서 안내하는 직업은 찾아오는 손님을 위한 직책이기에 누구에게나 정중해야 함에도 불구하고 혐오감을 주는 일이 있는가 하면, 차를 모는 기사는 타는 사람을 위해서 맡겨진 자리이기 때문에 언제나 책무를 수행해야 함은 당연한 일인데도 이를 다하지 않는 일이 있는 것 같다.

머지 않아서 세계적인 큰 잔치가 서울에서는 열리게 된다. 그 동안에도 외국손님들이 찾아오지 않는 것은 아니지만 한꺼번에 20만 명 정도의 손님들이 몰아닥친다고 한다. 이런 경우에 우리는 무엇을 보여줄 것인가. 대규모의 운동경기장도 좋고 넓은 길도 좋지만 무엇보다도 우리 사회의 참모습이 아닐지 모르겠다.

우리 사회의 발전이나 현대화는 구호로만 되는 것이 아니다. 모든 국민의 직업윤리가 우리 사회의 수준을 판가름하는 한 척도가 된다는 것을 잊어서는 안될 것이다.

(『동아일보』, 1981년 10월 10일)

말도 안돼

저녁 밥상을 물린 후면 급한 일이 없는 한 식구들과 텔레비전을 같이 즐긴다. 내가 돌리고 싶은 채널과 애들이 보고 싶어하는 프로그램이 합의되지 않아서 이따금 승강이를 벌이기도 하지만 하루에 다 같이 모이는 시간이 바로 이 시간이다.

하여간 TV를 보노라면 이맛살을 간혹 찌푸리게 하는 장면들이 있다. 역사물에서 그러한 경우가 많다. 몇 해 전부터는 고증이 제법 잘되어서 복식에서는 그런대로 보아 넘길 수는 있으나 말씨는 도무지 되어 먹지 않은 장면이 많다. 특히 조선시대 관료사회의 묘사에서 품계가 낮은 직책이 높은 직책 앞에서 마치 고양이 앞의 쥐와도 같이 연출되고 있는 것이 그 한 예이다. 요사이 젊은 사람의 말을 빌면 "말도 안돼"이다.

조선시대의 양반사회에서는 높고 낮은 현직관료나 벼슬을 그만둔 퇴임관료를 포함한 광범위한 선비의 신분이 거의 동격이었다. 따라서 고을의 원이 선비를 잡아다가 곤욕을 보이면서 거리낌없이 하대하는 장면, 사랑방에서 여러 선비들과 주연을 베푸는데 안방마님이 동석하는 등의 대목은 무엇을 보고 어디에 준거하여 연출되는지 아무래도 모를 일이다. 이에 오늘날의 상황을 옛 것에 투영한 것이 아닌가 하는 억지를 부려보기가 일쑤다.

우리는 지금 현대적인 시민사회를 지향하고 있다. 시민사회란 옛날의 신분사회에서 대접을 못 받았던 계층도 마음껏 사람구실을 하는 사회이다. 신분의 높고 낮음을 따지는 일이 시민사회에 역행하는 것임은 두말할 것도 없다. 하지만 오늘날 우리 사회의 한 구석에서는 종래의 관존민비적인 사고방식이 도사리고 있다.

공무원 중에는 전근대사회의 양반과도 같이 국민을 지배하려 하고, 같은 공무원끼리도 직급의 높고 낮음을 귀족사회의 지체 차별로 착각하는 경우가 있다. 국민을 위한 봉사의 자리가 아니라 특권의 권좌로 오해하는 이가 있고, 다 같은 공무원이면서도 보직이 신분의 귀천을 상징하는 것으로 착각하는 경우가 없다고 장담할 수 없을 것이다.

이러한 시대망각적인 사고방식이 그대로 우리 사회의 상식으로 되어 있어서 전 국민을 대상으로 하는 방송에서도 당연한 것처럼 취급되고 있는 일이 아닌가 여겨진다. 만약 그렇지 않다면 이러한 그릇된 방송이 일반국민이나 공무원들의 자세를 오도하고 있는지도 모른다. 어쩌면 전근대적인 사고와 현대의 감각이 뒤죽박죽되고 있는 기현상이 아니라고 단정할 수도 없는 일이다.

사실 시대사조가 급변할 때는 사상의 혼매와 사고의 충돌이 있게 마련이다. 길게는 한 세기까지도 가는 일이 있지만 한 세대면 어느 정도 수습되는 것이 보통이다. 한 번 젖어버린 뇌세포의 기억이 쉽사리 사라지지 않기 때문이다.

우리는 오늘날 이러한 고비를 넘길 때가 되었다. 그러면서도 아직 넘기지 못하고 있는 것은 웬일일까. 여러 가지 망상을 품게 한다.

(『동아일보』, 1981년 10월 22일)

가로수

높다란 포플러 나무가 층층이 우거진 황혼의 시골길을 여주인공이 허탈하게 걸어가면서 막이 내린다. 누구나가 끝까지 지켜보고 싶었던 '제3의 사나이'의 마지막 장면이다. 이렇게 보면 가로수는 노변을 보호하기 위해서만이 아니라 운치를 위해서도 있음직한 것이다.

얼마 전 며칠 동안 버스를 타고 시골에 다녀온 일이 있다. 그런데 모든 길에는 어김없이 가로수가 있었으나 각양 각색임을 새삼스럽게 발견할 수 있었다. 포플러, 버드나무, 벚나무, 플라타너스……등 각종 수종이 마을과 거리마다 다른가 하면 회초리만한 것도 있고 또는 제법 굵지만 가지가 잘린 채 몸통만 남아 있는 곳도 있다. 더러는 치장을 위한 것 - 그것도 매년 새잎을 깎아주어야 하는 얄팍한 상록수의 길도 있다.

하지만 이러한 가로수들을 유심히 살피다 보면 엉뚱한 상상을 환기시키는 일이 있다. 그것은 오래된 길일수록 굵직굵직한 가로수가 있어야 하고 새로난 길에는 가로수라기보다는 노면의 표시라고 보아도 좋을 만한 가냘픈 것이 심어져 있어야만 하는 게 우리 상식인데도 불구하고 새로난 길에 거창한 나무들이 서있고 오래된 길인데도 볼품없는 가로수가 있는 곳이 있기 때문이다.

외국의 어떤 명문대학 입구에는 그 학교의 역사와 맞먹는 아름드리 가로수가 있었는데 몇 나무가 벼락을 맞아서 꺾이자 아무일 없었다는 양 꼭 그만한 나무를 값을 들여서 구해 그 자리에 심더라는 소식을 들은 바가 있다. 이는 정녕 묵은 것은 묵은 것대로, 새 것은 새 것 나름으로 바꿀 줄 아는 전통의 한 모습이 아닌가 생각된다.

우리의 주위에는 중시조가 되고 싶어하는 사람이 있는 것 같다. 나무에 비유한다면 오랫동안 가꾸어온 것을 무슨 핑계를 대서라도 모조리 잘라버리고 새 나무를 심는 것과 같은 일을 서슴치 않는 경우를 두고 말하는 것이다. 그런 사람일수록 이 일은 내가 있을 때 한 일이라고 내세운다. 물론 그 일들이 잘 되어준다면 다행이겠지만 그 전보다도 못되고 보면 시행착오라고 하기에는 너무나도 가슴아픈 일이 많다.

현대사회는 나날이 발전되어가고 있다. 사회의 발전이 완만했던 옛날에 비하면 가위 쏜살같이 발전한다고 보아도 좋을 것이다. 따라서 묵은 잔재가 새로운 사회에 저해적일 수가 있을 수도 있다. 그러나 새 것만 찾고 헌 것을 모조리 돌아보지 않는다면 앞으로 인간들은 과연 무엇을 추구하고 살아갈 것인가를 한번쯤은 곰곰 생각해 보아야 할 일이 아닌가 싶다.

얼마 전부터 세계시장에서 골동품 붐이 불어서 옛 것을 찾아 나서고 있다. 더러는 엉뚱한 일이 곧잘 벌어지기도 하지만 어떻게 생각하면 늦철이 든 듯한 아쉬움이 없지도 않다. 오직 바라고 싶은 일은 물욕에 눈이 먼 옛 것의 갈구보다도 앞으로의 발전을 위한 밑거름으로서의 옛 지혜를 탐구하는 슬기를 가져보자는 것이다.

(『동아일보』, 1981년 11월 4일)

한 올의 저항

서울시에서는 얼마 후부터 새로 짓는 집의 담높이를 제한할 뿐만 아니라 너절한 부착물마저도 규제한다고 한다.

개인주택의 담마저 행정조치로 규정하는 일이 과연 옳은 일인지 옳지 못한 일인지는 석연치 않으나 도시의 미관상 불가피한 조치로 보아서 좋을 것이다.

사실 서울시내에는 볼품 사나운 담이 적지 않다. 특히 유리조각이나 철조망을 부착시킨 험상궂은 담이 있는가 하면 가옥에 비해서 엄청나게 높은 담도 있다. 방범을 위한 불가피한 시설이라고 보아 넘길 수도 있지만 아무리 높고 험상스러운 담이라도 들어가고 싶으면 언제라도 들어갈 수 있다고 실토한 어느 전과자의 수기를 읽은 일이 있고 보면, 그 속에서 사는 집주인이 도리어 갇혀 사는 꼴이 아닌가 하는 역설마저 자아내게 한다.

어느 심리학자의 논문에 의하면 한 올의 실로 울타리를 삼아도 이를 넘지 않을 사람은 넘지 못하고, 높은 담을 쳐놓아도 넘을 사람은 못 넘는 일이 없지만, 사람에게는 본시 한 올일지라도 저항을 느낄 수 있는 본능이 있다고 한다. 숲속에서 거미줄에 걸려서 주춤해지는 일이 이와 비슷한 경우가 아닌가 싶다.

여하간 높고 험상스러운 담을 넘는 일을 다반사로 일삼는 능숙한 솜씨도 처음에는 한 올의 저항을 받았을 것이지만 이를 넘어서면서부터 시작되었을 것이 분명하다.

머지 않아서 새 일꾼들이 사회에 나온다. 모든 것을 믿고 곱게만 보아주던 시절에 비해서, 이른바 출세를 위하고 또는 돈을 벌기 위하여 이리 뛰고 저리 달려야 할 시점에 접어들게 된 것이다. 물론 이들은 사회에 나올 때 그들 나름의 다짐이 있을 줄로 알지만 기성인들은 정녕 한 올의 저항을 되도록 오랫동안 간직해주기를 바라고 있다. 언젠가는 뛰어넘고 무자비하게 쥐어뜯어 버릴지라도 그 시기가 늦으면 늦을수록 그만큼 다행하다고 여길 것이다.

하기야 '한 올의 저항이 다 무엇이냐. 이 사회는 목적을 위해서 수단과 방법을 가리지 않는 경쟁의 세상이다'라고 반론하는 세칭 영리하고 똑똑한 사람이 없다고는 볼 수 없다.

그러나 이러한 사람도 거미줄에 걸리면서 느껴보는 순간의 저항이 아직도 남아 있다는 것을 새삼스럽게 생각할 때가 전혀 없다고는 단언할 수 없을 것이다.

얼마 전까지만 해도 향촌의 딸기밭에는 한 가닥의 새끼줄만이 늘어져 있었는가 하면, 명색이 젖을 나누어 준다는 젖소의 우리에는 철조망이 앙상하게 둘러쳐 있었다. 다 같이 사람들이 한 일이지만 우리들이 받는 인상과 느낌이 판이하게 다른 것은 무엇 때문인가.

너나 할 것 없이 되새겨볼 만한 일이다.

(『동아일보』, 1981년 11월 12일)

맛과 문화

요사이 인류학에서 여러 지역의 음식의 공통성과 문화의 관계성을 연관시키는 새로운 연구가 시작되고 있다. 음식의 기호와 그 맛을 즐길 줄 아는 미각의 함수관계를 문화교류의 한 형태로 보기 때문이다.

지난 일요일 시중에서 규모가 가장 큰 백화점의 양식집에 들렀을 때의 일이다. 비프까스에 일본식 된장국과 공기밥이 따라나왔다. 확실히 서울 안에서 먹는 일본식 양요리임이 분명했다.

하기야 이탈리아식의 스파게티가 마르코 폴로 이후의 음식이라는 주장을 원용하지 않더라도 라틴문화권에서의 타타르 스테이크가 몽골군대 말발굽의 유산이 아니라고 부인할 수 없고 보면 서울에서 먹을 수 있는 일본식 양요리쯤은 이상한 일이 아닌지도 모른다.

문화교류가 거의 간접적이었고 서로의 접촉이 활발하지 못했던 전근대시기에도 음식의 교류가 있었던 것에 비하여, 하루 만에 지구를 돌 수 있을 뿐만 아니라 교류마저 직접적이고 빈번한 현대사회에서 음식의 교류가 그 얼마나 폭넓게 이루어질 것인가를 생각하면 아침에 한 잔의 커피와 토스트, 점심에 자장면을 먹고 저녁에 밥과 김치를 먹고 있으면서도 아무런 이상함을 느끼지 못하는 일이나 다름이 없다. 따라서 일본에서 곱창집이 성황을 이루고 미국에서 불고기집이 수지맞는 것도 예외는 아닌 성싶다.

그러면서도 각 민족이 즐기는 맛은 음식과 상관없이 다르게 마련이다. 양념과 솜씨에도 상관이 있을 수 있으나 같은 품종의 중국요리이지만 '홍콩'에서의 맛과 서양에서의 맛이 차이나게 마련이다.

그런데 최근에는 이러한 고유한 맛마저 상실당하고 있는 것 같다. 사실 우리의 맛은 공해와 인조조미료 등에 의해서 이미 오래 전부터 잊혀져가고 있다. 특히 통조림과 비닐봉지로 처리된 1백여 종의 인스턴트식품들에 의해서 우리들 입맛의 재조절을 강요당하고 있다. 어쩌면 미각의 마비를 강요당하고 있는지도 모른다.

따라서 이대로 나간다면 음식의 세계화는 말할 것도 없고 맛의 세계화도 머지 않아서 올 것만 같다.

같은 물감을 가지고도 구도에 차이가 나고 색조가 다른 그림이 되는 것처럼 같은 재료를 가지고도 그 음식과 맛이 달라야 함에도 불구하고 같을 수밖에 없는 음식을 먹어야 하고 그 맛에 동화된다고 하면 우리는 오랫동안 누려온 문화전통의 한 기둥이 무너져 버리는 것과 다름이 없지나 않을까 하는 의구심마저 갖게 된다.

이런 일 저런 일로 비약하다 보면 새삼스럽게 된장찌개 맛이 그리워진다. 구수하고 텁텁한 그 맛이야말로 우리의 입맛이요, 우리 문화의 저변에 짙게 깔린 이 땅의 색깔이기 때문인지도 모른다.

(『동아일보』, 1981년 11월 19일)

소박한 행복

사람은 누구나 잘 살기를 바란다. 더욱이 행복한 삶을 누리고자 한다. 그러나 잘 산다는 것과 행복한 삶은 반드시 일치한다고 보기 어렵다. 막대한 재물을 가지고 있고 높은 지위를 차지하고 있으면서도 마음이 편하지 못하고 무엇 하나 보람 있는 삶을 누리지 못하는 사람이 있는가 하면, 초라한 생활을 하면서도 우러러 하늘을 보나 굽어 땅을 대해도 한 치의 두려움이 없고 마음이 언제나 행복감에 충만되어 있는 사람도 있기 때문이다.

허기야 옛부터 일러오기를 잘 살기를 바라기 전에 자기를 뒤돌아보고, 행복을 추구하기에 앞서 남에게 피해가 없는지를 명심하라는 교훈을 조금이라도 참고하고 이를 새겨본 사람이 많다면 잘 사는 것과 행복한 삶이 어느 정도는 동부(同符)될 수 있을 것이다. 하지만 그렇지 못한 일들이 더 많음이 또한 우리의 삶이다.

각설하고 서양의 어느 심리학자가 인간의 행복조건을 앙케이트 조사하여 다섯 가지로 분류한 일이 있다. 즉 예술과 자연, 사랑, 우정, 신앙, 일에 몰두하는 것이 행복의 조건이라는 것이다.

아름다움에 도취되고 즐기는 탐미의 경지와 자연과 호흡하는 몰아(沒我)의 차원, 참다운 사랑과 그로써 맺어지는 성스러운 남녀의 관계, 물맛과도 같이 담담하면서도 끊을 수 없는 벗과의 사귐, 어떤 존재를 믿고 이에 의지하여 장차 나아갈 바를 다짐하는 믿음, 자기에 주어진 일에 사명감을 갖고 몰두하는 성실함을 두고 말하는 것이다. 물으나마나 이 행복의 조건들은 행복이 무엇인가를 스스로 터득한 사람들의 경험과 소망을 통계한 것이라고 보아도 좋을 것이다.

물론 이러한 행복의 조건들은 우리들의 행복관이 아니라 서양사람들의 행복관이다. 그것도 전통적인 것이 아니라 현대인의 행복관이다. 따라서 생활양식이 다르고 사고방식이 같지 않은 우리의 입장에서는 거리가 있다고 볼 수도 있겠지만, 오늘날 우리 현실이 어느 정도 서양적인 합리주의에 동조하고 있고 보면 약간은 긍정적으로 받아들여질 수도 있을 것 같다.

여하간 서양적인 행복의 조건을 수긍한다면 우리의 주변에서 여가를 이용하여 자연에 파묻혀서 자기 나름의 희열을 느끼고 그 아름다움에 도취되는 시간을 되도록 많이 갖는 경우, 그야말로 순수하고 진정한 남녀의 사귐과 사랑, 의리와 정의로 맺어진 우의, 위선적이지 않고 공리적이지 않은 독실한 신앙, 남의 눈치 보지 않고 자기에게 맡겨진 일에 골몰하는 성실한 사람들이 이른바 서양적인 행복의 조건을 이 땅에서도 만끽하는 예라고 말할 수 있을 것이다.

그러나 이를 부정적으로 본다면 우리의 전통적인 행복관에서 서양적인 다섯 가지의 조건만이 만족스러운 것인가 하는 의문이 생긴다. 그것은 우리 사회가 아무리 서양적인 생활방식에 접근하고 있다 할지라도 아들을 바라고, 높은 지체에 많은 재물을 노리며 건강하게 오래 살기를 갈망하는 종래의 오복(五福)관념도 문제려니와 모든 일을 자기 본위로 처리하고 인심마저 각박한 현실에서, 소박하기만 하고 우리의 주변에서 누구나 해볼 수도 있는 서양적인 행복조건들이 쉽게 수긍될 수 없기 때문이다.

사실 서양이라고 해서 우리와 같은 오복관념이 없었던 것은 아니다. 그들의 전통사회에서는 우리의 전통사회에서와 같은 고정관념은 아니었다고 할지라도, 상당한 비중을 갖고 있었다. 그렇지만 근대사회를 지나고 현대에 들어오면서 그들의 인생관, 사회관 및 가치관이 변질됨에 따라 행복관도 차츰 변화되기 시작했다.

이에 오늘날 서양의 행복관을 자기 본위에서 시작하여 사회적인 책임성을 추구하기에 이르게 되었고, 우리의 행복관은 전통적인 행복관을 아직도 탈피치 못하여 대부분이 자기 본위에서 시작해서 기껏해야 가족 단위를 벗어나지 못하는 폐쇄성을 지니고 있는 사례가 많다.

따라서 욕심만으로 이룰 수 없는 행복, 더욱이 사회에 피해를 끼칠 수도 있는 과욕으로 쟁취하고자 하는 행복보다는 자기 주변의 일상생활에서 재발견되는 소박한 행동이나마 착실하게 추구해 나가는 마음가짐이 소망스러울 때가 많다. 그래서 서양적인 행복의 조건도 가볍게 볼 수 없는 일이다. 이 다섯 가지의 조건 가운데 하나만이라도 좋다. 이로써 어떤 행복을 느낄 수 있다면 그만큼 마음의 평온과 삶의 즐거움을 느낄 수 있기 때문이다.

이렇게 말하면 이른바 똑똑하고 영리한 사람의 입장에서는 어리석고 못난 사람의 자기 비호라고 비웃을는지도 모른다. 그렇지만 소박한 행복이나마 하나 하나를 즐기면서 뜻있는 삶을 누리려는 사람이 있다면 우리는 과연 어느 쪽을 추종해야 할 것인가 한번쯤 생각해볼 만하다.

삶의 보람은 스스로 찾고 노력하는 사람에게 찾아오기 마련이고, 소박한 소망일수록 후회하는 일이 없는 법이다.

(『정밀사보』 통권 51호, 1984년)

기인대망론(奇人待望論)

얼마 전까지만 해도 우리 주변에는 이른바 기인(奇人)이 있었다. 보통사람과는 다른 특이한 기벽(奇癖)스러운 행동거지를 서슴지 않으면서도 주위의 시선에 개의치 않았고, 주위에서도 이상한 눈으로 보기는 커녕 오히려 친근감을 느꼈던 사람을 이름이다.

물론 기인은 흔히 기이하다는 말 때문에 이인(異人)과 혼동하기 쉬우나 기인과 이인은 엄격히 구별되는 것이다. 기인이 취미와 행동에서 특별한 사람을 말한다면, 이인은 천문과 지리의 묘미를 터득하여 천기(天機)를 헤아릴 줄 아는 비범한 사람이거나 역리(易理)와 선도(仙道)에 뛰어난 독보적인 인물을 가리킨다고 일러왔기 때문이다.

여기에서 말하는 기인은 보통사람과 차원을 달리하는 이인이 아니라 평범한 인간이면서 일종의 기벽이 있고 삶의 폭이 넓은 바로 그러한 인간상이다. 어느 날 달밤에 우이동에서 동숭동까지 벌거벗은 채 소를 타고 왔다가 그만 냇물에 떨어지는 바람에 술기가 깨어났다는 변영로(卞榮魯)의 기벽은 오늘날까지 전해지는 기인의 표상이고, 스웨터를 입을 때마다 안팎이 차례로 바뀌었던 L형의 옷차림도 그 나름의 기인적인 모습이었다.

그러면 어떤 유형을 기인이라고 말할 수 있겠는가. 나는 서슴지 않고 두 가지 요건을 갖추어야만 한다고 단언하고 싶다. 첫째 자기의 기벽스러운 취미와 행동을 변함없이 지속적으로 유지하되 스스로 기벽이라고 여기지 않고 남의 눈치를 보지 않으며 주위사람에게 내세우지 않는 자기 나름의 생활철학을 견지해야 하고, 둘째 자기의 기벽이 주위는 물론 사회에 혐오감을 주어서는 안되고 피해를 끼쳐서도 안된다.

그리고 이러한 기인의 요건만으로 기인이 활보할 수 있는 것이 아니다. 그러한 기인의 기벽스러운 행동거지를 이해하고 이를 감싸줄 줄 아는 사회풍토와 시대상황이 조성되어 있어야 한다.

이렇게 보면 요즘 우리 주변에서는 기인을 찾아볼 수가 없다. 기인의 요건도 요건이지만, 기인을 이해하고 감싸줄 수 있는 풍토와 상황이 아니기에 더욱 그러하다. 간혹 남다른 복색을 하거나 행동을 자행하여 기인을 자처하는 기인 아닌 기인이 있기는 하다. 심지어 이인을 자처하는 사람까지도 있다. 그러나 내가 보기에는 그렇게 자처하면 할수록 기인도, 이인도 아닌 극히 평범한 보통사람일 뿐이다.

그렇다면 오늘날 왜 기인이 없는가. 아마도 우리 사회가 모든 분야에서 획일화되어온 결과에서 연유한다고 생각된다. 여름, 겨울을 따지지 않고 날씨에 따라서 입성이 바뀔 수 있는 것이 아니라, 꽃샘추위에도 얄팍한 봄옷만을 입어야 하고 겨울에 덥다고 해서 얇은 옷을 입을 수 없는 우리의 통념이 일종의 획일 사회의 한 단면이기도 하다.

이러한 획일화된 사회, 보통 상식만이 통용되는 세상에 만의 하나라도 기인이 나타났다고 한다면 그 기인은 오래 견디지 못하고 말 것이 분명하다. 기인을 정녕 기인으로 보려고 하기 전에 기묘하고 이상한 사람으로 보려는 눈초리가 앞설 것이고 심지어는 정신질환자로 오해되기까지 할는지도 모를 일이니 말이다.

그러나 나는 비관하지 않는다. 얼마 후에는 우리 주변에 기인이 있을 수 있다고 믿고 은근히 기다려진다. 그 이유는, 먼저 현대사회가 개성의 시대이너만치 남다른 개성에서 기벽으로 발전한 기인이 등장될 가능성이 많다는 것이고, 다음에는 생활수준이 평균적으로 향상되고 삶의 여유가 마련되면서 한 곳에 얽매이지 않고 자기 세계를 영위하게 될 것이기에 그리하며, 끝으로는 개성이 존중되고 삶의 여유가 있는 선진국의 경우, 이른바 개인이라고 말할 수 있을 만한 사람들이 허다하고, 이들을 대해주는 주위의 시선도 친근감이 있었던 일을 회상해보면, 다분히 희망을 갖고 기다려 봄직한 일이라 하겠다.

여하간 우리가 오늘날 간절히 기다리는 기인은 전근대시기의 풍류적인 기인을 염두에 두고 말하는 것도 아니고, 전술한 바 있는 변영로와 같은 낭만적인 기인의 유형을 두고 말하는 것도 아니다. 현대사회에 알맞는 기인을 눈 앞에 그리면서 말하는 것이다.

즉 젊은이는 젊은 사람다운 기행(奇行)이 있어야 하고, 예술가는 예술인다운 기상(奇想)이 있어야 하며, 지성인은 지성인다운 기지(奇智)가 있어야 하되 현대적인 감각에 알맞는 기인상이어야 한다. 그러면서 주위로부터 공감을 사고 친근감을 사야지 거부감을 주어서는 안된다. 주위 사람들이 모두 양복을 입으니 나는 한국사람답게 한복을 입어야 하고 주변에서 구두를 신으니 나는 고무신을 신어야 한다는 식으로 가면, 가장 한국적일 수는 있을지언정 현대적인 기인과는 연이 멀어지는 꼴이 되기 쉽다. 더욱이 무명과 삼베로 한복을 지어 입으면 특히 그러하다.

허기야 이러한 차림도 기행·기상·기지로 이해하고, 여기에 친근감을 느낄 수 있다면 다행이겠지만 이를 기벽 아닌 괴벽(怪癖)으로 보게 될 경우는 본의 아니게 엉뚱한 오해를 받게 될 수도 있다.

따라서 기인은 그 사회에서 공인받는 처지가 되어야 한다. 전근대시대에 그 시대 나름의 기인이 있었듯이 현대사회에서도 현대적인 기인이 이 사회의 세론(世論)에 의하여 은연중에 공인되는 바가 되어야 할 것이다. 그리고 이렇게 되기 위해서는 기인의 두 가지 요건도 요건이지만, 이에 못지 않은 사회풍토와 시대상황이 위에 거론된 바와 같이 바람직스럽게 추이되어야 할 것이다.

이와 같은 기인의 대망은 과연 나 혼자만의 기대와 희망뿐이겠는가, 한번쯤 생각해 봄직한 일이다.

(『보증보험』 통권 791호, 1987년 8월)

숫자의 허실

한국에서는 몇백 년 전만 해도 천이면 아주 많은 숫자였다. 순수한 우리말에서 천을 뜻하는 '즈믄' 이상을 일상생활에서 거의 쓴 일이 없었던 것을 보아서도 짐작할 수 있다. 그러나 차츰 수량생활이 풍부해지면서 만을 거리낌없이 말하게 되더니 요즈음에는 십만, 백만을 예사로 일컫고 있다.

이렇게 숫자가 점점 많아진 것은 우리 생활에서 수량이 그만큼 많아졌다는 것을 의미하는 것이고 보면, 생활의 폭이 넓어진 것을 뜻하는 일이기도 하지만 어떤 측면에서는 생활환경이 몇 갑절 복잡해졌다는 것을 암시해주기도 한다.

각설하고 얼마 전에 있었던 대통령 선거 유세의 군중집회 때, 언필칭 백만 인파가 운집했다고 야단들이었다. 그렇게 많이 모인 사람들이 모두 자기를 지지하는 지지자들이라고 호언하였다. 신문과 텔레비전에서도 어김없이 백만, 아니 백만 이상이라고 전했다.

어떤 유세장의 넓이와 한 평당의 인구밀도를 계산해보면 쉽게 알 수 있는 데도 불구하고 으레 백만이었다. 백만이면 굉장한 인파이다. 외국에서도 화제거리가 되었다.

그런데 역사를 공부하는 사람의 입장에서는 한번쯤 짚고 넘어가야 할 문제이다. 역사는 기록에 의해서 연구되는데, 후세에 기록을 가지고 역사를 다루어 나갈 사람들이 아무런 이의 없이 적혀진 기록대로 믿게 된다면, 1987년도 대통령 선거 유세장에서의 인파가 모두 백만 이상으로 서술되어야 하기 때문이다.

500석지기를 천석꾼이라고 했고 3천 석 정도 이상이면 만석꾼이라고 했다. 이와 같이 종래 우리의 숫자 개념에는 희망적인 숫자와 과장된 숫자가 있었다. 마찬가지로 백만 인파도 기실 참다운 숫자였던가, 한번쯤 검토해 볼 만하다.

물론 역사는 기록을 먼저 분석, 비판한 후 이용하는 일이 상식이다. 그렇지만 이러한 숫자의 허허실실에 관해서 거론해 두는 것은, 후세의 역사연구 ─ 특히 사회사 연구에서 이와 같은 숫자의 허실을 따지기 위해서 헛된 정열을 낭비하지 않도록 하기 위함이다.

이제 큰 선거는 끝났다. 백만 인파를 시비한다고 해서 당락에 아무런 영향이 없다. 따라서 그 동안 하고 싶었던 말을 가벼운 마음으로 적어본다.

(『부안향우』8, 1988년)

난국 풀어갈 지혜로서의 역사

― 고위금용(古爲今用) ―

우리가 역사를 배우는 이유가 무엇인가에 대해서는 전근대시기와 근대 이후의 시각에 차이가 있을 수 있겠지만, 지난날의 역사가 오늘과 무관하지 않다는 데는 예나 지금이나 다를 바가 없다.

전근대시기에는 역사를 교훈적이고 순환적인 것으로 보았던 데 비해서 근대 이후의 역사관이 순수한 학문으로서의 과학성에 있다는 차이는 있을 수 있지만, 지난날의 역사가 우리의 현실에 거울로 비쳐서 교훈이 된다는 전근대적인 교훈적 역사관도, 옛날과 지금이 단절된 것이 아니라 늘 대화하고 있어 연속적인 역사로 보아야 한다는 현대의 역사관과 상통하기 때문이다.

역사연구도 시대성 외면할 수 없어

물론 인류의 역사에는 오랜 역사 경험을 꾸준히 이어오고 역사적 사실도 잘 보존·정리되어 오늘날까지 지속적으로 전승한 역사가 있는가 하면, 지난날의 영광스러웠던 역사가 깡그리 매몰되었다가 뒤늦게 발견되거나 되찾은 망각의 역사가 있다. 아울러 아무리 오랫동안 지속한 역사라 할지라도 그 역사 발전이 바람직하지 못했다고 보는 부정적인 역사가 있는가 하면, 지속되지 못하고 망각되었더라도 그 나름의 역사적 유산이 다른 지역에 전승되어 발전함으로써 단속(斷續)의 역사에서 오히려 인류의 발전에 계기성(契機性) 내지 도약성을 공여한 긍정적인 역사가 있다.

이렇게 보면 인류의 역사에는 여러 유형이 있고, 그들의 역사를 보는 시각이나 해석도 다양하다. 역사는 자연과학처럼 어떤 연구결과가 언제 누구에 의해서나 반복해서 증명되는 것이 아니라, 역사가의 해석 여하에 따라 이동(異同)이 있을 수 있기에 그러하다. 그래서 역사를 숫제 해석학이라고까지 말하는 사람이 있다. 역사가 해석이라고 해서 객관성과 과학성을 소홀히 할 수 없음은 두말할 나위가 없다.

진리는 둘이 있을 수 없다. 인류의 역사도 응당 하나의 해석이 되어야 한다. 그러나 역사의 시각이나 해석에 이동성(異同性)이 있는 것은 연구방법론의 차이, 견해의 같고 다름 외에도 시대성과의 대응(對應)에서 연유하는 것이다. 과학이라고 총칭되는 인류의 지식과 지성이 시대성과 대응해서 성장·발전했다면, 과학의 한 분과인 역사 연구의 학문도 시대성을 외면할 수 없다.

하기야 기발한 예지(叡智)와 남다른 용기로 탁견을 주장했으나 이를 수용할 수 없는 시대성에 의해서 무참히 좌절되어버린 여러 선각자들을 회상해보면 실감 있게 이해할 수 있는 일이다. 이와는 대조적으로 시대가 아무리 달라졌어도 지난날의 역사 해석이나 평가를 비판 없이 묵수(墨守)하여 역사 이해를 그르치는 일이 없지 않다. 선입견이 두드러진 예이다.

역사에서의 선입견은 객관성과 과학성을 내세우는 역사가마저도 역사 평가에서 간혹 무의식중에 그르치는 일이 있고 보면, 역사를 제대로 이해하지 못하는 사람들이 선입견에 의해서 역사 평가를 그릇되게 했다고 하여도 이를 나무랄 수는 없지만 깨우쳐주는 일쯤은 역사가가 사명을 갖고 지도해야 마땅한 일이다.

역사적 오류 되풀이, 난감한 우리 현실

요사이 신문 보기가 겁날 정도로 반갑지 못한 일들이 연일 보도되고 있다. 신문의 1면 기사에서부터 4면 기사에 이르기까지, 세상이 어떻게 되어가는지 종잡을 수 없을 정도로 되어가는 것 같다. 양식의 테두리를 벗어난 지 이미 오래되어 평범한 상식마저도 통하지 않게 되어가는 것 같다.

하기야 요즈음의 이러한 개탄스러운 일들을 그나마도 긍정적으로 보는 측면에서는 모처럼 풀린 민주화과정에서 일시에 분출된 욕구에 의한 결과로 풀이하고 얼마 동안만 참고 견디면 수습될 것이라는 낙관적인 시국관이 있는 반면, 이러한 세상 동정을 부정적으로 보는 관점에서는 지난 역사에서 보아온 바와 같은 말기적인 현상으로 보고 근본적인 개혁대책 없이는 해결되지 않는다는 비관론이 있는 것 같다.

얼마 전까지만 해도 '후세의 역사가가 판단할 것이다'라는 말은 책임자가 흔히 뇌까리는 상투어였다. 이럴 때마다 자기가 그르친 일을 호소하기 위한 임기응변으로 보여서 오히려 미덥지 못할 때가 많았거니와, 이 경우의 역사가는 가장 올바른 판단을 하는 심판자가 되어주기보다도 동조해주기를 기대하는 심정이었을 것이다. 그런데 그 무렵 후세의 역사가에게 평가를 위임했던 그 일들이 당시로부터 얼마 되지는 않았지만 대부분 부정적으로 평가되는 것을 보면 안타까울 때가 많다.

옛날이나 지금이나 현실을 비판할 때 지난날의 사례를 들추기 마련이다. 역사가가 정리해놓은 역사적 사실을 들어서 예증하는 일이다. 언제 무슨 일이 있었는데 그 일을 어떻게 한 결과 잘못되었다느니, 어떤 일을 언제 누가 어떻게 하였더니 바람직스럽게 되었다느니 하는 것들이다. 교훈적이고 순환론적인 역사철학이 주름잡았던 전근대시기에는 말할 것도 없고 오늘날에도 지난 일을 들어서 비판한다. 이러한 경우에 어설픈 역사 인식이나 선입견에 의한 그릇된 역사 평가가 알게 모르게 작용될 수도 있다.

이렇게 옛일을 들어서 오늘을 풍자하거나 비판(借古諷今)하다가 덜미를 잡힌 필화(筆禍)사건이 역사상 수없이 많지만, 현실의 풍자와 비판에서는 설득력이 있고 역사적 현실의 인식에서는 실증성이 있어서 더욱 이런 방법을 많이 이용한다.

여하간 우리 주변에서는 얼마 전부터 앞에서 말했던 상식 이하의 작태는 말할 것도 없고, 지난날 저질러졌던 그릇된 유형들이 부쩍 되풀이되고 있다. 선진된 외국 같으면 되풀이될 경우, 으레 좋지 못한 결과가 온다는 것이 철칙과도 같이 상식화되어 있는 나쁜 일들까지도 우리 사회에서는 반복되고 있다. 지난 역사에서는 오늘날과 같은 세태를 몹시 경계했고, 종교에서는 희망없는 세상이라고까지 말한다. 전근대시기의 윤리성이 극단적인 일부의 주장대로 봉건적 잔재라고 치더라도, 민주사회를 지탱해야 할 현대적인 윤리성마저도 상식 이하로 전락되고 있는 현실이고 보면 이를 어떻게 극복해야 할 것인지 난감하기만 하다.

역사는 스스로 만들어가는 것

옛일을 옛것대로 둘 것이 아니라 이를 오늘날에 계승하고 이용하여야 한다는 가르침으로 '고위금용(古爲今用)'이란 말이 있다. 옛것을 오늘날 그대로 이용하는 것이 아니라 이를 비판하여 오늘날에 알맞게 이용한다는 뜻이기도 하다. 원래는 문화유산의 계승을 뜻하는 말이었으나, 지난날의 역사적 경험을 오늘날에 알맞게 받아들이는 것은 옛날과 지금이 대화하고 있다는 현대의 역사 인식에서도 되새겨볼 만한 일이다.

우리들은 오늘날 민주사회를 지향하고 있다. 머지 않아서 선진국 수준에 도달할 수 있는 도약의 단계에 있다고 자랑한다. 그러면 그럴수록 우리는 비록 얼마 되지 않은 민주 경험의 역사나마 이를 되돌아보면서 잘못된 전례는 대담하게 말살해버리는 한편 바람직했던 일은 되살리는 지혜가 있어야 하겠고, 아울러 오랫동안 민주 경험을 참을성 있게 지속해온 선진민주대열의 역사적 경험을 타산지석으로 삼아야 하겠다. 그리고 이런 마음가짐 못지 않게, 지난날 우리의 오랜 역사 경험에서 오늘의 우리들에게 본보기가 될 만한 유산이 무엇인가를 허심탄회하게 숙고해 보아야 할 것이다.

그리고 나아가서는 바람직한 우리의 역사를 개척해 나가기 위해서 평범한 국민 한 사람 한 사람까지도 책임감을 통감하고 이에 동참해야 할 것이다. 역사는 주어지는 것이 아니라 스스로 만들어강는 것이다.

(『역사산책』 통권 10호, 1991년)

서툴지언정 꾸미지 말자

─ 영졸무교(寧拙毋巧) ─

얼마 전의 일이다. 자유당 시절에 상당한 관록을 누렸으나 지금은 은퇴해 계시는 어떤 분을 모시고 한담을 나누던 중, 두고두고 잊혀지지 않을 말씀이 있었다.

당시 그분의 주위에는 늘 많은 사람들이 모여들었는데, 이들 중 당신이 미처 모르는 일을 사실 그대로 알려주고 혹은 잘못한 일을 직언으로 충고해주던 사람이 있었는가 하면, 언제나 듣기 좋은 말로 아첨하고 알랑거리던 사람도 있었다고 한다.

그런데 직언은 충고로 받아들이면서도 자주 듣다 보니 어쩐지 그 사람을 경원하게 되고, 아첨은 간사한 줄 알면서도 밉지가 않았다고 고백하면서, 은퇴 후 그래도 자주 찾아와서 말벗이 되어주는 사람은 경원했던 사람이고 아첨했던 사람은 만나본 지가 오래 되었다는 것이다.

구십을 넘긴 외로운 그분은 당신의 인생경험에서 젊은 필자에게 어떤 교훈을 주기 위한 깊은 생각에서 그런 사례를 솔직히 들려주었을 것으로 믿어진다.

예나 지금이나 교묘하게 꾸며대고 달콤한 엿과 같이 당기게 하는 말솜씨와 얼굴빛뿐만 아니라 손짓 몸짓으로 상대방을 매료시킬 정도로 아첨하는 것을 교언영색(巧言令色)이라고 하여 경계해야 한다고 했다.

하기야 말을 잘하고 남의 비위를 거스르지 않는다고 해서 모두 교언일 수 없고 대인관계에서 인상 좋게 대하고 매사에 세련되었다고 해서 영색일 수는 없다. 오직 자기 이익을 위해서 아첨하거나 심지어 남을 속이기 위한 의식적인 수단으로 꾸미는 짓을 두고 말하는 것이다.

따라서 옛 어른은 교언영색이야말로 옳고 그름을 헤아리지 못하게 하여 끝내는 덕망까지도 무너뜨리게 된다(巧言亂德)고 하여 군자는 삼가해야 할 일 중에서도 으뜸가는 일이라고 했다. 요즈음에는 자기 선전의 시대라고 한다. 옛날 같으면 들어내기를 삼가했던 일을 스스로 자랑해야 남이 알아주는 줄 알고 있다. 없었던 일도 있었던 일처럼 사칭하기까지 한다. 뿐만 아니라 마음이 없어도 웃어야 하고 싫어도 좋은 척해야 한다.

문득 어떤 친구가 그리워서 밤새 노를 저어 친구 집에 이르렀다가 그 친구 집 사립문을 보자마자, 떠날 때 그렇게 간절했던 그리움이 가시게 되었다 하여 그대로 되돌아왔다는 옛 은자의 차원 높은 경지가 오늘날에 와서는 이해조차 하지 못할 옛 이야기가 되고 말았다.

어떤 일이고 간에 생색만 내야 하는 현실에서는 이러한 은밀하고도 은근한 정을 찾아보기 어렵게 된 탓이다. 사실 입담 좋은 사람은 한 몫을 보고 세련된 사람은 우선 호감을 사기 마련이다.

그러나 입담이 없는 사람에게 오히려 순수함이 있고 실천성이 있는가 하면, 세련되지 못한 데에 진실됨이 더 많을 수 있다는 것을 알아차리지 못하는 아쉬움이 많다. '서툴지언정 꾸미지 말라(寧拙毌巧)'는 옛 교훈이 바로 이를 두고 일컬은 말인데 이를 제대로 알아차리지 못하는 일이 많아지는 것 같아서 더욱 안타깝기만 하다. 물론 현대사회는 옛날과 달리 발달이 빠르고 사회가 복잡하다. 사고방식도 다양하다. 그러나 시대가 아무리 달라졌어도 인류사에서 오랫동안 추구해온 가치관과 도덕성의 원리만은 양의 동서를 막론하고 모두 존중되고 있다.

이에 한국에서 존경받는 사람은 지구의 반대편인 유럽에서도 존경받고, 그 곳에서 멸시되는 사람은 이 곳에서도 대접을 받지 못하기 마련이다. 교언영색을 경계하는 속성도 지구촌이 온통 한결같을 수밖에 없다.

한 세대가 훨씬 넘게 차이났던 노정객과 필자가 얼마 전 나누었던 한담에서 감명 깊게 들었던 그 노정객의 고백과 유사한 나의 어떤 경험담을 역시 한 세대 차가 넘는 젊은 사람들에게 겸허하게 고백하여, 그들의 보람있는 삶을 위하여 두고두고 교훈이 될 수 있는 진솔한 사례가 무엇이겠는가를 생각해본다.

(『마음』218, 1993년)

있어야 할 사람, 없어도 좋을 사람

'살기 위해서 먹느냐, 먹기 위해서 사느냐'라는 문제가 있다. 이는 '닭이 앞서느냐, 알이 앞서느냐'라는 문제와 형식은 흡사한 듯하지만 본질적으로 판이한 것이다. 닭과 알의 선후 문제는 일반적으로 무관해도 무방한 일이지만, 먹기 위해서 산다는 동물형의 해답과 살기 위해서 먹는다는 인간형의 대답 사이에는 하늘과 땅 만큼의 거리가 있다.

이름 남기기야 쉽지만

사실 살기 위해서 먹는다고 하더라도 문제가 없는 것은 아니다. 사는 데에도 여러 방법이 있고 또 삶의 의의가 다르기 때문이다. 어떤 사람은 수단을 가리지 않더라도 치부만이 인생의 즐거움을 만끽할 수 있는 길이라고 생각할 수 있을 것이고, 어떤 사람은 권세만이 최상의 삶의 의의라고 보는 견해도 있을 것이다. 그런가 하면 어떤 사람은 여름밤의 별똥같이 허망한 인생이긴 하지만 삶을 누리는 동안만이라도 무엇인가 진정 보람된 흔적을 남기고 가는 것이 최선의 길이라고 여기기도 한다.

'千年史策恥無名(천 년 동안의 역사 속에 이름을 남기지 못하는 일을 치욕으로 안다)'이란 시구가 있다. 인간의 삶에 대한 욕심을 잘 표현한 것이다. 후세에 이름 석 자를 남기고자 각오만 한다면 못할 것도 없다. 그러나 두고두고 잊혀지지 않는 보람된 삶을 영위한 흔적으로서의 이름 석 자는 쉽게 되는 일이 아니다.

우리 고유한 음식에 화채란 음료품이 있다. 오미자(五味子)국에 원색의 꽃이나 과실을 띄운 먹음직스러운 것이다. 그러나 막상 먹어보면 보기와는 달리 별 맛이 없다. 우리의 인생도 비슷한 경우가 많다. 무슨 무슨 장의 직함이 너절하게 찍

흰 명함일수록 보잘 것 없는 인물이란 말도 있지만, 화채인생이 가장 보람된 삶이라고 판단해서는 더욱 안된다.

민족과 세계사에 기여해야

그러면 어떠한 삶이 문자 그대로의 보람찬 일이 될 것인가. 크게 말하면 이 땅에 태어난 사람인 바에야 아무래도 이 민족과 국가를 위해서 일하는 보람을 찾아야 하고 나아가서는 세계사의 전진에 기여해야 할 것이다. 그리고 작게 말하면 자기 일에 충실하고 자기를 속이지 않으며 자기 못지 않게 남을 아끼고 믿는 일에 노력해야 할 것이다. 자기완성을 밑받침으로 해서 사회봉사가 있고 더 나아가서는 민족, 국가와 세계사에 이바지할 수 있다고 보기 때문이다.

우리는 왕왕 자기에 충실치 않으면서 남을 비방하고, 자기를 속이는 버릇에서 남을 의심하며 자기는 할 수도 없고 못하면서 남을 헐뜯고 깎아내리는 일을 본다. 아울러 위선과 가식의 너울을 덮어쓴 사람과 독선과 자만에 찬 행동을 하는 사람을 볼 수 있다.

어떤 사회이든지 꼭 있어야 할 사람이 있는가 하면 있어서는 안될 사람이 있다. 있으나마나 한 사람도 있다. 우리에게는 정말로 있어야 할 사람이 아쉬울 때가 많다. 가장 보람된 삶이란 직장에서는 물론, 민족과 국가의 입장에서 꼭 있어야 할 사람이 되도록 성실히 노력하고 그 노력이 승화되어서 의의지워져야 한다.

물론 수천 년 동안 동서양을 막론하고 많은 선각자들이 인간의 참된 삶의 의의를 찾으려고 애썼으며, 그 참된 인간의 보람을 널리 소개하고 그 정신으로 펴나가려고 무던히도 노력했다. 그러나 이러한 노력은 한 번도 인류사회에 충만되지 못한 채 한낱 이상으로 되었다. 그러면서도 줄기차게 되새겨져 오기도 했다.

작으면 작은 대로의 공헌을

하지만 이러한 이상의 실현은 모든 사람의 인간완성이란 어려운 숙제였기에 온누리에 성취되지 못하였을 뿐이지, 사람들 중에는 이러한 보람찬 삶을 누려온 사람도 적지 않다. 인격적으로 성인, 현인, 철인이라고 추앙되고 있는 사람들이 그들이고, 학문에 종사한 사람으로서 당시뿐만 아니라 후세에 크게 기여한 인물, 또 민족과 국가를 위해서 신명을 다해서 일한 애국의 일꾼들이 그들일 것이다.

그런데 이와 같은 삶의 보람이 자기 나름의 기준에서 해석되거나 평가되어서는 안된다. 언제나 다른 사람의 경우와 뒤바꾸어서 해석되고 평가되어야 한다. 이른바 주관적인 것보다도 객관적인 냉철한 기준에 의해서만 그 보람이 평가되어야 한다. 그리고 이러한 평가는 그 당시에서도 소홀히 될 수 없지만, 후세에 더욱 정확히 될 수 있고, 그 평가의 준거도 민족과 국가 나아가서는 세계사의 입장에서 내려져야 한다.

식물인간처럼, 숨만 쉬고 산다고 해서 사람이 아니다. 동물처럼 먹는 일로만 만족할 뿐, 의식 없이 살아가는 일만으로도 사람의 구실을 다한다고 말할 수 없다. 삶을 영위하되 이 사회, 이 민족, 이 국가, 그리고 세계사의 올바른 발전에 작으면 작은 대로 크면 큰 대로 어떤 공헌을 위해서 살아가도록 노력하는 사람이 되도록 다짐해야 할 것이다. 인간이 예사의 동물과 달리 의식을 점지받았다고 생각하면 더욱 간절한 바가 있다.

(『조선일보』, 1977년 11월 26일)

대학 신입생의 독서계획

대학은 스스로 공부해야만 하는 곳이다. 고등학교 때까지만 해도 주어진 지식을 익혀왔지만 이제부터는 새로운 지식을 자율적으로 찾아내야 하는 것이다. 여기에서 대학생활과 독서는 인생에서의 어느 시기의 독서보다 중요한 것이다.

그러면 독서계획은 어떻게 구상해야 하는가. 물론 자기 나름의 계획과 포부가 있겠지만 나로서는 다음과 같은 몇 가지만을 권하고 싶다.

먼저 자기의 전공분야에 해당하는 책은 정독을 해야 하고 그 밖의 계열의 책은 남독(濫讀)을 하는 것이 좋다. 정독에서는 공책에 자기 나름의 요약을 하면서 읽으면 더욱 효과적이고 남독에서는 책마다 계속해서 읽어내야만 한다.

다음은 종래 명저로 정평된 두서너 권의 책을 추천받아서 외우다시피 수십 번을 되풀이 읽고 익혀서 자기의 서술과 문장으로 삼는 것도 현명한 일이다. 전공분야의 명논문을 몇 편 골라서 이렇게 읽는 것도 소홀히 할 수 없는 일이기도 하다.

그리고 독서는 충분한 시간을 얻어서만 가능하다는 생각을 버려야 한다. 단 몇 분간의 시간만 있어도 책을 펴서 읽는 습관을 기르는 것이 긴요한 일이다. 남독의 경우는 더욱 그러하다.

아울러 충고하고 싶은 일은 자기의 전공에 필요한 책은 두말할 것도 없지만 감명을 받은 책이나 명저로 손꼽히는 책으로 자기의 서술이나 문장으로 삼고 싶은 책은 되도록 구장(購藏)하라는 것이다. 값비싼 책만이 반드시 보배로운 것은 아니다.

그런데 이러한 독서법이나 그 계획은 대학에 입학하자마자 구체적이고도 다양하게 꾸며서 추진시키는 것이 바람직하다. 대학생활을 하면서 처음에 세운 계획이 변경될 수도 있겠지만 앞에서 권고한 것은 원칙적으로 수긍될 수 있으리라고 믿는다.

(『삼성문화문고』 42, 1977년)

V

서문 · 추모사 · 격려사

1. 홍이섭전집 서/추모호 발/홍상명

(1) 『홍이섭전집 洪以燮全集』 서(序)

아호 없이 함자로만 사셨던 홍이섭 선생님, 여름에는 고무신을 즐기셨고 목도장 하나만으로 지내오신 소탈하신 선생님, 그러면서도 검정 코트에 진홍색 라이너를 받쳐입으신 선생님의 겨울옷차림에서는 툴르즈 로트레크가 그린 검정 코트에 붉은 머플러를 조화시킨 어떤 초상화의 배색을 연상시키는 멋스러움이 있었다.

선생님은 1914년 말에서 1974년 초기까지 60년 동안, 이 땅을 한 발도 벗어난 적 없이 오직 이 땅에서만 살면서 일제강점기의 질곡과 광복 후의 소용돌이, 한국전쟁의 수난과 독재정권의 강압 등, 숙명과도 같은 역경과 격동기를 몸소 체험하셨다. 그러나 선생님은 이러한 한국 현실을 개탄하기보다는 오히려 이를 극복하고자 노력했다. 먼저 민족사관을 통한 민족의 긍지를 학문적으로 재정립하고자 했다. 선생님이 이 민족을 새삼스럽게 깨닫고 이 민족을 위한 학문에 뜻을 두게 된 것은, 후진 한국의 농촌부흥을 위해서 농업입국을 창도했던 부친 홍병선(洪秉璇) 목사의 영향 못지 않게, 중등교육에서는 문일평(文一平) 선사(先師)로부터, 고등교육에서는 이윤재(李允宰), 정인보(鄭寅普), 최현배(崔鉉培), 백낙준(白樂濬)과 같은 국학의 선각으로부터의 영향이 있었기 때문이다. 일찍이 1944년에 31세의 약관으로 『조선과학사』(일문)를 펴낸 후, 실학·서학 등의 지성사 분야와 외교사·근현대사에 걸쳐 열 권의 저술과 수많은 논문을 발표해서 민족사학의 지표를 제시했다. 실학과 독립운동사의 연구에서는 선구자이기도 했다.

아울러 선생님은 교육으로 한국 현실의 역사적 사명을 다하고자 하셨다. 광복 후 국학대, 동국대, 고려대, 서울대, 숙명여대 등에서 한국사를 교수하셨지만, 대부분 연세대학교에서 한국사의 정신사적인 연구와 교수를 통한 국학의 새 국면의 개척과 재정립에 진력하셨다. 따라서 선생님의 연구업적도 대부분 이 동안의 성과들이었다.

그리고 선생님은 역사를 민족의 정신으로 규정하여, 현실의 민족적 지향성까지를 지도했다. 여기에서 많은 잡문을 마다하지 않고 쓰셨다. 독립운동, 3·1운동, 한국전쟁, 4·19혁명에 관한 많은 시사평론들은 조선시대의 정신사에 관한 연구 영역과 근현대사에 관한 관심 못지 않게 한국 현실의 경세적 제시이기도 했다. 강의실과 좌담에서도 그러했다.

한편 선생님은 청빈한 선비의 삶을 통해서 지성의 사표가 되었다. 대부분의 생애를 안암동 한옥에서 사셨다. 그리고 문간 옆 한 칸 남짓한 방을 서재 겸 응접실로 이용하면서 연구에 몰두하셨다. 그 무렵은 교수 대우가 좋지 못하고 모든 여건이 여의치 못한 탓도 있었겠지만 이재에 별다른 관심없이 깨끗하게 살아오신 성품에서 그러했다. 그러면서도 귀한 희구본(稀覯本)이 많았다. 말년에 응암동에 이사하시면서 그 귀한 장서를 제자들에게 나누어주었지만 책에 대한 애착은 유난하셨다.

또 선생님은 늘 줏대를 가지고 사셨다. 고집이 강하셨다. 스승에 대해서는 무조건이었지만 그 밖의 일에 관해서는 선생님 나름의 판단에 의해서 양보가 없었다. 이러한 고집이 주위에서 오해 아닌 오해를 사기도 했으나 선생님은 여기에 뇌동하지 않고 훗날의 평가를 기다린다고 하셨다.

이렇게 청빈 속에서도 연구와 교육에 진력하신 선생님은 연세대학교에서 문과대학장·동방학연구실장·출판부장 등을 역임하고 사정이 허락하는 한 사회의 여러 기관에도 참여하셨다. 역사학회초대회장·역사편찬위원·민족문화추진위원·문화재위원·독립운동사편찬위원·외솔회이사장 등을 맡아보았고 학술원 회원으로도 계셨다.

따라서 선생님은 근 30여 년 동안 학계에서는 물론 사회에서도 존경받는 분이셨다. 이에 따르는 제자가 많았고 뜻을 같이하는 지우와 친분이 두터운 친우가 많았다. 특히 연세대학교에서는 정인보·최현배·백낙준·하경덕(河敬德)·백남운·김윤경(金允經)·장지영(張志暎)과 같은 석학들에 의해서 이어온 연세학풍을 한 몸으로 승계하신 선생님이셨을 뿐만 아니라 연세가 자랑하는 스승이셨다.

1980년대 초에 연세대학교 출판부에서는 연세의 스승으로서 우리나라의 국학 발전에 크게 공헌한 선학들의 저작을 전집으로 간행하는 사업에 착수하며, 이미 『담원정인보전집』·『한결김윤경전집』을 간행한 바 있거니와, 이번에 계속사업으로 『홍이섭전집』을 내게 되어 평소 선생님의 학덕을 흠모하던 후학들에게는 여간 큰 기쁨이 아닐 수 없다.

새 봄이 다시 오면, 어느덧 선생님의 20주기를 맞는다. 김포 장릉공원묘지의 선생님 묘비에도 검푸른 이끼가 끼기 시작했다. 그럼에도 불구하고 선생님에 대한 회념의 도리를 다하지 못한 민망스러움과 아쉬움만이 남아 있던 차에, 이번에 선생님의 주요 논저가 모두 망라된 전집을 간행하게 되어 다행스러울 뿐이다. 더욱이 정년이 얼마 남지 않은 한 제자로서, 재직중에 마무리하고 나가야 할 마지막 일을 끝마치게 된 듯하여 더욱 고맙기만 하다.

끝으로 편집위원의 한 사람으로서, 『홍이섭전집』의 간행을 위해서 성의를 다한 연세대학교 당국과 김옥환(金玉煥) 출판부장의 노력, 그리고 편집 간행에 수고한 실무위원 등 여러분에게 감사를 드린다.

1993년 11월
(『홍이섭전집』, 1993년)

(2) 고 홍이섭 교수 추모호(追慕號) 발(跋)

동방학지 제15집은, 본 연구소의 전 소장이셨던 고 홍이섭 선생님을 추모하기 위해서 펴낸다. 올해 12월 6일이 선생님의 예순 돌 생신이시고 보면 선생님의 환력 기념이 되기도 하는 셈이다.

선생님이 돌아가시기 얼마 전, 본집(本輯)을 선생님의 환력기념호로 예정한 적이 있었지만, 선생님의 반대로 그 계획이 중단된 일이 있었다. 이제 추모호로 삼고 보니 감개무량함을 형용할 길이 없다. 더욱이 정기간행에 곁드리고 그 부피에 맞추어서 내게 되어 몸둘 바를 모르겠다. 비록 얄팍한 책자이기는 하지만, 선생님을 기리는 추념의 정은 거질(巨帙) 못지 않게 두터웁고 깊음을 다짐하는 바이다.

책 머리에 실은 선생님의 약력과 논문 일람은, 그 실, 십중의 반도 채 되지 못하는 줄 안다. 머지 않아 보다 자상하게 정리될 것이다.

1974년 12월 6일
(『동방학지』 15집, 1974년)

(3) 홍이섭 선생 흉상명(胸像銘)

육십 평생 이 민족의 역사를
꿰뚫어 밝히고 민족의 앞날을
한시도 잊은 적이 없으셨다
신생의 학덕을 우러러 기리는
마음마다 님의 유지를
이으리라

1994. 10 연세대학교 교정

2. 고 이종영 교수 추모사

한국전쟁이 한창이던 1952년 5월, 나는 부산 영도에서 이종영 교수를 만났다. 그 후 40년 동안 서로 의지하며 지내왔다. 나이는 나보다 두 살 위이지만, 동문수학이라는 학연보다도 서로 괴팍한 성품이 역으로 상통해서인지 막역한 사이가 되어버렸다.

유신 정국이 시작할 무렵, 어떤 외압을 피하여 나는 이종영 교수와 같이 경주, 대구, 부산 등지에서 일 주일 동안 무위도식하다가 피차 노자가 낙넉하리라고 믿었다가 낭패를 보고 부산역에서 기차표 두 장만을 겨우 사들고 맨입으로 서울까지 왔던 일, 밤늦게 객기를 부려 인천까지 갔다가 짙은 안개 속에서 통행금지에 걸려 고생했던 일들은 막상 이 추모의 글을 쓰게 되자 스쳐가는 회상이 되었다.

이종영 교수는 건강했다. 잔을 권하여 사양한 적이 없는 애주가였지만, 매일같이 손수 차를 닦고 볼링까지 즐기는 등 극성스럽게 건강을 관리했다. 따라서 두어 차례 입원했다는 소식을 들을 때마다 걱정은 되면서도 설마 큰 병고이겠는가 하고 마음을 조이지는 않았다. 두 해 전인 3월 하순, 입원하자마자 의식이 정상치 못하다는 기별을 받고는 반신반의할 수밖에 없었다. 그리고 14개월간 투병생활을 하다가 정년을 몇 달 앞둔 1992년 5월 27일 유명을 달리하고 말았다.

이에 연세대학교에서는 30여 년이나 재직한 원로교수인 이종영 교수를 문과대학장으로 예장했고 국학연구원에서도 앞서 준비중이던『동방학지』정년기념호를 추모특집으로 삼게 되었다.

그런데 이『고 이종영 교수 추모 한국사학논총』에 수록된 28편의 논문은 스승과 친구 몇 분을 제외하고는 모두 제자들의 논문으로 꾸며져 있는 것으로 보아서도 알 수 있듯이 많은 제자들이 그를 따랐다. 엄할 때는 서릿발같으면서도 늘 훈훈한 인정으로 감싸고 돌봐주었기 때문이다. 한편 그는 의리를 강조했다. 스승에 대한 도리는 무조건이었고 친구간에도 의리를 내세웠는가 하면 제자들에게는 더욱 강조했다.

아울러 이종영 교수는 글을 아꼈다. 문제의식이 투철하고 명석하였으나 『조선전기사회경제사연구』를 비롯한 일곱 편의 주요 논문을 발표했을 뿐, 그 밖의 많은 문제들은 장차의 발표를 다짐한 채 퇴고를 거듭하다가 구고로만 남겨 놓게 되었다.

그리고 그는 몹시 분주했다. 학교의 여러 중요 보직을 두루 맡아보고, 학교 밖 여러 기관의 보람있는 일에 관여하였기에 그러했다. 정년이 되면 오피스텔 한 칸을 빌려서 학교 연구실의 책을 옮겨놓고, 연구소나 차려 후학들과 함께 평소 못다한 공부를 해보겠다더니, 그 장서는 유족의 뜻에 따라 국학연구원에 기증되어 '이종영 문고'로 자리잡게 되었다. 이제는 후학들에 의해 고인의 유지가 크게 펼쳐지기를 바랄 뿐이다.

어느덧 이종영 교수의 일 주기를 맞게 되었다. 입담이 좋고 기지가 뛰어났는가 하면 대인관계의 폭이 넓어서 그를 좋아하는 사람이 많았다. 따라서 그와 인연을 맺었던 여러분들의 잊지 못할 추억과 애도의 심정이 한정 없을 줄 알지만, 특히 5월이 되면 새싹이 무성하듯이, 새록새록 되새겨질 많은 분들의 추모의 심정을 대표하여 무잡스러우나 이 추모사를 초해서, 선영의 품자락에 안기어 쉬고 있는 이종영 교수를 간절히 기리는 마음으로 삼고자 한다.

1993년 5월 27일
(『동방학지』 77·78·79합집, 1993년)

3. 연세 서우회전(書友會展) 격려사

(1)

우리 연세 서우회(書友會)에서 이번에 '무악산방(毌岳山房)'이란 제호로 서우회지를 창간하게 되었습니다.

십여 년 동안 봄과 가을에 갖는 정기 서우회전과 졸업전을 개최하여 연마해온 성과들을 전시하여온 우리 서우회에서, 작품 전시에만 만족하지 않고 서도의 정신을 찾고 실천하는 과정에서 공부한 바, 느낀 바를 책자로 만들어 서로 격려하고 보익하게 하기 위함입니다. 우리는 서로 또 하나의 벅찬 사업이 시작되었습니다.

사실 서예는 글씨만 잘 쓴다고 해서 높이 평가받는 것이 아닙니다. 어떤 경지에 들어야 하는 것입니다. 또 서예는 이론을 겸비해야 합니다. 서체의 내력과 문자의 연원까지도 알아야 합니다. 아울러 서예는 글자의 뜻과 문장의 내용을 이해해야 합니다.

따라서 서예는 종래 지체와 학덕이 뒷받침되어야 한다고 일컬어져 왔습니다. 제 아무리 글씨를 잘 썼어도 높이 평가받지 못한 것은 그 이유가 대부분 지체와 학덕의 뒷받침이 없었기 때문입니다. 반대로 범인이 보아서는 도무지 글씨답지 않은데도 신필(神筆)이라고까지 극찬받는 것은 서예의 필수 구비요건들을 다 같이 겸비하고 있기 때문입니다.

연세 서우회원들은 전공이야 각기 다르지만 고등교육을 이수하고 있는 지성인들입니다. 그리고 서예의 경지를 위해서 부단히 노력하고 있을 뿐만 아니라 이론과 문장의 이해에도 힘쓰고 있습니다. 글씨만 잘 쓰는 학생이 아니라 참다운 서예인이 될 수 있는 기초과정을 착실히 이수하고 있는 줄 압니다.

이렇게 볼 때, 새로 창간되는 '무악산방'은 선후배 사이에 서로 격려하면서 지도하고 배우는 대학 동아리인다운 연세 서우회의 바람직한 계도자가 되리라고 믿습니다.

그 동안 이 일을 기획하고 추진하는 데 애쓴 관계 임원진에게 치하를 드리고 꾸준히 성장해서 알찬 결실이 있기를 충심으로 기대합니다.

(『무악산방』 창간호, 1989년)

(2)

글씨는 그 사람의 마음가짐을 그대로 나타낸다고 합니다. 옛 어른들이 늘 말씀하시던 '서즉인(書則人)'이란 곧 이를 두고 말한 것입니다. 이번에 개최되는 제5회 연세 서우회전은 우리 회원들이 학업의 여가를 선용하여 글자를 익히고 그 뜻을 되새기며 이를 붓으로 써본 성과들을 한 자리에 모아놓은 것입니다.

우리 학생들이, 지필묵과 더불어 생활했던 옛 학인과 달리, 촌가를 활용하여 갈고 닦은 기량을 화선지와 같은 티없는 마음씨와 필봉과 같은 구김없는 마음가짐으로 나타낸 작품들입니다.

따라서 여기에 전시된 모든 작품세계에는 헛된 꾸밈이 없고 젊음의 기백이 한 자 한 자에 그대로 배어 있다고 자부합니다.

앞으로도 뜻을 같이하는 우리 연세 서우회원들은 서로 격려하고 더욱 연마하여 서예의 경지에서 터득되는 참다운 정신을 자각함과 동시에 보다 좋은 작품을 위해서도 노력할 것을 다짐합니다.

(「연세 서우회 제5회 전시목록」, 1982년)

(3)

　우리 연세 서우회가 1983년도 신학기를 맞이하여 회원 상호간의 친목과 신입 회원을 환영하는 뜻에서 제6회 서우회전을 갖게 되었다. 겨울방학 동안 비좁고 추운 서우회실에서 꾸준히 연마한 작품들이다.

　옛 선인들이 문(文)으로 친구를 모으고 서(書)로써 화답했고 보면 이번에 마련된 서우회전도 적조했던 친구들과 어울리고 새로 찾아오는 신입회원들과 사귀는 자리가 될 줄로 안다.

　여기 전시된 작품들이 비록 완숙된 경지에 이르지는 못하고 있지만 성실성은 가상할 만하다. 신입회원들에게 어떤 시사가 되고도 남음이 있다고 여겨진다. 서예의 세계는 서둘러서 되는 것이 아니라 한 획 한 점이 법도에 맞고 자기 수련의 결과로 이루어지는 것이기 때문에 더욱 그러하다.

　앞으로 배전의 노력과 전진이 있기를 기대한다.

(「연세 서우회 제6회 전시목록」, 1983년 3월)

(4)

　연세 서우회가 창립된 지 벌써 삼 개 성상이 지났습니다. 그 동안 마련된 서우회전도 여섯 차례나 되었습니다.

　이에 우리 서우회의 세 돌을 맞이하여 이를 기념함과 동시에 가을축전을 위해서 일곱번째의 서우회전을 갖게 되었습니다. 여기에 전시된 여러 작품은 유난히도 무더웠던 올 여름방학에 비좁은 서우회실에서 비지땀으로 이룩된 성과들입니다. 아울러 이들 작품을 위하여 영봉(靈峯)·선학(仙壑)을 돌면서 온축했던 정기의 표출이기도 합니다.

　'사람이 먹을 가는 것이 아니라, 먹이 사람을 간다(人非磨墨墨磨人)'는 옛 시구가 있습니다. 이번에 전시되는 우리 작품들도 이러한 마음가짐의 결과라고 봄니다. 앞으로도 이와 같은 서예의 참다운 경지를 위해서 더욱 노력하여주기를 바랍니다.

(「연세 서우회 제7회 전시목록」, 1983년 9월)

(5)

연세 서우회가, 이번 봄에도 새로 찾아온 신입회원을 환영하는 뜻으로 서우회전을 갖게 되었습니다. 유난히도 추웠던 겨울방학 동안 우리 회원들이 갈고 닦은 연전(硯田)의 수확을 여기에 펼쳐 보이면서 맞아들이는 새 친구들에게 글씨의 세계를 새삼스럽게 일깨우쳐주고 있습니다.

사실, 글씨란 쓰는 사람의 마음을 그대로 나타내는 상징입니다. 따라서 일정한 운필(運筆)만이 공통적일 뿐, 각기의 개성이 있어야 합니다.

여기에 전시되고 있는 글씨들은 학구생활의 여가를 이용한 입문의 단계이기에 각기의 개성이 없는 것같이 보이지만, 그 나름대로의 개성이 깃들어 있습니다.

앞으로 더욱 연마해서 개성이 뚜렷한 서예의 경지에 이르기 위하여 배전의 노력이 있기를 바랍니다. 대학이 획일보다는 개성을 존중하고 모방 아닌 창조를 지향하고 있고 보면 우리 서우회에 더욱 바라고 싶은 바가 크기 때문입니다.

(「연세 서우회 제8회 전시목록」, 1984년 3월)

(6)

글씨는 옛부터 교양의 한 상징이었습니다. 따라서 인물의 평가기준이었던 신(身)·언(言)·서(書)·판(判)의 경우는 말할 것도 없고, 지도자의 필수요건인 육예(六藝：禮樂射御書數)에서도 비중 높은 요소이었습니다.

연세 서우회원들은, 우리 사회에서 약속받고 있는 장차의 지도층이지만 위와 같은 교양필수의 서예를 그대로 이어받는다는 선민적인 입장이 아니라, 서예가 지니는 전통예술의 경지를 터득하여 '고위금용(古爲今用)'의 슬기를 되살리기 위한 겸허한 수도자의 마음가짐에서 글씨를 배우고 익혀왔습니다.

이번에 갖는 연세 서우회전은 우리 회원들이 서우회 창립 4주년을 기념함과 동시에, 그 동안 갈고 닦은 전통서예의 정신을 바탕으로 하면서도 나아가 새로운 경지를 지향하고 있음을 보여주는 자리입니다.

여하간 유난히도 더웠던 올 여름, 이 전시회를 위해서 애쓴 여러분께 치하하고, 앞으로도 더욱 노력하여 보다 더 보람있는 결과가 있기를 당부합니다.

(「연세 서우회 제9회 전시목록」, 1984년 9월)

(7)

사람은 언제나 자기에 주어진 소임을 다하면서, 그 나름의 성취를 위하여 정진해 나가야 합니다. 학교에서 공부하는 학인으로서는 두말할 나위가 없습니다.

우리 연세 서우회원들은 자기 성취를 위한 한 방법으로서 서예를 익히고 있습니다. 따라서 서예를 익히는 일이, 옛 선인들의 글씨를 그대로 모방하는 데에만 그치는 것이 아니라 장차 개성있는 자기 세계를 창조하기 위한 과정이라는 것을 잊어서는 안됩니다.

그런데 옛 어른들이 말하기를 "서예에는 신(神)·기(氣)·골(骨)·육(肉)·혈(血)이 있어야 한다"고 했습니다. 마치 사람의 몸과 정신과도 같아야 한다는 것입니다. 여기에서 서예에 입문한 우리는 우선, 옛 어른들의 이러한 가르침을 명심하여 오늘날의 문자향(文字香)에 그 정신을 되살리도록 노력해야 합니다.

이번에 갖는 열번째의 연세 서우회전은 예년과 다름없이 새로 맞이한 신입회원을 환영하는 자리임과 동시에 위에 말한 서예의 참다운 의의를 오늘날에 구현시키기 위한 우리의 다짐을 새삼스럽게 확인하는 겸허한 자리이기도 합니다.

연세 서우회원 여러분은 앞으로도 자기 완성을 이룩하는 과정에서 서예를 익힌다는 마음가짐을 한결 더하여 바람직한 결과를 맺어 주기를 당부합니다.

(「연세 서우회 제10회 전시목록」, 1985년 3월)

(8)

어떤 글씨는 볼수록 애착이 가는가 하면 반면, 날이 갈수록 싫증이 나는 글씨도 있습니다. 이렇게 글씨를 대하는 바가 다른 것은 글씨의 구조적 묘미뿐만이 아니라 글씨 쓴 사람의 마음가짐 때문입니다.

우리 연세대학교 서우회원들은 서예에 입문하여 글씨를 배우고 있습니다. 그러나 글씨를 보기 좋게 쓴다는 외형에만 머물지 않고 서예의 참정신인 사람의 길을 닦기 위한 수도자의 마음가짐으로써 글씨를 익히고 있습니다.

이번에 갖는 제11회 서우회전은, 우리 서우회의 창립기념전을 겸하여 개최하되, 그 동안 서예를 익히면서 수양해온 인간의 한 모습까지를 보이고자 합니다. 필획과 더불어 생동하는 젊음의 기운과 잘 갖추어 썼으면서도 속기없는 품위가 이를 말해주는 것입니다. 두고두고 정이 들 만한 작품들입니다.

앞으로도 이러한 서예의 정신을 더욱 되살려서 세진에 물들지 않은 탈속의 경지를 스스로 터득하기를 바라는 마음이 간절합니다.

(「연세 서우회 제11회 전시목록」, 1985년 9월)

(9)

연세 서우회에서는 새 봄을 맞아 찾아온 1986년도 신입회원들을 환영함과 동시에, 그 동안 연찬해온 회원들의 글씨를 자랑하기 위하여 조촐한 전시회를 마련했습니다.

열두번째의 모임이 됩니다.

지난 겨울에는 유난히도 추웠습니다. 그러나 우리 회원들은 이러한 추위에도 불구하고 비좁은 방에서 열심히 글씨를 익혀왔습니다.

본인이 늘 말하여 오던 바와 같이 서예는 자기 완성을 위한 한 수련이기도 합니다. 글씨가 정신의 힘과 육체의 힘이 혼융되어서 나타나는 결정이고 보면, 지난 겨울방학 동안 갈고 닦아서 이룩한 결과들을 모아놓은 이 자리는 문자 그대로 기백과 혼신의 응어리들입니다.

앞으로도 더욱 노력해서, 순정과 겸허의 경지인 서예의 세계에 동참하여 주기를 바랍니다.

(「연세 서우회 제12회 전시목록」, 1986년 3월)

(10)

동아시아 문화는 자연과의 연계 속에서 발달하여 왔습니다. 자연과 문화가 하나이지, 결코 둘이 아니라는 것이었습니다. 따라서 서예도 예외일 수는 없습니다.

우리 서우회원들이 서예에 정진하면서, 자연과 호흡을 같이하기 위하여 심산유곡에서 수련회를 갖고, 또 서로의 인간관계를 돈독하게 다지기 위하여 여행을 같이하는 것도, 전통적인 예술의 경지를 보다 더 체험적으로 경험하기 위함입니다.

이번에 개최하는 열세번째 전시회는, 그 동안 우리 회원들이 적공한 바를 드러내 보이는 한편 여름방학 동안의 수련회를 통하여 자연 속에서 체득한 예술의 체험도를 서예의 경지에 어느 정도 투영하였는가를 가늠해보는 자리이기도 합니다.

앞으로 예도의 참다운 정신이 깃든 바람직한 서예의 경지에 이르도록 더욱 노력하여 주기를 바랍니다.

(「연세 서우회 제13회 전시목록」 1986년 10월)

(11)

봄 학기를 맞을 때마다 새로 찾아온 회원을 환영하기 위한 서예전시회를 마련하여 왔습니다. 따라서 올 봄에도 어김없이 전시회를 갖게 되었습니다. 가을에 개최하는 정기전시회를 합하면 모두 열네번째가 되는 셈입니다.

서예는 붓글씨로 승화시키는 예술의 경지입니다. 그런데 서예는 예술이 지녀야 할 여러 요건 중에서도 올바른 마음가짐이 무엇보다도 요구됩니다.

이 자리에 전시되고 있는 우리 회원의 작품들은 비록 원숙하지는 못하지만, 서예의 경지를 위해서 노력하고 있는 흔적이 역력합니다.

연세 서우회원들은 먼저 서예의 마음가짐을 더욱 함양해서 장차 명실상부한 서예인이 되도록 노력하여 주기를 바랍니다.

(「연세 서우회 제14회 전시목록」, 1987년 3월)

(12)

연세대학교 서우회가 창립된 지 벌써 일곱 돌을 맞게 되었습니다. 이에 서우회에서는 이를 기념하기 위한 전시회를 갖게 되었습니다. 매해, 봄·가을에 마련하고 있는 정기 전시회로 통산하면 열다섯번째가 되기도 합니다.

그 동안, 우리 서우회원들은 무더운 여름이나 추운 겨울에도 학업의 여가를 이용해서 서예의 경지를 터득하기 위하여 꾸준하게 노력하여 왔습니다. 학업을 마친 동문들도 학창시절의 묵향과 우의를 잊지 못하여 자주 찾아와서 어울리는가 하면 정기 전시회에 출품하기도 합니다. 따라서 우리 서우회원들은 재학회원과 동문회원이 다 같이 참여하는 참다운 연세 서우회의 모임이 되어가고 있습니다.

앞으로도 이러한 바람직한 모임이 더욱 확산되고 다져지기 위해서 배전의 노력이 있기를 간절히 바랍니다.

(「연세 서우회 제15회 전시목록」, 1987년 9월)

(13)

열여섯번째 연세 서우회전을 개최합니다. 1988년도 신입회원을 환영하기 위해서 마련한 자리입니다.

대학생활에서, 자기의 전공 못지 않게 폭넓은 교양을 쌓는 것이 얼마나 소중한 일인가는 두말할 나위가 없습니다.

우리 연세 서우회원들은 서예를 통해서 이러한 교양을 쌓는 데 무던히 노력해 왔습니다. 추운 겨울날이나 무더운 여름철에도 학업의 여가를 이용해서 서법을 익히고 나아가 자기 세계를 찾아왔습니다.

새 봄을 맞아 찾아온 신입회원들도 서예를 익혀서 자기 완성을 보다 더 확실히 하고 대학생활을 한결 의의롭게 하는 데 헛됨이 없도록 꾸준히 노력해주기를 바랍니다.

그리고 우리 연세 서우회원들은, 모두가 한 가족과도 같은 친목을 도모해 왔다는 것을 명심하여 화기애애한 가운데 서로 격려하여 바람직한 결실을 맺어주기를 아울러 당부합니다.

(「연세 서우회 제16회 전시목록」, 1988년 3월)

(14)

우리 연세 서우회에 오랫동안 몸담으며 서예를 익히고 회원 상호간의 우의를 돈독히 맺었던 회원으로서, 돌아오는 봄 졸업을 앞두고 그 동안의 솜씨를 드러냄과 동시에 후배들에게 자극을 주기 위한 졸업작품전을 갖게 되었습니다. 다섯 차례의 졸업작품전입니다. 모두 상당한 경지에 이른 작품들입니다.

이번에 갖는 졸업작품전에 출품한 회원들은 새 봄을 맞으면서 사회에 나가거나 학업을 계속하게 됩니다. 그런데 학창시절에서도 가장 자유롭고 뜻있는 생활을 해왔던 졸업회원들은 앞으로 서예에 한층 여진하여 언젠가는 보람있는 결과가 있기를 기대합니다. 아울러 연세 서우회의 동문회원으로서 앞으로 우리와 유대를 밀접히 지속하면서 후배들을 더욱 지도해 주시기 바랍니다.

(「연세 서우회 제5회 졸업기념 전시목록」, 1988년 5월)

(15)

예술은 전통을 바탕으로 하면서도 개성이 표출되는 창조의 세계가 바람직한 것입니다.

종래의 전통문화가 대부분 정통에 얽매인 전형적인 세계이었다면 근대문화는 개성이 존중되기 때문입니다.

이제 열일곱번째의 정례 서우회전을 갖는 우리 연세 서우회원들의 작품에서는 그 나름의 개성이 표출되어 있습니다.

그러나 아직도 바람직한 창조의 세계에는 이르지 못하고 있습니다. 물론 오늘날의 서예는 아직도 전통에 얽매여 있습니다. 더욱이 학창시절에 글씨를 익히기 시작하는 입장에서는 먼저 선인들의 서법을 공부할 수밖에 없지만 자기의 세계를 창출하는 데 배전의 마음가짐과 노력이 있기를 바랍니다.

(「연세 서우회 제17회 전시목록」, 1988년 9월)

(16)

연세 서우회원들이 1989년도 신입회원을 환영하는 자리를 마련하면서 제18회 서우회전을 갖게 되었습니다.

대학생활에서는 자기의 전공분야를 탐구하는 일 못지 않게 폭넓은 교양을 쌓는 것도 중요합니다. 오늘날과 같이 입시위주로 지내온 대학 신입생들에게는 더욱 그러합니다.

새로 찾아온 신입회원 여러분은 우리 서우회의 분위기에 적극적으로 동참하면서 청허(淸虛)한 마음가짐을 기르고 선배회원들은 이제 막 맞아들인 후배를 훈도(薰陶)하여 바람직한 대학생활이 되도록 노력하여 주기 바랍니다.

대학생활을 의의롭게 영위하기 위해서는 첫 해부터 슬기롭게 시작하는 것이 지혜로운 것입니다. 우리 연세 서우회원들은 모두가 후회없는 대학생활이 되기 위하여 서로 서로 다짐합시다.

(「연세 서우회 제18회 전시목록」, 1989년 3월)

(17)

오랫동안 뜻을 같이 하면서 함께 지내온 우리 연세 서우회원 가운데 졸업을 앞둔 회원들의 작품을 중심으로 여섯번째 졸업전을 갖게 되었습니다. 가을 졸업과 내년 초의 졸업을 미리 환송하기 위함입니다.

졸업전을 이렇게 앞당겨 개최하게 된 것은 예비 졸업회원들이 앞으로 실습, 진학 준비 등으로 여가를 갖기 어려울 뿐만 아니라, 가을에 있을 서우회 창립기념전 등으로 졸업전시가 어렵기 때문에 성급한 감이 없지는 않지만, 미리 갖게 된 전례에 따른 것입니다.

5월은 우리 학교의 가장 좋은 계절입니다. 신록이 우거지고 창립기념식과 축제가 있습니다. 이번에 갖는 졸업전은 우리 학교의 즐거운 한 모임도 될 것입니다.

그 동안 학업의 여가를 이용해서 서예에 몰두하여 뛰어난 성과를 거둔 예비 졸업회원들의 활동을 치하함과 동시에 이러한 모임을 갖기 위해서 노력한 임원들의 노고에 치사합니다.

(「연세 서우회 제6회 졸업전 전시목록」, 1989년 5월)

(18)

연세 서우회에서는 이번 가을에도 어김없이 정례서우회전을 개최하게 되었습니다. 통산 열아홉번째의 전시회가 됩니다.

가을에 갖는 전시회는 올해 처음으로 찾아온 신입회원들의 봄과 여름 동안 연마한 작품들을 선보이는 자리이기 때문에, 재학생이 마련하는 신입회원 환영전이나 졸업 예정자들이 출품하는 졸업 작품전보다도 한결 뜻있는 자리입니다.

신입회원 여러분은 이 기회를 거울삼아 앞으로 더욱 전진할 수 있도록 열심히 노력하되 특히 심정필정(心正筆正)이란 서예의 정신을 명심해 주기를 바랍니다.

(「연세 서우회 제19회 전시목록」, 1989년 10월)

(19)

연세대학교 서우회에서는 1990년도 신입회원을 환영하는 정기 전시회를 갖되, 특히 임서작품에 치중하였습니다.

서예에서는 무엇보다도 운필이 중요하지만, 옛 명필을 임모하는 과정에서도 운필을 익히게 되기 때문에 초보과정에 임서를 게을리해서는 안되는 것입니다.

새로 입회하여 우리 서우회원이 된 신입생 여러분은 물론, 그 동안 임서에 부족함이 많았던 회원들도 이번 20회 정기전시회에서의 임서전을 보고 분발하여 장차 좋은 작품을 이루는 데 많은 도움이 되기를 바랍니다.

(「연세 서우회 제20회 전시목록」, 1990년 3월)

(20)

이번에 우리 연세 서우회가 창립 십주년을 맞이하게 되었습니다.

그 동안 여러 회원들이 서로 격려하고 노력하여, 봄에 갖는 신입생환영전시회, 가을에 마련하는 정기전시회와 졸업작품전을 어김없이 개최해왔고 친목을 위한 모임과 수련회 등을 갖는 등 진지하고도 뜻있는 행사를 계속해 왔습니다.

따라서, 사회에서 많은 활동을 하고 있는 중견 서예인이 나오게 되었고 각계에서 없어서는 안될 유능한 인재로 활약하고 있는 동문들이 배출되었습니다.

물론, 우리 연세 서우회는 앞으로도 종래 가져왔던 여러 행사를 계속할 것이고 유난히 우의로운 회원들의 우애도 더욱 다져질 것입니다.

십 년이 지나면 백 년이 오는 법(十經百來)입니다. 십 년이라면 그리 오랜 세월이 아닙니다. 그러나 백 년을 위한 다짐이 되는 것입니다.

그 동안 연세 서우회를 위해서 지도해주신 초대 지도교수 연민(淵民) 이가원(李家源) 박사와 서예지도에 노력해주신 시곡(枾谷) 김홍규(金洪逵) 선생님 그리고 역대 학생임원과 동문회원 여러분의 노고에 감사를 드립니다.

오늘의 이 자리는 연세 서우회가 지난날을 뒤돌아보면서 바람직한 내일을 다짐하는 마당입니다. 우리 모두 내일을 다짐하는 이 기약을 명심해주기를 간절히 바랍니다.

(「연세 서우회 제21회 전시목록」, 1990년 9월)

(21)

연세 서우회에서는 1991학년도 신입생으로서 우리 서우회를 찾아온 새 회원을 환영하는 자리를 마련하였습니다.

봄과 가을에 갖는 정기전시회에서도, 이 봄철에 마련한 신입회원 환영전시회는 서예에 입문하는 회원이 먼저 수련해야 하는 운필과 임서를 보여주기 위한 자리이기 때문에 더 의의있는 행사입니다.

서예는 수련과정이 수월하지 않습니다. 따라서 중도에 포기하는 일이 많습니다. 그러나 전공학업에 여진하면서도 마련하는 짧은 여가이나마 잘 활용해서 서예에 정진한다면 앞으로 반드시 성취의 보람을 가질 수 있을 것입니다.

'爲者常成 行者常至(하게 되면 항상 이루어지고 가게 되면 언제나 이르게 된다)'라는 말이 있습니다. 안자춘추(晏子春秋)에 있는 가르침입니다.

이번의 행사를 위해서 그 동안 노력해서 좋은 작품을 내준 우리 서우회원들에게 치사합니다. 그리고 신입회원 여러분은 이를 보고 느껴서 앞으로 훌륭한 서예인이 되도록 배전의 다짐이 있기를 바랍니다.

(「연세 서우회 제22회 전시목록」, 1991년 3월)

(22)

춘화추실(春花秋實)이란 말이 있습니다. 가을에 맺는 열매는 봄에 핀 적이 있는 꽃으로 맺어진다는 뜻입니다.

사람도 어떤 노력 없이는 바람직한 소망을 이룰 수 없는 것입니다.

올 가을에도, 우리 서우회에서는, 서우회 창립기념전시인 가을 정기전시를 위해서 어김없이 서예전시회를 갖게 되었습니다. 봄 정기전시회 이후 꾸준한 연찬의 결과로 개최하는 자리입니다. 무더운 여름에도, 좁은 서우회 공간에서 부지런하게 노력한 작품들입니다.

언제나 학생들에게 입버릇처럼 말해오는 타이름이 있다면 매사에 성실하고 꾸준하라는 것이었습니다.

우리 서우회원들에게도 같은 충고를 해왔다고 여깁니다. 특히 서예는 배전의 노력이 있어야 하기 때문에 더욱 그러합니다.

그 동안 좋은 작품을 완성하는 데 노력한 우리 서우회원들에게 치하를 드리고, 이번 전시회를 위하여 주관하고 이끌어온 서우회 임원들의 노고에 감사의 뜻을 표합니다.

(「연세 서우회 제23회 전시목록」, 1991년 9월)

(23)

　　1992년 신학기에도 신입회원을 환영하는 임서전을 어김없이 개최합니다. 우리 연세 서우회의 스물네번째 전시회입니다.

　　서예란 동양적 교양의 정수이고 삶을 의의롭게 하는 한 기예이기도 합니다. 따라서 전근대시대의 지성인은 물론 요즈음의 교양인들도 이 서예를 익히고 있습니다.

　　연세 서우회 여러분은 각기 다른 학문을 전공하면서 폭넓은 교양을 갖추기 위하여 서예를 익히고 있지만 간혹 서예가로 대성한 예가 없지도 않습니다.

　　이번에 개최하는 임서전은 서예에 입문한 첫 단계로, 선인들의 글씨를 임모한 작품들을 전시한 것입니다. 그렇지만 이 임서가 선인들의 글씨를 얼마나 잘 임모했는가에 의해서 그 가치가 드러납니다. 유명한 왕희지(王羲之)의 난정첩(蘭亭帖)도 사실은 진본이 아니라 임모본으로 전해오는 것이고 보면 임서라고 해서 소홀히 할 수 없는 일입니다.

　　올 봄, 우리 서우회에 새로 입회한 신입회원들은 초지일관하게 서예에 여진한다면, 대학생활에서의 큰 보람을 얻게 될 것입니다. 우리 서우회 선배회원들도 거듭 명심하여 바람직한 성과를 거두기 위해서 계속 노력하여 주기를 바랍니다.

(「연세 서우회 제24회 전시목록」, 1992년 3월)

(24)

　　뜻 있는 사람은 어떤 계기마다 보람있는 마무리를 하여야 합니다. 따라서 옛부터 시작과 끝이 있어야 한다고 일컬었습니다. 이번에 개최하는 아홉번째 졸업전은 우리 연세 서우회에서 고락을 같이한 회원 중에 졸업을 앞둔 회원들이 그 동안의 솜씨를 드러내 보이기 위한 자리입니다. 학창시절을 보람있게 마무리하면서 갖는 또 다른 자랑의 마당이기도 합니다.

그러나 학문이 끝이 없는 것과 같이 기예도 끝이 없습니다. 졸업을 앞둔 우리 서우회원 여러분은 학문의 첫 단계인 대학생활을 졸업한다고 해서 결코 만족하지 않는 것처럼 서예의 수련에도 더욱 정진할 것을 이 기회에 새삼스럽게 다짐해 주기를 바랍니다.

(「연세 서우회 제9회 졸업전 전시목록」, 1992년 7월)

(25)

우리 연세 서우회에서는 올 가을에도 정기전시회를 개최합니다.

무더웠던 여름, 좁은 무악산방(毋岳山房)에서 열심히 갈고 닦은 솜씨를 드러내 보이는 자리입니다. 모든 작품마다 노력의 흔적이 역력합니다.

그러나 작품에 개성이 부족한 것이 아쉽습니다. 아직은 초보단계에 있기 때문에 어쩔 수 없는 일이라고 할지라도 자기 나름의 서체를 이룩하는 데 유의해야 합니다. 전통적인 운필이 불가피한 것은 두말할 나위가 없습니다.

학업의 여가를 보다 더 이용하여 꾸준한 전진이 있기를 바라고, 이러한 전진의 보람이 다음 전시회에서 성과되기를 기대합니다.

(「연세 서우회 제25회 전시목록」, 1992년 9월)

(26)

어느 예술이고 간에 창작의 세계를 목표로 삼고 있으면서도 그 창작의 밑바탕에는 기초적인 기법과 소양이 반드시 갖추어져 있어야 합니다. 따라서 세계적으로 유명한 예술인은 누구를 막론하고 그 나름의 창작 세계를 이룩하기 전에 기초적인 기법과 소양을 충분히 다진 사람들입니다. 서예도 예외가 아닙니다.

연세 서우회에서는 올 봄에는 새로 찾아온 신입회원을 환영하는 뜻으로 임서전을 개최하게 되었습니다. 서예를 학습하는 데 기초단계에서 착실히 익혀야 하는 임서의 중요성을 확인해 보는 기회입니다.

우리 서우회에 새로 입회하여 서예의 세계를 처음으로 접하게 된 신입회원은 물론, 그 동안 임서에 소홀했던 회원들도 이 임서전을 보고 서예의 세계를 새삼스럽게 재인식하는 자리가 되기를 당부합니다. 전통적인 기법과 소양을 특히 중시하는 서예이고 보면 이번에 갖는 임서전은 서예를 제대로 인식하는 데 유익한 자리가 되리라고 믿기에 더욱 그러합니다.

(「연세 서우회 제26회 전시목록」, 1993년 3월)

(27)

올 가을에도, 연세 서우회 가을 정기전시회를 어김없이 개최하게 되었습니다. 비교적 견딜 만했다고는 하지만 무더운 여름철에 이번 전시회를 위해서 각고의 노력끝에 전시되는 작품들입니다.

우리 서우회의 회원들은 학업의 여가를 선용하여 서예의 진수를 터득하려고 노력하고 있습니다. 그런가 하면 전통적인 서예의 정신과 기법을 익히면서도 이 시대에 알맞는 기량을 함양하고 있습니다.

서예가 전통성을 중시한다고 하더라도 미의 시각과 구도의 변용성은 시대에 상응해서 변화하기 때문입니다. 서예의 세계에서 서체가 시대에 따라서 달라진 것은 이를 뜻하는 것입니다.

연세 서우회 여러분들은 서예의 길에 입문한 지 얼마 되지 않은 초보자들입니다. 서예의 진수를 익히기 위해서는 우선 전통적인 운필과 기법을 충실히 닦아야 하지만, 새로운 세계를 개척해 보겠다는 욕심을 항상 품고 있어야 합니다. 즉 자기 나름의 새로운 서체를 개발해보겠다는 대망을 가져주기를 당부합니다. 젊은 사람들이기에 더욱 기대해 봅니다.

1993년도 가을 정기전시회를 기획하고 준비해온 서우회 임원들의 노고를 높게 치하합니다.

(「연세 서우회 제27회 전시목록」, 1993년 9월)

(28)

노력을 하면 노력한 만큼의 성과가 있기 마련입니다.

우리 서우회원들이 겨울방학 동안 추운 무악산방에서 부지런히 서예를 익혀온 갸륵한 성과들이 여기에 전시되고 있습니다.

이번의 정기 전시회는 그 동안의 향상된 기량을 드러내 보이려는 욕심이 없지도 않지만, 예년과 같이 새로온 신입회원들을 환영하기 위한 자리입니다.

서예는 문자 그대로 도(道)의 경지에 들어서, 비로소 서예의 세계를 터득하는 것입니다. 기교만으로 되는 것이 아닙니다. 부단한 노력과 올바른 마음가짐이 더하여 겨우 이룩되는 것입니다. 여기에서 옛부터 전해오는 신필(神筆)이 나올 수 있는 것입니다.

신입회원 여러분은 선배들의 공든 작품을 감상하면서 서예와 친근해지고 서예에 애착을 느껴 장차 훌륭한 서예인이 되기를 다짐해 주기 바랍니다.

그 동안 이 자리를 마련하기 위해서 힘써온 우리 서우회 임원들을 치하하고 전시작품을 출품한 여러 회원들에게 더욱 발전이 있기를 바랍니다.

(「연세 서우회 제28회 전시목록」, 1994년 3월)

(29)

세월이 유수 같다더니, 졸업작품전을 개최할 차례가 또다시 되었습니다.

신입생으로 서예에 관심을 갖고, 우리 서우회를 찾아온 지 벌써 네 해나 되었나 봅니다.

그 동안 힘겨운 수련을 감내하면서 여덟 차례의 서우회전을 위해서 적극 협조해주신 졸업동문들에게 심심한 치하를 드림과 동시에 머지 않아서 학업과정을 훌륭히 마치고 떠나는 여러분의 앞날에 소기의 장래가 보장되기를 바라는 바입니다.

아울러 이제는 우리 서우회의 재학회원이 아닐지라도 동문회원으로서, 연세 서우회의 발전을 위해서 배전의 관심과 협조를 부탁드립니다.

우리는 다 같은 연세 서우회원이기 때문입니다.

(「연세 서우회 제10회 졸업전 전시목록」, 1994년 6월)

(30)

올 여름은 무던히도 더웠습니다. 그러나 우리 서우회원들은 이 더위를 서예의 수련으로 이겨냈습니다.

이번에 개최하는 1994년도 가을 정기전시회는 먹물 못지 않게 땀에 절은 작품들입니다. 조석으로 시원해진 요즈음 폭서를 이겨낸 작품들은 대견하기만 합니다.

새 학기가 시작되면 각기의 전공에 여진하면서도 서예를 게을리하지 않아 장차 의젓한 서예인으로 성장해주기 바랍니다.

올해의 가을 정기전시회를 개최하게 되면서 많은 노력을 한 서우회 임원과 작품을 출품한 회원들에게 감사합니다.

(「연세 서우회 제29회 전시목록」, 1994년 9월)

4. 연세대학교 박물관 기획전시도록 머리말

(1)『한국토기전』머리말

세계에는 역사만 있고 문화유산이 없는 민족이 있는가 하면 문화유산만 있고 역사가 없는 민족도 있습니다.

그렇지만 우리 한민족은 오랜 역사와 풍부한 문화유산을 다 같이 가지고 있습니다. 한민족의 역사적 자각과 문화전통의 지속적인 전승을 의미하는 것입니다.

연세대학교 박물관에서는 그 동안 한민족의 이러한 문화유산과 역사적 자각을 연계시키는 과업을 꾸준히 개발·연구하여 왔습니다. 더욱이 1981년 9월부터는 종래의 과업뿐만 아니라 그 바탕이 되어주기도 한 자연사 분야는 물론 연세대학교 교육과정과 효율적으로 연관시킬 수 있는 폭넓은 종합박물관을 지향하는 획기적인 기구를 갖추고 노력중에 있습니다.

이번에 전시되는 '한국토기전'은 이와 같은 종합박물관을 추진하면서 반 년 남짓 동안에 수집한 성과들입니다. 6개월이라는 짧은 기간에 수장·정리된 것들이기 때문에 규모에서 자랑할 만한 것이 못되지만 교내의 그 동안의 여망에 부응하기 위함과 동시에 사계의 연구에 조금이라도 비익하기 위함입니다.

이와 같은 특색 있는 전시회는 연세대학교가 창립 백주년을 맞는 1985년 5월까지 앞으로도 다섯 차례를 더 개최하되 전시물을 수시로 교체하여 종합박물관으로서의 단계적인 확충을 거두기 위하여 노력할 것도 기약합니다. 연세대학교 교직원·학생·동문 여러분과 사회 각계 인사들의 지도와 편달을 간절히 바랍니다.

(『한국토기전』도록, 1982년 5월)

(2) 『한국자기전』 머리말

토기가 한국 고대사회의 생활문화를 대표한다면, 자기는 한국의 중세문화를 표상하는 조형미술의 한 세계입니다.

연세대학교 박물관에서는 특별기획전시 ①인 '한국토기전'을 올 봄과 여름에 걸쳐서 개최하여 좋은 성과를 거두었습니다.

이번에도 앞서 약속드린 바와 같이 특별기획전시 ②로서 '한국자기전'을 갖게 되었습니다. 여기에 전시되는 자기들도 종래부터 소장되어온 것 외에는 태반을 역시 시급하게 수집한 것들이기 때문에 충분한 연구가 뒤따르지 못하고 있을 뿐만 아니라 내놓고 자랑할 만한 것도 별로 없지만, 그 동안 단계적인 기획 아래 수집·정리·보존·연구하고 있는 우리의 고된 노력의 일면을 보여드리는 기회로 삼고자 합니다.

이러한 기획전시는 연세대학교가 창립 백주년을 맞이할 1985년 5월까지 앞으로도 네 차례를 더 개최하되 전시물을 수시로 교체하여 교내외의 기대에 부응하고 사계의 연구에 다소나마 공헌할 것도 거듭 기약하는 바입니다.

3년 후에 새로 개관될 종합박물관을 위하여 연세대학교에 관계되시는 여러분과 사회유지의 각별하신 지도와 아낌없는 협조를 간절히 바랍니다.

(『한국자기전』 도록, 1982년 9월)

(3) 『한국의 기와』 머리말

한국에서의 기와의 역사는 우리 문화사의 한 측면이기도 합니다. 지붕에 알맞게 장식된 와당이 한국의 한 멋이라면 전의 모양에서는 우리 조상들이 희구했던 어떤 영상들을 찾아볼 수 있습니다.

연세대학교 박물관에서는 이번에도 '한국의 기와'를 주제로 특별기획전시 ③을 개최하게 되었습니다. 물론 '한국의 기와'에서도 내놓고 자랑할 만한 것이 별로 많지는 않지만 한국의 기와가 통시대적으로 망라되어 있어, 오랫동안 이어내려온 한국의 멋을 새삼스럽게 재발견하고 우리 선인들이 추구했던 시대 나름의 이상 세계를 다 같이 찾아보기 위하여 이 자리를 마련하였습니다.

한 해에 두 차례씩 개최하는 특별기획전시는 1985년 봄까지 앞으로도 어김없이 가질 것을 다시 한번 약속드리면서 여러분들의 아낌없는 지도와 편달을 바라는 바입니다.

(『한국의 기와』 도록, 1983년 5월)

(4) 『지질표본』 머리말

자연은 인위적인 타연과 달리 비교적 속정에 물들지 않은 채 본성을 잘 간직하고 있습니다. 지질은 더욱 그러합니다.

연세대학교 박물관에서는 지난 일 년 반 동안, 토기, 자기, 기와를 주제로 세 차례에 걸친 우리의 타연적인 문화유산을 기획 전시하여 왔습니다. 그러나 이번에는 그 유형을 달리하는 '지질표본 전시'를 특별기획전시 ④로 갖게 되었습니다. 우리의 광물·조암광물·암석·화석과 외국의 유수한 표본도 덧붙이고 있습니다. 모두 자연의 순수한 경지들입니다.

이번에 연세대학교 박물관에서 종래의 기획전시와 다른 자연사 방면의 특별기획전시를 갖게 된 것은, 1981년 9월에 개편된 종합박물관의 면모를 갖추기 위한 단계적인 계획에서 마련된 것입니다.

연세대학교 박물관은 장차 '보고 느끼고 창조하는 박물관'을 이룩하고자 지향하고 있습니다. 따라서 이번에 전시되는 '지질표본 전시'에서도 종래와 다름없이 학계에 기여하고 연세교육의 측면적인 구실을 다하기 위함과 동시에 본성을 의연하게 지니고 있는 삼라의 밑바탕을 보고 느끼는 것에만 머무는 것이 아니라 이를 계기로 자기의 모습을 성찰해 보면서 새롭고 올바른 창조를 위한 깨우침의 도량이 되어주기를 바랍니다.

앞으로도 연세대학교 박물관에서 두 차례 더 계속될 특별기획전시와 일 년 반밖에 남지 않은 신축박물관의 보람된 개관을 위해서 교내외 여러분들의 적극적인 협조와 기탄없는 편달을 간절히 바라는 바입니다. 그리고 이번에 개최되는 제4차 특별기획전시를 위하여 애써주신 연세대학교 지질학과 여러분들에게 깊은 감사를 드립니다.

(『지질표본』 도록, 1983년 9월)

(5) 『연장(傳統工藝工具)』 머리말

한국의 전통공예는, 실로 이를 만든 기술인의 솜씨에 의한 것이다. 그렇지만 우리는 그 전통공예의 우수함을 말해왔을 뿐, 그를 만든 솜씨의 주인공과 그 솜씨를 능률적으로 구사하게 한 연장에 관해서는 거의 등한시하여 왔다.

연세대학교 박물관에서는, 지난 일 년 동안 별로 드러내지 못한 채 그늘에서 이어온 이러한 한국 전통공예의 솜씨를 새삼스럽게 재평가해 보자는 의도에서 점차 소멸되고 있는 옛 연장을 먼저 찾아 나서게 되었다. 되도록이면 이름난 솜씨를 지닌 분이 써왔던 연장과 그 제품까지도 모으고 장차의 교육을 위하여 제품이 이룩되는 과정도 소홀히 하지 않았다.

이번에 연세대학교 박물관 제5차 특별기획전시로 갖는 '한국의 연장'은 위와 같은 취지에서 수집된 45종의 연장·제품 및 반제품들 가운데 전시장 사정에 의해서 33종, 1579점만을 중점적으로 진열한 것이다.

모두가 현대적인 연장과 제품에 비하면 어설프게 보일지 모르지만 옛날부터 우리의 솜씨를 꾸준히 이어 내려온 기술인의 체취가 그대로 배어있고 보면, 새로운 창조를 기약하고 있는 오늘의 우리에게 '온고지신'의 슬기를 일깨우쳐 주는 자리가 되리라 믿는다.

그 동안 이들 연장을 수집하는 데 협조하여 주신 여러분께 감사를 드리는 한편 한국에서 처음으로 개최하는 이 전시회가 벌써 찾아보기 어렵게 되고 있는 우리들의 유산을 재인식하는 계기가 되기를 바란다.

(『연장(傳統工藝工具)』 도록, 1984년 5월)

(6) 『한국의 금속기』 머리말

청동 · 금 · 은 · 철물로 만들어진 각양 각종의 한국 금속기들은 우리나라의 독특한 문화적 성격과 시대적 특징을 잘 보여주는 조형물들입니다.

연세대학교 박물관에서는 이번에 그 동안 통시대적으로 수집한 바 있는 한국의 금속기들을 한 자리에 모아서 특별기획전시 ⑥으로 갖게 되었습니다. 물론 이들 금속기들도 드러내놓고 자랑할 만한 것이 많지는 않지만, 청동기시대부터 조선조 말에 이르는 한국의 전통적인 것을 되도록 구색 맞추어 보고자 노력한 것이기 때문에 '고위금용(古爲今用)'의 슬기를 환기시키고 이 방면의 연구에도 조금이나마 비익됨이 있으리라고 믿습니다.

여하간 연세대학교 박물관에서는 1982년 봄부터 시작한 특별기획전시가 이번에 갖는 제6회를 마지막으로 공약을 다합니다. 그렇다고 해서 유물의 수집 · 연구 · 정리 · 전시를 끝맺는 것은 아닙니다. 1985년 5월에 연세대학교 창립 백주년 기념관으로 착공되는 종합박물관이 머지 않아서 완공되면 두말할 것도 없이 그 동안의 토기 · 자기 · 기와 · 지질표본 · 연장 등의 특별전시물과 그 밖의 선사 · 미술 · 민속 · 동식물 · 의약 · 전적과 자료 등의 미공개 유물들이 다 같이 전시될 것이지만, 이 종합박물관이 완공되기 이전에도 한 해에 두 차례씩 가져오던 기획전시는 연장해서 계속될 것입니다. 그 동안 연세대학교 박물관의 발전을 위하여 적극적으로 협찬하여 주신 여러분께 깊은 감사를 드림과 동시에 앞으로도 계속하여 협조하여 주시기를 거듭 바라는 바입니다.

(『한국의 금속기』 도록, 1984년 9월)

(7) 『생활사 중심 신수품전』 머리말

생활용기와 기구들은 우리들이 다 같이 이용해왔던 한국문화의 저변입니다. 이러한 생활사 관계의 각종 유물들은 우리 선인들의 오랜 경험과 슬기를 바탕으로 만들어지고 사용된 것입니다. 그렇지만 문화의 발달에 의해서 보다 더 새로운 생활관계의 이기들이 등장하면 그 기능과 유용성에 밀려서 으레 뒷전에 방치되거나 소멸되었습니다. 여기에서 얼마 전까지만 해도 흔히 볼 수 있었던 우리의 전통적인 생활관계 유물들이 요즈음에는 우리의 주변에서 차츰 사라지고 있습니다.

연세대학교 박물관에서는 장차 상설될 민속전시실의 구색을 갖추기 위해서 우리의 전통적인 생활관계 유물을 수집하여 왔습니다. 이번에 갖는 생활사 중심의 신수품전시에서는 1981년 10월부터 네 해 동안 틈틈이 모아온 민속관계를 비롯하여 종래 여섯 차례나 개최한 특별기획전시 이후에 수집된 유물까지도 정리·전시하게 되었습니다. 토기·자기·도량형·등가류 등이 그 좋은 예입니다.

물론 그 동안의 수집품 중에는 이 밖에도 제주도·강원도 등지의 생활관계 유물을 비롯한 여러 종류의 특색있는 생활 기구들이 있지만, 전시실의 규모가 넓지 못하여 부득이 310여 점만으로 한정하고 그 나머지는 다음 기회에 전시할 것입니다.

여기에 전시되는 신수품전시가 그 나름으로 대표적인 것만은 아닙니다. 이 중에는 얼마 전까지만 해도 우리의 주변에서 흔히 볼 수 있었던 것이 포함되어 있기도 합니다. 그러나 이렇게 통시대적으로 전시하게 된 것은 우리의 생활상을 시대적으로 비교해 보기 위함과 동시에 뒷전에 밀려나고 있는 우리의 전통적인 생활유물을 이 기회에 새삼스럽게 재발견할 기회를 갖기 위하여 마련해보았습니다.

앞으로 기획·육성될 연세대학교 박물관의 내실있는 성장을 위하여 교내외 여러분들의 배전의 지도와 협조를 간절히 바랍니다.

(『생활사 중심 신수품전』 도록, 1985년 6월)

(8) 『한국인의 신앙전통』 머리말

사람들은 예나 지금이나 불안과 절망에 직면했을 경우 어딘가에 의지하여 위안을 얻고자 합니다. 현대사회에서도 이러한 성향이 비일비재하고 보면 지난날에는 더 말할 나위가 없었습니다.

연세대학교 박물관에서는 장차 상설될 민속실의 구색을 갖추기 위해서 한국의 믿음의 세계에 관한 각종 유물과 자료들을 수집하여 왔습니다. 무속 · 도교 · 불교 · 기독교 관계의 신앙적인 것뿐만 아니라 유교의 사례(四禮)관계도 모아들였습니다. 그 태반이 일원적이건 이원적이건 간에 한국인의 애환과 기구(祈求)를 찾아보게 하는 것들이었습니다.

이번에 갖는 일곱번째 기획전시인 '한국인의 신앙전통'에서도 이 방면의 각종 유물을 구비하지 못했고 아울러 내놓고 자랑할 만한 것이 많지 못합니다. 그것은 그 동안 민속실의 한 모퉁이를 위하여 성급하게 수집된 신앙관계 유물 중에서 비좁은 전시실 사정으로 특징있는 것만을 골라서 전시하게 되었기 때문입니다.

이 자리가 비록 한국인의 신앙전통을 보여주는 데 만족스러운 차림이 못된다고 할지라도, 이 기회를 통해서 우리 누구나의 마음 속에 앙금처럼 깔려있는 전통성을 새삼스럽게 성찰해 볼 수 있는 기회가 되어주기를 바랄 뿐입니다.

(『한국인의 신앙전통』 도록, 1986년 5월)

(9) 『한국의 전통의약』 머리말

경험이 반드시 과학적이라고 단정할 수는 없습니다. 그러나 오랜 경험 중에는 과학으로 입증된 바가 없지도 않습니다.

한국의 전통의학은 오랫동안의 경험으로 축적된 의학입니다. 여기에 동양철학의 이론에 의해서 체계화되면서는 더욱 발달했습니다. 물론 이러한 전통의학이 현대의학의 입장에서는 거부되기도 하지만, 수천 년 동안 전승되어 온 재래의학은 그 나름대로 시대적 의의가 있었다고 보아야 할 것입니다.

연세대학교 박물관에서는 여덟번째의 기획전시로 '한국의 전통의약' 전시를 갖게 되었습니다. 종래 개최해왔던 기획전시와 같이, 1988년 5월에 신축 개관될 종합박물관의 사전준비를 위한 단계적인 전시이기도 합니다.

연세대학교 박물관에서 '한국의 전통의약' 전시를 마련하게 된 것은 일찍이 이 방면의 유물을 꾸준히 수집하여온 우리 의과대학 의사학자료실의 절대적인 협찬이 있었기 때문입니다.

연세대학교 의과대학은 한국 최초의 근대의학교육이 시작된 곳이지만, 유구한 전통의학을 보존하기 위한 노력도 소홀히 하지 않았습니다. 새 것을 찾아 깨우치되 묵은 것을 바탕으로 한다(溫故而知新)는 슬기로운 예지의 소치이었습니다.

여하한 이번의 '한국의 전통의약'에서는 의사학자료실에서 그 동안 모아놓은 700여 점의 의약기기류·고의서·한약재료 중에서 비좁은 전시실 사정으로 332점으로만 한정할 수밖에 없었습니다. 신축 박물관이 개관되면 예정되어 있는 의약전시실에 전량이 전시될 것은 두말할 나위가 없습니다.

소중한 유물과 자료들을 전시할 수 있도록 협찬해 주신 의사학자료실장 이유복 교수와 관계자 여러분에게 감사를 드립니다.

(『한국의 전통의약』 도록, 1986년 10월)

(10) 『한국의 묵적 - 근 3백년 선각자의 유묵』 머리말

우리 선인들이 남겨놓은 기록들은, 그들의 삶이 스며져 있습니다. 다시 말하면 우리의 역사이기도 합니다.

연세대학교 박물관에서는 이러한 기록 중에서도 간찰(簡札)·시고(詩稿) 등의 묵적(墨迹)과 고문서를 수집하여 왔습니다. 특히 한국의 역사발전에 이바지했거나 혹은 정신적으로 적지 않은 영향을 끼쳤던 이른바 '한 시대의 선각자들'에 치중하여 왔습니다. 연세대학교에서 오랫동안 몸담고 계시면서 젊은 후학들에게 많은 영향을 끼치고 유명을 달리하신 전임교수의 경우도 예외는 아니었습니다.

그런데 이와 같은 묵적(墨跡)을 골고루 수집하기에는 오랜 세월이 필요합니다. 더욱이 이들 대부분은 권도(權道)에 있어본 일이 없어 속세에서 관심을 사지 못했고 혹은 정통에 고분고분하지 않았던 이단가들이었을 뿐만 아니라 명필가이지도 못하여 유묵(遺墨)이 희구(稀覯)하기 때문에 더욱 그러합니다.

여기에 전시되고 있는 약 50종의 필화묵향(筆華墨香)들은 연세대학교 박물관에서 수집에 착수한 지 불과 네 해 동안에 수장된 것들입니다. 이에 수집과정의 첫 단계 수장품에 지나지 못합니다.

그러나 새로운 역사창조를 위해서 자기 나름대로 각기 노력하고 있는 현시점에서, 지난날 우리의 역사발전에 이바지했던 선인들의 유훈(流薰)이 어느 때보다도 요구되고 있기에, 그들의 서기(書氣)가 서려 있는 수적(手迹)이나마 청완(淸玩)하기 위하여 감히 이 자리를 마련하게 되었습니다.

아울러 묵적과 같이 전시되고 있는 고문서도 서너 해 동안 수집한 문건 중에서 다양하게 차려보았습니다. 모두 대학박물관의 교육적 사명을 위해서 마련한 일입니다.

이번에 개최하는 연세대학교 박물관 제9회 기획전시에서 미처 갖추지 못한 묵적과 고문서 등은 앞으로 계속 노력하여 내년 봄 5월에 개관될 종합박물관의 전시에서 보충할 것을 다짐합니다. 그리고 이러한 유묵(遺墨)을 수집하는 데 협조하여 주신 유가족과 관계 인사들에게 감사를 드립니다.

(『한국의 묵적 - 근 3백년 선각자의 유묵』 도록, 1987년 5월)

(11) 『특별기획전시 10』 머리말

연세대학교 박물관이 종합박물관으로 개관한 후 한 돌이 되었습니다. 작년 5월

12일, 새로 준공된 백주년기념관에 이전하여 한 해를 넘기면서 미진한 전시시설을 보완하고 부족한 전시물을 구색맞추는 데 노력하여 왔지만 여러 사정으로 여의치 못함을 송구스럽게 여깁니다. 그러나 바람직한 종합박물관을 이룩하기 위한 우리의 노력은 쉴 새 없이 계속되고 있습니다.

이제 개관 1주년을 맞이하면서 수집한 묵적(墨迹) 중에서 전시되지 못하고 있는 우국선열들의 수적(手迹)을 한 자리에 모아 기획전시를 갖게 되었습니다. 나라와 민족이 위기에 처했을 때 신명(身命)을 다하신 분들의 우국충정의 결정들입니다.

새로운 역사창조를 위해서 제각기 분투하고 있는 현실에서, 지난날 애국정기를 드높여 주신 선열들의 유훈(流薰)이 어느 때보다도 절실함을 통감하기에, 서기(書氣) 어린 수적을 통해서나마, 우국충정을 환기시키기 위해서 이 자리를 마련했습니다.

그 동안 우리 박물관의 바람직한 발전을 위하여 소중한 묵적을 기증해 주신 최서면·김교영·서대숙 동문과 유기원 선생께 심심한 감사를 드립니다.

(『특별기획전시 10』 도록, 1989년 5월)

5. 연세대학교 박물관 전시품도록 머리말

(1) 『전시품 도록 (Ⅰ)』 머리말

역사는 민족의 전승이고 문화는 겨레의 긍지입니다.

연세대학교 박물관은 대학박물관으로서의 교육기능과 사명을 다짐함과 동시에 민족의 전승을 더욱 보람있게 계승하고 겨레의 자랑을 한층 드높이 선양하기 위한 종합박물관입니다.

연세대학교 박물관은, 일찍이 1929년 학교교육의 참고실로 출발했고, 1965년 구석기박물관으로 개편되었지만 1981년에 문자 그대로의 대학박물관의 기능과 사명을 다하기 위하여 선사·역사·민속·미술·전적과 자료·지리·동식물·의약·교사(校史) 등 각 분야를 망라하는 종합박물관으로 확장되었습니다.

그리고 '보고 느껴서 창조하는 박물관'이란 우리 나름의 지표에 부응하기 위한 유물과 자료를 단계적으로 개발 수집하였고 이들 수장품과 학교 각 기관에서의 기존 소장품들을 포함하여 열한 차례나 기획전시하여 왔습니다.

바야흐로 연세대학교 창립 백주년기념관이 준공되어 여기에 박물관이 이전 개관하게 됨에 따라 그 동안 개발 수집한 수장품과 중앙도서관·의사학자료실·지질학과·생물학과 등에서 소장하고 있는 각종 유물과 자료를 선별 전시하면서 이를 기념하기 위한 연세대학교 박물관 『전시품 도록』 Ⅰ·Ⅱ를 꾸며 보았습니다. 각 분야에 걸친 종합전시품 도록이기 때문에 산만한 것도 같지만 현대미술만을 별책 Ⅱ로 삼았을 뿐, 종합박물관의 의의를 드러내기 위해서 종합도록으로 삼았습니다.

그러나 민족의 전승인 우리의 역사를 눈으로 직접 보고, 겨레의 긍지인 우리의 전통문화를 새삼스럽게 재발견할 뿐만 아니라 인간과 자연의 유기적인 관계를 통찰하여 바람직한 내일을 창조하는 계도적인 측면에서는 자랑할 만하다고 자부하는 바입니다.

연세대학교 박물관이 짧은 기간에 종합박물관으로 이만큼 성장할 수 있었던 것은 물심양면에서 적극적으로 도와주신 교내외 여러분의 협조에 의한 결과입니다. 이에 감사를 드리면서 앞으로도 계속 발전할 수 있도록 배전의 지도 편달을 간절히 바랍니다.

(『전시품 도록 (Ⅰ)』, 1988년 5월)

(2) 『전시품 도록 (Ⅱ) - 현대미술』 머리말

현대는 개성이 존중되는 시대입니다. 그래서 미술도, 전근대시기와 같은 전통과 유행에 얽매인 것이 아니라, 창조성이 두드러지기도 합니다.

연세대학교 박물관에서는, 5년 전부터 오늘날을 대표하는 각계의 미술작품을 수집하기 시작했습니다. 마침 이 무렵에는 미술작품이 사회에서 선호되어 작품을 수장하기에는 만만치 않은 애로가 많아서 처음에는 엄두를 내지 못했지만 작가 여러분의 협조로 1985년 5월에 맞이할 연세대학교 창립 백주년을 다 같이 경축함과 동시에 그 기념으로 세워질 종합박물관 미술실의 전시를 위하여 한국화·양화·조각·서예·전각 등에 걸친 54점의 작품을 수장하기에 이르렀습니다. 모두 한국현대미술을 각계에서 대표하는 수작들입니다. 따라서 연세대학교 박물관에서는 작가 여러분의 후의에 보답하기 위한 '현대미술대전'을 개최하고자 계획을 세워보기도 하였지만, 미술작품이야말로 훌륭한 전시공간이 아니고서는 작품의 진수를 제대로 드러낼 수가 없고, 그렇다고 해서 학교 밖에서 개최하기도 옳지 못하여 1988년 5월에 새로 준공 개관되는 박물관 시설을 고대할 수밖에 없었습니다. 다. 효과적인 작품의 전시는 작품을 협조받을 때 이미 굳게 약속한 바가 있었기에 더욱 그러했습니다.

이제 연세대학교 창립 백주년기념관이 준공되고 이 건물을 대표하는 박물관이 개관되면서, 그 언약을 지키지 못하여 늘 송구스러웠던 한 숙제를 해결하고 그 보람을 여기에 펼쳐내게 된 것을 무엇보다도 기쁘게 여기는 바입니다.

물론, 연세대학교 박물관에는 전통미술품과 작고한 현대작가의 미술품도 없지 않습니다. 그러나 대부분 근 5년 동안 수집한 현존 작가의 작품 중심으로 연세대학교 박물관『전시품 도록 (II) - 현대미술』을 삼은 것은 즐거운 마음으로 협조해 주신 작가들과의 약속을 어김없이 지키기 위한 거듭되는 성의이기도 합니다.

그 동안 연세대학교 박물관의 발전에 협력해 주신 여러분께 심심한 고마움을 드립니다. 그리고 앞으로도 계속 아낌없는 지도와 편달을 부탁드립니다.

(『전시품 도록 (II) - 현대미술』, 1988년 5월)

6. 한국대학박물관협회 연합전시도설 인사말

(1) 『연합전시 - 한국의 명문(銘文)』 인사말

연세대학교 박물관이, 한국대학박물관협회가 주최하는 1985년도 춘계총회 · 학술발표회 및 연합전시를 주관하게 되었습니다.

애초에 이와 같은 모임과 전시회를 연세대학교 박물관에서 수락하게 된 데에는 두 가지의 이유가 있었습니다. 첫째 1985년 5월 11일이 연세대학교 창립 백주년에 해당되기에, 이를 경축하기 위한 여러 행사 중의 하나로 갖자는 것이었고, 둘째는 바로 연세대학교 창립 백주년 기념식전에서 종합박물관의 독립건물이 준공 · 개관될 것이라는 당초의 계획이었기에, 이들 행사를 원만하게 거행할 수 있을 것으로 믿었기 때문입니다.

그러나 연세대학교 종합박물관의 신축만은 의외로 지연되어 오늘에 이르고 있습니다. 따라서 연합전시를 위하여 귀중한 소장품을 기꺼이 출품하여 주시고 총회와 학술발표회에 참석하여 주신 우리 회원교 여러분의 기대에는 어긋나게 되었지만, 연세대학교 창립 백주년을 다 같이 축하해 주시기 위해서 동참하여 주신 것으로 믿고 오직 감사를 드릴 뿐입니다.

그리고 이번에 개최하는 '한국의 명문전'이 앞으로 계속될 한국대학박물관협회 연합전시의 계기적인 전시가 되고 아울러 이러한 기획전시가 학계에 조금이라도 비익될 수 있는 자리가 될 수 있다면, 이를 기획 · 전시하는 주관교로서 그 이상의 보람이 없겠습니다.

한국대학박물관 총회와 학술발표회 · 연합전시를 위해서 협조하여 주신 여러

분에게도 감사를 드립니다.

(『연합전시 - 한국의 명문(銘文)』 도록, 1985년 5월)

(2) 『연합전시 - 한국의 초상화』 인사말

한국의 역대 초상화는 한국인의 여러 모습을 나타낸 우리들의 자화상이기도 합니다. 예나 지금이나 변함없는 한국인의 모습이기 때문입니다.

연세대학교 박물관이 새로 준공된 연세대학교 백주년기념관에 천이(遷移) 개관하게 된 것을 기념하기 위하여 한국대학박물관협회 주최의 제34회 정기총회, 제25회 연합전시와 제28회의 학술발표회를 주관하게 되었습니다.

‘한국의 초상화’를 주제로 개최하는 이번의 한국대학박물관협회 주최 연합전시는, 각 대학박물관에서 전시 출품하기에 편의할 뿐만 아니라 근 백 년 이래 여러 차례 크게 변용된 우리의 주변상황에서도 변하지 않은 것이 있다면, 우리들의 본질이라는 사실을 새삼스럽게 각성하여 인간상실의 현실에서 인간성 회복을 염원하는 교육적인 사명에서 기획된 것입니다. 대학박물관이 대학교육을 위한 대학의 한 시설이고 보면 한번쯤 다짐해볼 수 있는 일이기에 더욱 그러합니다.

제25회 한국대학박물관협회 연합전시에 귀중한 자료를 선뜻 대여 전시해주신 각 대학박물관과 총회 및 학술발표회에 협조해주신 여러분에게 심심한 감사를 드립니다. 그리고 이 연합전시가 이 방면의 연구에 많은 공헌이 있기를 기대합니다.

(『연합전시 - 한국의 초상화』 도록, 1988년 5월)